北京市核心区
土地利用效率评价研究

BEIJINGSHI HEXINQU TUDI LIYONG XIAOLÜ

PINGJIA YANJIU

张秀智　施昱年　张　磊◎著

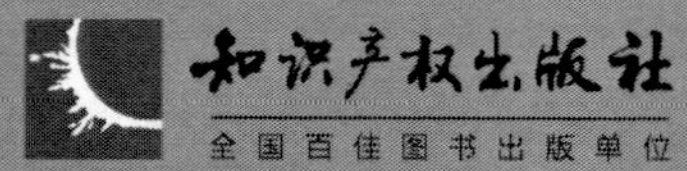

图书在版编目（CIP）数据

北京市核心区土地利用效率评价研究/张秀智，施昱年，张磊著. —北京：知识产权出版社，2016. 6

ISBN 978 - 7 - 5130 - 4023 - 5

Ⅰ. ①北… Ⅱ. ①张… ②施… ③张… Ⅲ. ①城市土地—土地利用—研究—北京市 Ⅳ. ①F299. 271

中国版本图书馆 CIP 数据核字（2016）第 116155 号

内容提要

在建设世界城市的目标指引下，如何合理高效、集约节约利用宝贵的土地资源是需要应对的重大挑战。土地利用效益是对土地投入产出的评估，是引导城市空间规划的基础。

本书以北京市土地利用效率为研究对象，土地投入产出效率作为主要的评价指标，采用企业微观数据计算了东城区、丰台区和海淀区产业用地的土地利用效率。同时，采用聚类分析方法，分析了区域产业关联情况，为城市空间规划提供了基础。

策划编辑：蔡　虹　　　　**责任校对**：谷　洋
责任编辑：栾晓航　　　　**责任出版**：卢运霞

北京市核心区土地利用效率评价研究

张秀智　施昱年　张　磊　著

出版发行：知识产权出版社有限责任公司　　网　址：http：//www. ipph. cn
社　址：北京市海淀区西外太平庄 55 号　　邮　编：100081
责编电话：010 - 82000860 转 8324　　责编邮箱：caihong@ cnipr. com
发行电话：010 - 82000860 转 8101/8102　　发行传真：010 - 82000893/82005070/82000270
印　刷：北京中献拓方科技发展有限公司　　经　销：各大网上书店、新华书店及相关专业书店
开　本：787mm × 1092mm　1/16　　印　张：19. 75
版　次：2016 年 6 月第 1 版　　印　次：2016 年 6 月第 1 次印刷
字　数：310 千字　　定　价：55. 00 元

ISBN 978-7-5130-4023-5

目录

contents

第一章　土地利用效率评价的内涵与方法

土地节约集约利用的目的在于提高建设用地的利用效率。效率的提高，不是土地面积数量的绝对缩小，而是产值与土地面积比值的提高。因此，土地节约集约的利用，需要企业根据自身生产需求控制土地使用的数量，更要在此基础上提高单位面积的产值。政府建立土地节约集约利用评价和动态监测机制，提高建设用地利用效率，包括建立企业使用土地联审评估机制，制定区域产业目录和土地使用标准等来督促企业提高土地利用绩效，实现“产业集聚、功能升级、空间集约”的发展理念。

一、现有土地集约利用评价方法探讨

在土地节约集约利用评价方面，国土资源部在 2010 年 4 月发布了《开发区土地集约利用评价规程》（试行）（以下简称《规程》），为开发区土地利用状况、用地效益以及管理绩效的评价工作提供指导。该《规程》所指的开发区，是指经合法审批的各类开发区（经济技术开发区、高新技术产业开发区和相关海关特殊监管区域等），评价的土地范围是经国务院或省、自治区、直辖市人民政府批准并依法公告界线范围内的开发区全部土地。表 1－1 是该《规程》评价开发区土地集约利用程度的评价指标体系，通过开发区土地在各项指标的实际表现，以开发区土地集约利用评价指标权重计算最终得分，能够评价各开发区在各项目标的评价分数。

表 1－1　国土资源部开发区土地集约利用程度评价指标体系

目标	子目标	指标	说明
土地利用状况（A）	土地开发程度（A1）	土地开发率（A11）	截至评价时点
		土地供应率（A12）	截至评价时点
		土地建成率（A13）	截至评价时点

续表

目标	子目标	指标	说明
土地利用状况（A）	用地结构状况（A2）	工业用地率（A21）	截至评价时点
		高新技术产业用地率（A22）	截至评价时点
	土地利用强度（A3）	综合容积率（A31）	截至评价时点
		建筑密度（A32）	截至评价时点
		工业用地综合容积率（A33）	截至评价时点
		工业用地建筑密度（A34）	截至评价时点
用地效益（B）	产业用地投入产出效益（B1）	工业用地固定资产投入强度（B11）	取历年累计值
		工业用地产出强度（B12）	截至评价时点
		高新技术产业用地产出强度（B13）	截至评价时点
管理绩效（C）	土地利用监管绩效（C1）	到期项目用地处置率（C11）	截至评价时点
		闲置土地处置率（C12）	截至评价时点
	土地供应市场化程度（C2）	土地有偿使用率（C21）	截至评价时点
		土地招拍挂率（C22）	2002 年 7 月 1 日至评价时点

该评价指标体系明确地表明，该《规程》的评价内容包括了土地利用状况、用地效益以及管理绩效，对开发区整体土地的节约集约利用进行了完整的评价。在土地集约利用程度评价指标体系中，增加了有关土地管理绩效的四个指标，强化了对开发区用地利用管理效果的评价，也是我国目前土地集约利用评价的特色之一。

但该评价方式主要从土地供给和土地利用强度方面评价开发区土地利用程度，不能对不同类型产业园区的土地利用效率和效益进行深入评价。具体来看，存在以下两大问题：一是各开发区产业内容各异，缺乏标杆，评价标准不易订定，不能对园区内十分丰富的产业类型的土地利用效率进行精细化评价。例如，制造业可以再分为 30 个大行业，服务业可以再分为 48 个大行业，按技术的先进程度，可以再分为“传统制造业”“现代制造业”“传统服务业”以及“现代服务业”；依所需要的生产要素数量比例不同，可以分为“资本密集产业”“劳力密集型产业”，显然该指标体系不能详细评价各行业，不能比较各个产业园区的土地利用效率。二是该指标体系着重于整体开发区评价，忽略区内企业土地利用效率评价。国土资源部颁布的开发区土地集约利用程度的评价指标体系，是针对开发区内土地利用总量进行测算评价，因此评价的对象是开发区，而不是区内企业。然而，对于很多开发区所面临的因部分企业生产效率不佳导致土地资源浪费的现实问题，该《规程》有难以适用之处。因此，提出以行业、企业为评价单元的土地集约利用评价方法，是一个现实需要。这有利于开发区基于以对企业的土地利用效益评价，订定各个行业和企业的土地利用标准和土地节约集约利用规程，实现“对每个企业使用建设用地的联审机制”和“制定开发区的产业目录和项目入驻标准、程序，统筹企业、项目的进入、调整和迁出”等目标。

二、土地利用效率评价的理论基础与研究方法

（一）生产要素与营业收入的关系——生产效率

1. 成本投入与生产效率理论

降低成本（Cost Down）是过去企业经营的重要目标，而生产效率理论是企业在降低成本后为何能够提高企业竞争力的重要理论基础。生产效率是一组产出与投入之比率，投入愈少，产出愈高，效率就愈高，成本也就愈低。对于生产要素的考虑，就如同总要素生产力（Total Factor Productivity，TFP）分析，是考虑所有影响产出的投入要素，其中，投入要项有人力投入、资本投入、能源投入等；产出要项包括生产性产品与非生产性产品。

2. 生产要素投入、科技创新与营业收入的关系

随着技术不断地进步，生产效率不断地获得改善，使得原先所定义的生产要素产生了革命性的改变。原先以成本为导向的企业经营目标逐渐改变，研发与创新已是现在企业经营的重要目标。因此，生产要素也从原先的人力投入、资本投入、能源投入，增加了科技知识投入。科技知识（Technology Knowledge）是指社会对生产商品与服务最佳方法的了解程度。知识资源存在于大学、政府研究机构、私立研究单位、政府统计部门、商业与科学期刊、市场研究报告与数据库、同业公会及其他来源。因此，科技知识的来源有三：一是企业本身；二是其他企业；三是大学或研究机构。企业唯有在产业集群中设厂，才有可能分享来自其他企业以及大学、研究机构的研发成果。

因为研发与创新的出现，生产要素之间的关系也出现了改变。首先是人力，Mankiw（2004）认为，科技知识是指社会对世界如何运作的了解程度，人力资本是将这种了解程度传递给劳动力的资源。因此，人力资本是运用科技

知识的资源；其次是资本，资本是购买或研发技术的来源，资本愈是雄厚的企业，研发投入的金额也才有可能愈高，购买他人专利的可能性也愈大。因此，资本密集型产业愈来愈多，制造业分类也再细分出现代制造业；最后是土地资源，随着技术愈是进步，单位土地的产值将可提高，在原所拥有的土地上，将能获得更大的产出。

随着生产要素角色的改变，具备竞争力的企业对生产要素需求的本质也有所改变，具有竞争力的标杆企业可进一步定义为："能够有效地利用土地从事生产、运用资本购买专利与从事研发、聘用能运用科技知识的人力资源，并获得最大营业收入的企业。"然而这也表明，人力投入、资本投入、能源投入愈少，营业收入愈高，企业愈有竞争力的本质仍然不变，技术的进步反而使得人力、资本以及土地的运用愈来愈节约，换言之，企业对土地需求的数量不会因为技术进步而增加，仍然是随着营业收入的增加而增加。

由于资本是购买或研发技术的来源，营业收入又是资本再累积的主要来源。因此，营业收入愈高的企业，研发的能力也愈强。但一个只靠资本进行研发的企业必将坐吃山空，企业唯有边生产边研发，才能实现可持续的研发，这也是为什么《高新技术企业认定管理办法》以及《北京市海淀区创新企业认定管理暂行办法》，是以"近三个会计年度的研究开发费用总额占销售收入总额的比例：最近一年销售收入小于5000万元的企业，比例不低于5%，5000万元以上的企业，比例不低于3%。……"作为衡量企业研发能力的指标。

表1－2　研发与土地、营业收入的关系

	研发与技术	土地产值	营业收入不变的条件下	土地投入数量不变
生产要素变动	提高	提高	土地需求下降	营业收入上升
	下降	下降	土地需求上升	营业收入下降

3. 土地节约集约对营业收入与生产效率的影响

土地是企业经营的生产要素之一，是土地经营的载体，是经济学研究中生产四要素之一。追求土地节约集约利用，对营利企业来说，就是提高生产效率的方法，这也表明，土地与营业收入之间的关系，不是简单的比值关系，如表1－2所示。当土地降低到一定的标准，营业收入将开始减少。土地节约集约的标准，应当考虑人力、资本以及营业收入三者的均衡，才能实现生产，创造价值。

在Farrell的投入导向衡量法（Input－Oriented Measures）模型下，企业经营不是土地投入量愈少愈好，而是依其他生产要素及营业收入的规模来决定其标准，投入超出其他生产要素及营业收入的规模下的土地数量标准，多余的土地数量将因沦于闲置而浪费；反之，土地投入也不是愈少愈好，在技术、生产要素及营业收入的共同影响下，土地数量不足标准将导致营业收入下降。

（二）生产效率计算方法

技术升级而造成营业收入提升的效率，称为技术效率。在某一技术水平下，土地要素的投入有其生产上限，达到上限之后，再多的土地投入，在人力以及资本未跟着增加投入，提高企业规模的情况下，都无法提升其产出，此时即达到帕雷托最适境界（Parato Optimality）。Farrell（1957）认为效率必须达到生产边界（Production Frontier），或帕雷托最适境界，才能称为生产有效率，因此，帕雷托最适境界可以定义为：一个企业若进一步减少现行某一投入项的使用量，而能不以其他投入项的增加为代价，此时若不降低产出量时，则此一企业目前即处于缺乏效率的状态。

1. 投入产出法

产业集群是高生产关联的产业带动与支撑其他关联产业所共同发展而成的合作经济体系，其中具有高生产关联的产业是集群的主导产业，负责联系上游及下游的生产，这说明，如果一个产业集群的主导产业发生倒闭、迁移或受到产业政策的限制，将会发生集群内产业链中断危机，与其关联愈大的产业，其生产成本将愈快受到影响，最终导致产业集群的产能枯竭与产业衰败，严重者甚至可能影响到其他集群的产业链，降低区域的产业竞争力，造成区域发展停止，产业衰亡。因此，找出产业之间的关联对产业发展而言至关重要，衡量关联程度也成为判断一个产业主导性的基本门槛。

感应度系数与影响力系数是分析个别产业在全体产业中的关联程度。感应度系数反映国民经济各部门均增加一个单位最终使用时，某一部门由此而受到的需求感应程度，也就是需要该部门为其他部门的生产提供的产出量，它衡量了某产业前向联系的广度和深度，感应度系数大的部门对经济发展所起的作用也较大。影响力系数反映国民经济某一部门增加一个单位最终使用时，对国民经济其他各部门所产生的生产需求波及程度，也就是需要其他部门为该部门的生产提供的产出量。它衡量了某产业后向联系的广度和深度。影响力系数大的产业的发展对社会生产具有很强的辐射、拉动效应，反之则不然。

本书在研究东二环交通商务区、丰台区“十一五”三四环区域、丰台区南中轴两侧区域、海淀区中关村核心区的产业集群现况、建构产业体系、评价产业发展的科学性与趋势性时，均运用 Luukkainen（2001）的投入与产出分析方法，论证集群与集群之间的产业关联性。计算时将产业自相关的值设为 0，再计算关联系数，以避免产业因自相关过高而无法凸显其他产业重要性的问题。向后关联与向前关联的计算公式可写为：

向后关联系数 $R_{ij} = \frac{b_{ij}}{\sum_{i=1}^{n} b_{ij}}$ （1）；向前关联系数 $R_{ij} = \frac{b_{ij}}{\sum_{j=1}^{n} b_{ij}}$ （2）

其中，$i,j=1,2,\cdots,n$。式（1）的分母为 j 部门生产过程中对各产业部门产品总的直接消耗量，分子为 j 部门生产时对特定的 i 产业部门产品的直接消耗量；式（2）的分母为 i 部门生产过程中对各产业部门产品总的直接消耗量，分子为 i 部门生产时对特定的 j 产业部门产品的直接消耗量。当 R 值大于 8%，表示产业之间具有关联性。

2. 数据包络分析法

本书采用 Charnes、Cooper & Rhode 在 1978 发表的能够分析并比较投入与产出相对高低的线性规划模型，即数据包络分析法（DEA 模型），找出各行业中能够最有效率利用土地、人力以及资本三投入要素的标杆企业，该标杆企业投入的土地数量与其他生产要素以及营业收入的比例，就是同一行业的企业在生产时的最适土地数量标准。DEA 模型，假设有 n 个性质相同的企业（在其论文称为决策单元，简写为 DMU），每个企业（$j=1,\cdots,n$）使用 m 项投入 x_i（$i=1,\cdots,m$），生产 s 项产出 y_r（$r=1,\cdots,s$）。第 k 个企业（以 DMUk 表示）与其他企业比较下相对最大的生产效率可写为下式：

$$\text{maximize}: h_0 = \frac{\sum_{r=1}^{s} u_r y_{ro}}{\sum_{i=1}^{m} v_i x_{io}}$$

$$\begin{aligned} &\textit{subject to}\ \frac{\sum_{r=1}^{s} u_r y_{rj}}{\sum_{i=1}^{m} v_i x_{ij}} \leqslant 1;\quad j=1,\cdots,n \\ &v_r, u_i \geqslant \varepsilon \\ &r=1,\cdots,s;\quad i=1,\cdots,m \end{aligned} \tag{3}$$

h_o = 企业的效率值

y_{rj} = 第 j 个企业的第 r 个产出项

x_{ij} = 第 j 个企业的第 i 个投入项

u_r = 第 r 个产出项权重

v_i =第 i 个投入项权重

ε =非阿基米德常数（non - archimedean constant），即极小的正数；其目的是使所有 u_r，v_i 为正。

第（3）式中的限制是每一个企业的“实际产出”与“实际投入”的比值，其值介于［0，1］之间。u_r，v_i 的最佳值由（3）式求得，不需由决策者给定。当 $h_o=1$，则该企业有效率；$h_o<1$，则该企业无效率。在（3）式中，每个企业都需要在其他企业的投入与产出作为限制式的条件下，以其投入与产出当作目标函数，求取 u_r，v_i 的权重，故此方法能够求各企业之间的相对效率值。

将（3）式转换为线性规划模式更便于求解，令（3）目标函数中的分母 $\sum_{i=1}^{m} v_i x_{io} = 1$，再将该等式代入限制式中，再将原（3）限制式中的分子与分母各乘以 $\sum_{i=1}^{m} v_i x_{ij}$，即可得修正后的线性规划模式：

$$
\begin{aligned}
& \text{maximize}: h_o = \sum_{r=1}^{s} u_r y_{ro} \\
& \text{subject to} \sum_{r=1}^{s} u_r y_{rj} - \sum_{i=1}^{m} v_i x_{ij} \leqslant 0 \\
& \qquad \sum_{i=1}^{m} v_i x_{io} = 1 \\
& \qquad -u \leqslant -\varepsilon \\
& \qquad -v_i \leqslant -\varepsilon
\end{aligned}
\tag{4}
$$

当产出变量加权后的总和减去投入变量加权后的总和为0，该 DMU 达到生产效率。

生产效率值，根据 Norman & Stocker（1991）的研究，可分为相对效率值等于1的强势效率单位，介于0.9～1的边缘非效率单位，以及小于0.9的明显非效率单位。

（1）强势效率单位（the robustly efficient units）：由相对效率值为1的 DMU 所组成的集合，而且这些 DMU 也成为效率参考集合。

（2）边缘非效率单位（the marginal inefficient units）：由无效率之 DMU 所组成之集合，该集合中之 DMU 其相对效率值界于0.9～1之间，此类 DMU 其产出及投入项只要稍作调整，即可成为相对有效率的 DMU。

（3）明显非效率单位（the distinctly inefficient units）：由无效率之 DMU 所组成之集合，该集合中相对效率值小于 0.9，此类 DMU 属于效率明显不良者，必须经过大幅度的修正与改善，方能成为相对有效率的 DMU。

应用数据包络分析法计算东二环商务区内各个楼宇的生产效率，是一个创新。分析东二环商务区的楼宇在集约利用上、区级收入贡献上以及总部经济对区域的贡献，评价各个楼宇以及总部经济对东二环交通商务区的贡献。

（三）Pearson 相关分析法

相关分析用于分析变量之间相互依存的强度及性质，是将两变量间的关联情形加以数量化所得的指标。Pearson 相关适用于两变量都是连续数值，如 GDP、法人单位数量等。从理论来解释，相关系数定义为两个变量共变异标准化后的积的平均，这也表明，当两个变量的波动程度一致时，它们的相关系数会愈高。

$$r=\frac{\sum_{i=1}^{n}(x_i-\bar{x})\cdot(y_i-\bar{y})}{\sqrt{\sum_{i=1}^{n}(x_i-\bar{x})^2\sum_{i=1}^{n}(y_i-\bar{y})^2}}$$

课题采用 Pearson 相关分析法，以东二环商务区的 GDP、税收、房地产租金、楼宇数量等年度的时间序列数据为基础，进一步检视各项经济指标之间的增长情况，是否符合经济与产业发展的规律性。数据期数不足进行 ARMA 时间序列模型分析。由于相关分析不是因果分析，不涉及两个数量因果关系的残差检定，因此适合分析东二环商务区的现有数据。

三、产业集群与产业空间布局

一个地区产业发展所需要的集聚，是具备较高关联程度的产业集聚。一般地，产业在空间集聚存在一个由单一产业向两个产业集聚，再由产业集聚向产业集群发展的过程。产业关联是指产业间以各种投入品和产出品为连接纽带的技术经济联系，关联程度愈高，产业的重要性也愈大，因此，产业关联是产业定位的重要依据。例如，房地产业与建筑业就是具有高度关联性的两个产业。

（一）产业集聚（群）的结果表现在空间形态上

20世纪90年代初，从着重市场结构、内部组织管理、生产效率与产业集聚的产业经济分析，转向着重空间区位、厂商间的关系、外部环境与产业上下游的整体思考，并提出了产业集群的概念。产业集群强调厂商必须先在特定空间的区位上有集中的现象，集群产业的表现，集中在一个或几个特定的主导产业，再由主导产业带动上下游关联产业发展，随着关联程度愈高，产业之间将可能出现垂直的交易与水平的竞争关系、使用同样的技术或共享专业的劳动力，使该区域内厂商具备超过其他地方相同产业的竞争优势。综上概念可知，对一个高生产关联的主导产业来说，一旦该产业发生了空间集聚，该产业集聚将有机会扩散发展。因此，除了空间上的集中外，还能进一步通过产业关联的分工方式，扩大集聚范围，形成产业集群。

产业集群是指相同性或者互补性企业在空间上的成规模集聚。在经济全球化发展的今天，产业集群被认为是增强产业耕植性与保持国家和地方经济问题的重要条件。通过政策引导和有序规划强化产业的集群发展正越来越受到地方政府重视。

（二）主导与重点产业是产业集群发展的核心

1. 主导与重点产业是产业集群发展的核心

主导产业是产业集群的领导产业，具有基础产业的特性，占有一定的比重、有较强的产业关联带动效果，对整个经济发展起支撑作用。主导产业在地区从业人员、营业收入的规模应相对重要，产业部门向前关联与向后关联应当比较高。重点产业是产业集群的重要关联产业，其从业人员、营业收入的规模也应相对重要，并具较大的向前或向后关联。图1－1是以主导产业和重点产业为核心形成产业集群的示意图。

（1）具备关联是集群主导与重点产业的基本门槛

产业集群是高生产关联的产业带动与支撑其他关联产业所共同发展而成的合作经济体系，其中具有高生产关联的产业是集群的主导产业，负责联系上游及下游的生产，这说明，如果一个产业集群的主导产业发生倒闭、迁移或受到产业政策的限制，将会发生集群内产业链中断危机，与其关联愈大的产业，其生产成本将愈快受到影响，最终导致产业集群的产能枯竭与产业衰败，严重者甚至可能影响到其他集群的产业链，降低区域的产业竞争力，造成区域发展停

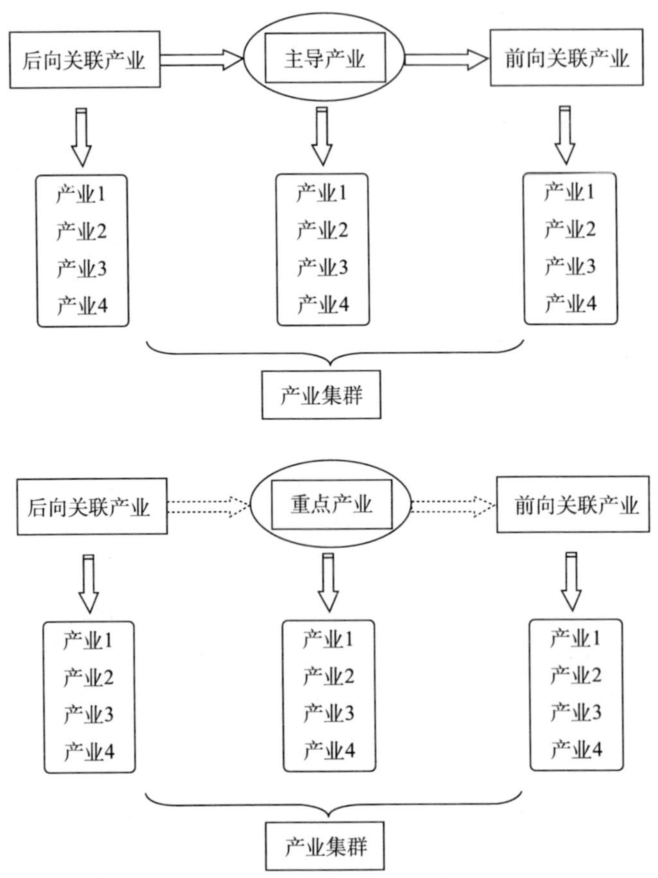

图 1－1　主导产业和重点产业形成产业集群的示意图

止，产业衰亡。因此，找出产业之间的关联对产业发展而言至关重要，衡量关联程度也成为判断某一产业是主导还是重点产业的基本门槛。

感应度系数与影响力系数是分析个别产业在全体产业中的关联程度。感应度系数反映国民经济各部门平均增加一个单位最终使用时，某一部门由此而受到的需求感应程度，也就是需要该部门为其他部门的生产提供的产出量。它衡量了某产业前向联系的广度和深度，感应度系数大的部门对经济发展所起的作用也较大。影响力系数反映国民经济某一部门增加一个单位最终使用时，对国民经济其他各部门所产生的生产需求波及程度，也就是需要其他部门为该部门的生产提供的产出量。它衡量了某产业后向联系的广度和深度。影响力系数大的产业的发展对社会生产具有很强的辐射、拉动效应，反之则不然。

本书以每五年调查一次的“北京市 2007 年投入产出直接消耗系数表”为

基础，分析各产业之间的关联程度，计算产业的感应度与影响度系数。分析结果显示，高关联产业有12个产业，对北京市的经济发展支撑力度最大，是北京市主导产业；中间投入需求产业最多，共有14个产业；中间投入供应产业较少，只有5个产业，它们具有带动或支撑发展的功能，是北京市的重点产业；低关联产业有12个产业，是上述产业的关联产业（表1－3）。

表1－3　北京市42部门2007年产业关联感应度与影响度

产业特性	部门产业
象限Ⅰ 高关联产业 （感应度与影响度>1）	煤炭开采和洗选业；纺织业；造纸印刷及文教体育用品制造业；石油加工、炼焦及核燃料加工业；金属冶炼及压延加工业；金属制品业；通用、专用设备制造业；交通运输设备制造业；通信设备、计算机及其他电子设备制造业；电力、热力的生产和供应业；租赁和商务服务业
象限Ⅱ 主要中间投入供应产业 （感应度>1、影响度<1）	农林牧渔业；石油和天然气开采业；化学工业；交通运输及仓储业；批发和零售业
象限Ⅲ 低关联产业 （感应度<1、影响度<1）	金属矿采选业；纺织服装鞋帽皮革毛皮羽毛（绒）及其制品业；燃气生产和供应业；邮政业；信息传输、计算机服务和软件业；住宿和餐饮业；金融业；房地产业；水利、环境和公共设施管理业；教育；文化、体育和娱乐业；公共管理和社会组织
象限Ⅳ 主要中间投入需求产业 （感应度<1、影响度>1）	非金属矿及其他矿采选业；食品制造及烟草加工业；木材加工及家具制造业；非金属矿物制品业；电气机械及器材制造业；仪器仪表及文化、办公用机械制造业；工艺品及其他制造业；废品废料；水的生产和供应业；建筑业；研究与试验发展业；综合技术服务业；居民服务和其他服务业；卫生、社会保障和社会福利业

（2）营业收入以及从业人员数量是集群主导与重点产业重要程度的划分依据

基于主导与重点产业的定义与内涵，除了以关联程度为门槛外，营业收入、从业人员的规模也相对重要，相对重要并非表示愈大愈好，因为不同产业的规模与产值标准必然不同。通过选取划分主导产业与重点产业的特征指标，并评估每一个产业，可提炼出吻合该定义与内涵的产业。

本书依照企业数量、营业收入、从业人员的空间集聚以及营业收入与从业人员的区位商，将待分析区域的产业集聚程度分类为产业集聚、生产集聚、企业集聚以及弱企业集聚，另外还有产业营业收入占全区重要地位但还未形成集聚的分散发展产业。这些集聚中，若依照其产业关联程度的不同，将可区分出主导产业集聚以及重点产业集聚，主导产业集聚与其他产业具有较强的关联，应作为丰台的主导产业，持续协助该产业发展，重点产业集聚具有高投入关联（向前关联）或产出关联（向后关联），应作为区域发展的重点产业，出台产业政策加速引导该产业发展。

第二章　东二环交通商务区产业发展与楼宇效率评价

东二环交通商务区是东城区的核心发展战略区之一。《北京市东城区国民经济和社会发展第十个五年规划纲要》首先确立了其发展方向和产业定位；《北京市东城区国民经济和社会发展第十一个五年规划纲要》则进一步提出按照“交通先行、文化联动、总部支撑、精品打造”的规划建设理念，东二环交通商务区（以下简称东二环商务区）要建成东城区知识型服务业基地、重要的经济增长极和税源基地，重点吸引能源、电信、文化旅游等总部企业及其上下游企业的聚集；为了凝练东二环商务区的战略发展方向和产业定位，《北京市东城区国民经济和社会发展第十二个五年规划纲要》提出该区域重点发展总部经济以及金融、商务服务、信息服务、低碳服务等高端服务业。《北京市东城区总体发展战略规划（2011—2030 年）》明确将东二环交通商务区定位为东二环高端服务业发展带，是《北京市东城区国民经济和社会发展第十二个五年规划纲要》规划中的重点产业功能区之一，重点发展总部经济以及金融、商务服务、信息服务、低碳服务等高端服务业；以东二环、建国门内大街、崇文门内大街和崇文门东大街为轴线，发展总部经济和高端服务业；打造北京站成为连通南北商务发展的枢纽节点；调整崇外地区业态为现代商业和商务服务业。

一、“十一五”期间产业发展现状评价

（一）第三产业的法人单位增长拉动第三产业增加值

根据配第—克拉克定律，国民经济产业结构和劳动力就业结构的非农化变动，都是由第一产业向第二产业转移，再由第二产业向第三产业转移，呈现“一、二、三产业”顺序逐步升高变动的，即劳动力就业结构的“高度化”。

城市产业结构由“一、二、三产业”顺序，逐步转变为“二、三、一产业”或“三、二、一产业”顺序。后工业化阶段，产业结构中的三级产业比重，第三产业要多于第二与第一产业，因此监测三次产业结构是监测区域功能转移和衰退的重要指标，是评价东二环商务区的产业结构发展是否合理的重要依据。法人单位与 GDP 同时增长，表示法人单位增长拉动了最终产品和服务的生产。

“十一五”期间，东二环商务区以第三产业为主导的态势逐渐明显。从产业结构来看，第二产业实现增加值 5.91 亿元，与“十五”末期相比，仅增加了 0.25 亿元，占东二环商务区增加值总额的 1.19%；第三产业实现增加值 487.38 亿元，与“十五”末期相比，增加了 309.48 亿元，占东二环商务区增加值总额的 98.80%。法人单位中，2010 年，在 4507 家法人单位中，第二产业 119 家，约占 2.64%，第三产业 4387 家，占 97.34%。产业结构朝向第三产业转型，如表 2－1 所示。

表 2－1　东二环交通商务区“十一五”期间三级产业变化情况表

		2005	2006	2007	2008	2009	2010
商务区法人单位合计		3014	3401	3841	4311	4449	4507
商务区增加值合计		183.56	196.86	236.75	354.35	415.90	493.29
第二产业	法人单位	117	130	137	119	119	119
	比率	3.88	3.82	3.57	2.76	2.67	2.64
	增加值	5.66	4.28	6.70	2.55	3.00	5.91
	比率	3.08	2.17	2.83	0.72	0.72	1.20
第三产业	法人单位	2897	3270	3702	4192	4329	4387
	比率	96.12	96.15	96.38	97.24	97.30	97.34
	增加值	177.90	192.58	230.05	351.80	412.90	487.38
	比率	96.92	97.83	97.17	99.28	99.28	98.80

增加值（亿元）

行　业	2005	2006	2007	2008	2009	2010	“十一五”增长率
第三产业	177.9	192.58	230.05	351.8	412.9	487.38	173.96%
交通运输、仓储和邮政业	0.27	0.37	0.63	0.76	0.59	19.25	7029.63%
信息传输、计算机服务和软件业	93.94	92.79	96.22	114.44	114.01	131.25	39.72%

续表

增加值（亿元）							
行　业	2005	2006	2007	2008	2009	2010	"十一五"增长率
金融业	13.78	22.48	54.17	91.05	139.8	116.26	743.69%
租赁和商务服务业	15.28	10.7	8.11	24.96	17.73	45.01	194.57%
科学研究、技术服务和地质勘查业	5.06	8.08	10.52	49.56	72.87	74.2	1366.40%
法人单位（个）							
行　业	2005	2006	2007	2008	2009	2010	"十一五"增长率
第三产业	2897	3270	3702	4192	4329	4387	51.43%
交通运输、仓储和邮政业	57	62	68	75	78	78	36.84%
信息传输、计算机服务和软件业	89	98	117	143	154	154	73.03%
金融业	15	15	20	39	58	74	393.33%
租赁和商务服务业	895	1018	1194	1342	1390	1404	56.87%
科学研究、技术服务和地质勘查业	194	248	288	375	385	387	99.48%

增加值与法人单位数量的相关性分析。根据东二环商务区2004—2010年第二产业与第三产业的法人单位数量与增加值相关分析结果，第二产业增加值和法人单位之间不存在相关性，这说明第二产业法人单位的增长已较难拉动最终产品和服务的生产，这使得法人单位的增长无法与其增加值朝向同方向波动，两者相关性不足。而第三产业的增加值和法人单位之间则存在相关性，第三产业的法人单位的增长能够拉动最终产品和服务的生产，产业稳步成长，如表2-2所示。

表2-2　产业增加值与产业法人单位相关性分析结果

	第二产业法人单位	第三产业法人单位
第二产业增加值	0.441	—
第三产业增加值	—	0.930**

**：表示两两相关具有统计上的意义，该相关性判定错误的可能只有1%（99%置信度）。

(二) 高端服务业已具优势，但规模以上法人单位数量较少

经分析得出，法人单位增长的同时，也拉动了最终产品和服务的生产以及税源的增加。规模以上法人[1]数量是评价一个行业的企业规模的指针，规模以上企业法人愈多，说明该区域内企业的规模较大，产业发展较好，主导其他关联产业的功能较强，经济发展较为成熟。另外，增长率与占有率矩阵（BCG矩阵）是评价一个产业发展优势的指标，增长率与占有率愈高，产业的优势愈强。基于此规律，课题评价了高端服务业各行业的规模以上法人数量占其总法人数量的比重，以及分析所有行业的优势程度。

1. 高端服务业各行业规模以上法人数量占其总法人数量比重：规模以上法人较少

从规模以上法人单位来看，截至2010年年底，东二环商务区共有规模以上法人单位753家，涉及两大产业16个行业。其中，第二产业47家，占6.24%；第三产业706家，占93.76%。在规模以上第三产业法人单位中，以租赁和商务服务业、批发和零售贸易业以及住宿和餐饮业的比重较高，分别为161家、128家以及110家，占所有规模以上法人的21.39%、16.99%与14.61%，三行业合计达53%。但总体上，高端服务业规模以上法人数量较少。

再从各行业的规模以上法人数量占其总法人数量的比重来看，第二产业法人单位中，属于规模以上法人单位的比重较高，达39.5%，第三产业则只有16.09%，企业规模仍有待发展。第三产业中，金融业、房地产业以及住宿和餐饮业中的规模以上企业占比高，占该行业所有法人数量的77.03%、40.15%与30.08%。其他高端服务业的规模以上企业占比则较小，科学研究、技术服务和地质勘查业是14.21%，租赁和商务服务业是11.47%，信息传输、计算机服务和软件业是11.04%。这说明，在金融业中，虽然企业数量不多，但大多是规模以上企业，房地产业和住宿餐饮业分别占到4成和3成；其他行业的大型企业仍有待发展，如表2-3所示。

---

[1] 国家统计局规定的各行业规模以上单位划分的标准是：工业为年主营业务收入500万元及以上的法人企业；建筑业为取得新资质证书的建筑业企业；交通运输邮电业为年主营业务收入500万元及以上的法人单位；批发零售业为批发额2000万元及以上和零售额500万元及以上的法人单位；住宿业为星级及以上法人单位、餐饮业为年营业额200万元及以上的法人单位；房地产业开发业为全部法人单位、房地产管理、物业、中介为年收入500万元及以上的法人单位；其他服务业为年营业收入500万元及以上的法人单位。

表 2-3 2010 年东二环交通商务区规模以上法人单位行业分布情况

序号	行业分类		规模以上法人单位	该行业占总规模以上法人单位比重（%）	全部法人单位	该行业规模以上法人单位占该行业全部法人单位比重（%）
1	第二产业	工业	15	1.99	44	34.09%
2		建筑业	32	4.25	75	42.67%
合　计			47	6.24	119	39.5%
3	第三产业	租赁和商务服务业	161	21.39	1404	11.47%
4		批发和零售贸易业	128	16.99	957	13.38%
5		房地产业	110	14.61	274	40.15%
6		住宿和餐饮业	74	9.83	246	30.08%
7		金融业	57	7.57	74	77.03%
8		科学研究、技术服务和地质勘查业	55	7.30	387	14.21%
9		文化、体育和娱乐业	45	5.98	311	14.47%
10		信息传输、计算机服务和软件业	17	2.26	154	11.04%
11		教育	15	1.99	106	14.15%
12		公共管理和社会组织	14	1.86	158	8.86%
13		交通运输、仓储和邮政业	12	1.59	78	15.38%
14		卫生、社会保障和社会福利业	10	1.33	64	15.63%
15		居民服务和其他服务业	4	0.53	158	2.53%
16		水利、环境和公共设施管理业	4	0.53	16	25.00%
	合　计		706	93.76	4387	16.09%
总　计			753	100	4507	16.71%

2. 行业的优势程度：高端服务业已属于优势以及成熟产业

根据 BCG 矩阵来分析产业发展优势，[1] 以表 2-4 中 2010 年各行业的增加值，计算各行业增加值占表中所列行业增加值的比重，定义占有率，再计算各

---

[1] 波士顿矩阵是由美国大型商业咨询公司——波士顿咨询集团首创的一种规划企业市占率与成长率组合的方法，从而保证将企业有限的资源有效地分配到合理的产品结构中去，以保证企业收益。产业作为企业的整合体，当整体产业产值占总 GDP 的占有率与成长率表现较好，说明该产业内的企业较大比例地达到较佳水平。

行业占有率的平均数（为6.25%），以此作为划分各行业占有率高低的标准。以表2-4中“十一五”增长率，计算其平均数（为697.05%），以此作为划分各行业增长率高低的标准。最后，以平均占有率6.25%以及平均增长率697.05%为标准，在该标准以上为高占有率或高增长率，在该标准以下为低占有率或低增长率，划分产业的占有率与增加值表现，如图2-1所示。

表2-4　2005—2010年东二环交通商务区各产业增加值　　单位：亿元

行　业	2005	2006	2007	2008	2009	2010	“十一五”增长率
东二环交通商务区合计	183.56	196.86	236.75	354.35	415.9	493.29	168.74%
第二产业	5.66	4.28	6.7	2.55	3	5.91	4.42%
工业	0.94	0.9	1	0.59	0.94	3.96	321.28%
建筑业	4.72	3.38	5.7	1.96	2.06	1.95	-58.69%
第三产业	177.9	192.58	230.05	351.8	412.9	487.38	173.96%
交通运输、仓储和邮政业	0.27	0.37	0.63	0.76	0.59	19.25	7029.63%
信息传输、计算机服务和软件业	93.94	92.79	96.22	114.44	114.01	131.25	39.72%
批发和零售贸易业	27.57	32.62	22.48	31.68	12	44.41	61.08%
住宿和餐饮业	8.08	10.04	11.86	12.84	12.25	18.36	127.23%
金融业	13.78	22.48	54.17	91.05	139.8	116.26	743.69%
房地产业	3.62	5.11	14.09	14.23	30.85	13.84	282.32%
租赁和商务服务业	15.28	10.7	8.11	24.96	17.73	45.01	194.57%
科学研究、技术服务和地质勘查业	5.06	8.08	10.52	49.56	72.87	74.2	1366.40%
水利、环境和公共设施管理业	0.44	0.4	0.48	0.6	0.52	0.91	106.82%
居民服务和其他服务业	0.22	0.41	0.68	0.35	0.33	0.62	181.82%
教育	2.03	2.55	1.99	2.18	2.33	3.02	48.77%
卫生、社会保障和社会福利业	1.02	1.43	1.57	1.92	2.02	5.81	469.61%
文化、体育和娱乐业	3.73	3.63	4.92	4.95	4.39	8.13	117.96%
公共管理和社会组织	2.86	1.97	2.33	2.28	3.21	6.31	120.63%

分析结果表明，弱势产业中，除了第二产业以外，还包括有高端服务业中的文化、体育和娱乐业。问号产业，则是指该产业是否应该发展还有待商榷，

《北京市东城区国民经济和社会发展第十二个五年规划纲要》未支持在东二环交通商务区发展交通运输、仓储和邮政业以及卫生、社会保障和社会福利业，在土地与楼宇空间限制下，宜致力发展更为高端的产业。在《北京市东城区国民经济和社会发展第十二个五年规划纲要》所规划的东二环商务区应发展的高端服务业，已发展较好，分属于优势以及成熟产业。优势产业共计 2 个，是区域内产业目前的发展热点，以金融业以及科学研究、技术服务和地质勘查业为主；成熟产业共计 2 个，是区域内发展已相对较好的产业，即租赁和商务服务业以及信息传输、计算机服务和软件业。

	问号产业	优势产业
高增长率	• 交通运输、仓储和邮政业 • 卫生、社会保障和社会福利业	• 金融业 • 科学研究、技术服务和地质勘查业
	弱势产业	成熟产业
低增长率	• 工业 • 建筑业 • 房地产业 • 住宿和餐饮业 • 教育 • 居民服务和其他服务业 • 文化、体育和娱乐业 • 公共管理和社会组织 • 水利、环境和公共设施管理业	• 租赁和商务服务业 • 信息传输、计算机服务和软件业 • 批发和零售贸易业
	低占有率	高占有率

图 2－1 东二环交通商务区产业 BCG 矩阵图

（三）租赁和商务服务业是本区域的主导产业

主导产业[1]是能够带动区域内产业共同成长的高关联产业。东二环商务区的优势产业还应当具有主导产业的功能，才能够带动上、下游产业发展，促进集群的形成，持续推动产业发展。课题基于此规律，评价东二环商务区的主导产业，及其与优势、成熟产业的关系。

---

[1] 主导产业是串连产业关联与产业链的重要核心，是辨别产业集群的重要特征。在产业关联的需求下，主导产业将带动上、下游产业发展，促进集群的形成。Hirschman（1958）在“经济发展策略”中（The Strategy of Economic Development）指出，政府应通过产业政策建立“以主导产业为发展核心的发展极”以扶植主导产业，确保区域均衡发展。

投入产出分析是评价主导产业的方法。北京市各区县未独立编制产业关联投入产出表，基于东二环交通商务区是北京市产业发展的一环，因此本书以每五年调查一次的“北京市2007年投入产出直接消耗系数表”为基础，分析各产业之间的关联程度，计算产业的感应度与影响度系数。分析结果显示：高关联产业有12个产业（象限Ⅰ），对北京市的经济发展支撑力度最大，是北京市主导产业；中间投入需求产业最多（象限Ⅱ），共有14个产业；中间投入供应产业较少（象限Ⅳ），只有5个产业，它们具有带动或支撑其他产业发展的功能，是北京市的重点产业；低关联产业有12个产业（象限Ⅲ），以相对独立生产最终产品、提供无形服务或是公共服务为主，与其他产业低度关联，如表2-5所示。

表2-5 北京市42部门2007年产业关联感应度与影响度

产业特性	部门产业
象限Ⅰ 高关联产业 （感应度与影响度>1）	煤炭开采和洗选业；纺织业；造纸印刷及文教体育用品制造业；石油加工、炼焦及核燃料加工业；金属冶炼及压延加工业；金属制品业；通用、专用设备制造业；交通运输设备制造业；通信设备、计算机及其他电子设备制造业；电力、热力的生产和供应业；租赁和商务服务业
象限Ⅱ 主要中间投入供应产业 （感应度>1、影响度<1）	农林牧渔业；石油和天然气开采业；化学工业；交通运输及仓储业；批发和零售业
象限Ⅲ 低关联产业 （感应度<1、影响度<1）	金属矿采选业；纺织服装鞋帽皮革毛皮羽毛（绒）及其制品业；燃气生产和供应业；邮政业；信息传输、计算机服务和软件业；住宿和餐饮业；金融业；房地产业；水利、环境和公共设施管理业；教育；文化、体育和娱乐业；公共管理和社会组织
象限Ⅳ 主要中间投入需求产业 （感应度<1、影响度>1）	非金属矿及其他矿采选业；食品制造及烟草加工业；木材加工及家具制造业；非金属矿物制品业；电气机械及器材制造业；仪器仪表及文化、办公用机械制造业；工艺品及其他制造业；废品废料；水的生产和供应业；建筑业；研究与试验发展业；综合技术服务业；居民服务和其他服务业；卫生、社会保障和社会福利业

对应于东二环商务区的产业优势，成熟产业中的租赁和商务服务业，是本区域的主导产业，工业虽然是高关联产业，然而在本区域已属于弱势产业，主导能力不强。属于重点产业及上游产业，能够推动其他行业增长的行业，有批发和零售贸易业；交通运输、仓储和邮政业属于问号产业，还需要进一步提高增加值，才能提升其推动能力。属于重点产业及下游产业，能够拉动其他行业增长的行业，有科学研究、技术服务和地质勘查业；卫生、社会保障和社会福利业属于问号产业，建筑业与居民服务和其他服务业属于弱势产业，拉动能力不强，如表2-6所示。

表 2－6 东二环交通商务区产业优势程度与产业关联

行　　业	优势程度	产业关联
租赁和商务服务业	成熟产业	高关联产业
信息传输、计算机服务和软件业		低关联产业
批发和零售贸易业		主要中间投入供应产业
科学研究、技术服务和地质勘查业	优势产业	主要中间投入需求产业
金融业		低关联产业
交通运输、仓储和邮政业	同号产业	主要中间投入供应产业
卫生、社会保障和社会福利业		主要中间投入需求产业
工业	弱势产业	高关联产业
建筑业		主要中间投入需求产业
居民服务和其他服务业		
住宿和餐饮业		低关联产业
房地产业		
文化、体育和娱乐业		
教育		
公共管理和社会组织		
水利、环境和公共设施管理业		

（四）已形成相对完整、具有产业关联的产业集群

当一个区域具有高生产关联的主导产业，它将能够带动与支撑其他关联产业，形成产业集群，共同发展而成合作经济体系。东二环商务区现在已经发展成为以租赁和商务服务业为主导产业，以批发和零售贸易业为上游的中间产品供应产业；以科学研究、技术服务和地质勘查业为下游的中间投入产品需求产业，并入属于成熟产业的信息传输、计算机服务和软件业，属于优势产业的金融业，属于增加值还不足的交通运输、仓储和邮政业；再加上目前仍处于低增长率、低占有率的建筑业、住宿和餐饮业、房地产业、文化体育和娱乐业，以及基本或增加值小的产业，包括工业、居民服务和其他服务业、教育、公共管理和社会组织、水利、环境和公共设施管理业所共同组成。

如图 2－2 所示，优势产业中，金融业是由租赁和商务服务业、交通运输、仓储和邮政业以及房地产业所推动，由租赁和商务服务业、房地产业以及批发和零售贸易业所拉动；科学研究、技术服务和地质勘查业是由信息传输、计算机服务和软件业以及建筑业所推动，由金融业所拉动。因此，租赁和商务服务业，信息传输、计算机服务和软件业以及批发和零售贸易业三个成熟产业，在东二环商务区的产业发展上扮演了关键的角色。

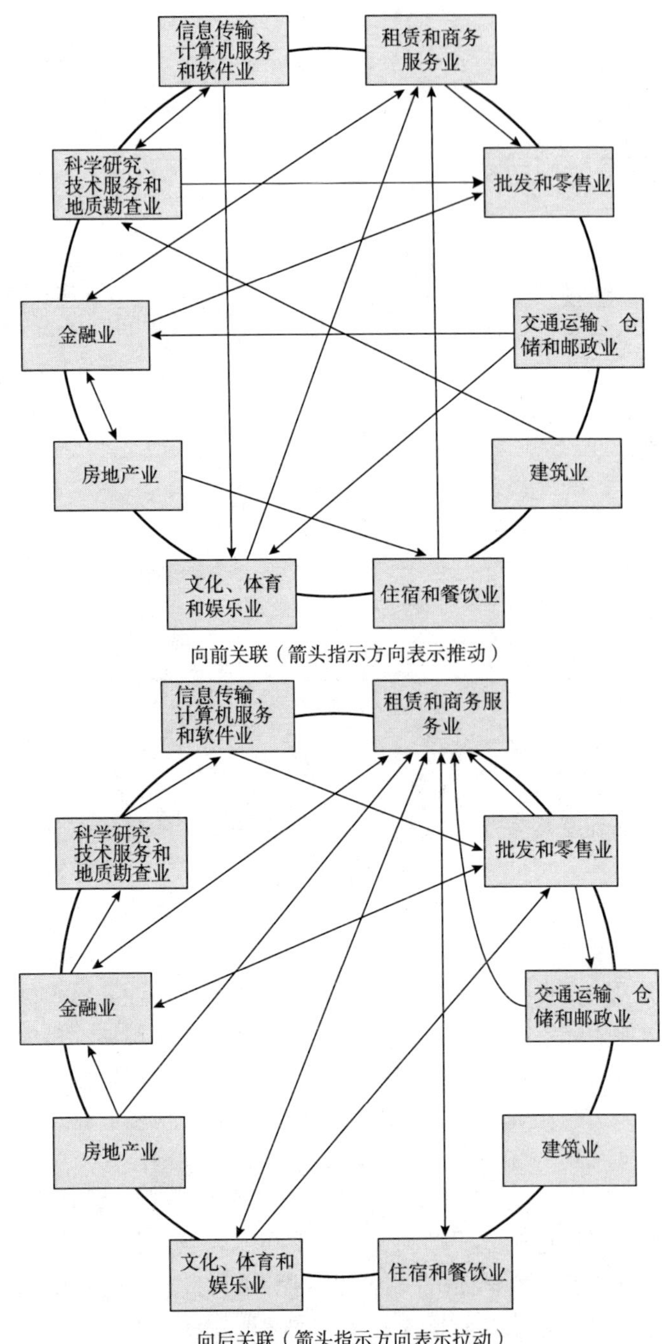

图 2－2　东二环交通商务区产业关联

注：本图未标示基本或增加值小的产业。

二、房地产租金对区域经济影响研究

（一）区域写字楼租金均价变动分析

房地产市场租金，是指供需双方合意的使用价格。由于房地产市场租金是企业在该地区从事经济活动的成本。因此房地产市场租金的增长幅度，与一个地区的产业发展以及经济增长密切相关，过高的租金增长幅度，将制约产业发展，使得一部分企业迁出该区域。因此租金价格稳定，有助于维持一个地区的经济与产业发展。

在东二环商务区已投入使用的60座楼宇中，除去办公自用的7座，其余的53座分别为纯商务、商住两用和商务商业楼宇。囿于数据的可获得性，基于44座写字楼楼宇2009—2011年的租金进行均价变动分析，并根据增长率进行归类，得到正增长、零增长和负增长三组分类。在此三组中，租金增长率为正的写字楼共15座，平均增长率为30.11%；租金增长率为0的共27座；租金增长率为负的共2座，分别是国华投资大厦与京百大厦，平均增长率为-4.90%。

在租金增长率为正的一组中，根据增长率的四分位数由大至小进行排名，以观察各楼宇租金增长率的集中程度。最高组的增长率是界于60.00%~46.04%，第二组的增长率是界于46.04%~32.09%，第三组的增长率是界于32.09%~18.13%，最末组的增长率是界于18.13%~4.17%，结果表明，多数的楼宇租金增长率集中在第三组与第四组，这说明多数楼宇的增长率较小，只有少数楼宇的增长率较高。最高组的楼宇，有光华长安大厦、北京佳龙阳光酒店管理有限公司，增长率分别为60.00%、56.25%，平均增长率为58.13%；第二组的楼宇，有天恒大厦、微电子写字楼，增长率分别为40.00%、33.33%，平均为36.67%；第三组的楼宇，有元嘉国际公寓、东方银座、首创大厦、凯龙大厦，增长率分别为18.75%、17.65%、16.67%、16.67%，平均为17.43%；最末组的楼宇，有来福士大厦、金泰商之苑大厦、富华大厦、海运仓国际大厦、居然大厦、北京亚洲大酒店、保利大厦，增长率分别为11.11%、11.11%、8.87%、8.83%、7.69%、6.11%、4.17%，平均为8.20%，如图2-3所示。

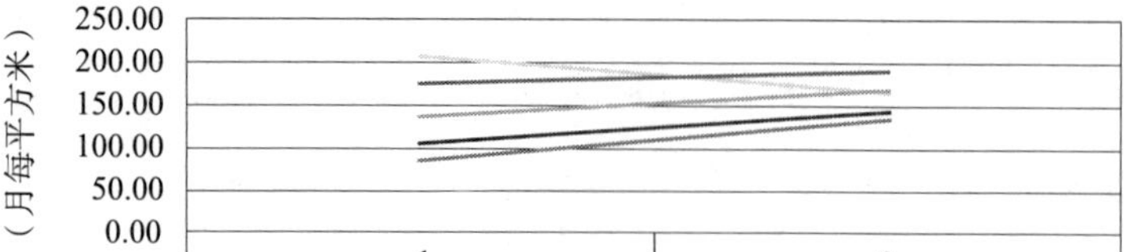

	1	2
负增长（-4.9%）	202.50	165.00
正增长排名前75%—100%（8.2%）	175.86	190.14
正增长排名前50%—75%（17.43%）	138.50	162.50
正增长排名前25%—50%（36.67%）	105.00	145.00
正增长排名前0%—25%（58.13%）	85.50	135.00

图 2－3　2009—2011 年东二环交通商务区楼宇租金变化

注：基于数据缺失，部分楼宇按搜房网实际市场出租价格修正，纳入分析的楼宇数为 44 栋。括号内数字为增长率。

值得注意的是，写字楼本身租金较高的楼宇，其租金增长率未必较高。此外，商务区的大部分楼宇租金增长较小或者 0 增长，为商务区的产业发展提供了良好的环境。

（二）法人数量变动与租金变动的分析

法人单位在一地区内的产值，反映在 GDP 以及区级收入上，租金承受力愈高的地区，GDP 也应当愈高，贡献的区级收入也将愈高。租金不断上涨的情况下，法人数量仍持续增加，说明法人单位还能够承受市场租金，一旦租金增幅开始大于法人数量增幅，随着法人增幅下降，租金因空置不足逐渐上涨，这样的情况将可能影响到法人的经营成本，降低法人入住的意愿。

法人单位数量增长与租金增长的比较分析。根据东二环商务区 2010 年法人单位数量的增幅与 2009—2011 年租金增幅比较分析结果，2009—2010 年，东二环商务区法人单位从 4449 家增长至 4507 家，增加了 58 家，增长率为 1.03%。2009—2011 年商务区的写字楼租金平均增长率为 6.42%。法人单位的增长率低于租金增长率。这也表明，随着东二环商务区目前可供出租的楼宇空间已经较小，在楼宇稀缺的影响下，2010 年法人单位数量的增长幅度，已经小于 2009—2011 年的租金增长幅度，如图 2－4 所示。

（三）GDP 变动与租金变动分析

租金承受力愈高的地区，其 GDP 将愈高，反之，当 GDP 持续增长，租金也将持续增长，当租金的上升幅度高于 GDP 上升的幅度，对一区域的房地产市场而言是一大警讯；当租金的上升幅度小于 GDP 上升的幅度，有助于稳定未来的经济发展。本书基于此规律，评述 GDP 增长与租金增长的关系。

GDP 增长与租金增长的比较分析。针对东二环商务区 2010 年 GDP 增幅与 2009—2011 年的租金增幅进行比较分析，结果显示，从 2009—2010 年，GDP 从 415.90 亿元增长至 493.29 亿元，增加了 77.39 亿元，增长了 18.61%。GDP 增长率大于写字楼租金变动率 6.42%。结果表明，在目前 GDP 持续增长的情况下，租金的增幅仍处于企业能够承受的幅度，因此维持东二环商务区的 GDP 增长，是平衡楼宇租赁市场与产业发展的关键，如图 2－4 所示。

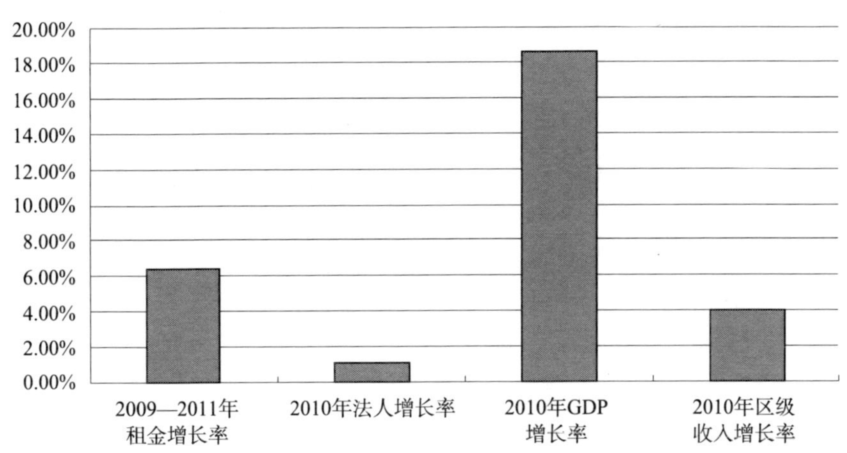

图 2－4　2010 年东二环交通商务区法人、GDP、区级收入增长与 2009—2011 年租金增长的比较

（四）区级收入变动与租金变动分析

GDP 愈高的地区，区级收入也应当愈高。东二环商务区的 GDP 与区级收入虽然呈现同方向波动增长，然而受到税收预缴以及总部企业税收划分的影响，GDP 的年均增长率高于区级收入的年均增长率，因此区级收入的年均增长率可能低于租金增长率。本书基于此规律，评述区级收入增长与租金增长的关系。

区级收入增长与租金增长的比较分析。针对东二环商务区 2010 年区级收入增幅与2009—2011年的租金增幅进行比较分析，结果显示，从2009—2010年，商务区区级税收从17.30亿元增长至17.99亿元，增加了0.69亿元，增长了3.99%，小于写字楼租金变动率6.42%。尽管区级收入是受到税收预缴以及总部企业税收划分的影响，尽力维持区级收入的高成长与写字楼租金的稳定，仍是发展东二环交通商务区产业的重要任务，如图2－4所示。

三、楼宇经济发展评价

（一）楼宇经济能够带动区域经济发展

楼宇经济是各种企业的主要载体，企业的行业种类与规模决定了楼宇的经济规模。一群规划较好的楼宇聚集区，吸纳的企业在产业分工上存在产业关联的关系，分工运营。因此，楼宇经济具有带动区域经济发展的目的，其楼宇数量的增加应当反映出GDP增长。本书基于此规律，评价东二环商务区的楼宇数量变化与GDP增长的关系。

东二环商务区最主要的八座总部大厦和其他商务楼宇都分布在东二环临街两侧，空间上呈狭长带状分布。截至2011年年底，东二环商务区内楼宇共有60座（仅包括已投入使用的楼宇），占地面积63.98万平方米，总建筑面积为392.92万平方米，可用出租出售面积259.98万平方米，占总建筑面积的66.17%，已出租出售面积237.54万平方米，空置面积22.44万平方米，空置率8.6%。

总体而言，这些楼宇规模大小不一。东二环商务区内1万平方米以上的楼宇建筑面积占总建筑面积的98.26%，其中，1万平方米以下的楼宇14座，建筑面积6.82万平方米，占商务楼宇总建筑面积的1.74%；1到5万平方米的楼宇17座，建筑面积41.23万平方米，占10.51%；5到10万平方米的楼宇15座，建筑面积106.08万平方米，占27.04%；10万平方米及以上的楼宇14座，建筑面积238.15万平方米，占60.71%。

不同用途的楼宇，其楼宇规模大小也不一，呈现多种类供应的市场。平均面积较小的用途是纯商务楼宇，共计27座，平均面积34387平方米，其总面积占本区域楼宇总建筑面积的23.67%；其次是办公自用楼宇，共计7座，平均面积70979平方米，其总面积占本区域楼宇总建筑面积的12.67%；第三是商务商业楼宇，共计12座，平均面积79758平方米，其总面积占本区域楼宇总建筑面积的24.40%；最大规模的是商住两用楼宇，共计14座，平均面积110031平方米，其总面积占本区域楼宇总建筑面积的39.27%。

目前东二环商务区的楼宇经济所遭遇到的一大难题，是楼地板面积以及土地面积不足，如图2-5所示。从可调控利用的楼宇资源看，可用出租出售面积259.98万平方米中，空置面积只剩下22.44万平方米，空置率8.6%，未来的商务楼宇供应潜力，相对于该区的日益增长的需求来说，存在一定程度的不足，当GDP增长与楼宇数量存在相关性，则楼宇资源不足将较大地制约GDP增长。

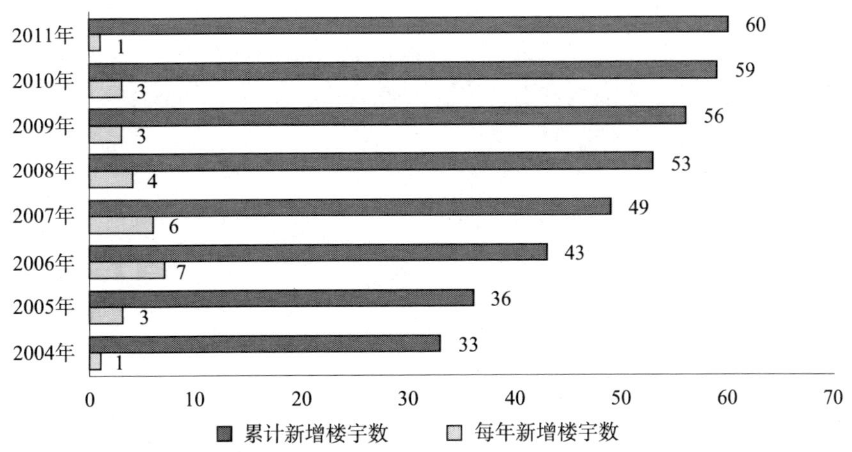

图2-5　2004—2011年东二环交通商务区楼宇情况

楼宇数量变化与GDP增长的相关性分析。由于新增的楼宇对GDP的贡献存在一定时间的滞后影响，而且当年GDP的贡献应当是来自全体建成的楼宇，因此本书针对东二环商务区2004—2010年的GDP与累计楼宇数目进行相关分析，结果显示，GDP与累计楼宇数目显著相关，如表2-7所示，表明东二环商务区楼宇经济能够带动区域经济发展，随着楼宇资源不足，GDP增长将会受到影响。

（二）楼宇经济对总税收以及区级收入做出贡献

楼宇聚集区吸纳企业的过程，就是引进税源的过程，因此一个持续吸纳企业楼宇聚集区，或楼宇不断增加的地区，应当会充分地反映在总税收以及区级收入增长方面；吸纳的企业较多或是产业较多元，对总税收以及区级收入的贡献也将愈大。本书基于此规律，评价东二环商务区的楼宇数量变化与总税收以及区级收入增长的关系。

经济发展的需求引致了楼宇建设的需求，然而，楼宇不等同于税收；其次，楼宇选择承租的企业，是基于市场的需求，不是从政府需求较大税源与税收的角度，若是政府一味重视税源的“唯税源论”，排斥不能带来税源的客户，将可能人为割断税源客户与非税源客户的天然联系或互相支持关系，即产业关联，结果可能适得其反，造成税收减少。东二环商务区的楼宇出租是基于市场需求，因此楼宇数量的增长，应当能够合理地带动税收增加。

楼宇数量变化与税收收入增长的相关性分析。本书针对东二环商务区2004—2010年的总税收、区级收入与累计楼宇数目分别进行相关分析，结果显示，总税收与区级收入均与累计楼宇数目显著相关，如表2-7所示，表明东二环商务区的楼宇经济能够引进税源，吸纳的企业或是产业较多元，对总税收以及区级收入做出贡献。

（三）楼宇经济拉动就业增长

健全的楼宇经济，在吸纳企业的过程中，应当能够拉动就业，而随着楼宇数量的增加，拉动的就业数量也应当愈多。截至2011年7月，东二环商务区60座楼宇吸引各行业从业人员102137人，其中从事住宿餐饮业18742人，占总从业人数的18%；从事商务服务业17629人，占总从业人数的17%；从事金融业11795人，占12%；从事房地产和文化、体育和娱乐业分别各占6%；还有部分人员从事批发零售业或其他行业，如图2-6所示。

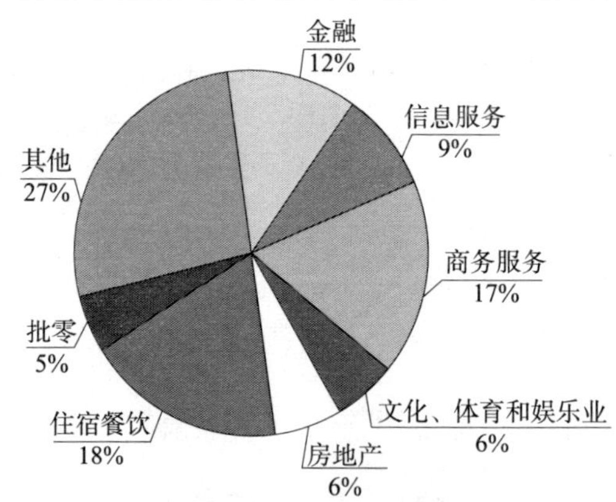

图2-6　2011年东二环交通商务区从业人员行业分布图

楼宇数量变化与从业人员增长的相关性分析。本书针对东二环商务区

2004—2010年的从业人员与累计楼宇数目分别进行相关分析，结果显示，从业人员与累计楼宇数目显著相关，表明楼宇经济提供了就业机会，拉动了就业增长，如表2－7所示。

表2－7 楼宇经济发展评价相关性分析结果

经济与产业变量	累计楼宇数目
GDP	0.930**
总税收	0.967**
区级收入	0.969**
从业人员	0.942**

**：Pearson相关性分析结果，在99%置信度之下（双侧）显著相关。

（四）多数楼宇在营运效率上有较好的表现❶

楼宇经济的两大功能与目的，在于引进税源、带动区域经济发展，因此，楼宇数量的增加，应当能够吸纳企业、拉动就业、贡献区级收入。对一个规划较好的楼宇，应当能够因此吸纳较多、较好的企业与就业，贡献较高的区级收入，以及提高自身楼宇的租金水平。本书基于此规律，分析在东二环商务区稀缺的土地资源、有限的楼地板面积、企业数量、就业人口的条件下，创造出较高的区级收入，以及租金水平，达到高生产效率的楼宇，以评价东二环商务区内楼宇的生产效率。

运用线性规划的方法，针对2011年各楼宇吸纳的企业、占用的楼地板面积、土地面积，以及产出的区级收入、达到的租金水平，进行生产效率分析，并计算出各楼宇之间的相对生产效率。以出租价格和区级税收作为产出的指标，针对34栋楼宇进行分析，结果显示，共计9栋楼宇的生产效率达到1❷，达到高生产效率。它们分别是国华投资大厦、中国人民财产保险股份有限公司北京市分公司、凯恒中心、汇万达物业、阳光国际大厦、港澳中心瑞士酒店写字楼、凯龙大厦、巨石大厦以及物实源写字间；达到生产效率基本门槛的（>0.8）共有4栋，有贡院六号E座写字楼、新中大厦、中航大厦以及

❶ 该研究采用历史数据分析，一定时期的经济发展变化和楼宇内部逐步形成产业关联，各个楼宇的生产效率会有变化。该研究仅表示2011年时期的生产效率情况。可采用本研究提供的方法，评价任意年份的楼宇生产效率，以达到比较的效果。

❷ 生产效率值，最低为0，最高为1，0.8～1之间均可视为达到生产效率。

微电子写字楼，两者合计占全体楼宇的38.2%。结果表明，东二环商务区的楼宇运营效率发展较为平均，大多数的楼宇在营运效率上都有较好的表现，如表2-8所示。

表2-8　东二环交通商务区楼宇生产效率分析（产出项为出租价格和区级税收）

楼宇名称	总效率	楼宇名称	总效率
国华投资大厦	1.00	微电子写字楼	0.85
中青旅大厦	0.39	北京亚洲大酒店	0.58
居然大厦	0.61	海运仓国际大厦	0.52
第五广场	0.32	来福士大厦	0.18
中国人民财产保险股份有限公司北京市分公司	1.00	南新仓商务大厦	0.26
北京佳龙阳光酒店管理有限公司	0.78	北京新保利大厦	0.61
凯恒中心	1.00	青蓝大厦	0.49
梓峰大厦	0.43	凯龙大厦	1.00
汇万达物业	1.00	东环广场	0.09
贡院六号E座写字楼	0.83	保利大厦	0.34
首创大厦	0.24	天恒大厦	0.04
阳光国际大厦	1.00	巨石大厦	1.00
新中大厦	0.80	华普花园	0.19
中航大厦	0.82	北京INN	0.15
鸿基大厦	0.46	东方银座	0.19
金泰商之苑大厦	0.49	元嘉国际公寓	0.15
港澳中心瑞士酒店写字楼	1.00	物实源写字间	1.00

注：基于出租价格或区级税收资料不足，总计有26栋楼宇未纳入分析。

单独以区级税收作为产出的指标，针对43栋楼宇进行分析，结果显示，东直门移动通信综合楼生产效率达到1，其他楼宇的生产效率最高为0.1，这表示东直门移动通信综合楼能够以相对少的企业数、楼地板面积与土地面积，获得较高的区级税收，因此生产效率值高出许多；在去掉几栋区级税收较高的楼宇，计有东直门移动通信综合楼、中国海油大厦、华润大厦、光华长安大厦后，各楼宇的生产效率值仍然呈现两极化发展，结果表明，在只考虑区级收入的情况下，由于区级收入来源集中在少数楼宇中，这些楼宇又不需投入比其他楼宇更多的企业数、楼地板面积与土地面积，因此楼宇运营效率发展相差悬殊，如表2-9所示。

表 2-9 东二环交通商务区楼宇生产效率分析（产出项为区级税收）

楼宇名称	总效率	楼宇名称	总效率
国华投资大厦	1.00	南新仓商务大厦	0.14
中青旅大厦	0.14	北京新保利大厦	0.37
居然大厦	0.00	青蓝大厦	0.02
第五广场	0.13	凯龙大厦	0.02
中国人民财产保险股份有限公司北京市分公司	0.20	东环广场	0.07
北京佳龙阳光酒店管理有限公司	0.06	保利大厦	0.19
凯恒中心	1.00	天恒大厦	0.09
梓峰大厦	0.04	巨石大厦	0.04
汇万达物业	0.00	华普花园	0.11
贡院六号 E 座写字楼	0.01	北京 INN	0.00
首创大厦	0.09	东方银座	0.07
阳光国际大厦	0.09	元嘉国际公寓	0.01
新中大厦	0.20	物实源写字间	0.03
中航大厦	0.14	东直门移动通信综合楼	—
鸿基大厦	0.01	中国海油大厦	—
金泰商之苑大厦	0.02	华润大厦	—
港澳中心瑞士酒店写字楼	0.13	光华长安大厦	—
微电子写字楼	0.01	阳光都市	0.06
北京亚洲大酒店	0.03	万国城 Moma	0.01
海运仓国际大厦	0.06	聚龙花园	0.18
来福士大厦	0.05	美惠大厦	0.26
工体北路 66 号综合楼	0.03		

注：基于出租价格或区级税收资料不足，总计有 17 栋楼宇未纳入分析。

比较以出租价格和区级税收作为产出指标以及单独以区级税收作为产出指标，两者所得到的结果不同。此结果说明，相对于各楼宇所进住的企业数、占用的楼地板面积与土地面积，它们在租金与区级收入上各有不同表现，部分楼宇能获得高租金、高区级收入，有国华投资大厦、凯恒中心；部分楼宇能获得高租金，但区级收入低，有中国人民财产保险股份有限公司北京市分公司、汇万达物业、贡院六号 E 座写字楼、阳光国际大厦、新中大厦、中航大厦、港澳中心瑞士酒店写字楼、微电子写字楼、凯龙大厦、巨石大厦、物实源写字间等；表 2 –12 其他楼宇的租金、区级收入均较低。由于高租金的楼宇，应当能够引入营收较高的企业，创造较高的区级收入，因此政府应进一步调查并改善高租金，低区级收入楼宇的企业素质。

（五）产业关联协作集中在少数楼宇的态势较为明显，主导楼宇形成楼宇产业集群

楼宇选择承租的企业，是基于市场的需求，企业选择承租的楼宇，也是基于市场需求，影响它们相互选择的因素之一，是产业关联。产业关联是基于产业价值链理论，在产业分工不断细化的背景下，具有上、中、下游关联的产业在同一空间中不断积聚，出现专业性较强的功能区，也打破过去自建自用的办公方式，转变为集聚在各类型的商务楼宇。

由表 2 –10 可以发现，增加值较大的几个主要行业，其从业人员主要集中在少数楼宇内，租赁和商务服务业主要集中在青蓝大厦，信息传输、计算机服务和软件业主要集中在东直门移动通信综合楼，金融业主要集中在凯恒中心，文化、体育和娱乐业主要集中在国华投资大厦，房地产业主要集中在富华大厦、光华长安大厦以及东环广场，住宿和餐饮业主要集中在富华大厦，批发和零售贸易业主要集中在华润大厦，这也表明，产业关联协作将集中在这些少数的楼宇。

青蓝大厦是成熟产业中的租赁和商务服务业的主要集聚楼宇，由于租赁和商务服务业是本区域的主导产业，因此产业集群是以青蓝大厦作为主导产业核心，与其他楼宇产业关联协作。分析结果显示，在以主导产业为核心的向前、向后产业关联楼宇中，青蓝大厦（集聚租赁和商务服务业 41.01% 的从业人员），推动凯恒中心（集聚金融业 54.21% 的从业人员）、华润大厦（集聚批发和零售业 42.47% 的从业人员）的发展，拉动凯恒中心（金融业）、国华投资大厦（集聚文化体育和娱乐业 81.23% 的从业人员）、富华大厦（集聚住宿和餐饮业 82.68% 的从业人员）的发展。青蓝大厦（租赁和商务服务业）再受到凯恒中心（金融业）、国华投资大厦（文化体育和娱乐业）、富华大厦（住宿和餐饮业）的推动，以及凯恒中心（金融业）、富华大厦（集聚房地产业 27.00% 的从业人员）、光华长安大厦（集聚房地产业 17.53% 的从业人员）、东环广场（17.03%）、国华投资大厦（文化体育和娱乐业）、富华大厦（住宿和餐饮业）以及华润大厦（批发和零售业）的拉动。其他非主导产业所在楼宇，也基于产业关联彼此协作发展，如表 2 –10、图 2 –7 所示。

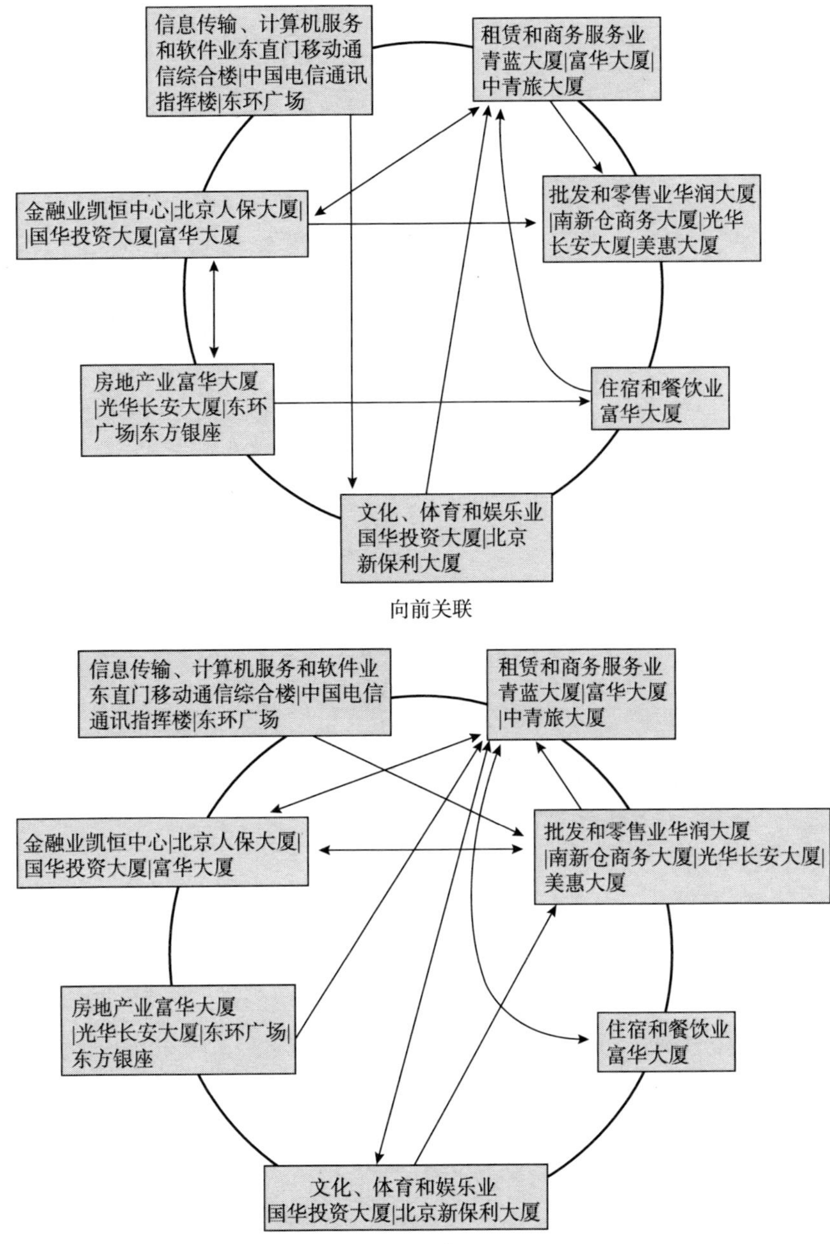

图 2－7　东二环交通商务区楼宇产业关联

注：本图仅标示增加值较大的产业。

表2-10　东二环交通商务区各类行业从业人员的楼宇集聚现况

行业	主要楼宇及其占东二环交通商务区从业人员比重			
租赁和商务服务业	青蓝大厦	富华大厦	中青旅大厦	—
	41.01%	14.99%	6.22%	—
信息传输、计算机服务和软件业	东直门移动通信综合楼	中国电信通信指挥楼	东环广场	—
	50.14%	22.53%	8.13%	—
金融业	凯恒中心	北京人保大厦	国华投资大厦	富华大厦
	54.21%	12.06%	11.90%	7.60%
文化、体育和娱乐业	国华投资大厦	北京新保利大厦	—	—
	81.23%	5.12%	—	—
房地产业	富华大厦	光华长安大厦	东环广场	东方银座
	27.00%	17.53%	17.03%	9.80%
住宿和餐饮业	富华大厦	—	—	—
	82.68%	—	—	—
批发和零售贸易业	华润大厦	南新仓商务大厦	光华长安大厦	美惠大厦
	42.47%	7.19%	7.06%	5.53%

四、总部经济发展评价[1]

现代经济条件下，总部经济成为企业配置资源的新方式。它能够为区域吸引更多的投资，拉动区域的消费，并不断促进所在区域产业结构升级，形成扩散效应，因而也会对税收有所贡献。据统计，2010年东二环商务区25家总部型企业共实现区级收入8.65亿元，占区级收入总额的48.05%。总部企业对区域经济的支撑作用非常明显。

（一）总部企业的入住有效提升楼宇的生产效率

基于总部对制造基地或其他分公司的链条辐射，这是扩展区域内商务服务业业务范围的动力来源，也是延伸区域内同一生产链上各公司合作范围的渠道，因此总部企业可以拉动楼宇内或其周边企业的产值增长，进而提高位

[1] 依数据取得的不同，每一部分分析的总部楼宇与非总部楼宇数量不尽相同。

处其周围且与其存在合作关系的企业的生产效率。本书基于此规律，分析东二环商务区总部企业所在楼宇的生产效率，能否超越其他非总部企业所在的楼宇。

总部与非总部企业所在楼宇的生产效率比较分析。受限于数据，2010 年东二环商务区能够计算生产效率的楼宇总计有 43 栋，其中，共计 13 栋总部型楼宇以及其他 30 栋非总部楼宇中，直接比较其差异，总部型楼宇与非总部型楼宇的生产效率平均数各为 0.1067 和 0.0045，因此，总部企业的入住能够有效提升楼宇的生产效率。将东二环商务区楼宇视为整群抽样中的普查样本，可以推论北京市其他相同以总部为集聚的楼宇的生产效率平均数差异，检验结果，总部型楼宇与非总部型楼宇的生产效率平均数没有显著差异，这表示从全市来看，总部型楼宇与非总部型楼宇的生产效率没有显著差异，总部企业入住不能提升楼宇的生产效率。因此，从实际上来说，东二环商务区的总部企业的入住能够提升楼宇的生产效率，从统计推论的角度，北京市则可能较不明显，如表 2-11 所示。

表 2-11　东二环交通商务区总部型楼宇与非总部型楼宇生产效率平均数检定

<table>
<tr><td rowspan="3"></td><td colspan="2">方差检验</td><td colspan="7">平均数 t 检验</td></tr>
<tr><td rowspan="2">F</td><td rowspan="2">Sig.</td><td rowspan="2">t</td><td rowspan="2">自由度</td><td rowspan="2">显著性（双尾）</td><td rowspan="2">平均差异</td><td rowspan="2">标准误差异</td><td colspan="2">差异的 95% 置信区间</td></tr>
<tr><td>下界</td><td>上界</td></tr>
<tr><td>方差相等</td><td>10.543</td><td>0.002</td><td>1.360</td><td>12.003</td><td>0.199</td><td>0.1021735</td><td>0.0751279</td><td>-0.06151145</td><td>0.26585848</td></tr>
<tr><td rowspan="3">总生产效率</td><td colspan="4">是否为总部企业所在楼宇</td><td>个数</td><td>平均数</td><td>标准差</td><td colspan="2">平均数标准误</td></tr>
<tr><td colspan="4">是</td><td>13</td><td>0.1066638</td><td>0.2708599</td><td colspan="2">0.07512304</td></tr>
<tr><td colspan="4">否</td><td>30</td><td>0.0044903</td><td>0.0046930</td><td colspan="2">0.00085683</td></tr>
</table>

（二）总部企业的入住能够有效提升楼宇的租金

由于总部企业能够扩展区域内商务服务业业务范围以及延伸区域内同一生产链上各公司的合作范围，再加上提高知名度、信誉度等附加价值，总部企业所在的楼宇，应当总能吸引大量的企业抢进，而在楼宇空间有限的条件下，出现抬高楼宇租金的情况。本书基于此规律，分析东二环商务区总部企业所在楼宇的租金，能否超越其他非总部企业所在的楼宇。

总部与非总部企业所在楼宇的租金比较分析。受限于数据，2010 年东二环商务区能获取租金数据的楼宇总计有 43 栋，其中，共计 13 栋总部型楼宇以及其他31栋非总部楼宇中，直接比较其差异，总部型楼宇与非总部型楼宇的租金平均数各为231和132.26。因此，总部企业的入住已经能够有效提升楼宇的租金。将东二环商务区楼宇视为整群抽样中的普查样本，推论北京市其他相同的以总部为集聚的楼宇的租金平均数差异，检验结果，总部型楼宇与非总部型楼宇的租金平均数有显著差异，这表示从全市来看，总部型楼宇与非总部型楼宇的租金也有显著差异。因此，从实际上来说，东二环商务区总部企业的入住已经能够有效提升楼宇的租金，从统计推论的角度，不论是全市还是东二环商务区，总部企业对楼宇租金均有提升的效果，如表2－12所示。

表2－12　东二环交通商务区总部型楼宇与非总部型楼宇租金平均数检定

	方差检验		平均数相等的t检验						
	F	Sig.	t	自由度	显著性（双尾）	平均差异	标准误差异	差异的95% 置信区间 下界	差异的95% 置信区间 上界
方差相等	0.024	0.877	4.779	42	0.000	98.742	20.660	57.048	140.436
平均租金	是否为总部企业所在楼宇				个数	平均数	标准差	平均数的标准误	
	是				13	231.00	66.824	18.534	
	否				31	132.26	60.721	10.906	

（三）总部企业的入住能够有效提升楼宇的区级收入

总部企业在带动链条辐射与协助扩展关联产业服务范围与合作范围的过程中，会拉动楼宇内或其周边企业的产值增长，在产值增长后，区级收入也应当有一定程度的增长。东二环商务区的区级收入受到税收预缴以及总部企业税收划分的影响，GDP的年均增长率高于区级收入的年均增长率，因此总部企业入住楼宇后，能否像拉动GDP一样，拉动区级收入的增长率，有待进一步检验。本书基于此规律，分析东二环商务区总部企业所在楼宇的区级收入，能否超越其他非总部企业所在的楼宇。

总部与非总部企业所在楼宇的区级收入比较分析。受限于数据，2010年东二环商务区能获取区级收入的楼宇总计有46栋，其中，共计15栋总部型楼宇以及其他31栋非总部楼宇中，直接比较其差异，总部型楼宇与非总部型楼宇的区级收入平均数各为6531.9和437.4，因此，总部企业的入住已经能够有效提升楼宇的区级收入。将东二环商务区楼宇视为整群抽样中的普查样本，推论北京市其他相同以总部为集聚的楼宇的区级收入平均数差异，检验结果，总部型楼宇与非总部型楼宇的区级收入平均数有显著差异，这表示从全市来看，总部型楼宇与非总部型楼宇的区级收入也有显著差异。因此，从实际上来说，东二环商务区总部企业的入住已经能够有效提升楼宇的区级收入，从统计推论的角度，不论是全市还是东二环商务区，总部企业对楼宇区级收入均有提升的效果，如表 2－13 所示。

表 2－13 东二环交通商务区总部型楼宇与非总部型楼宇区级收入平均数检定

	方差检验		平均数相等的 t 检验						
	F	Sig.	t	自由度	显著性（双尾）	平均差异	标准误差异	差异的 95% 置信区间 下界	差异的 95% 置信区间 上界
方差相等	24. 036	0. 000	2. 765	14. 078	0. 015	6094. 5094	2204. 480	1368. 8219	10820. 1969
平均区级税收	是否为总部企业所在楼宇				个数	平均数	标准差	平均数的标准误	
	是				15	6531. 9120	8526. 072	2201. 42238	
	否				31	437. 4026	646. 3299	116. 08428	

（四）总部企业的入住能够有效降低楼宇的空置率

在总部企业扩展合作范围、提高楼宇知名度以及信誉度等附加价值的过程中，总部企业所在的楼宇应当能吸引大量的企业抢进，而在楼宇空间有限的条件下，空置率应当会下降。

总部与非总部企业所在楼宇的空置率比较分析。受限于数据，2010 年东二环商务区能获取空置率的楼宇总计有 60 栋，其中，共计 18 栋总部型楼宇以及其他 42 栋非总部楼宇中，直接比较其差异，总部型楼宇与非总部型楼宇的空置率平均数各为 3. 8% 和 8. 4%，因此，总部企业的入住已经能够有效提升楼宇的空置率。将东二环商务区楼宇视为整群抽样中的普查样本，推论北京市其他相同以总部为集聚的楼宇的空置率平均数差异，检验结果，总部型楼宇与非总部型楼宇的空置率没有显著差异，这表示从全市来看，总部型楼宇与非总部型楼宇的空置率没有显著差异。因此，从实际上来说，东二环商务区的总部企业入住能够降低楼宇的空置率，从统计推论的角度，北京市则可能较不明显，如表 2－14 所示。

表 2－14　东二环交通商务区总部型楼宇与非总部型楼宇空置率平均数检定

	方差检验		平均数相等的 t 检验						
	F	Sig.	t	自由度	显著性（双尾）	平均差异	标准误差异	差异的 95% 置信区间	
								下界	上界
方差相等	4.004	0.050	－1.60	54.515	0.115	－4.60556	2.87666	－10.37166	1.16055
空置率	是否是总部企业所在楼宇				个数	平均数	标准差	平均数的标准误	
	是				18	3.7611	7.79745	1.83788	
	否				42	8.3667	14.34188	2.21300	

（五）总部企业的入住能够有效吸引规模较大的法人单位入住

当东二环商务区总部企业对降低楼宇空置率的效果相当有效时，则总部企业对吸引其他企业的效果也较为明显；由于总部企业楼宇的租金以及贡献的区级收入较高，说明入住总部楼宇的企业，其规模较大，使得在空置率已较低的情况下，入住的法人单位数量也较少。本书基于此规律，分析东二环商务区总部企业所在楼宇的企业数量，是否低于其他非总部企业所在的楼宇。

总部与非总部企业所在楼宇的法人单位数量比较分析。受限于数据，2010 年东二环商务区能获取法人单位数量的楼宇总计有 55 栋，其中，共计 18 栋总部型楼宇以及其他 37 栋非总部楼宇中，直接比较其差异，总部型楼宇与非总部型楼宇的企业数量平均数分别为 35.50 家和 43.38 家，因此，总部企业所在楼宇，其入住的法人单位数量较少，但却能产出较高的区级收入。将东二环商务区楼宇视为整群抽样中的普查样本，推论北京市其他相同以总部为集聚的楼宇的法人单位数量平均数差异，检验结果表明总部型楼宇与非总部型楼宇的法人单位数量没有显著差异，这表示从全市来看，总部型楼宇与非总部型楼宇的法人单位数量没有显著差异。因此，从实际上来说，东二环商务区的总部企业楼宇入住的企业数量较小，但根据该楼宇的区级收入数据来看，这些为数较少的企业却能缴纳较高的区级收入，如表 2－15 所示。

表 2-15　东二环交通商务区总部楼宇与非总部楼宇法人单位数量平均数检定

<table>
<tr><td rowspan="3"></td><td colspan="2">方差检验</td><td colspan="7">平均数相等的 t 检验</td></tr>
<tr><td rowspan="2">F</td><td rowspan="2">Sig.</td><td rowspan="2">t</td><td rowspan="2">自由度</td><td rowspan="2">显著性（双尾）</td><td rowspan="2">平均差异</td><td rowspan="2">标准误差异</td><td colspan="2">差异的 95% 置信区间</td></tr>
<tr><td>下界</td><td>上界</td></tr>
<tr><td>方差相等</td><td>0.729</td><td>0.397</td><td>-0.517</td><td>53</td><td>0.607</td><td>-7.878</td><td>15.232</td><td>-38.429</td><td>22.672</td></tr>
<tr><td rowspan="3">法人单位数量</td><td colspan="4">是否为总部企业所在楼宇</td><td>个数</td><td>平均数</td><td>标准差</td><td colspan="2">平均数的标准误</td></tr>
<tr><td colspan="4">是</td><td>18</td><td>35.50</td><td>42.515</td><td colspan="2">10.021</td></tr>
<tr><td colspan="4">否</td><td>37</td><td>43.38</td><td>57.292</td><td colspan="2">9.419</td></tr>
</table>

五、产业空间发展政策

（一）充分利用闲置土地及可开发土地，建设标志性楼宇

东二环商务区品牌影响力有待提升，建设知名楼宇，以充分发挥宣传目的。东二环商务区起步较晚，在新兴商务区环伺之下，产业竞争力和品牌影响力有待提升，建设标志性楼宇有助于宣传东二环商务区的高端产业地位。目前东二环地域空间拓展的重点是推动东直门东南新中街老旧楼房的拆迁改造，在土地资源稀缺下，新增的楼宇，应当举行建筑设计竞标，建筑具有知名度、达到绿色建筑标准的楼宇；楼宇使用上，应兼顾各产业发展，除了持续为金融业、租赁业和商务服务业、研究、技术服务和地质勘查业以及信息传输、计算机服务和软件业提供发展空间外，应预留建设大型购物中心，以及知名高校的成人教育、EMBA、EMPA 教学楼，以在发展高端服务业的同时，建立起以文化为核心的文化休闲产业，打造商务区成为“知名的、宜人的、完善的办公空间”，成为高端服务技能的教育重镇。

（二）引入土地权利变换制度，运用市场机制建设高层商住混合楼宇

充分运用土地权利交换分合机制，运用市场力量重建老旧住宅为商住混合，把低层楼宇改建为高层楼宇，扩大产业发展空间。权利变换制度是引入市场机制实现旧城改造（在台湾称为都市更新）与拓展城市发展空间的新兴城市治理手段，源自于日本的“都市再开发法”，是指更新范围内重建建筑物的

所有权人、他项权利人以及投资重建的开发商，分别提供土地与建筑物、他项权利及资金，参与建筑物重建计划，在重建完成后，扣除开发商的施工成本与利润，该建筑物内所有的所有权人与他项权利人，按其原有持分占原建筑物价格的百分比，分配新建筑物的总价扣除开发商的施工成本与利润后的部分。目前东二环商务区有 25.9% 的土地为住宅区，采用土地权利变换制度，可望能够为商务区挖潜出较多的楼宇空间。

（三）充分利用地下空间，建设公共地下停车设施

高密度建筑与人口聚集地区，交通问题通常成为阻碍发展的重要阻力，这一问题在早期发展的老旧城区特别突显，也是城市改造的重点工作。我国台湾的台北市在产业发展的过程中，也曾遭遇到来自交通拥堵的阻力，因此，台北市政府充分利用了原先散布在城市内大型公园的地下空间，将公园的地底辟建为地下公共停车场，为原已拥堵的城市提供了充足的停车空间，为产业提供更为充足的基础设施。停车空间的解决应当及时，台湾的台中市即是一个鲜明的反面案例，该城市的“中区”原来是城市的 CBD，随着经济发展，中区道路过小以及停车空间不足的问题逐渐浮现，产业发展也开始移往新开发地区，当市政府警觉到问题的严重性，开始辟建公共停车场时，产业集聚已经转移至新区，中区现也已是破败的老旧中心。“十二五”时期是东二环商务区产业结构与城市环境调整的重要阶段，是以地区环境改造支撑产业再发展的重要时刻，因此，本书建议，东二环商务区应充分利用公共设施地下空间，提供充足的停车空间，为前来商务区办公、洽公、休闲购物的人员提供便利的交通环境。

（四）铺建覆盖全区的无线网络，改造商业休闲空间，提供行动办公的产业活力

为企业提供全区无线网络，改造全区商业休闲空间，培育企业的行动办公能力，以打破办公室疆界，让员工在移动办公的同时，能够让信息跟着人走；随着服务业行动能力提升的同时，商务区将成为一间巨大的办公室。基于业务的洽谈以及服务的需要，服务业的专业人员经常需要离开办公室工作，当全区的无线网络与企业内部的管理系统建置完成，专业人员将可以在任何地点办公，因此，行动办公室不但能够提升员工生产力，也能够加速企业应变能力。行动办公室的概念已提出近十五年，在美国 2001 年总统经济年报（the 2001 Economic Report of the President）中即已指出，使用因特网技术的企业比不使

用此项技术的企业高出四倍生产力，其提高生产力的关键，就在于企业可以以更少的办公座位，完成更多的业务量。为实现行动办公室，企业组织必须建构一套端对端的宽带网络存取方案，让员工可以随时透过网络与企业联系；对于员工而言，不论在任何的饭店、地铁站或其他公共场所，他们都需要随时找到一个能够坐下来办公的公共空间，如咖啡店，以及安全且容易使用的高速网络。随着行动办公室不断地推动，无形之间，东二环交通商务区将可以在有限的办公空间里，创造出翻番的生产力。

第三章　丰台区南中轴区域产业分析

南中轴区域不仅是丰台区的一轴一带四区的一轴，更是《北京城市总体规划（2004—2020年）》中确定的“两轴两带多中心”的城市空间结构中的重要“一轴”。丰台南中轴区域位于北京中轴南延长线，涵盖了右安门街道、西罗园街道、马家堡街道、方庄街道、东铁匠营街道、大红门街道、和义街道、东高地街道、南苑街道和南苑乡10个行政区，即永定门－南四环两侧600米（5.5km^2），南四环－南苑两侧300米（0.9km^2），南苑集团段（南苑机场）两侧1000米，共21km^2，其发展以文化功能为主，是体现古都风貌与现代城市的一环，通过引导发展商业文化综合职能及行政办公职能，带动南城发展。2009年提出的《促进城市南部地区加快发展行动计划》，永外—大红门服装文化商务区是南中轴丰台区段的发展重心，以文化创意产业为主导，形成服装产业总部聚集区，打造新型服装文化商务区。

一、区域发展现状与环境分析

（一）人口经济社会现状

2010年，丰台区常住人口为211.2万人，呈现稳定的上涨趋势，其中户籍人口为103.6万人，人数不断上升，农业人口呈现略微下降趋势。南中轴区域常住人口为98.1万人，占全区46.4%，人口相对稠密，人口与经济发展的关系呈现以下特征。

1. 人口素质呈现高低端分化

不同产业对人才素质的需求不同，在南中轴的九街一乡中，除了南苑乡、东铁匠营街道、右安门街道的商务服务业与教育事业，以及东高地街道的研究与试验发展业，有较高的人才素质需求，其余的街道均以低端制造业及服务业为主要产业，其需求的人才以建筑工人、低端服务人员以及产业工人为主，如

表 3－1 所示。

表 3－1 南中轴区域街道/乡从业人员集中程度较高的产业

街道/乡	从业人员集中产业	比重	从业人员集中产业	比重
方庄地区（32887）	零售业	24.66%	道路运输业	18.91%
	批发业	9.87%		
南苑乡（33353）	商务服务业	30.19%	房地产业	6.92%
	批发业	7.36%	零售业	7.34%
大红门街道（28262）	房屋和土木工程建筑业	27.83%	批发业	13.06%
	零售业	11.46%		
东铁匠营街道（27702）	房屋和土木工程建筑业	23.06%	批发业	10.35%
	零售业	8.93%	房地产业	7.56%
	商务服务业	6.63%		
东高地街道（21252）	交通运输设备制造业	26.28%	研究与试验发展	39.44%
右安门街道（15916）	教育	18.01%	商务服务业	16.27%
	房地产业	11.79%	批发业	7.99%
	卫生	7.9%		
西罗园街道（14774）	房屋和土木工程建筑业	32.29%	批发业	9.65%
	教育	7.53%	零售业	7.19%
马家堡街道（12564）	房屋和土木工程建筑业	15.7%	批发业	13.55%
	卫生	11.64%	教育	10.59%
南苑街道（4564）	教育	13.3%	卫生	11.17%
	航空运输业	9.82%	食品制造业	8.39%
	零售业	5.67%	批发业	5.11%
和义街道（2443）	农副食品加工业	22.19%	房地产业	9.09%
	教育	9.01%	餐饮业	7.37%
	零售业	6.79%	批发业	6.47%

注：括号内为从业人员数。

2. *新增常住人口可望支撑高端经济发展*

根据丰台区 2010 年第六次全国人口普查，全区常住人口中，具有大学（指大专及以上）程度的为 63.4 万人，具有高中（含中专）程度的为 51.7 万人，具有初中程度的为 63.4 万人，具有小学程度的为 20.1 万人。同 2000 年第五次全国人口普查相比，每 10 万人中具有大学程度的由 14723 人上升为

30033 人，具有高中程度的由 26811 人下降为 24494 人，具有初中程度的由 35114 人下降为 29994 人，具有小学程度的由 15207 人下降为 9539 人，这说明在过去十年，丰台区大专以上学历的人才呈现上升趋势，然而比起朝阳区以及海淀区，其大专以上人才仍然稀缺，如表 3－2 所示。

表 3－2 丰台区与其他区按学历、职称及技术等级分的从业人员情况比较分析

区域	大专及以上（人）	占区内常住人口（%）	拥有高级职称（人）	占区内常住人口（%）	技师等级证书（人）	占区内常住人口（%）
丰台区	259940	14.83	24093	1.37	8639	0.49
朝阳区	840750	27.27	57424	1.86	18624	0.60
海淀区	1125000	38.40	118272	4.04	31416	1.07
北京市	3993000	23.56	343098	2.02	106197	0.63

数据来源：北京市全国第二次经济普查主要数据公报及各地区统计年鉴。

3. 农村集体是重要的高端服务业支撑与重要的产业关联组成

南中轴由九街一乡组成，南苑乡下辖行政村，人口仍具农民身份，然而，南苑乡在南中轴区域中商务服务业从业人员占有较大的比重，比商务服务业从业人员次多的右安门街道多出 7353 人，村民经济不容小觑。商务服务业属于生产者服务业，对制造业的发展有较大的产业关联，换言之，农村集体是产业发展的重要一环，产业关联跨越城镇与农村。

4. 2.5 产业人才以军方背景为主

2.5 产业能够整合创意、材料、制品业、通路，是发展文化创意产业所需要的中间产业，实现每一项特殊化、个性化的文创产品。九街一乡中，只有东高地街道的研究与试验发展业能够提供 2.5 产业的功能，然而由其生产的产品来看，营业收入排在前十位的企事业单位，收入累计占总收入的 84.4%，主要生产军品、航天工程研究、研制与开发军工产品、军工产品、研制宇航产品，[1] 对发展文创产品帮助不大。

（二）三级产业发展现状

三次产业结构，在 2000 年时为 0.78∶31.40∶67.77，到 2005 年时转变为 0.2∶28.2∶71.6，2010 年再变化为 0.1∶24.3∶75.6，三次产业虽然呈现后工业化的发展特征，见表 3－3。但也存在以下问题。

[1] 丰台区政府政策研究室．丰台南中轴区域发展与功能定位研究［R］．2010：25.

1. 以低端人才为主的产业发展特征

从各产业营业收入的比重来看，南中轴区域的现代产业营业收入较低，区域中的现代产业只有商务服务业、其他金融活动以及新闻出版业，且现代产业的营业收入占南中轴区域总营业收入的比重不高。与丰台全区相比，南中轴在研究与试验发展、科技交流和推广服务业、专业技术服务业以及计算机服务业等高端服务业方面的发展滞后于全区，且批发业与零售业的营业收入占本区域将近50%，因此，南中轴目前人才需求以低端为主。

2. 低端制造业带动低端服务业发展

产业是由农业、制造业进步到服务业，由于低端制造业的产业工人只有能力消费低端的服务业，因此服务业的发展是由制造业发达的程度所决定。南中轴区域的服务业相对低端，与制造业也低端有关，目前区域内营业收入较高的制造业分别是电气机械及器材制造业、交通运输设备制造业以及农副食品加工业，属于传统制造业，因此产业工人对高端服务业的需求较低，如表3－3所示。

3. 商务服务及新闻出版业表现突出

商务服务及新闻出版业属于文化创意产业的中间产业与中游产业，中间产业是将创意转变成商品的重要环节，目前南中轴区域的商务服务业营业收入比重较大，占全丰台区一半的规模，但相比于作为下游产业的批发与零售业，目前区域内文化艺术经纪代理、贸易经纪与代理以及知识产权服务业的企业数量占全区该产业企业数量的比例分别是22.6%、25%以及35.3%，相比于下游产业，该比重明显较小。新闻出版业作为中游产业，其营业收入占丰台区较大的比重，在图书出版方面有较大优势，如表3－3所示。

表3－3　南中轴区域重要产业营业收入比重

丰台区		南中轴		
产　　业	比重	产　　业	占南中轴比重	占全区比重
批发业	19%	批发业	27%	6%
房屋和土木工程建筑业	16%	零售业	19%	5%
零售业	10%	房屋和土木工程建筑业	12%	3%
研究与试验发展	7%	道路运输业	4%	1%
科技交流和推广服务业	7%	商务服务业	4%	1%
房地产业	5%	电气机械及器材制造业	3%	1%
铁路运输业	3%	交通运输设备制造业	2%	1%

续表

丰台区		南中轴		
产　　业	比重	产　　业	占南中轴比重	占全区比重
专业技术服务业	3%	其他金融活动	2%	1%
交通运输设备制造业	2%	新闻出版业	2%	1%
建筑安装业	2%	农副食品加工业	2%	0.36%
计算机服务业	2%			
商务服务业	2%			
总计	78%	总计	77%	20%

2.5产业发展不足。2.5产业是发展文化创意产业所需要的中间产业，属于文化创意产业范围的行业，计有信息传输、计算机服务和软件业，机械设备租赁，研究与试验发展，专业技术服务业，科技交流和推广服务业，机械设备、五金交电及电子产品批发，属于通路的重要组成产业，计有道路运输业、装卸搬运和其他运输服务业。目前南中轴区域较为发达的产业只有道路运输业、研究与试验发展业，然而，研究与试验发展业集中在东高地街道，主要生产军品、航天工程研究、研制与开发军工产品、军工产品、研制宇航产品，对文化创意产业的发展帮助有限。

二、发展环境评价

（一）人口经济社会结构与产业转型问题

高学历外来人口的增加还未能引导产业升级。根据丰台区2010年第六次全国人口普查，全区常住人口中，具有大学（指大专及以上）程度的为63.4万人，同2000年第五次全国人口普查相比，每10万人中具有大学程度的由14723人上升为30033人，上升幅度达到104%，然而高学历人才投入丰台区企事业单位工作的人口相对较少，增加的大专以上学历人才，只有近一半的人口投入丰台区相关产业，高级职称以及技师的增幅更小，这说明有近一半的大专以上人才移入丰台后还未谋得工作，或只是选择居住于丰台，这透露出丰台区现有的产业对高学历人才的吸引力有限，新增的高学历人才对产业升级的支撑也有限，如表3-4所示。

表 3-4 丰台 2000 年与 2010 年按学历、职称及技术等级从业人员增幅 单位：人

时间	大专及以上（人）	增幅	拥有高级职称（人）	增幅	技师证书以上	增幅
2000	163494	59%	20512	17.5%	6971	23.9%
2010	259940		24093		8639	

数据来源：北京市全国第二次经济普查主要数据公报。

缺乏创意人才。文化创意产业的核心元素是创意人才，目前南中轴营业收入较高的产业，还较无法吸引创意人才。基于《国民经济行业分类》，文化创意产业中与创意有关的产业为上、中游产业；在上游产业之中，文艺创作与表演业在南中轴区域只有 17 家企业，而在中游产业之中，只有电气机械及器材制造业以及新闻出版业的营业收入比重较大，绝大多数的产品制造业，属于工艺美术品制造的有包装装潢及其他印刷、乐器制造、玩具制造，属于制品业的有纺织业，造纸及纸制品业，文教体育用品制造业，化学原料及化学制品制造业，橡胶制品业，塑料制品业，黑色金属冶炼及压延加工业，有色金属冶炼及压延加工业，以及与大红门服装商务区关系密切的制品业有纺织服装、鞋、帽制造业，皮革、毛皮、羽毛（绒）及其制品业，木材加工及木、竹、藤、棕、草制品业，家具制造业，都还未有较为突出的发展，这也较难吸引对薪资水平要求较高的设计人才。

缺乏媒介创意与生产的 2.5 产业人才。将创意商品化的核心元素是 2.5 产业人才，目前南中轴营业收入较高的产业，还较无法吸引 2.5 产业人才。作为发展文化创意产业所需要的中间产业，南中轴区域较发达的 2.5 产业只有道路运输业与研究与试验发展业，然而，研究与试验发展业主要生产军品、航天工程研究、研制与开发军工产品、军工产品、研制宇航产品，较无法吸引熟悉民生用品、包装及艺品的生产材料、技术与产业关联整合的 2.5 产业人才。低端人才不能满足商务服务业的需求。商务服务业是文化创意产业体系的下游产业与中间产业，包括广告业、旅行社、会议及展览服务、文化艺术经纪代理、贸易经纪与代理、知识产权服务等，商务服务业对高学历人才的需求较大，然而有近半的大专以上学历人才移入丰台后未谋工作，也说明外来人口与高端服务业的人才需求较难匹配。现有的人才，主要支撑营业收入最高的批发业与零售业，这些产业对人才学历与素质的要求不高，同时也由于目前缺乏文化创意商品或高档国际名品，而以批量生产的低档产品为主要销售，因此销售人员对于产品从材料、制作、功能到美学的知识水平也较低。

（二）三级产业发展与产业转型问题

文化创意产业与商务服务的产业体系不健全，面临三个缺乏。现行的产业体系，缺乏以产品设计为核心的批发零售业再发展动力、缺乏保障创意产品化的商务服务业、缺乏媒介创意与生产的2.5产业。文化创意产业是需要高度分工与合作的产业链，将创意转化为商品以及商品成功销售是文化创意产业的两大环节，需要设计师的创意、金融业的融资、经纪人与2.5产业整合创意与第二产业、现代高端物流业打通商品通路，因此，构建完整的产业链是发展文化创意产业的重要步骤，提供上、中、下游产业链的发展环境。具体而言，文化创意产业体系包括了协助创意商品化的文化艺术经纪代理、商务服务、科技服务以及视听媒体产业，整合商品制造流程的2.5产业，商品销售、陈列与展演的会展、表演场馆管理、会议及展览服务业、艺术表演场馆业、旅行社、旅游饭店、广告业、现代物流、批发与零售业。南中轴目前的产业呈多元化，基本涵盖了上述产业，但各产业之间的关联不足，造成上、中游产能不足，下游独立发展的局面，形成了以销售低档、单一产品为主的大红门市场。

高营业收入产业的关联产业集群仍待挖掘。产业关联与产业体系健全一体两面，产业关联是指产业间投入品和产出品的技术经济联系，当产业之间的关联不强，产业体系发展也就难以为继。前向与后向关联均较强的产业在空间上出现集聚，是产业关联开始的基本条件，当高生产关联的产业带动与支撑其他关联产业的发展，产业集聚将转型为产业集群，并以该高生产关联为主导产业，互动发展，生生不息。南中轴目前营业收入较高的产业，以批发业与零售业居首位，为中间投入供应产业，然而目前以服装、生活用品为大宗的销售模式，主要为终端销售，对支撑其他制造业发展的关联较弱，又缺乏上游生产产业的支撑，因此在整个产业链之中相对独立。作为高关联产业的商务服务业以及交通运输设备制造业，具有主导产业的特质，然而营业收入占区域的比重不高，也显示产业集群仍未健全发展，有待进一步挖掘关联产业之间的空间集聚关系，制定引导集群产业发展的政策。

三、产业关联与发展定位研究

为了研究丰台区南中轴地区产业状况，课题从两个方面定位产业。一是找出具备既有生产优势的主导产业。“既有”是指已在南中轴地区发展已经具备一定规模，"主导"是指该产业具备高生产关联特征。二是寻找因产业关联而应该共同发展的产业，它们是具有高投入关联（前向关联）或产出关联（后向关联）的"重点产业"，或是低关联但属于关联体系中一环的产业。综合上述结论，结合丰台区以往的产业研究成果以及未来产业发展战略，本书提炼出南中轴未来应发展的产业。南中轴地区产业定位和产业发展研究技术路线见图 3－1。该图清晰地演示了从地区既有优势产业，以聚类分析、关联分析、区位商和空间分析等产业分析技术为手段，推导出南中轴地区应该发展的产业集群。

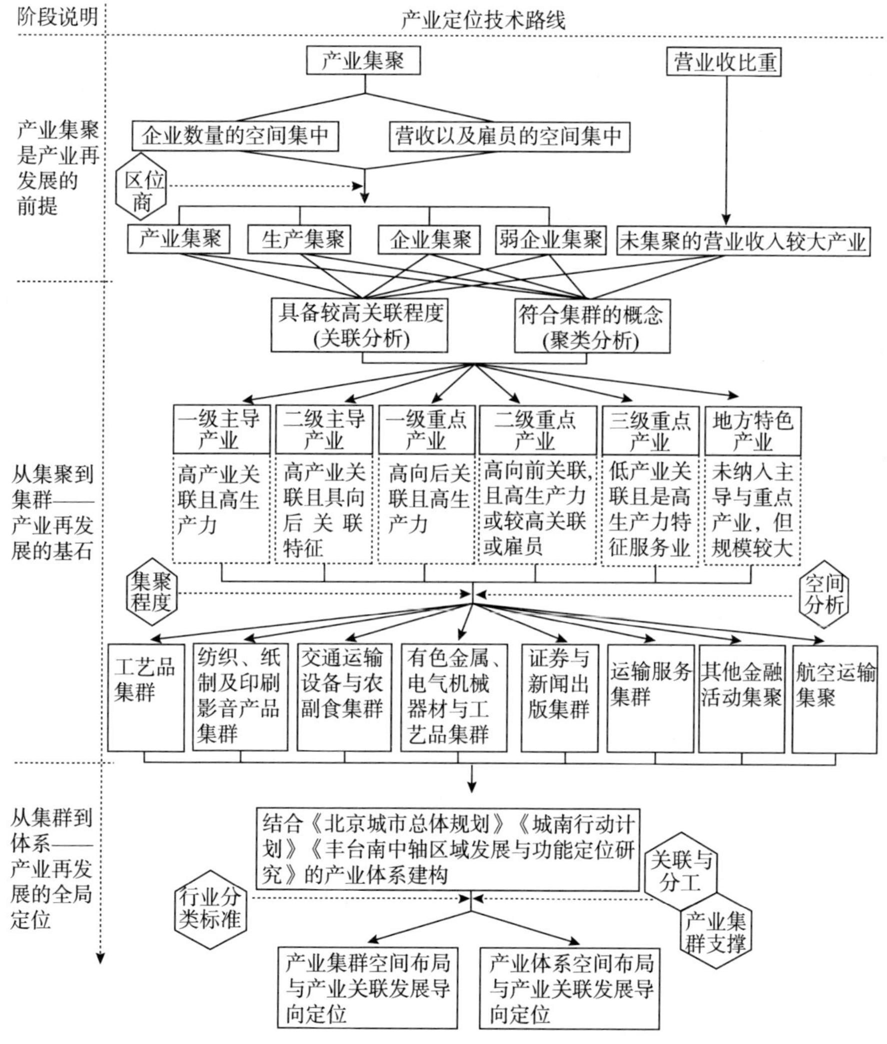

图 3－1　产业关联与发展定位研究技术路线

笔者认为，南中轴现在所面临的产业问题，是既有产业再发展，并形成产业集群，而不是引进或创立新产业。因此，南中轴的文化底蕴是发展高端商务区的基石，现有的优势主导产业与关联产业所形成的产业集群是产业再发展的支撑，通过主导产业的带动以及产业关联体系的完善，将可带动产业朝向符合文化产业趋势的方向发展，打造出以文化为基础的特色产业，以及辅助文化产业发展的现代制造业及高端商务服务产业体系，为文化产业所需要的上、中、下游产业链提供发展的环境，拉动南中轴的经济可持续增长。

（一）南中轴产业集聚情况

1. 南中轴地区企业数量的空间集中情况

产业集聚是产业集群的先决条件，企业数量的集聚则是产业集聚的基本条件。南中轴高端商务区涵盖了右安门街道、西罗园街道、马家堡街道、方庄街道、东铁匠营街道、大红门街道、和义街道、东高地街道、南苑街道和南苑乡10个行政区，街道下再包含139个社区和14个行政村。实际上，南中轴区域是北京典型的城乡结合部地区，2008年常住人口为93.3万人，其中农村人口为2.2万人，现共辖流动人口高达32万人。在农村与社区的交错下，村办企业以及私人企业在社会网络中彼此联结，逐渐聚集在同一个街道/乡（同一个社区/村），共同形成各类产业的生产集聚，与全丰台区的其他街道、乡、社区、村竞争成为产业的生产集聚中心。

根据丰台区第二次经济普查数据，各个产业的企业数量在丰台区街道/乡以及社区/村的集中程度，普遍低于15个百分位数，这说明集聚程度在超过15个百分位数后，各个产业企业数量在街道/乡的集聚现象才比较明显，而各个产业企业数量在社区/村的集聚现象则在超过10个百分位数后开始明显集聚。南中轴区域中，以航空运输业集中程度最高，这与南苑机场有关，情况特殊。除此之外，则以橡胶制品业的企业集中程度最高，占丰台区企业数量的37.5%，比重超过30%的行业还有证券业、纺织服装、鞋、帽制造业以及有色金属冶炼及压延加工业，主要集聚在南苑乡、方庄以及东铁匠营；有10项产业的集中程度超过20%，主要集中在南苑乡、东铁匠营、右安门与大红门，如表3-5所示。

表3-5 各个产业在各街道/乡企业数量集中程度 单位:%

行　业	街道/乡	集中率
橡胶制品业	南苑乡	37.5
证券业	方庄地区	33
	东铁匠营街道	16.7
纺织服装、鞋、帽制造业	南苑乡	32
皮革、毛皮、羽毛（绒）及其制品业	南苑乡	32
	和义街道	16
	东铁匠营街道	16
有色金属冶炼及压延加工业	南苑乡	30
纺织业	东铁匠营街道	28.5
城市公共交通业	南苑乡	25
石油加工、炼焦及核燃料加工业	右安门街道	25
装卸搬运和其他运输服务业	南苑乡	22
航空运输业	南苑街道	100
塑料制品业	南苑乡	21.5
工艺品及其他制造业	南苑乡	20.7
家具制造业	南苑乡	20.4
印刷业和记录媒介的复制	南苑乡	20.4
木材加工及木、竹、藤、棕、草制品业	大红门街道	20
水的生产和供应业	东铁匠营街道	20
道路运输业	南苑乡	19.1
邮政业	南苑乡	18.8
造纸及纸制品业	南苑乡	18.2
黑色金属冶炼及压延加工业	大红门街道	18.2
化学原料及化学制品制造业	南苑乡	17.7
娱乐业	东铁匠营街道	15.2

从产业特色来看，南中轴有较强的工业产品制造能力，包括橡胶、纺织服装、鞋、帽、皮革、毛皮、羽毛（绒）、塑料制品、工艺品、家具、印刷业和记录媒介、木材加工及木、竹、藤、棕、草制品、造纸及纸制品等。这些产业是发展文化创意产业的重要技术支撑。商业服务中，证券业集中程度达37.5%。

从社区/村空间层次来看，以纺织业集中程度最高，达28.5%，集中在成寿寺社区；石油加工、炼焦及核燃料加工业居次，达25%，集中在开阳里第四社区；黑色金属冶炼及压延加工业以及装卸搬运和其他运输服务业位居第三及第四位。这说明工业产品制造产业在社区/村层次的集聚情况较不明显，基本上在各社区/村都有发展，比较分散，因此主要是街道的空间层次集聚，如表3－6所示。

表3－6　各个产业在各社区/村企业数量集中程度　　单位:%

行　业	社区/村	集中率
纺织业	成寿寺社区（东铁匠营街道）	28.5
石油加工、炼焦及核燃料加工业	开阳里第四社区（右安门街道）	25
黑色金属冶炼及压延加工业	西马场南里社区（大红门街道）	18.2
装卸搬运和其他运输服务业	新宫村（南苑乡）	17.9
航空运输业	机场社区（南苑街道）	100
证券业	芳古园一区第一社区（方庄地区）	16.7
	芳群园三区社区（方庄地区）	16.7
	横七条路第二社区（东铁匠营街道）	16.7
城市公共交通业	分中寺村（南苑乡）	15.6
皮革、毛皮、羽毛（绒）及其制品业	分中寺村（南苑乡）	12
橡胶制品业	大红门村（南苑乡）	12.5
	石榴庄村（南苑乡）	12.5
	南苑村（南苑乡）	12.5
	六营门社区（东高地街道）	12.5
木材加工及木、竹、藤、棕、草制品业	西马场南里社区（大红门街道）	10
有色金属冶炼及压延加工业	石榴庄东街社区（大红门街道）	10
	大红门村（南苑乡）	10
	石榴庄村（南苑乡）	10
废弃资源和废旧材料回收加工业	和义西里第一社区（和义街道）	12.5
	花椒树社区（西罗园街道）	12.5

2. 南中轴地区企业营业收入和从业人员的空间集中情况

企业数量集聚是产业集聚的基本条件，随着企业数量愈来愈集中，营业收入以及从业人员也将愈来愈集中，因此，当某一地区集聚产业的营业收入以及从业人员增加时，说明该地区的产业集聚已开始成长，具备了产业集聚的跃升条件。

区位商是衡量产业集中程度的传统方法，以一地区某种产业产值或从业人员占全国该产业的数值来表示，区域或地区的集中程度愈高，说明该产业的专业化程度愈高，在地区的重要性愈大。然而，区位商有其缺点，个别产业的产值或从业人员占全国总产值或总从业人员比重愈小，区位商愈容易超过1，当某一区域或地区内大量发展低产值或低从业人员的产业，往往出现低发展区域的区位商高于高发展区域，但空间集聚程度却不及高发展区域的现象。

综上所述，基于空间集中的产业，其区位商不必然超过1，本书先采用全国份额分析方法，在不考虑各街道/乡以及各社区/村个别产业的产值以及从业人员占丰台区该产业比重的前提下，分析各街道/乡以及各社区/村的各个产业营业收入与从业人员比重，找出营业收入以及从业人员出现空间集聚的产业，再分析上述产业的专业化程度，按照产业集聚以及专业化程度分类各产业集中程度。

根据丰台区第二次经济普查数据，各街道/乡各个产业的营业收入以及从业人员比重，大部分产业低于25%，只有少量产业集中程度超过25%，呈现出比较明显的集聚现象。综合考虑企业数量、营业收入以及从业人员的空间集聚程度，南中轴区域集聚程度比较明显的八个产业分别是（1）木材加工及木、竹、藤、棕、草制品业；（2）黑色金属冶炼及压延加工业；（3）纺织业；（4）水的生产和供应业；（5）娱乐业；（6）证券业；（7）皮革、毛皮、羽毛（绒）业；（8）制品业以及邮政业。这些产业分布的街道/乡状况见表3－7。从产业特色来看，南中轴较强的工业产品制造能力，主要集中在皮革、毛皮、羽毛（绒）、木材加工及木、竹、藤、棕、草制品、纺织品，相对而言纺织服装、鞋、帽、塑料制品、工艺品、家具、印刷业和记录媒介、造纸及纸制品等虽然有较强的企业数量集聚，但营业收入以及从业人员的空间集聚较不明显。商业服务中，证券业的营业收入与从业人员比重分别达99.9%以及93.2%。

表3－7 各街道/乡各个产业营业收入与从业人员比重 单位:%

街道/乡	行业	营业收入比重	从业人员比重
大红门街道	木材加工及木、竹、藤、棕、草制品业*	90.1	55.1
	黑色金属冶炼及压延加工业*	28.1	74.0
	电气机械及器材制造业	67.0	16.4
东高地街道	研究与试验发展	—	53.0
东铁匠营街道	纺织业*	67.5	71.3
	家具制造业*	30.0	20.6
	造纸及纸制品业*	30.9	17.7
	水的生产和供应业*	86.1	65.2
	娱乐业*	27.6	18.1

续表

街道/乡	行业	营业收入比重	从业人员比重
方庄地区	道路运输业*	69.0	23.2
	证券业*	99.9	93.2
	新闻出版业	70.6	35.7
和义街道	农副食品加工业	15.6	33.0
马家堡街道	文教体育用品制造业	43.1	47.3
南苑街道	航空运输业*	100.0	100.0
南苑乡	农副食品加工业	44.2	8.3
	皮革、毛皮、羽毛（绒）及其制品业*	40.1	42.6
	邮政业*	57.7	61.8
西罗园街道	废弃资源和废旧材料回收加工业	28.5	51.2
	文化艺术业	1.4	34.6
右安门街道	其他金融活动	99.5	89.1

注：* 表示企业数量集中程度超过 15 个百分位数的产业。

根据丰台区第二次经济普查数据，各社区/村各个产业的营业收入以及从业人员比重，则在超过 15% 后开始明显集聚。从社区/村空间层次来看，除了上述八个产业的企业数量、营业收入以及从业人员的空间集聚较为明显外，废弃资源和废旧材料回收加工业在社区/村的空间集聚较为明显，主要集聚在花椒树社区。其他八个产业，西马场南里社区集聚了木材加工及木、竹、藤、棕、草制品业，西马场南里社区集聚了黑色金属冶炼及压延加工业，成寿寺社区集聚了纺织业，分中寺社区集聚了水的生产和供应业以及娱乐业，芳古园一区第一社区集聚了证券业，分中寺村集聚了皮革、毛皮、羽毛（绒）及其制品业与邮政业（表 3－8）。

表 3－8　各社区/村各个产业营业收入与从业人员比重　　单位：%

街道/乡	社区/村	行业	营业收入比重	从业人员比重
大红门街道	久敬庄社区	农副食品加工业	19.2	7.7
	石榴庄东街社区	电气机械及器材制造业	67.0	16.4
	西马场南里社区	木材加工及木、竹、藤、棕、草制品业*	89.8	53.5
	西马场南里社区	黑色金属冶炼及压延加工业*	28.1	74.0

续表

街道/乡	社区/村	行业	营业收入比重	从业人员比重
东高地街道	六营门社区	交通运输设备制造业	18.3	24.6
东铁匠营	成寿寺社区	纺织业*	67.5	71.3
	成寿寺社区	造纸及纸制品业	30.9	17.7
	分中寺社区	水的生产和供应业*	86.1	65.2
	分中寺社区	娱乐业*	19.9	9.5
	宋庄路第二社区	家具制造业	26.3	17.2
方庄地区	芳城园三区社区	新闻出版业	41.5	6.5
	芳古园一区第一社区	证券业*	99.9	92.1
	芳古园一区第一社区	租赁业	18.4	5.6
	芳群园三区社区	新闻出版业	22.7	13.4
	芳星园二区社区	道路运输业	68.7	22.9
	芳星园三区社区	新闻出版业	6.5	15.8
	永善社区	废弃资源和废旧材料回收加工业*	7.8	28.6
和义街道	和义西里第一社区	文教体育用品制造业	18.0	14.9
	南苑北里第二社区	农副食品加工业	15.3	30.9
马家堡街道	角门东里西社区	文教体育用品制造业	15.2	39.8
	玉安园社区	文教体育用品制造业	27.9	7.6
南苑街道	机场社区	航空运输业*	100.0	100.0
南苑乡	分中寺村	皮革、毛皮、羽毛（绒）及其制品业*	33.4	35.6
	分中寺村	邮政业*	39.9	52.1
	槐房村	农副食品加工业	44.0	7.1
	西铁营村	邮政业*	15.4	7.6
西罗园街道	花椒树社区	废弃资源和废旧材料回收加工业*	28.5	51.2
右安门街道	东滨河路社区	其他金融活动	99.5	88.9
	玉林西里社区	水利管理业	0.0	26.9

注：*表示企业数量集中程度超过10个百分位数的产业。

3. 南中轴产业集聚分级及其空间分布

企业数量、营业收入以及从业人员发生空间集聚，产业的区位商应该要大于1。营业收入以及从业人员的区位商大于1，表示该街道/乡或社区/村的该产业的营业收入或从业人员的比重大于全区该产业的营业收入或从业人员的比重，说明此产业在该街道/乡或社区/村的重要性较大，空间集聚较为明显；若区位商等于1，表示该产业的营业收入或从业人员的比重相当于该产业的营业收入或从业人员的比重，空间集聚较不明显；若区位商小于1，表示该产业不存在空间集聚。

第一是产业集聚产业。在企业数量、营业收入、从业人员以及区位商均表现出空间集聚，产业有较强的地理关系，是支撑三四环都市型产业发展带产业再发展的重要空间节点；依照集聚的空间层次（街道/乡、社区/村）或是集聚程度的不同（企业集中 >20 或 25，营业收入或从业人员集中 >25 且 <50，或 >50），产业集聚可再划分为强产业集聚、中产业集聚、弱产业集聚、微产业集聚四大类。

第二是生产集聚产业。只有在营业收入、从业人员以及区位商均表现出空间集聚，企业在空间的分布则较为分散，如果能够通过政策协助其集聚，将可成为支撑三四环都市型产业发展带产业再发展的重要空间节点；依照集聚的空间层次（街道/乡、社区/村）或是集聚程度的不同（企业集中 >20 或 25，营业收入或从业人员集中 >25 且 <50，或 >50），产业集聚可再划分为强生产集聚、中生产集聚、弱产业集聚、微生产集聚三大类。

第三是企业集聚产业。只发生企业数量集聚，企业规模较小，营业收入以及从业人员没有明显的集中，因此产业还有待进一步规模发展；依照集聚的空间层次（街道/乡、社区/村）或是集聚程度的不同（企业集中 >20 或 25），产业集聚可全归入强企业集聚（某产业在某社区/村之中的企业集中程度 >20%）。

第四是微集聚。这类产业可能属于产业集聚或生产集聚，但区位商 <1，重要性较小，如表 3 –9 所示。

表 3 –9　各个产业的集聚程度表现

行业与集聚		营业收入区位商	从业人员区位商
产业集聚：企业数量、营业收入、从业人员空间集聚产业			
废弃资源和废旧材料回收加工业	花椒树社区	1455.0/0.0	915.7/0.0
证券业	芳古园一区第一社区	742.0/0.0	316.6/0.0
水的生产和供应业	分中寺社区	563.6/0.0	514.9/0.1
航空运输业	机场社区	257.9/0.1	457.3/0.3
木材加工及木、竹、藤、棕、草制品业	西马场南里社区	169.7/0.2	93.9/0.3

续表

<table>
<tr><td colspan="2">行业与集聚</td><td rowspan="2">营业收入区位商</td><td rowspan="2">从业人员区位商</td></tr>
<tr><td colspan="2">产业集聚：企业数量、营业收入、从业人员空间集聚产业</td></tr>
<tr><td>娱乐业</td><td>分中寺社区</td><td>130. 2/0. 3</td><td>75. 0/0. 0</td></tr>
<tr><td>纺织业</td><td>成寿寺社区</td><td>122. 7/0. 2</td><td>135. 7/0. 1</td></tr>
<tr><td>道路运输业</td><td>芳星园二区社区</td><td>88. 9/4. 5</td><td>18. 7/1. 1</td></tr>
<tr><td>邮政业</td><td>分中寺村</td><td>59. 8/0. 1</td><td>53. 4/0. 0</td></tr>
<tr><td>黑色金属冶炼及压延加工业</td><td>西马场南里社区</td><td>53. 0/0. 3</td><td>129. 8/0. 4</td></tr>
<tr><td>皮革、毛皮、羽毛（绒）及其制品业</td><td>分中寺村</td><td>50. 4/0. 2</td><td>36. 5/0. 1</td></tr>
<tr><td>家具制造业</td><td>宋庄路第二社区</td><td>43. 3/0. 2</td><td>13. 2/0. 0</td></tr>
<tr><td colspan="2">生产集聚：营业收入、从业人员空间集聚产业</td><td></td><td></td></tr>
<tr><td>文教体育用品制造业</td><td>和义西里第一社区</td><td>414. 4/0. 1</td><td>248. 6/0. 0</td></tr>
<tr><td>废弃资源和废旧材料回收加工业</td><td>永善社区</td><td>229. 5/0. 0</td><td>197. 6/0. 0</td></tr>
<tr><td>农副食品加工业</td><td>南苑北里第二社区</td><td>168. 1/0. 3</td><td>230. 7/0. 4</td></tr>
<tr><td>租赁业</td><td>芳古园一区第一社区</td><td>136. 3/0. 3</td><td>19. 1/0. 1</td></tr>
<tr><td>新闻出版业</td><td>芳城园三区社区</td><td>125. 8/0. 5</td><td>29. 1/0. 7</td></tr>
<tr><td>其他金融活动</td><td>东滨河路社区</td><td>110. 2/0. 2</td><td>172. 0/0. 6</td></tr>
<tr><td>农副食品加工业</td><td>槐房村</td><td>87. 2/0. 3</td><td>16. 5/0. 4</td></tr>
<tr><td>电气机械及器材制造业</td><td>石榴庄东街社区</td><td>84. 8/0. 7</td><td>71. 3/1. 1</td></tr>
<tr><td>文教体育用品制造业</td><td>角门东里西社区</td><td>69. 3/0. 1</td><td>175. 0/0. 0</td></tr>
<tr><td>新闻出版业</td><td>芳星园三区社区</td><td>58. 5/0. 5</td><td>94. 2/0. 7</td></tr>
<tr><td>造纸及纸制品业</td><td>成寿寺社区</td><td>56. 3/0. 1</td><td>33. 8/0. 0</td></tr>
<tr><td>农副食品加工业</td><td>久敬庄社区</td><td>44. 6/0. 3</td><td>27. 7/0. 4</td></tr>
<tr><td>交通运输设备制造业</td><td>六营门社区</td><td>40. 8/3. 8</td><td>10. 9/2. 3</td></tr>
<tr><td>文教体育用品制造业</td><td>玉安园社区</td><td>39. 7/0. 1</td><td>21. 7/0. 0</td></tr>
<tr><td>新闻出版业</td><td>芳群园三区社区</td><td>35. 4/0. 5</td><td>26. 4/0. 7</td></tr>
<tr><td>水利管理业</td><td>玉林西里社区</td><td>–/0. 1</td><td>42. 1/0. 0</td></tr>
<tr><td colspan="2">企业集聚：企业数量空间集聚产业（社区/村）</td><td></td><td></td></tr>
<tr><td>石油加工、炼焦及核燃料加工业</td><td>开阳里第四社区</td><td>105. 2/0. 0</td><td>38. 4/0. 0</td></tr>
<tr><td rowspan="4">橡胶制品业</td><td>大红门村</td><td>11/0. 1</td><td>28. 0/0. 1</td></tr>
<tr><td>石榴庄村</td><td>0. 9/0. 1</td><td>4. 2/0. 1</td></tr>
<tr><td>南苑村</td><td>7. 7/0. 1</td><td>2. 0/0. 1</td></tr>
<tr><td>六营门社区</td><td>1. 3/0. 1</td><td>3. 4/0. 1</td></tr>
</table>

续表

行业与集聚		营业收入区位商	从业人员区位商
企业集聚：企业数量空间集聚产业（社区/村）			
有色金属冶炼及压延加工业	石榴庄东街社区	0.4/0.1	19.1/0.7
	大红门村	0.5/0.1	6.9/0.7
	石榴庄村	74.5/0.1	25.0/0.7
装卸搬运和其他运输服务业	新宫村	15.1/0.3	15.6/0.4
城市公共交通业	分中寺村	3/3.3	1.9/0.3
企业集聚：企业数量空间集聚产业（街道/乡）			
纺织服装、鞋、帽制造业	南苑乡	3.3/0.5	6.4/0.2
工艺品及其他制造业	南苑乡	3.0/0.2	0.1/1.0
印刷业和记录媒介的复制	南苑乡	1.7/0.5	2.2/0.2
弱企业集聚：企业数量空间集聚产业（街道/乡），区位商 <1			
塑料制品业	南苑乡	0.9/0.5	0.6/0.3
化学原料及化学制品制造业	南苑乡	0.7/0.4	0.4/0.5

注：数字表示区位商/各个产业营业收入及从业人员占全区比重。

上述四级不同集聚程度的产业，除了交通运输设备制造业（3.8%）以及道路运输业（4.5%）外，其余产业的营业收入均未在丰台地区占有重要比重。丰台区的各个产业营业收入占全区营业收入比重大于1%的产业，分别是商务服务业（8.5%）、房屋和土木工程建筑业（8.2%）、零售业（7.3%）、批发业（6.6%）、房地产业（5.0%）、铁路运输业（4.6%）、教育（4.2%）、科技交流和推广服务业（3.7%）、城市公共交通业（3.3%）、餐饮业（2.8%），上述产业还未在南中轴形成空间集聚，在空间上呈现分散发展。这说明南中轴特殊的产业特征为，丰台区营业收入较大的产业未在南中轴形成集聚发展，在南中轴集聚发展的产业营业收入相对较小。

表3-10 丰台区营业收入较大产业的空间分布现状

各个产业营业收入占全区营业收入比重		散布的街道/乡（该行业营业收入比重%）
餐饮业	2.8%	卢沟桥乡（21.28），方庄地区（15.43），卢沟桥街道（13.63），花乡（10.7），太平桥街道（7.51），东铁匠营街道（4.63），大红门街道（3.98），丰台街道（3.83），右安门街道（3.62），新村街道（3.06），西罗园街道（3.05），南苑乡（2.5），马家堡街道（1.85），王佐镇（1.27），和义街道（1.12）

续表

各个产业营业收入占全区营业收入比重		散布的街道/乡（该行业营业收入比重%）
城市公共交通业	3.3%	新村街道（52.69），太平桥街道（23.5），卢沟桥乡（17.37），南苑乡（3.79）
科技交流和推广服务业	3.7%	丰台科技园：新村街道（24.73），卢沟桥乡（21.82），花乡（8.26），丰台街道（3.91），卢沟桥街道（2.54），东高地街道（1.74），太平桥街道（1.31）
交通运输设备制造业	3.8%	长辛店街道（42.89），东高地街道（18.27），卢沟桥街道（7.14），新村街道（6.5），花乡（4.32），卢沟桥乡（2.92），南苑乡（2.77），大红门街道（1.26），丰台街道（1.06）；丰台科技园：长辛店街道（3.3），新村街道（2.2）
教育	4.2%	卢沟桥乡（23.9），花乡（15.22），丰台街道（10.19），方庄地区（9.1），卢沟桥街道（7.49），东铁匠营街道（5.97），大红门街道（5.72），马家堡街道（5.11），西罗园街道（4.3），王佐镇（2.83），宛平城地区（1.91），长辛店街道（1.0）
道路运输业	4.5%	方庄地区（69.03），花乡（4.22），卢沟桥街道（3.72），南苑乡（3.54），东铁匠营街道（3.52），卢沟桥乡（2.65），丰台街道（2.56），马家堡街道（1.83），长辛店镇（1.27），太平桥街道（1.2），长辛店街道（1.04）
铁路运输业	4.6%	卢沟桥街道（16.92），丰台科技园：新村街道（86.89）
房地产业	5.0%	东铁匠营街道（20.79），卢沟桥乡（20.01），花乡（14.08），太平桥街道（8.59），大红门街道（6.19），马家堡街道（4.53），新村街道（4.45），卢沟桥街道（3.91），长辛店镇（3.17），右安门街道（2.66），宛平城地区（2.00），南苑乡（1.73），方庄地区（1.34），王佐镇（1.07）
批发业	6.6%	卢沟桥街道（13.09），卢沟桥乡（12.18），新村街道（11.27），花乡（8.27），太平桥街道（8.00），大红门街道（5.63），方庄地区（5.48），南苑乡（5.24），西罗园街道（5.16），东铁匠营街道（5.12），丰台街道（3.02），马家堡街道（2.20），右安门街道（1.84）；丰台科技园：新村街道（2.66）
零售业	7.3%	卢沟桥乡（21.12），方庄地区（17.98），花乡（14.46），南苑乡（10.09），新村街道（7.72），大红门街道（6.05），马家堡街道（5.01），卢沟桥街道（4.28），丰台街道（2.88），东铁匠营街道（2.53），东高地街道（2.10），太平桥街道（1.26）；丰台科技园：新村街道（1.07）

续表

各个产业营业收入占全区营业收入比重		散布的街道/乡（该行业营业收入比重%）
房屋和土木工程建筑业	8.2%	卢沟桥街道（26.75），太平桥街道（7.33），大红门街道（5.76），卢沟桥乡（4.97），新村街道（4.36），西罗园街道（3.73），东铁匠营街道（3.52），马家堡街道（3.31），丰台街道（2.66）；丰台科技园：卢沟桥街道（6.00），新村街道（5.05）
商务服务业	8.5%	南苑乡（16.63），花乡（11.32），卢沟桥乡（10.50），方庄地区（9.01），新村街道（7.94），太平桥街道（7.31），卢沟桥街道（5.68），大红门街道（5.09），东铁匠营街道（5.01），长辛店镇（5.01），丰台街道（2.44），右安门街道（1.95），东高地街道（1.54），马家堡街道（1.32），西罗园街道（1.12）；丰台科技园：新村街道（1.63）

综上所述，南中轴区域的产业已形成了空间集聚发展，然而在南中轴集聚发展的产业，其营业收入也相对较小，究其可能的原因，缺乏主导产业以及未形成高生产关联的产业集群，或是主导产业及产业集群还未得到较大的发展支持，存在限制产业空间集聚的主客观因素。这也说明，分析产业的空间集聚现象还不足以说明南中轴产业再发展过程中的主导与重点产业，界定主导与重点产业将是产业定位的下一个重要步骤。

（二）从集聚到集群——南中轴产业再发展的基石

一个地区产业发展所需要的集聚，是具备较高关联程度的产业集聚。本书依照企业数量、营业收入、从业人员的空间集聚以及营业收入与从业人员的区位商，将南中轴区域的产业集聚程度分类为产业集聚、生产集聚、企业集聚以及弱企业集聚，另外还有产业营业收入占全区重要地位但还未形成集聚的分散发展产业。这些集聚中，若依照其产业关联程度的不同，将可区分出主导产业集聚以及重点产业集聚，主导产业集聚与其他产业具有较强的关联，应作为丰台的主导产业，持续协助该产业发展，重点产业集聚具有高投入关联（向前关联）或产出关联（向后关联），应作为丰台的重点产业，出台产业政策加速引导该产业发展。

1. 南中轴地区产业集群聚类分析

基于主导产业和重点产业的定义与内涵，本书将首先分析关联程度，再利用北京市第二次全国经济普查数据，从产业分工的角度，通过主导产业与重点产业特征指标的选取与应用，提炼出近似该定义与内涵的产业，再结合产业关联程度以及集聚程度，定位南中轴高端商务区的主导与重点产业集群。

基于主导与重点产业的定义与内涵，除了以关联程度为门槛外，营业收入、从业人员的规模也相对重要，相对重要并非表示愈大愈好，因为不同产业的规模与产值标准必然不同。通过选取划分主导产业与重点产业的特征指标，并评估每一个产业，可提炼出吻合该定义与内涵的产业。本书结合北京市第二次全国经济普查数据以及主导产业的内涵，特征指标选取产业活动单位从业人员平均数（以下简称平均从业人员）、从业人员人均营业收入（即生产力，以下简称人均营业收入）、产业部门向前关联（以下简称向前关联）、产业部门向后关联（以下简称向后关联），计算丰台区主导产业和重点产业。分析时排除非营利产业，针对 74 个营利产业划分聚类，分析结果显示，[1] 丰台区 74 个营利产业被划分为 4 群吻合与远离主导与重点产业内涵的聚类，如表 3 - 11 所示。

表 3 - 11　丰台区产业与主导、重点产业内涵近似程度的聚类分析

	集群平均平方和	F 检定	显著性
平均从业人员	20. 307	117. 682	0. 000
人均营业收入	8. 752	13. 107	0. 000
向前关联	19. 750	100. 552	0. 000
向后关联	10. 010	16. 307	0. 000
聚类 1	农、林、牧、渔服务业；非金属矿采选业；农副食品加工业；食品制造业；饮料制造业；烟草制品业；纺织业；纺织服装、鞋、帽制造业；皮革、毛皮、羽毛（绒）及其制品业；木材加工及木、竹、藤、棕、草制品业；家具制造业；造纸及纸制品业；印刷业和记录媒介的复制；文教体育用品制造业；石油加工、炼焦及核燃料加工业；非金属矿物制品业；金属制品业；通用设备制造业；专用设备制造业；交通运输设备制造业；电气机械及器材制造业；仪器仪表及文化、办公用机械制造业；工艺品及其他制造业；废弃资源和废旧材料回收加工业；水的生产和供应业；房屋和土木工程建筑业；建筑安装业；建筑装饰业；其他建筑业；邮政业；电信和其他信息传输服务业；计算机服务业；软件业；住宿业；餐饮业；租赁业；商务服务业；研究与试验发展；专业技术服务业；科技交流和推广服务业；水利管理业；环境管理业；公共设施管理业；居民服务业；其他服务业；教育；卫生；新闻出版业；广播、电视、电影和音像业；文化艺术业；体育；娱乐业		

[1] 本书采用非层次聚类法中的 K 平均值法（K - Means），结合 ANOVA 分析，计算在不同聚类的条件下，分类变量对聚类结果影响的显著性，其次，结合 AIC 信息准则（Akaike Information Criterion，AIC），确认各聚类中的产业。统计显著性选取 99% 显著性水平，分类变量全数能显著的解释聚类结果。

续表

聚类 2	批发业；银行业；证券业；保险业；其他金融活动；房地产业；地质勘查业
聚类 3	化学原料及化学制品制造业；医药制造业；橡胶制品业；塑料制品业；黑色金属冶炼及压延加工业；有色金属冶炼及压延加工业；通信设备、计算机及其他电子设备制造业；电力、热力的生产和供应业；道路运输业；航空运输业；装卸搬运和其他运输服务业；仓储业；零售业
聚类 4	铁路运输业；城市公共交通业

根据各聚类组成产业的特征指标特性，聚类一属于下游产业，向后关联较大，能够带动中、上游其他产业的发展，其平均从业人员为 39 人，人均营业收入 430 百元，向前关联 0.47、向后关联 0.69；聚类二人均营业收入最高，属于高生产力服务业，其平均从业人员 28 人、人均营业收入 2048 百元、向前关联 0.63、向后关联 0.38；聚类三属于高生产力制造业，能提供主要的中间使用投入，也需要较多的中间使用投入，是主要的上游产业，也是重要的下游产业，带动产业发展的力度较大，其平均从业人员为 58 人、人均营业收入 901 百元、向前关联 1.94、向后关联 0.67；聚类四属于交通运输产业，是主要的上游产业，也是重要的下游产业，平均从业人员最多，以大量的劳动力投入，提供大量的中间使用投入，同时也需要较多的中间使用投入，其平均从业人员为 556 人、人均营业收入 204 百元、向前关联 1.87、向后关联 0.61。

丰台区产业聚类的划分理由是基于丰台区的产业具有以下三大特点：一是高从业人员向前关联产业；二是高从业人员产业；三是生产力差异较大的高产业关联产业，如表 3－12 所示。[1]

表 3－12　丰台区产业聚类的三大特点（分类函数）

函数	函数特征	相关系数	方差累积解释率	函数命名
1	平均从业人员 向前关联	0.612 0.597	63.7%	高从业人员向前关联产业
2	平均从业人员	0.705 *	89.4%	高从业人员产业
3	人均营业收入 向前关联 向后关联	－0.376 * 0.689 * 0.585 *	100%	生产力差异较大的 高产业关联产业

[1] 这一部分的多元统计方法采用判别分析。

根据这三大特点与4群聚类的相关程度，分别界定4群聚类的内涵。分析结果显示，聚类一在劳动力需求、产品与服务提供以及生产力的表现不突出，但在向后关联有一定的表现，因此界定为具向后关联特征产业；聚类二与聚类三是生产力差异较大但同样具备产品服务提供与需求的产业，在人均营业收入、向前关联以及向后关联上与其他聚类间具有显著差异，再考虑其平均从业人员、人均营业收入、向前关联、向后关联的表现，将聚类二界定为高生产力特征服务业，聚类三界定为高生产力高关联特征产业；聚类四在平均从业人员与向前关联的表现较好，在对大量劳动力的需求以及在产品服务提供的功能方面与其他聚类有明显差异，因此将其界定为高从业人员特征服务业，如表3－13所示。[1]

表3－13　聚类的产业特征界定

聚类	聚类定位	产业带动与支撑优势		规模趋势
		函数1	函数3	函数2
		大量劳动力需求的产品服务提供产业	生产力多元的产品服务提供需求产业	大量劳动力需求产业
1	具向后关联特征产业	－1.453***	0.109	0.708***
2	高生产力特征服务业	0.699	－3.066***	－2.898***
3	高生产力高关联特征产业	3.461***	1.473***	－2.296***
4	高从业人员特征服务业	12.850***	－1.674***	6.653***
	平均数	3.6E－16	－2.701E－07	1.351E－07

***表示在99%置信度下，该聚类的平均数与总体有显著差异。

每一个聚类分别在产业关联、生产力以及从业人员方面有不同的表现，对整个经济发展起到不同程度的带动与支撑作用。从吻合与远离主导与重点产业内涵的角度，以及聚类的优劣程度，在四个聚类产业中，第一是以高生产力高关联特征产业最为吻合；第二是具向后关联特征产业，能够较大的带动其他关联产业发展；第三是高生产力特征服务业，关联程度较低，但仍具备生产力优势；第四是高从业人员特征服务业，关联程度较低。

2. 南中轴地区主导与重点产业定位

关联程度是主导与重点产业的基本门槛，但高关联程度未必生产力（人均营业收入）或从业人员规模就一定较大，因此结合了四个聚类的分析结果，

---

[1] 这一部分的多元统计方法采用平均数检定与方差分析，以分析分类函数与聚类的相关程度。

再加上吻合与远离主导与重点产业内涵的角度，可以划分出相同关联程度内接近主导与重点产业内涵的差异程度，进一步细化并定位真正的主导产业与重点产业。

主导产业。高产业关联是其必要条件，交叉分析后发现，这些产业涉及“高生产力高关联特征产业”以及“具向后关联特征产业”两个聚类。“高生产力高关联特征产业”聚类的产业，具备高生产力优势，属于一级主导产业，其向前关联系数为1.82，向后关联系数为0.80；“具向后关联特征产业”聚类中的部分产业，虽然也具有较强的对中上游产业带动作用，但相对而言更具备高向后关联优势，因此属于二级主导产业，如表3－14所示。

表3－14　丰台区主导产业与生产优势指标平均数差异

<table>
<tr><th colspan="2">涉及聚类</th><th>分级</th><th colspan="4">高关联产业</th></tr>
<tr><td rowspan="3">3</td><td rowspan="3">高生产力高关联特征产业</td><td rowspan="3">一级主导</td><td colspan="4">黑色金属冶炼及压延加工业；有色金属冶炼及压延加工业；通信设备、计算机及其他电子设备制造业；电力、热力的生产和供应业</td></tr>
<tr><td>企业平均从业人员（人）</td><td>企业人均营业收入（千元）</td><td>向前关联</td><td>向后关联</td></tr>
<tr><td>87.18</td><td>2341.60</td><td>1.82</td><td>0.80</td></tr>
<tr><td rowspan="3">1</td><td rowspan="3">具向后关联特征产业</td><td rowspan="3">二级主导</td><td colspan="4">纺织业；造纸及纸制品业；印刷业和记录媒介的复制；文教体育用品制造业；石油加工、炼焦及核燃料加工业；金属制品业；通用设备制造业；专用设备制造业；交通运输设备制造业；租赁业；商务服务业</td></tr>
<tr><td>企业平均从业人员（人）</td><td>企业人均营业收入（千元）</td><td>向前关联</td><td>向后关联</td></tr>
<tr><td>37.64</td><td>551.77</td><td>0.88</td><td>0.75</td></tr>
</table>

一级重点产业。有较高的向后关联是其必要条件，交叉分析后发现，这些产业涉及“具向后关联特征产业”以及“高生产力特征服务业”两个聚类，因此除了较高的向后关联（向后关联系数明显高于向前关联系数），部分产业还具备较高的生产力，对地方经济发展贡献较大，如表3－15所示。

二级重点产业。有较高的向前关联是其必要条件，交叉分析后发现，这些产业涉及“高生产力高关联特征产业”“高生产力高关联特征产业”以及“高从业人员特征服务业”三个聚类，因此除了较高的向前关联（向前关联系数明显高于向后关联系数），部分产业具备较高的生产力、较高的关联以及较多从业人员。

表 3－15　丰台区重点产业

<table>
<tr><td colspan="2">涉及聚类</td><td>分级</td><td colspan="4">主要中间投入需求产业</td></tr>
<tr><td rowspan="3">1，2</td><td rowspan="3">具向后关联特征产业
高生产力特征服务业</td><td rowspan="3">一级重点</td><td colspan="4">平均从业人员规模高于全区平均水平。房屋和土木工程建筑业；研究与试验发展；公共设施管理业；教育；卫生。其中卫生属于公共服务业，因此自重点产业删除。
人均营业收入高于全区平均水平。农副食品加工业；饮料制造业；烟草制品业；电气机械及器材制造业；工艺品及其他制造业；房屋和土木工程建筑业；电信和其他信息传输服务业；计算机服务业；新闻出版业；专业技术服务业；科技交流和推广服务业；地质勘查业</td></tr>
<tr><td>企业平均从业人员（人）</td><td>企业人均营业收入（千元）</td><td>向前关联</td><td>向后关联</td></tr>
<tr><td>55.57869</td><td>1783.728</td><td>0.349132</td><td>0.688276</td></tr>
<tr><td colspan="2">聚类定位</td><td>分级</td><td colspan="4">主要中间投入供应产业</td></tr>
<tr><td rowspan="3">2－4</td><td rowspan="3">高生产力高关联特征产业
高生产力特征服务业
高从业人员特征服务业</td><td rowspan="3">二级重点</td><td colspan="4">平均从业人员规模高于全区平均水平。化学原料及化学制品制造业；医药制造业；橡胶制品业；塑料制品业；道路运输业；航空运输业；铁路运输业。
人均营业收入高于全区平均水平。批发业；零售业；化学原料及化学制品制造业；装卸搬运和其他运输服务业；仓储业</td></tr>
<tr><td>企业平均从业人员（人）</td><td>企业人均营业收入（千元）</td><td>向前关联</td><td>向后关联</td></tr>
<tr><td>135.9581</td><td>1562.228</td><td>1.923474</td><td>0.5882</td></tr>
<tr><td colspan="2">聚类定位</td><td>分级</td><td colspan="4">低关联产业</td></tr>
<tr><td rowspan="3">2</td><td rowspan="3">高生产力特征服务业</td><td rowspan="3">三级重点</td><td colspan="4">银行业；证券业；保险业；其他金融活动；房地产业</td></tr>
<tr><td>企业平均从业人员（人）</td><td>企业人均营业收入（千元）</td><td>向前关联</td><td>向后关联</td></tr>
<tr><td>31.78993</td><td>4246.484</td><td>0.464</td><td>0.376</td></tr>
<tr><td colspan="2"></td><td></td><td colspan="4">企业数、营业收入或从业人员规模较大的产业</td></tr>
<tr><td rowspan="3">1</td><td rowspan="3">其他还未纳入的产业</td><td rowspan="3">地方特色产业</td><td colspan="4">产业经营企业数高于全区平均水平。软件业；住宿业；建筑装饰业；餐饮业；居民服务业；其他服务业。
产业营业收入高于全区 1%。餐饮业。
产业从业人员规模高于全区平均水平。建筑安装业；环境管理业</td></tr>
<tr><td>产业平均企业数（个）</td><td>产业平均从业人员（人）</td><td>向前关联</td><td>向后关联</td></tr>
<tr><td>409.4286</td><td>8944.286</td><td>0.331592</td><td>0.651043</td></tr>
</table>

三级重点产业。低产业关联是其必要条件，交叉分析后发现，这些产业涉及“高生产力特征服务业”聚类，因此除了低产业关联，这些产业是具备较高生产力的服务业，即企业人均营业收入非常高，达到4246元。

地方特色产业。是未被纳入主导与重点产业，而企业数、营业收入或从业人员规模较大的产业。

四级重点产业。是未被纳入主导与重点产业，而企业数、营业收入或从业人员规模较大的产业，涵盖了地方特色产业。

过去数十年的产业发展过程中，丰台区基于其生产环境的特征、优势与全市发展定位，已发展出15个主导产业，与所有产业的关联程度最高，其中生产力较高的高关联程度主导产业，一方面带动其他产业发展；另一方面也支撑其他产业的发展，是最重要的第一级主导产业；而生产力较低的高关联程度主导产业，其向后关联较高，通过对其他产业中间投入的需要，带动其他产业发展，是次重要的二级主导产业。一级与二级主导产业的生产优势有明显差距，一级主导产业的企业规模较大，平均从业人员是二级主导产业的2.3倍，人均的营业收入达到4.2倍，产业关联系数也明显较高，这也说明一级主导产业带动与支撑产业发展的力度更强，如表3－15所示。

一级以及二级主导产业带动与支撑着一批主要中间投入需求产业，共同带动丰台区的产业发展，同时支撑着一批具备个别产业特征，是地方产业链中不可或缺的产业，具体包括：第一，大量中间投入的产业，是重要的第一级重点产业，这类产业需要大量的中间投入，且从业人员的规模、人均营业收入高于全区平均，具备较高的表现，一方面带动产业发展；另一方面企业规模以及生产力较大，具发展前景；第二，供应大量中间投入的产业，是次重要的第二级重点产业，这类产业具有较高的向前关联，且从业人员的规模、人均营业收入高于全区平均，具备较高的表现，能够支撑产业发展；第三，高生产力产业，是第三级重点产业，这类产业主要提供无形的服务，因此产业关联较低，属于生产力较高的现代服务业，为产业链中不可或缺的产业；第四，第四级重点产业，这类产业的企业数量、营业收入或从业人员比重较大，部分是丰台区高营业收入的地方特色产业，必须通过产业升级转型的地方产业，如表3－15所示。

（三）南中轴八大主导与重点产业提炼与分析

根据各产业在企业数量、营业收入、从业人员以及区位商的现状，南中轴区域已发展出一批不同程度空间集聚的产业，其中部分集聚是由主导与重点产业所汇聚而成，当它们相互邻接或靠近，彼此在生产上相互关联共生，将形成产业集群，而这些集群，就是南中轴区域产业再发展的最大资产，它们适应南中轴的产业环境，熟悉企业之间的运作关系，并在众多企业的竞争中脱颖而出，与关联产业形成具备实力的合作生产，共享生产资源，降低生产成本，共同提高区域的产业竞争力，可以说，产业集群是产业再发展跨不过的槛。

1. 主导与重点产业的集聚状况

在主导产业集聚方面。根据主导与重点产业的定位与产业集聚程度的分析结果，南中轴区域已形成的主导产业集聚（产业集聚产业）有黑色金属冶炼及压延加工业、纺织业主导产业集聚，企业家数仍处于空间分散阶段的主导产业集聚（生产集聚产业）有造纸及纸制品业、文教体育用品制造业、交通运输设备制造业、租赁业主导产业集聚，以及营业收入与从业人员仍处于空间分散阶段的主导产业集聚（企业集聚产业），有色金属冶炼及压延加工业、印刷业和记录媒介的复制、石油加工炼焦及核燃料加工业主导产业集聚（表 2－11）。

已形成的主导产业集聚（产业集聚产业）。在丰台区产业的营业收入还未占有重要地位，带动与支撑产业发展的力度仍不强；黑色金属冶炼及压延加工业具有较高的产业关联，具备带动与支撑产业发展的功能，目前全区仅 3 家企业，单一企业规模较大，人均营业收入也较高，是南中轴必须全力发展的产业；纺织业具有较高的向后关联，具备带动产业发展的功能，纺织业有 14 家企业，单一企业规模及人均营业收入较小，营业收入表现仍不突出，也必须再培育发展。

企业家数仍处于空间分散阶段的主导产业集聚（生产集聚产业）。造纸及纸制品业在丰台区产业的营业收入还未占有重要地位，因此虽具有较高的向后关联，但带动的力度仍不强，在丰台区的企业家数达 44 家，单一企业规模及人均营业收入较小，营业收入表现仍不突出，也必须再培育发展。交通运输设备制造业的营业收入已占丰台区重要地位，其具有较高的向后关联，在整个丰台区共 143 家企业，从营业收入总量来看，主要集中在长辛店街道，但在社区/村层级，营业收入以及从业人员在东高地街道的六营门社区高度集聚，营业收入总量接近长辛店街道的一半，是带动关联产业发展的重要节点。租赁业在丰台区的企业家数较多，达 203 家，但企业家数还未在空间上集聚，呈现较为分散的发展，从营业收入总量来看，在社区/村层级，主要集中在方庄地区的芳古园一区第一社区，从业人员占全区5.6%，创造出18.4%的营业收入，具有较高的向后关联，一方面带动其他产业发展；另一方面能够提供其他产业发展所需要的设备，因此必须加速其企业向南中轴集聚发展。文教体育用品制造业在丰台区产业的营业收入还未占有重要地位，带动产业发展的力度仍不强，目前全区仅14家企业，空间分散，但营业收入以及从业人员在马家堡街道高度集聚，占丰台区近一半的规模，具有较高的向后关联，是南中轴必须推动发展的产业。

营业收入与从业人员仍处于空间分散阶段的主导产业集聚（企业集聚产业）。具有高关联以及高向后关联的特性，已初步形成空间集聚，是未来应该推动发展的重要产业。有色金属冶炼及压延加工业在丰台区产业的营业收入还未占有重要地位，带动产业发展的力度仍不强，目前全区仅10家企业，在南苑乡集聚发展，占丰台区三分之一的规模。印刷业和记录媒介的复制业在丰台区的企业家数较多，达103家，在南苑乡集聚发展，占丰台区五分之一的规模，整体产业规模较大，必须加速该产业转型升级，提高该产业在南中轴区域的营业收入与从业人口员提升。石油加工炼焦及核燃料加工业，目前全区仅4家企业，主要集中在右安门街道的开阳里第四社区，占丰台区四分之一的规模。

在重点产业集聚方面。南中轴区域在空间上已发展出道路运输业、证券业重点产业集聚（产业集聚产业），企业家数仍处于空间分散阶段（生产集聚产业）的农副食品加工业、电气机械及器材制造业、新闻出版业、航空运输业、其他金融活动重点产业集聚，以及营业收入与从业人员仍处于空间分散阶段（企业集聚产业）的工艺品及其他制造业、橡胶制品业、城市公共交通业、装卸搬运和其他运输服务业、化学原料及化学制品制造业、塑料制品业重点产业集聚，如表3-16。

表3-16 南中轴区域主导、重点与地方特色产业集聚现状

产业等级	集聚程度	产业
一级主导	产业集聚	黑色金属冶炼及压延加工业
	企业集聚	有色金属冶炼及压延加工业
	无集聚	通信设备、计算机及其他电子设备制造业；电力、热力的生产和供应业
二级主导	产业集聚	纺织业
	生产集聚	造纸及纸制品业；文教体育用品制造业；交通运输设备制造业；租赁业；

续表

产业等级	集聚程度	产业
二级主导	企业集聚	印刷业和记录媒介的复制*；石油加工、炼焦及核燃料加工业
	无集聚但高营业收入	商务服务业
	无集聚	金属制品业；通用设备制造业；专用设备制造业
一级重点	生产集聚	农副食品加工业；电气机械及器材制造业；新闻出版业；研究与试验发展
	企业集聚	工艺品及其他制造业*
	无集聚但高营业收入	房屋和土木工程建筑业；教育
	无集聚	饮料制造业；烟草制品业；电信和其他信息传输服务业；计算机服务业；专业技术服务业；科技交流和推广服务业；公共设施管理业
二级重点	产业集聚	道路运输业、航空运输业
	企业集聚	橡胶制品业；装卸搬运和其他运输服务业*
	弱企业集聚	化学原料及化学制品制造业；塑料制品业
	无集聚但高营业收入	铁路运输业；批发业；零售业
	无集聚	医药制造业；仓储业
三级重点	产业集聚	证券业
	生产集聚	其他金融活动
	无集聚的高营业收入产业	房地产业
	无集聚	银行业；保险业；地质勘查业
四级重点	无集聚但高营业收入 无集聚	餐饮业 软件业；住宿业；建筑装饰业；环境管理业；居民服务业；其他服务业
地方特色	无聚集但高营业收入	餐饮业、教育、零售业、道路运输业、房地产业、批发业、房屋和土木工程建筑业、商务服务业

注：(1) *表示为街道等级的企业集聚。工艺品及其他制造业除部分集聚于成仪路社区外，其他则与印刷业和记录媒介的复制业、装卸搬运和其他运输服务业集聚于南苑村，依空间相邻关系分析，工艺品及其他制造业集聚于南苑乡分中寺村、紧邻东铁匠营的成仪路社区、横七条路第二社区、刘家窑第二社区，印刷业和记录媒介的复制业集聚于南苑乡分中寺村、紧邻东铁匠营的成仪路社区、横七条路第二社区，装卸搬运和其他运输服务业集聚于南苑乡新宫村。(2) 弱企业集聚因其区位商<1，本书将其从集聚中删除。

已形成的重点产业集聚（产业集聚产业）。道路运输业在丰台区产业的营业收入占有重要地位，具有较高的向前关联，能够提供其他产业发展所需要的中间投入，因此是支撑其他产业发展的重要节点，南中轴必须全力发展该产业；证券业是具备较高的生产力的现代服务业，属于低关联产业，主要提供无形的服务，为产业链中不可或缺的产业，目前全区仅6家企业，营业收入表现不突出，必须再培育发展。

企业家数仍处于空间分散阶段的各个重点产业集聚（生产集聚产业）。在丰台区产业的营业收入还未占有重要地位，带动与支撑产业发展的力度仍不强；农副食品加工业目前全区仅31家企业，空间分散，但营业收入以及从业人员在和义街道以及南苑北里第二社区集聚程度较高，从业人员占丰台区近三分之一的规模，然而营业收入只占六分之一，说明此集聚的人均营业收入较低，基于其较高的向后关联，因此是南中轴必须推动发展的产业。电气机械及器材制造业在丰台区的企业家数较多，达125家，从营业收入总量来看，在社区/村层级，主要集中在大红门街道的石榴庄东街社区，从业人员占全区16.4%，创造出67%的营业收入，生产力较高，且具有较高的向后关联，带动其他产业发展的能力较强，必须加速其企业向南中轴集聚发展。新闻出版业在丰台区的企业家数达52家，营业收入以及从业人员的集聚强，在街道/乡层级，主要集中在方庄地区，从业人员占全区的35.7%，创造出70.6%的营业收入，说明该集聚有较高的生产力，在社区/村层级，主要集中在芳城园三区社区以及芳群园三区社区，带动其他产业发展的能力较强，也应加速其企业向南中轴集聚发展。航空运输业全数集中在南苑街道的机场社区，企业家数为2家，产业政策应配合南苑机场建设。其他金融活动业包括了金融信托与管理、金融租赁、财务公司、邮政储蓄、典当等各类金融活动，营业收入以及从业人员的集聚强，主要集中在右安门街道的东滨河路社区，营业收入占全区的99.5%，从业人员占全区的88.9%，说明该集聚向前关联的能力强，企业家数为25家，应加速培育发展。

营业收入与从业人员仍处于空间分散阶段的重点产业集聚（企业集聚产业）。初步形成空间集聚，是未来应该推动发展的重要产业。各集聚在丰台区产业的营业收入则还未占有重要地位，工艺品及其他制造具有较高的向后关联，目前带动产业发展的力度仍不强，全区29家企业，在南苑乡集聚发展，占丰台区四分之一的规模；橡胶制品业具有较高的向前关联，但目前全区仅8家企业，主要集中在南苑乡，占丰台区三分之一以上的规模，支撑力度不强。装卸搬运和其他运输服务业在丰台区的企业家数较多，达184家，在南苑乡集聚发展，占丰台区五分之一的规模，上述产业均应加速转型升级，提高该产业在南中轴区域的营业收入与从业人口员提升。化学原料及化学制品制造业以及塑料制品业的区位商小于1，本书将其从集聚中删除。

地方特色产业。作为丰台区企业数量、营业收入或从业人员数量较高的产业，仍是产业发展中不可忽视的力量，这些产业一旦经营发生问题，将造成企业大量倒闭、经济增长降低或失业等社会问题，分析后发现，丰台区的地方特色产业，如餐饮业、教育、零售业在方庄地区发展，营业收入分别占全区的15.43%、9.1%以及17.9%；道路运输业虽然在方庄发展较强，营业收入占全区的69.03%，但该产业为高速公路管理与养护，已属于公共事业；房地产业在东铁匠营街道发展，营业收入占全区的20.79%；批发业、房屋和土木工程建筑业在大红门街道发展，营业收入分别占全区的5.63%以及5.76%；商务服务业在南苑乡靠近大红门街道以及东铁匠街道发展，以及方庄地区，营业收入占全区的23.5%。

2. 主导与重点产业集聚的发展思考

已形成的主导产业集聚以及未来可能形成的主导产业集聚，基于不同的集聚现况、关联程度、现况企业家数以及营业收入占全区比重，应采取不同的发展导向。已形成集聚的主导产业，当企业家数较少，营业收入占比相对较小，表示该地区该产业在发展新企业的动能不足，须推动现有集聚再发展，成为上、下游关联节点或是成为带动上游发展节点。

未来可能形成集聚的主导产业，企业数量较多但发展分散，说明在分散发展的条件下，该产业在发展新企业的动能充足，通过集聚可望再带来新一波发展，因此政策上须引导产业集聚发展；企业数量少但发展分散，说明在分散发展的条件下，该产业在发展新企业的动能不足，因此政策上除引导集聚，还必须鼓励发展；营业收入及从业人员发展分散，当企业集聚发展且数量较多，表示集聚无法提升生产力，说明产能不足，应推动转型，当企业集聚发展且数量较少，表示集聚无法提升生产力与发展新企业，这说明产能不足，应推动转型或停止发展。综上所述，南中轴主导产业集聚，应采取不同的发展导向，目前仅有交通运输设备制造业主导产业集聚的营业收入比重较大，其他主导产业集聚的功能仍有待提升，如表3－17所示。

基于不同的集聚现况、关联程度、现状企业家数以及营业收入占全区比重，已形成的重点产业集聚以及未来可能形成的重点产业集聚，也应采取不同的发展导向。目前仅有道路运输业的营业收入比重较大，其他重点产业集聚的功能仍有待提升，如表3－18所示。

表 3－17　南中轴区域主导产业集聚发展思考

集聚等级	产业等级	产业	特征	发展思考
已经形成的主导产业集聚（企业、营业收入、从业人员集聚）	一级主导（高生产力、高关联）	黑色金属冶炼及压延加工业	家数少	发展新企业动能不足，须推动现有集聚再发展，成为上、下游关联节点
	二级主导（高关联）	纺织业	家数少	发展新企业动能不足，须推动现有集聚再发展，成为带动上游发展节点
可能形成的主导产业集聚（营业收入、从业人员集聚）	二级主导（高关联）	造纸及纸制品业	企业分散	企业集聚可再带来新一波发展，鼓励集聚
		交通运输设备制造业	军工	推动军方转移技术以供民营企业发展
		租赁业	企业分散	企业集聚可再带来新一波发展，鼓励集聚
		文教体育用品制造业	家数少	发展新企业动能不足，鼓励集聚，推动发展
可能形成的主导产业集聚（企业集聚）	一级主导（高生产力、高关联）	有色金属冶炼及压延加工业	家数少	企业集聚无法提升生产力与发展新企业，说明产能不足，应推动转型或停止发展
	二级主导（高关联）	印刷业和记录媒介的复制	生产分散	企业集聚无法提升生产力，说明产能不足，应推动转型
		石油加工、炼焦及核燃料加工业	家数少	企业集聚无法提升生产力与发展新企业，说明产能不足，应推动转型或停止发展

表 3－18 南中轴区域重点产业集聚发展思考

集聚等级	产业等级	产业	特征	发展思考
已经形成的重点产业集聚（企业数量、营业收入、从业人员集聚）	二级重点（高向前关联）	道路运输业	重要节点	推动现有集聚发展，维持地位
		航空运输业	家数少	发展新企业动能不足，应视机场建设与时俱进，推动发展
	三级重点（现代服务业）	证券业	家数少	发展新企业动能不足，须推动现有集聚再发展，成为支撑发展节点
可能形成的重点产业集聚（营业收入、从业人员集聚）	一级重点（高向后关联）	农副食品加工业	人员集聚	企业集聚无法提升生产与发展新企业，说明产能不足，应推动转型
		电气机械及器材制造业	企业分散	企业集聚可再带来新一波发展，鼓励集聚
		新闻出版业	高生产力	企业集聚可再带来新一波发展，鼓励集聚
		研究与试验发展	军工	推动军方转移技术以供民营企业发展
	三级重点（现代服务业）	其他金融活动	生产集中	发展新企业动能不足，鼓励集聚，推动发展
可能形成的重点产业集聚（企业集聚）	一级重点（高向后关联）	工艺品及其他制造业	生产分散	集聚无法提升生产力，发展新企业也动能不足，说明产能不足，应推动转型
	二级重点（高向前关联）	橡胶制品业	家数少	企业集聚无法提升生产力与发展新企业，说明产能不足，应推动转型或停止发展
		装卸搬运和其他运输服务	生产分散	企业集聚无法提升生产力，说明产能不足，应推动转型
		化学原料及化学制品制造	生产分散	企业集聚无法提升生产力，说明产能不足，应推动转型
		塑料制品业	生产分散	企业集聚无法提升生产力，说明产能不足，应推动转型
地方特色产业		餐饮业、教育、零售业、道路运输业、房地产业、批发业、房屋和土木工程建筑业、商务服务业	高营业收入	企业数量、营业收入或从业人员数量较高，应与集聚产业共同发展

3. 主导与重点产业集群的空间整合与定位

主导与重点产业集聚之间，因为生产关联的关系而彼此邻近或相近，将形成更大的产业集群，由多个产业集聚共同带动与支撑新集群的成长，深化地方化经济。空间分析结果显示，南中轴区域可以汇聚成为5个较大的复合生产集群以及3个单一产业集群以及2个产业集聚，按照其生产的产品在产业发展上扮演不同的角色。

第一个复合生产集群为钢压延加工与乐器玩具集群。以企业家数较少的黑色金属冶炼及压延加工业、文教体育用品制造业为主要集聚，产业关联特征是低关联的“一个带动、一个支撑”，黑色金属冶炼及压延加工业低度支撑文教体育用品制造业，文教体育用品制造业也低度带动黑色金属冶炼及压延加工业的发展。空间分布从大红门街道的西马场南里社区，向西北延伸到马家堡街道的角门东里西社区与玉安园社区止，如表3－19所示。

表3－19　钢压延加工、乐器玩具集群生产关联比例　　单位:%

		金属冶炼及压延加工业	造纸印刷及文教体育用品制造业
金属冶炼及压延加工业	向前	0	1
	向后	0	0
造纸印刷及文教体育用品制造业	向前	0	0
	向后	3	0

产　业	家数（个）	平均营业收入（千元）	平均从业人员（人）	产　品	集聚类型
黑色金属冶炼及压延加工业	3	297	393	钢带、钢压延加工	产业集聚
文教体育用品制造业	6	111	31	制造乐器及零件、玩具皮革制品技术开发	生产集聚

第二个复合生产集群为纺织、纸制品、印刷影音及工艺品集群，辅以房地产业与商务服务业。以纺织业、造纸及纸制品业为主要集聚，并入印刷业和记录媒介的复制业、工艺品及其他制造业。产业关联特征是关联度较大的“一个带动、一个支撑”。工艺品及其他制造业较大地带动纺织业的发展，纺织业较大地支撑工艺品及其他制造业的发展；以及关联度较小的“一个带动、一个支撑”，造纸及纸制品业、印刷业和记录媒介的复制业较小地带动纺织业的发展，纺织业较小的支撑造纸及纸制品业、印刷业和记录媒介的复制业的发展。空间分布集中在东铁匠营街道成寿寺社区、横七条路第二社区、刘家窑第

二社区以及分中寺村，如表3－20所示。

表3－20 纺织、纸制品、印刷影音及工艺品集群生产关联比例 单位:%

		纺织业	造纸印刷及文教体育用品制造业	工艺品及其他制造业	房地产业	租赁和商务服务业
纺织业	向前	0	4	12	0	0
	向后	0	3	1	1	5
造纸印刷及文教体育用品制造业	向前	2	0	1	2	4
	向后	4	0	0	0	1
工艺品及其他制造业	向前	4	1	0	4	7
	向后	7	1	0	0	2
房地产业	向前	1	1	0	0	2
	向后	0	5	1	0	19
商务服务业	向前	2	1	2	5	0
	向后	0	4	1	1	0

产业	家数（个）	平均营业收入（千元）	平均从业人员（人）	产品	集聚类型
纺织业	4	208	180	编织商标带生产、织造棉化纤制造、加工制造销售帆布麻布制品	产业集聚
造纸及纸制品业	2	333	59	复印纸制造、生产加工纸制品包装制品	生产集聚
印刷业和记录媒介的复制业	12	252	17	书刊、期刊、宣传品印刷，计算机图文设计	企业聚集（街道）
工艺品及其他制造业	8	77	14	青铜器仿复制、服装设计、加工首饰、加工工艺品（象牙）、绣花加工	企业聚集（街道）
房地产业	74	1532	28	房地产开发、销售房地产、出租写字间物业管理、房地产中介、房屋管理技术咨询、拆迁房屋、物业管理	无
商务服务业	251	195	7	按家数，依序为广告、咨询、平面图文设计、会展服务、组织文化艺术或会议活动、企业管理服务、法律咨询占较大比重	无

东铁匠营街道也分布了较大比重的地方特色产业，包括房地产业、商务服务业，这两个产业属于生产者服务业，具备服务半径较大的特征，因此不仅是服务“纺织、纸制品、印刷影音及工艺品集群”，也服务全丰台区及其周边区域。地方特色产业与生产集群之间的产业关联特征是由生产产品的产业支撑的“一个强支撑，一个弱支撑”，由工艺品及其他制造业较大的支撑、造纸印刷及文教体育用品制造业较小的支撑商务服务业。地方特色产业之间则存在“一个带动”，由房地产业较大的带动商务服务业的发展。

第三个复合生产集群为证券与新闻出版集群，辅以餐饮业、教育、零售业、房地产业与商务服务业。以租赁业为主要集聚，新闻出版业为生产力核心，并入证券业，产业关联特征是“二个支撑，二个带动”。证券业、新闻出版业支撑与带动租赁业，租赁业支撑证券业，租赁业带动证券业与新闻出版业，空间分布由方庄地区的芳古园一区第一社区、芳群园三区社区、芳城园三区社区、芳星园三区社区向西南延伸至东铁匠营街道的横七条路第二社区，如表3－21所示。

表3－21　证券与新闻出版集群生产关联比例　单位:%

		金融业	租赁和商务服务业	文化、体育和娱乐业	住宿和餐饮业	教育	批发和零售业	房地产业
金融业	向前	0	15	2	6	1	11	11
	向后	0	24	6	7	0	3	18
租赁和商务服务业	向前	8	0	5	5	1	16	5
	向后	13	0	15	11	0	6	1
文化、体育和娱乐业	向前	7	32	0	3	5	4	4
	向后	1	8	0	6	1	8	3
住宿和餐饮业	向前	4	11	6	0	5	6	3
	向后	5	8	2	0	0	6	5
教育	向前	1	3	5	2	0	2	0
	向后	1	3	3	7	0	4	4
批发和零售业	向前	1	2	2	2	1	0	0
	向后	12	34	2	7	0	0	3
房地产业	向前	18	2	5	9	5	4	0
	向后	20	19	3	6	0	2	0

续表

产　业	家数（个）	平均营业收入（千元）	平均从业人员（人）	产　品	集聚类型
租赁业	17	739	7	汽车租赁	生产集聚
新闻出版业	7	1485	146	图书、报纸、期刊出版	生产集聚
证券业	5	453	16	证券经济交易	产业集聚
餐饮业	55	120	42	餐饮、咖啡厅、茶道茶艺	无
教育	42	19	31	儿童潜能开发、幼儿教育，以及舞蹈琴类绘画等、文化知识、成人高考补习、技术、艺术、英语、插花、高尔夫培训	无
零售业	235	720	35	按家数，依序为零售医疗产品、药品、百货食品、服饰、洗衣设备占较大比重	无
房地产业	74	1532	28	同表 3－22	无
商务服务业	450	273	8	同表 3－22	无

地方特色产业方面，除了东铁匠营街道分布了较大比重的房地产业、商务服务业外，方庄地区分布了较大比重的餐饮业、教育业、零售业，与“证券与新闻出版集群”聚集为南中轴的服务业中心。地方特色产业与生产集群之间的产业关联特征是“四个支撑、三个带动”。餐饮业支撑租赁和商务服务业，证券业与租赁和商务服务业支撑零售业，证券业支撑房地产业，房地产业支撑餐饮业，而成为一个产业循环，租赁和商务服务业带动餐饮业、证券业带动房地产业、新闻出版业带动零售业。

第四个复合生产集群为有色金属与电气机械器材集群，辅以批发业、房屋和土木工程建筑业、商务服务业。以有色金属冶炼及压延加工业、电气机械及器材制造业为主要集聚，并入道路运输业以及橡胶制品业，产业关联特征是“一个支撑、二个带动”，有色金属冶炼及压延加工业支撑电气机械及器材制造业，橡胶制品业带动道路运输业，电气机械及器材制造业带动橡胶制品业、有色金属冶炼及压延加工业，空间分布以石榴庄村以及大红门街道的石榴庄东街社区为中心，向西南并入南苑乡的果园村，如表 3－22 所示。

表 3－22　有色金属与电气机械器材集群生产关联比例　　单位:%

		化学工业	金属冶炼及压延加工业	电气机械及器材制造业	交通运输及仓储业	批发和零售业	建筑业	租赁和商务服务业
化学工业	向前	0	1	3	0	1	1	1
	向后	0	6	1	10	10	0	7
金属冶炼及压延加工业	向前	1	0	8	1	0	14	0
	向后	2	0	1	5	5	0	0
电气机械及器材制造业	向前	1	1	0	0	1	13	9
	向后	11	26	0	4	14	0	3
交通运输及仓储业	向前	2	1	1	0	3	1	3
	向后	1	4	0	0	5	1	2
批发和零售业	向前	2	1	5	1	0	3	2
	向后	4	0	1	11	0	2	34
建筑业	向前	0	0	0	1	3	0	1
	向后	3	34	7	3	6	0	2
租赁和商务服务业	向前	2	0	2	1	16	1	0
	向后	3	1	7	8	6	1	0

产　业	家数（个）	平均营业收入（千元）	平均从业人员（人）	产　品	集聚类型
有色金属冶炼及压延加工业	5	1525	29	锌材、槽筒、高压电器合金产品制造、金属制造、铜成品材加工	企业集聚
电气机械及器材制造业	5	3218	148	高压开关柜避雷器、低压配电开关控制设备、生产销售绝缘制品、制造铁路信号器材生产、变压器制造	生产集聚
道路运输业	30	61	10	仓储服务、货物包装托运	产业集聚
橡胶制品业	2	202	50	销售橡胶塑板、液压件油封制造	企业集聚
批发业	355	955	10	按家数，最主要为服装批发，其次才依序为其他机械设备及电子产品批发、五金批发、建材批发、肉禽蛋及水产品批发、纺织品针织品及原料批发占较大比重	无

续表

产　业	家数（个）	平均营业收入（千元）	平均从业人员（人）	产　品	集聚类型
房屋和土木工程建筑业	2	376	3931	房屋工程建筑	无
商务服务业	189	186	10	按家数，最主要为各式专业咨询、广告业，其次依序为市场管理、会议及展览服务、旅行社占较大比重	无

大红门街道也分布了较大比重的地方特色产业，包括批发业、房屋和土木工程建筑业、商务服务业，其中批发业、商务服务业是作为大红门服装服饰文化创意产业集聚区的基础，未来的功能将辐射于北京市。地方特色产业与生产集群之间的产业关联特征是“二个支撑，三个带动”，二个支撑是有色金属冶炼及压延加工业、电气机械及器材制造业支撑房屋和土木工程建筑业，商务服务业支撑批发业，三个带动是橡胶制品业、电气机械及器材制造业带动批发业，房屋和土木工程建筑业带动有色金属冶炼及压延加工业，商务服务业带动道路运输业。

第五个复合生产集群为军工品与农副食品集群。由军工产品研究与试验发展、交通运输设备制造业、农副食品加工业三个相对独立的集聚组成，并入橡胶制品业，在一般的产业关联情况，是“一个带动，一个支撑”，研究与试验发展、食品制造及烟草加工业以及交通运输设备制造业带动橡胶制品业发展，橡胶制品业支撑研究与试验发展，然而，南中轴区域的研究与试验发展以及交通运输设备制造业属于军工产品，独立于民营企业，现阶段还不存在关联关系，因此实际集群的产业关联是“一个带动”，农副食品加工业带动橡胶制品业，橡胶制品业对农副食品加工业的支撑相对较弱。空间分布以东高地街道六营门社区、和义街道南苑北里第二社区为双中心，向南并入南苑村，如表 3－23 所示。

南中轴区域还有 2 个单一产业集群，以及 2 个产业集聚，它们产业属性相同，或与其他集聚距离较远，独立生产与发展。

第一个单一产业集群为运输服务集群。由道路运输业、装卸搬运和其他运输服务为主要集聚，在南中轴区域扮演重要的运输枢纽，空间分布集中在南苑乡的新宫村。

表 3－23 军工品与农副食品集群生产关联比例 单位：%

		研究与试验发展	食品制造及烟草加工业	化学工业	交通运输设备制造业
研究与试验发展	向前	0	1	3	2
	向后	0	2	21	6
食品制造及烟草加工业	向前	4	0	1	0
	向后	0	0	8	0
化学工业	向前	7	3	0	2
	向后	2	1	0	1
交通运输设备制造业	向前	1	1	1	0
	向后	2	0	14	0

产　业	家数（个）	平均营业收入（千元）	平均从业人员（人）	产　品	集聚类型
研究与试验发展	13	—	575	研制宇航产品、军工产品、航天工程研究、计量标准研究、提供科技信息服务采集分析、研制与开发军工产品	生产集聚
交通运输设备制造业	3	243	1862	军工产品、航天器制造	生产集聚
农副食品加工业	1	216284	507	冷冻果蔬产品	生产集聚
橡胶制品业	2	5762	58	生产销售橡胶、橡塑	企业集聚

第二个单一产业集群为石化核燃料集群。由石油加工、炼焦及核燃料加工业为主要集聚，其只有企业集聚，且家数较少，营业收入以及从业人员则未集聚，显示企业集聚无法提升生产力与发展新企业，说明产能不足，应停止发展，空间分布集中在右安门街道的开阳里第四社区。

其他金融活动集聚。由其他金融活动业为主要集群，具有高生产力优势，空间分布集中在右安门街道的东滨河路社区。

航空运输集聚。由航空运输业为主要集群，企业家数较少，只有 2 家，显示发展新企业动能不足，应视机场建设与时俱进，推动发展，空间分布集中在南苑街道的机场社区。

停止发展企业家数偏少的单一产业的石化核燃料集群，南中轴区域已有 6 个产业集群与 2 个产业集聚。

表 3－24　单一产业集群与集聚的生产现况

产　业	家数（个）	平均营业收入（千元）	平均从业人员（人）	产　品	集聚类型
道路运输业	29	568	4	仓储服务、货物包装托运	产业集聚
装卸搬运和其他运输服务	33	225	2	仓储服务、货运代理服务	企业集聚
其他金融活动业	6	161	309122	财务公司	生产集聚
航空运输业	5	2282	90	国内航空客运、机场管理服务	产业集聚

表 3－25　产业集群及其空间分布

集群名称	产　业	空间分布
钢压延加工与乐器玩具集群	黑色金属冶炼及压延加工业；文教体育用品制造业；印刷业和记录媒介的复制业	大红门街道的西马场南里社区，向西北延伸到马家堡街道的角门东里西社区与玉安园社区止
纺织、纸制品、印刷影音及工艺品集群，辅以房地产业、商务服务业	纺织业；造纸及纸制品业；印刷业和记录媒介的复制业；工艺品及其他制造业	东铁匠营街道成寿寺社区、横七条路第二社区、刘家窑第二社区以及分中寺村
证券与新闻出版集群，辅以餐饮业、教育、零售业、房地产业与商务服务业	租赁业；新闻出版业；证券业	方庄地区的芳古园一区第一社区、芳群园三区社区、芳城园三区社区、芳星园三区社区向西南延伸至东铁匠营街道的横七条路第二社区
有色金属与电气机械器材集群，辅以批发业、房屋和土木工程建筑业、商务服务业	有色金属冶炼及压延加工业；电气机械及器材制造业；道路运输业；橡胶制品业	南苑乡的石榴庄村以及大红门街道的石榴庄东街社区为中心，向西南并入南苑乡的果园村
军工品与农副食品集群	研究与试验发展；交通运输设备制造业；农副食品加工业；橡胶制品业；塑料制品业	东高地街道六营门社区、和义街道南苑北里第二社区为双中心，向南并入南苑村
运输服务集群	道路运输业；装卸搬运和其他运输服务	南苑乡的新宫村
其他金融活动集聚	其他金融活动业	右安门街道的东滨河路社区
航空运输集聚	航空运输业	南苑街道的机场社区

4. 主导与重点产业集群的发展思考

南中轴地区形成的 6 个产业集群与 2 个产业集聚分别是从事生产为主的“钢压延加工与乐器玩具集群”“纺织、纸制品、印刷影音及工艺品集群”“有色金属与电气机械器材集群”“军工品与农副食品集群”以及从事服务为主的“证券与新闻出版集群”“运输服务集群”“其他金融活动集聚”“航空运输集聚”。

“钢压延加工与乐器玩具集群”由 2 个主导产业组成，集群的发展导向，黑色金属冶炼及压延加工业须推动现有集群再发展，以成为上、下游关联节点，文教体育用品制造业发展新企业动能不足，须鼓励集聚，推动发展。

“纺织、纸制品、印刷影音及工艺品集群”由 3 个主导 1 个重点 2 个地方特色产业组成，集群的发展导向，纺织业须推动现有集群再发展，成为带动上游发展节点，造纸及纸制品业须鼓励集聚，再带来新一波发展，印刷业和记录媒介的复制业、工艺品及其他制造现有产能不足，应推动转型；地方特色产业作为集群发展的基础，适应产业发展而转型的能力较强，应随着集群发展升级转型。

“证券与新闻出版集群”由 1 个主导 2 个重点 5 个地方特色产业组成，集群的发展导向，证券业须推动现有集群再发展，以成为支撑发展的节点，租赁业、新闻出版业须鼓励集聚，以带来新一波发展；地方特色产业作为集群发展的基础，适应产业发展而转型的能力较强，应随着集群发展升级转型。

“有色金属与电气机械器材集群”，由 1 个主导 3 个重点 3 个地方特色产业组成，集群的发展导向，有色金属冶炼及压延加工业虽为主导产业，但现有产能不足，可推动转型或选择停止发展，然而鉴于其对工艺品及其他制造业有较大支撑，应进一步加速转型，电气机械及器材制造业须鼓励集聚，再带来新一波发展，道路运输业的营业收入在丰台区占有较大比重，只需推动现有集群发展，维持地位，橡胶制品业产能不足，可推动转型或停止发展；地方特色产业作为集群发展的基础，适应产业发展而转型的能力较强，应随着集群发展升级转型。

“军工品与农副食品集群”由 1 个主导 4 个重点产业组成，集群的发展导向，研究与试验发展与交通运输设备制造业为军方企业，应推动军方转移技术以供民营企业发展，农副食品加工业、塑料制品业现有产能不足，应推动转型，橡胶制品业同样产能不足，可推动转型或停止发展。

“运输服务集群”由 2 个重点产业组成，集群的发展导向，道路运输业的营业收入在丰台区占有较大比重，只需推动现有集群发展，维持地位，装卸搬运和其他运输服务业的现有产能不足，应推动转型。

“其他金融活动集聚”由1个重点产业组成，集群的发展导向，其他金融活动业在发展新企业上的动能不足，须鼓励集聚，以推动发展。“航空运输集聚”由1个重点产业组成，其发展应配合南苑机场，因此目前虽然在发展新企业上动能不足，仍应鼓励集聚，推动发展，以应对将来的南苑机场建设。

（四）南中轴产业集群对文化创意产业的扶持

1. 区域政府产业布局规划梳理

在《北京城市总体规划（2004—2020年）》中已确定“两轴两带多中心”的城市空间结构基本格局，中轴线的发展以文化功能为主，南部作为城市新区为核心，是体现古都风貌与现代城市的一环。其中，中部地区荟萃北京历史文化名城的精华；北部地区以奥林匹克中心区为主体，建成国际一流的文化、体育、会展功能区；南部地区通过引导发展商业文化综合职能及行政办公职能，带动南城发展。

2009年提出的《促进城市南部地区加快发展行动计划》，对南中轴的产业发展更进一步的确定。永外—大红门服装文化商务区是南中轴丰台区段的发展重心，是历史文化、民俗文化、演艺文化、服装文化、传媒文化等各类文化的表征，以文化创意产业为主导，实现文化创意产业各功能区的互联互动。文化创意产业包括国际服装设计、展示、交易等服装文化产业要素，形成服装产业总部聚集区，打造新型服装文化商务区，配套旅游资源开发，加快商贸、现代交易型物流的发展。

2011年1月13日丰台区第十四届人民代表大会第七次会议批准的《北京市丰台区国民经济和社会发展第十二个五年规划纲要》，定位南中轴区域应联动着国际商务、时尚创意，以创意元素的集聚加速传统文化与都市时尚文化的融合发展，加快大红门传统商贸区的业态升级、资源更新，提升大红门时尚创意产业集聚区为集聚服饰艺术、前卫品牌、实验展演、先锋体验等潮流元素的集聚区，加快文化产业的集聚，鼓励商贸市场发展电子商务，促进国际高端消费的发展，建设国际商贸中心、打造高端商务中心区，引进和培育创意设计、展览展示、商务服务等高端产业和新兴业态，引导大型国际商贸、商务企业总部在南中轴沿线聚集发展。发展的优势行业，包括涵盖服装服饰设计、城市规划设计、民用建筑设计以及城市景观设计的设计服务业，涵盖互联网广告服务业务的广告业，打造以广播电视为主体，网络、报刊为两翼，新媒体、动漫等新兴文化业态为支撑的新闻出版业，推进民营文化艺术团体、舞台艺术创作、演出场所和活动、文艺演出作品资源重组的文化娱乐业。

综上所述，文化以及商业，是南中轴区域在北京全市产业发展格局规划中的一环，文化创意产业以及大红门服装服饰文化创意产业集聚区，是城市南部地区产业发展格局中的具体化，依托大红门为中心，产业发展内容除具体定位的设计服务业、广告业、新闻出版业、文化娱乐业外，根据《北京市丰台区国民经济和社会发展第十二个五年规划纲要》对南中轴区域配套产业职能的要求，其产业还应当具备国际商务、国际高端消费、实验展演、展览展示、先锋体验、商贸、电子商务、商务服务等功能。表3－26是南中轴区域已有产业可以纳入到文化创意产业中的产业。

表3－26 已有各项规划所定位产业的标准化

原定位产业	可归入的分类标准	行业代码	文创产业
设计服务业	纺织服装、鞋、帽制造业	18	否
	工程勘察设计	7672	是
	规划管理	7673	是
	其他专业技术服务	7690	是
广告业	广告业	7440	是
新闻出版业	新闻出版业	88	是
	广播、电视、电影和音像业	89	是
印刷、包装	印刷业和记录媒介的复制	23	是
软件	电信和其他信息传输服务业	60	是
	计算机服务业	61	是
	软件业	62	是
文化娱乐业 实验展演 先锋体验	文艺创作与表演	9010	是
	艺术表演场馆	9020	是
	群众文化服务	9070	是
	文化艺术经纪代理	9080	是
	其他文化艺术	9090	是
	其他未列明的商务服务	7499	是
	娱乐业	92	是
国际商务	商务服务业	74	否

续表

原定位产业	可归入的分类标准	行业代码	文创产业
国际高端消费	图书批发	6343	是
	图书零售	6543	是
	报刊批发	6344	是
	报刊零售	6544	是
	音像制品及电子出版物批发	6345	是
	音像制品及电子出版物零售	6545	是
	贸易经纪与代理	6380	是
	首饰、工艺品及收藏品批发	6346	是
	工艺美术品及收藏品零售	6547	是
	文具用品批发	6341	是
	文具用品零售	6541	是
	其他文化用品批发	6349	是
	其他文化用品零售	6549	是
	通信及广播电视设备批发	6376	是
	照相器材零售	6548	是
	家用电器批发	6374	是
	家用电器零售	6571	是
	其他批发业	63	否
	其他零售业	65	否
展览展示	会议及展览服务	7491	是
商贸	贸易经纪与代理	6380	是
电子商务	电信和其他信息传输服务业	60	是

2. 产业体系定位与产业集群支撑

产业体系是结合产业发展趋势以及产业之间的产业关联关系，架构产业的分工机制。过去的规划明确南中轴区域以文化以及商业为产业发展方向，产业发展内容具体定位为设计服务业、广告业、新闻出版业、文化娱乐业外，以及国际商务、国际高端消费、实验展演、展览展示、先锋体验、商贸、电子商务、商务服务等功能，然而，目前还未从产业关联的角度统整产业内容成为产业体系。本研究进一步从产业发展趋势的角度，通过产业之间的关联关系，定位产业体系，说明其分工机制，以及6个产业集群与2个产业集聚对该体系的支撑。

南中轴作为北京中轴线的南段，历史上市井小民的庶民文化重地，文化地位彰显，工业发展应当配合文化产业的发展，发展关联产业，避免与丰台科技园以及三四环都市产业带形成区域内竞争。文化创意产业是南中轴区域历次规划与研究成果在基于全市高度与区域特色所落定的产业方向，不仅是集产业趋势与政策机遇的重要产业，也是6个产业集群与2个产业集聚的地方化经济的再深化发展。

大红门时尚创意产业集聚区是丰台区重点功能区之一，在《北京市丰台区国民经济和社会发展第十二个五年规划纲要》已定位为市级服装服饰文化创意产业集聚区，以及丰台区两个文化创意产业集聚区之一，这是延续《促进城市南部地区加快发展行动计划》中实现文化创意产业各功能区的互联互动中前门—天桥历史文化风貌集聚区、永外—大红门服装文化商务区、大兴新媒体基地组成的南北向轴的既定政策，早在2008年3月，北京市文化创意产业领导小组就已批准大红门服装服饰创意产业区为市级文化创意产业集聚区。大红门服装商务区在其全市产业定位的高度上，不仅是南中轴区域其他产业发展不可忽视的重要节点，更是完整产业关联体系中的一环，可以说，南中轴产业发展是以文化创意产业为核心的产业关联体系。

由于文化创意产业是需要高度分工与合作的产业链，因此，南中轴文化创意产业体系，不能只局限在《北京市丰台区国民经济和社会发展第十二个五年规划纲要》以及《北京市文化创意产业分类标准》内的产业内容。文化创意产业是现代服务业的主流趋势，其之所以形成主流趋势，在于其崇尚地方文化复兴的反全球化思维，带动产品不再趋同于大众文化，达到市场区隔，创意又为当代产业高附加价值的核心元素。以文化创意产业是高度分工与合作的产业链为基础，创意的成功依托创意转化为商品以及商品成功销售，因此创意商品化存在风险，需要政府对设计师的培训、创造环境的支持，需要金融业的融资，需要经纪人、2.5产业整合创意与第二产业或其他文化创意产业，协助将创意转化为商品，需要现代高端物流业打通商品通路，因此，构建完整的产业链是发展文化创意产业的重要步骤。

在坚持产业功能与城市功能耦合发展原则下，南中轴高端商务中心区应发挥其文化功能，着力打造以文化创意产业以及服务文化创意产业的商务服务业的现代服务业产业体系，为文化创意产业所需要的上、中、下游产业链提供发展的环境。服装、庶民生活创意与戏曲商品化是区域既有资源优势的再发展，这些产业应当包括了时尚设计、生活美学以及表演艺术产业，并延伸出视觉艺术产业，以及所需要的上、中、下游产业，包括了协助创意转化为商品的文化艺术经纪代理、商务服务、科技服务以及视听媒体产业，能够整合新材料、新制作、新渠道的2.5产业，能进行创意估价与融资的金融业，会展、表演场馆管理以及会展旅游的会议及展览服务业以及艺术表演场馆业、旅行社、旅游饭店，商品销售的广告业、现代物流以及现代商业。把丰台区南中轴建设成为国际化的首都新兴文化创意产业区与文化创意商务服务区，成为具有全国影响力的首都现代时尚商业区、近郊休闲娱乐区。

3. 文化创意产业的上下游产业链

南中轴是以文化创意产业为核心的产业关联体系发展，区域内现已汇聚的6个产业集群与2个产业集聚，是文化创意产业关联体系发展的基础与优势，通过产业关联驱动各个产业的动力，在此体系内，没有产业是独立运营的，并形成上、中、下游的产业关联。根据《北京市文化创意产业分类标准》的定义，文化创意产业是指“以创作、创造、创新为根本手段，以文化内容和创意成果为核心价值，以知识产权实现或消费为交易特征，为社会公众提供文化体验的具有内在联系的行业集群”。依照文化产业化的过程，上、中、下游就是创意从发生到营销的行业集群，创作、创造、创新核心价值是上游产业，知识产权作为中游产业实现核心价值转换，下游产业联系创意与产品的核心价值，实现消费交易、文化体验。

文化创意产业依创意产品种类不同，可分为不同的发展方向，然而，不论是哪一种方向的文化创意产业，协助其将创意商品化、产业化的中间产业都必须存在且不可缺少。根据既有规划产业定位、现有产业集群与无集聚产业对文化创意产业以及商务服务业支撑的分析结果，选择既有规划定位产业、已有产业集群支撑，或本身是主导、重点与地方特色产业，或是现有产业且行业家数接近全丰台区该行业总家数50%的行业，结合《北京市文化创意产业分类标准》的文化创意产业定义，分类南中轴区域文化创意产业体系的上、中、下游产业，以及协助创意商品化、产业化的中间产业。

（1）上游产业。文艺创作与表演与专业技术服务业，以及包括在各制品业内的设计业；现行的《国民经济行业分类标准》还未全面地划分设计行业，设计行业被归在专业技术服务业之中，而未独立为设计业，且其中只涵盖工程勘查设计、规划管理以及其他专业技术服务，未明确区隔出重要的时尚设计、生活美学文化创意产业所应包含的服装服饰设计、家具饰品设计、生活美学创意设计等，因此更多的设计业是涵盖在各项产品制造之中；而与设计业相关的文化产业还包括有文艺创作与表演业。目前南中轴区域的专业技术服务业属于无集聚的一级重点产业，在南中轴区域的发展不足，文艺创作与表演业则既不是主导、重点或地方特色产业，也还未在空间集聚。

（2）中游产业。属于文化创意产业范围的行业，有工艺美术品制造，书、报、刊印刷，包装装潢及其他印刷，乐器制造，玩具制造，图书出版；属于制品业的行业，有纺织业，造纸及纸制品业，文教体育用品制造业，电气机械及器材制造业，化学原料及化学制品制造业，橡胶制品业，塑料制品业，黑色金属冶炼及压延加工业，有色金属冶炼及压延加工业，广播、电视、电影和音像业；与大红门服装商务区关系密切的制品业，必须培育发展的产业，有纺织服装、鞋、帽制造业，皮革、毛皮、羽毛（绒）及其制品业，木材加工及木、竹、藤、棕、草制品业，家具制造业。

（3）下游产业。均属于文化创意产业范围的行业，有图书批发，图书零售，报刊批发，报刊零售，音像制品及电子出版物批发，音像制品及电子出版物零售，首饰、工艺品及收藏品批发，工艺美术品及收藏品零售，文具用品批发，文具用品零售，其他文化用品批发，其他文化用品零售，通信及广播电视设备批发，照相器材零售，家用电器批发，家用电器零售，其他批发业，其他零售业，广告业，旅行社，会议及展览服务，艺术表演场馆，室内娱乐活动，休闲健身娱乐活动，其他娱乐活动，摄影扩印服务。

（4）中间产业。属于文化创意产业范围的行业，行业家数远低于全丰台区该行业总家数50%的行业，但必须发展以推动创意商品化的行业，有群众文化服务，文化艺术经纪代理，贸易经纪与代理、知识产权服务、银行业；属于创意、材料、制品业、渠道整合的2.5产业，由产业集群、无集聚的一级重点产业、地方特色产业、营业收入占全区收入较大以及属于文化创意产业范围的行业所组成，有信息传输、计算机服务和软件业，机械设备租赁，研究与试验发展，专业技术服务业，科技交流和推广服务业，机械设备、五金交电及电子产品批发。属于渠道的重要组成产业，有道路运输业、装卸搬运和其他运输服务业。

除了文化创意产业体系的上、中、下游产业，还有部分产业与上、中、下游产业具有关联，或是既有产业集群的组成行业。现有产业优势可延伸发展的关联产业，有商务服务业的咨询与调查、法律服务、职业中介服务、市场管理等；既有产业集群组成行业，有交通运输设备制造业、农副食品加工业、证券业、其他金融活动、航空运输业，如图3－2所示。

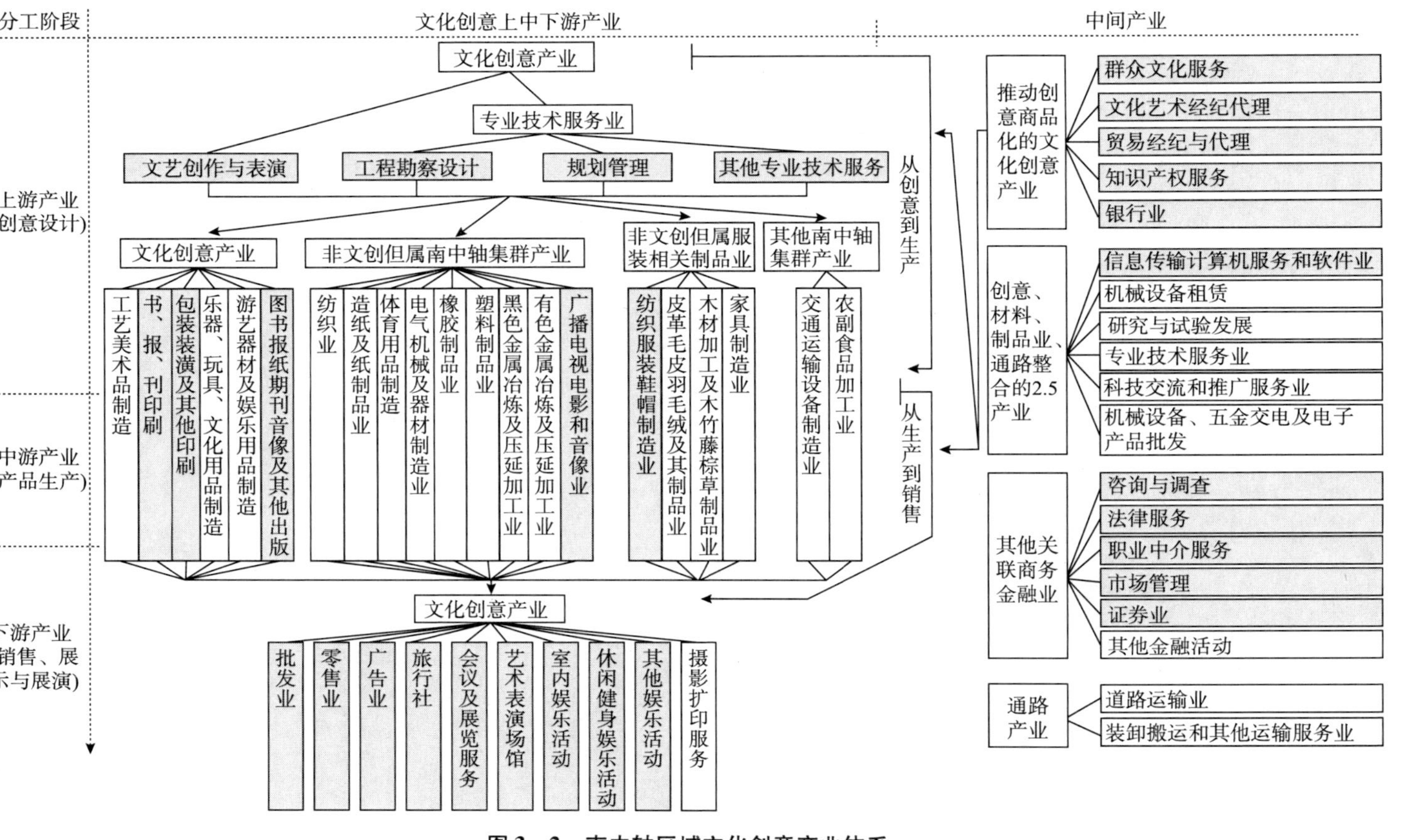

图 3-2　南中轴区域文化创意产业体系

注：深色部分为过去各项规划已定位产业。

4. 产业集群发展对产业体系的支撑

既有产业对既定规划产业定位的支撑达 81%。《北京市丰台区国民经济和社会发展第十二个五年规划纲要》所定位的文化创意 4 项产业及其 8 项配套产业功能，可根据《国民经济行业分类》再分为 41 个行业，而现已汇聚的 6 个产业集群与 2 个产业集聚，支撑了其中的新闻出版业、批发业、零售业、商务服务业、广告业、会议及展览服务、印刷业和记录媒介的复制，主要支撑来自地方特色产业，支撑的力度较大，涵盖其中 70.7% 的产业，这说明现有产业基础已能较大的实现该定位产业的发展。

若考虑现有其他无集聚产业的支撑，生产集群与其他无集聚的既有主导、重点、地方特色产业共可支撑 31 个行业的再发展，达 75.6%，因此，为发展文化创意产业，除依靠现有的集群与集聚外，应再大力推动无集聚的既有主导、重点、地方特色产业的集聚与集群发展。此外，有 6 个行业目前不属于主导、重点以及地方特色产业，这些行业分别是纺织服装、鞋、帽制造业，广播、电视、电影和音像业，文艺创作与表演，艺术表演场馆，群众文化服务，文化艺术经纪代理，其他文化艺术，它们均属于低关联度产业，需要通过政策扶持发展。艺术表演场馆则还没开始在丰台区发展。

既有产业对文化创意产业体系发展的支撑达 55.7%。6 个产业集群与 2 个产业集聚对文化创意的支撑，主要体现在新闻出版、音像及电子出版物出版发行以及文化用品及相关文化产品的生产三大方面，涵盖《北京市文化创意产业分类标准》所有 88 个小类行业中的 33 个，占 37.5%，这说明南中轴区域全面发展文化创意产业的优势尚可，可集中发展基于原有产业特色的文化创意产业。若考虑现有其他无集聚产业的支撑，生产集群与其他无集聚的既有主导、重点、地方特色产业共可支撑 88 个小类行业中的 50 个，占 56.8%。其中，行业家数较为集中，接近全丰台区该行业总家数 50% 的行业有工艺美术品制造、包装装潢及其他印刷、乐器制造、玩具制造、图书出版、首饰、工艺品及收藏品批发、文具用品批发、其他文化用品批发、广告业、旅行社、会议及展览服务、室内娱乐活动、休闲健身娱乐活动、其他娱乐活动、摄影扩印服务、基础软件服务，如表 3－27、表 3－28 所示。

既有产业对文化创意产业体系内其他非文化创意产业的支撑达 100%。6 个产业集群与 2 个产业集聚对其他非文化创意产业已有较大支撑，主要体现在商务服务业。商务服务业中非文化创意产业有咨询与调查、企业管理服务、法律服务、职业中介服务、市场管理，而其中，行业家数较为集中，接近全丰台区该行业总家数50%的行业有广告业、旅行社、会议及展览服务、咨询与调查、法律服务、职业中介服务、市场管理，如表3－29所示。还有一部分非文化创意产业是2.5产业的科技交流和推广服务业，受到既有其他无集聚的既有重点产业的支撑，如表3－30所示。

表3－27 产业集群对文化创意产业体系的支撑

集群名称	对各项规划定位产业的支撑	对文化创意产业的支撑
钢压延加工与乐器玩具集群	无	黑色金属冶炼及压延加工业（//）；乐器制造（2/4/14）；玩具制造（2/3/14）；文化用品制造（//）；游艺器材及娱乐用品制造（//）；体育用品制造（//）；书、报、刊印刷（17/45/103）；包装装潢及其他印刷（20/41/103）
纺织、纸制品、印刷影音及工艺品集群，辅以房地产业、商务服务业	商务服务业、广告业、会议及展览服务、印刷业和记录媒介的复制	纺织业；造纸及纸制品业（//）；书、报、刊印刷（17/45/103）；包装装潢及其他印刷（20/41/103）；工艺品及其他制造业（//）；商务服务业、广告业、会议及展览服务：广告业（246/557/2791）；知识产权服务（12/34/2791）；旅行社（30/72/2791）；会议及展览服务（119/233/2791）；其他未列明的商务服务（90/226/2791）
证券与新闻出版集群，辅以餐饮业、教育、零售业、房地产业与商务服务业	新闻出版业、零售业、商务服务业、广告业、会议及展览服务	机械设备租赁（//）；图书出版（7/11/53）；报纸出版（4/10/53）；期刊出版（9/23/53）；其他出版（2/5/53）；音像制品出版（1/2/53）；证券业（//）；商务服务业、广告业、会议及展览服务（同上）；零售业：图书零售（2/86/4634）；报刊零售（1/6/4634）；工艺美术品及收藏品零售（13/62/4634）；文具用品零售（16/165/4634）；其他文化用品零售（5/60/4634）；照相器材零售（1/4/4634）；家用电器零售（16/139/4634）
有色金属与电气机械器材集群，辅以批发业、房屋和土木工程建筑业、商务服务业	批发业、商务服务业、广告业、会议及展览服务	有色金属冶炼及压延加工业（//）；电气机械及器材制造业（//）；道路运输业（//）；橡胶制品业（//）；商务服务业、广告业、会议及展览服务（同上）；批发业：图书批发（9/31/3833）；音像制品及电子出版物批发（1/3/3833）；贸易经纪与代理（9/36/3833）；首饰、工艺品及收藏品批发（26/43/3833）；文具用品批发（45/109/3833）；其他文化用品批发（17/35/3833）；通信及广播电视设备批发（16/47/3833）；家用电器批发（38/82/3833）

续表

集群名称	对各项规划定位产业的支撑	对文化创意产业的支撑
军工品与农副食品集群	无	研究与试验发展业（44//198）；交通运输设备制造业（//）；农副食品加工业（//）；工橡胶制品业（//）；塑料制品业（//）
运输服务集群	无	道路运输业；装卸搬运和其他运输服务（//）
其他金融活动集聚	无	其他金融活动业（//）

注：（1）括号内数字表示（南中轴该行业家数/全区该行业家数/全区该产业家数）；（2）若制作军工品为主的研究与试验发展业未能将技术或平台移转民营，其对文化创意产业的支撑力度仍然较小。

表 3－28　既有产业对文化创意产业体系的支撑

产业等级	产　　业	对文化创意产业的支撑
无集聚的二级主导产业	专用设备制造业	印刷专用设备制造（4/11/163）
无集聚的一级重点产业	电信和其他信息传输服务业	有线广播电视传输服务（6/16/112）；其他电信服务（8/23/112）；互联网信息服务（15/61/112）
	计算机服务业	计算机系统服务（10/60/301）；其他计算机服务（61/219/301）
	专业技术服务业	工程勘察设计（23/70/776）；规划管理（1/3/776）；其他专业技术服务（135/547/776）
	公共设施管理业	公园管理（1/8/71）；城市绿化管理（15/49/71）
完全集聚型低关联产业	娱乐业	室内娱乐活动（38/82/158）；休闲健身娱乐活动（27/66/158）；其他娱乐活动（6/10/158）
无集聚的地方特色产业	居民服务业	摄影扩印服务（26/47/467）
	软件业	基础软件服务（20/46/339）；应用软件服务（17/111/339）；其他软件服务（22/182/339）

注：括号内数字表示（南中轴该行业家数/全区该行业家数/全区该产业家数）。

表 3-29 既有产业对文化创意产业体系内非文化创意产业的支持

产业等级	产　　业	对各项规划定位产业的支撑
无集聚的较大营业收入一级重点产业	科技交流和推广服务业（275/1055）	科技交流和推广服务业
无集聚的较大营业收入产业	商务服务业（1153/2791）	咨询与调查（419/1020） 企业管理服务（49/244） 法律服务（43/71） 职业中介服务（37/80） 市场管理（68/144） 其他未列明的商务服务（/）

表 3-30 未受到生产集群与既有主导、重点、地方特色产业支撑的产业

所属产业体系	产　　业
上游产业	文艺创作与表演（17/32）；艺术表演场馆（0/0）
中游产业	纺织服装、鞋、帽制造业（/）；皮革、毛皮、羽毛（绒）及其制品业（/）；木材加工及木、竹、藤、棕、草制品业（/）；家具制造业；广播、电视（/）、电影和音像业（/）
下游产业	群众文化服务（/）；文化艺术经纪代理（/）；其他文化艺术（/）；
中间产业	银行业（0/1）

注：括号内数字表示［南中轴该行业（产业）家数/全区该行业（产业）家数］。

（五）南中轴地区的产业集群和产业体系发展定位

在本书产业集群分析的基础上，分析结果显示，南中轴区域已汇聚 5 个较大的由主导产业为核心的复合生产集群、1 个以重点产业为主的单一产业集群、2 个重点产业集聚，这 8 个生产集群与集聚，是文化创意及商务服务发展的基础与动力，将南中轴的进一步划分为八大功能节点。

1. 产业集群空间布局与产业关联发展导向定位

由大红门文化创意产业集聚区向西发展以设计为导向的低污染钢压延加工与乐器玩具集群。空间涉及大红门街道的西马场南里社区，向西北延伸到马家堡街道的角门东里西社区与玉安园社区止；集群产业由 3 个主导产业组成，面临再发展、再集聚与再转型的问题，发展政策上，黑色金属冶炼及压延加工业作为一级主导产业，须优先扶持其再发展，通过政策支持将设计、创意、创新元素导入，朝向设计为导向的绿色加工产业；通过黑色金属冶炼及压延加工业

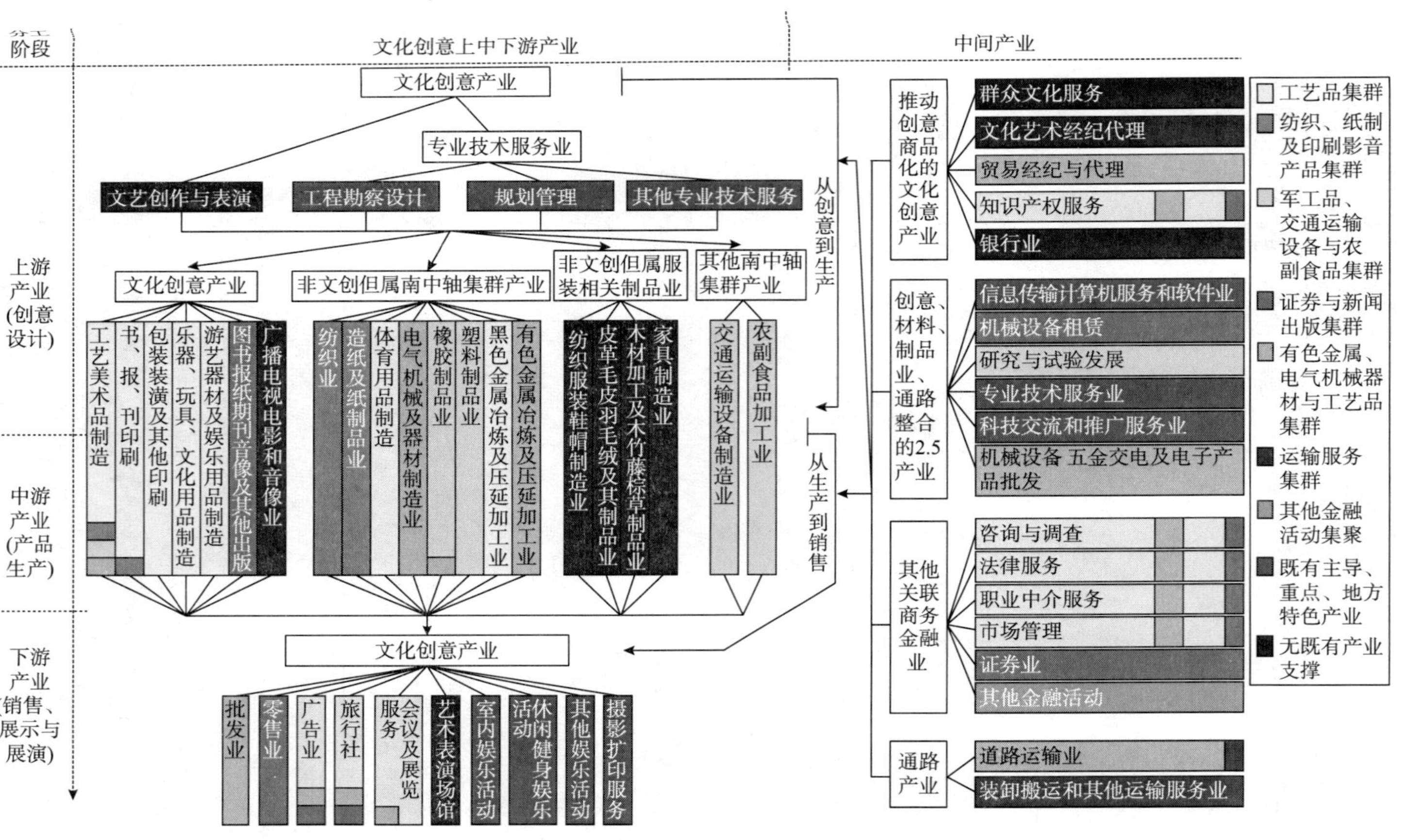

图 3-3 既有集群与产业对文化创意产业体系的支撑（重迭方型色块标示表示该产业受到重复支撑）

的支撑以及设计、创意、创新元素共享，将可带动文教体育用品制造业的再集聚；随着二个主导产业的升级，再共同带动印刷业和记录媒介的复制业转型发展。

其他集群共同支撑与带动产业发展。文教体育用品制造业以及印刷业和记录媒介的复制业与证券与新闻出版集群、“有色金属与电气机械器材集群”相互关联；黑色金属冶炼及压延加工业与“有色金属与电气机械器材集群”“军工品与农副食品集群”以及“纺织、纸制品、印刷影音及工艺品集群”相互关联。如图 3－4 所示。

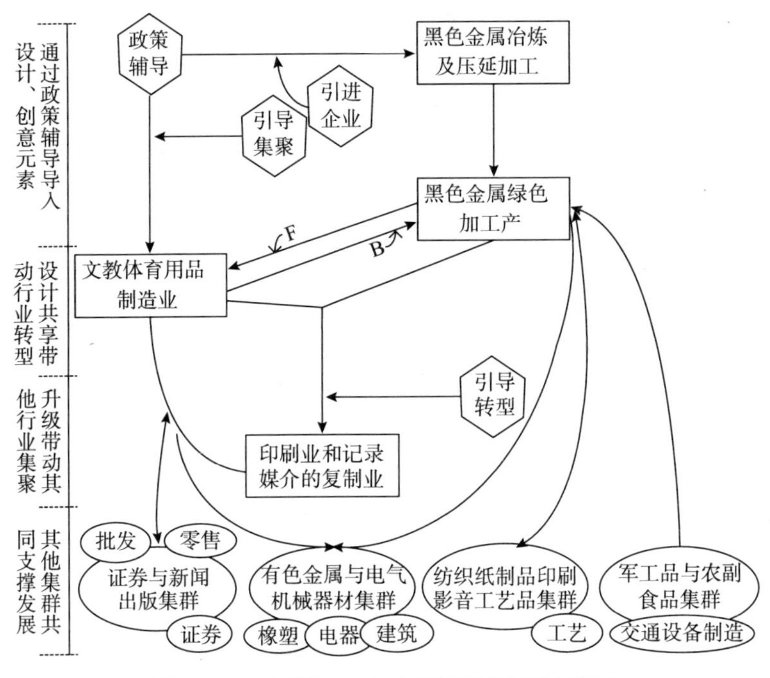

图 3－4　钢压延加工与乐器玩具集群发展导向

注：F 表示前向关联，B 表示后向关联。

由大红门文化创意产业集聚区向东发展以设计为导向的低污染有色金属与电气机械器材集群，辅以批发业、房屋和土木工程建筑业、商务服务业。空间涉及南苑乡的石榴庄村以及大红门街道的石榴庄东街社区为中心，向西南并入南苑乡的果园村；集群产业由 1 个主导 3 个重点 3 个地方特色产业组成，面临再发展、再集聚与再转型的问题，发展政策上，有色金属冶炼及压延加工业作为一级产业，现有产能不足，基于电气机械及器材制造业以及工艺品及其他制造业对有色金属冶炼及压延加工业的带动力度强，应优先通过政策支持将设计、创意、创新元素导入，扶持电气机械及器材制造业再集聚，进而带动有色金属冶炼及压延加工业再转型，成为以设计为主的绿色加工业；通过产品设计的提升，加大市场对产品的需求，带动道路运输业的再发展；橡胶制品业同样产能不足，通过电气机械及器材制造业的发展，可推动其转型，也由于其化学污染较严重，也可考虑停止发展。

地方特色产业作为集群共同发展的基础，随着电气机械及器材制造业再集聚以及有色金属冶炼及压延加工业再转型，房屋和土木工程建筑业将可获得进一步的支撑，并带动有色金属冶炼及压延加工业持续转型与发展。商务服务业作为地方的特色产业，一方面带动道路运输业的发展；另一方面与电气机械及器材制造业以及橡胶制品业共同支撑与带动批发业的发展。通过产品设计的提升，集群产业将可制成具备文化创意的电气机械及器材、工艺品，短期在区域内向西供应大红门文化创意产业集聚区及各产业集群、集聚，长期向外辐射全市及其他地区。

其他集群共同支撑与带动产业发展。有色金属冶炼及压延加工业与“军工品与农副食品集群”以及“纺织、纸制品、印刷影音及工艺品集群”相互关联；橡胶制品业与“军工品与农副食品集群”“钢压延加工与乐器玩具集群”“运输服务集群”以及“纺织、纸制品、印刷影音及工艺品集群”相互关联；房屋和土木工程建筑业与“军工品与农副食品集群”关联；商务服务业与“证券与新闻出版集群”相互关联；批发业与“军工品与农副食品集群”“运输服务集群”“证券与新闻出版集群”以及“纺织、纸制品、印刷影音及工艺品集群”相互关联。如图 3 –5 所示。

纺织、纸制品、印刷影音及工艺品集群，辅以房地产业、商务服务业。空间涉及东铁匠营街道成寿寺社区及分中寺村；集群产业由 3 个主导 1 个重点 2 个地方特色产业组成，面临再发展、再集聚与再转型的问题，发展政策上，纺织业作为二级主导产业，须优先通过政策支持将设计、创意、创新元素导入，扶持其再发展，以支撑工艺品及其他制造业与印刷业和记录媒介的复制业转型，以及引导造纸及纸制品业集聚，转型后，造纸及纸制品业以及印刷业和记录媒介的复制业再回头带动纺织业再发展，共享设计、创意、创新辅导政策，共同持续发展。

商务服务业是这一地区的特色产业，较大地受到工业制品生产的支撑，因此工艺品及其他制造业以及造纸及纸制品业能够较大的支撑商务服务业的发展；同时，凭借房地产业在这一地区的良好发展，也较大的带动商务服务业的发展；因此，通过纺织业的发展以及房地产业的健康营运，东铁匠营街道的产业发展环境将可适当的支撑商务服务业的发展。通过产品设计的提升，集群产业将可制成具备文化创意的纺织品、纸制品、工艺品、印刷以及记录媒介制品，并支撑商务服务业发展，短期在区域内向西供应大红门文化创意产业集聚区及各产业集群、集聚，长期向外辐射全市及其他地区。

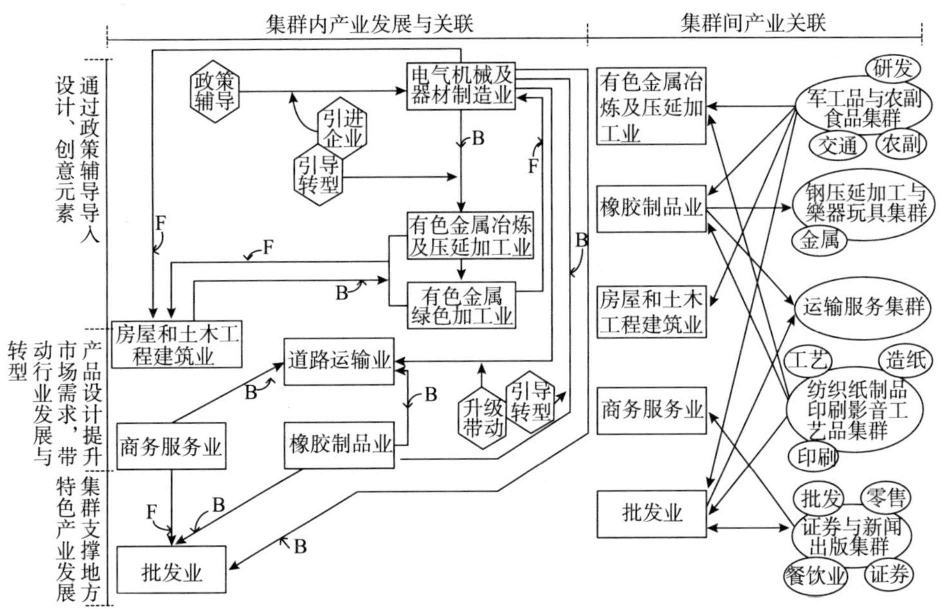

图 3－5 有色金属与电气机械器材集群发展导向

注：F 表示前向关联，B 表示后向关联。

其他集群共同支撑与带动产业发展。纺织业与“钢压延加工与乐器玩具集群”“有色金属与电气机械器材集群”以及“证券与新闻出版集群”相互关联；工艺品及其他制造业与“钢压延加工与乐器玩具集群”“有色金属与电气机械器材集群”相互关联；造纸及纸制品业与“有色金属与电气机械器材集群”以及“证券与新闻出版集群”相互关联；印刷以及记录媒介制品与“证券与新闻出版集群”关联；商务服务业以及房地产业与“证券与新闻出版集群”相互关联。如图 3－6 所示。

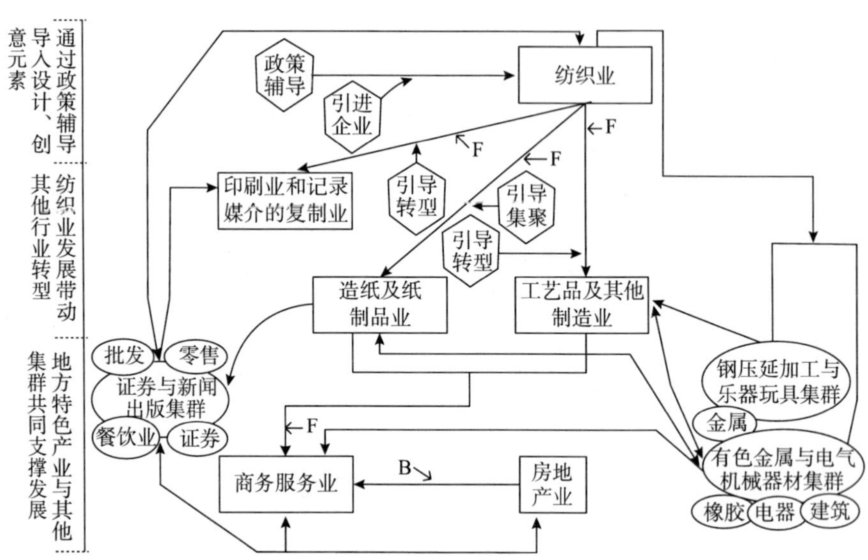

图 3-6　纺织、纸制品、印刷影音及工艺品集群发展导向

注：F 表示前向关联，B 表示后向关联。

军工品与农副食品集群。空间涉及东高地街道六营门社区、和义街道南苑北里第二社区为双中心，向南并入南苑村；集群产业由 1 个主导 4 个重点产业组成，面临再集聚与再转型的问题，发展政策上，农副食品加工业产能不足，浪费较大的人力资源，宜单独采取扶持政策，导入设计、创意、创新元素，提升农副食品的文化创意价值，优先引导其再转型；交通运输设备制造业与研究与试验发展作为军方企业，自身发展问题不大，应推动军方转移技术以供民营企业发展，强化与各个集群的关联；通过交通运输设备制造业以及农副食品加工业的集聚与转型，将较大的带动塑料制品业再转型，并共享设计、创意、创新辅导政策；橡胶制品业产能不足，通过交通运输设备制造业以及农副食品加工业可推动其转型，也由于其化学污染较严重，产业关联较小，也可考虑停止发展；最后，集群产业将可制成交通运输设备，以及具备文化创意、以农产品为导向的农副食品以及塑料制品，短期在区域内向北供应大红门文化创意产业集聚区及各产业集群、集聚，长期向外辐射全市及其他地区。

其他集群共同支撑与带动产业发展。农副食品加工业与“证券与新闻出版集群”相互关联；交通运输设备制造业与“证券与新闻出版集群”“钢压延加工与乐器玩具集群”“有色金属与电气机械器材集群”以及“运输服务集群”相互关联；研究与试验发展业与“证券与新闻出版集群”。如图 3 – 7

所示。

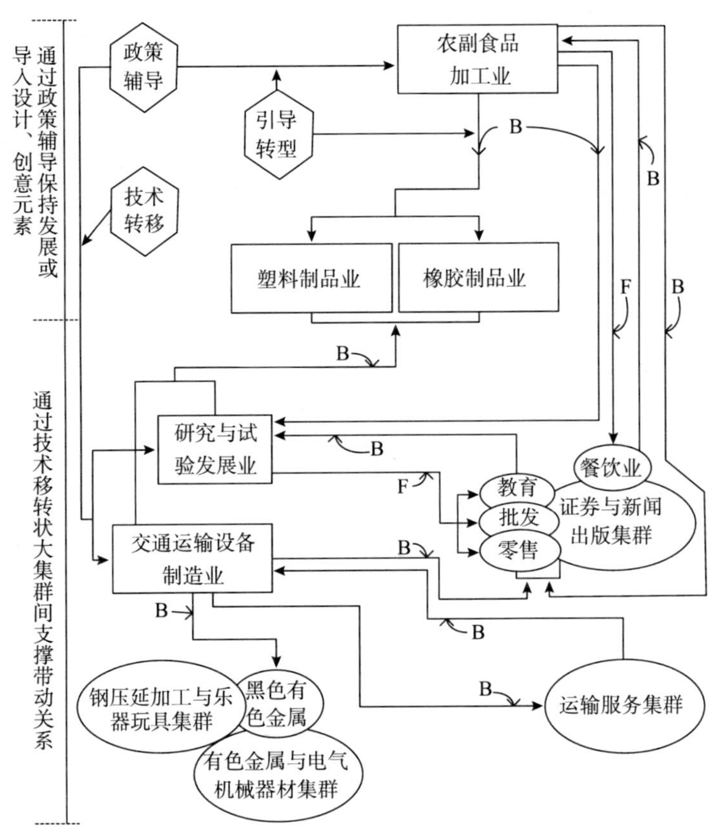

图 3－7　军工品与农副食品集群发展导向

注：F 表示前向关联，B 表示后向关联。

证券与新闻出版集群。空间涉及方庄地区的芳古园一区第一社区、芳群园三区社区、芳城园三区社区、芳星园三区社区向西南延伸至东铁匠营街道的横七条路第二社区；集群产业由 1 个主导 2 个重点 5 个地方特色产业组成，面临再发展与再集聚的问题，发展政策上，考虑新闻出版业生产力高，问题较小，对其他产业的支撑力度较大，应优先通过政策辅导将设计、创意、创新元素导入，扶持新闻出版业再集聚，以支撑租赁业再集聚，租赁也将在其他集群中印刷品、记录媒介、以及制造业对生产机械的需要下，带动发展；证券业目前家数较少，发展新企业动能不足，由于证券业属于生产者服务业的一环，其发展时程应安排在生产集群全面启动发展之后，并跟随文化创意产业体系中的下游产业，包括广告业，旅行社，会议及展览服务，以及中间产业，包括贸易经纪与代理，知识产权服务，共同发展。

餐饮、房地产以及零售业是这一地区的特色产业，与集群内的服务业共同发展，形成更大的以服务业为主导的集群。餐饮业受到商务服务业以及房地产业带动发展，也支撑着商务服务业的发展；房地产业受到证券业的支撑与带动；零售业则受到新闻出版业的带动以及证券业的支撑。通过产品设计的提升，集群产业将可制成具备文化创意的新闻出版品，提供印刷品、记录媒介、以及生产机械的租赁平台，短期在区域内向西供应大红门文化创意产业集聚区及各产业集群、集聚，长期提供证券产品与服务，向区域内、向外辐射全市及其他地区。

其他集群共同支撑与带动产业发展。新闻出版业与“纺织、纸制品、印刷影音及工艺品集群”“钢压延加工与乐器玩具集群”相互关联；租赁业与“有色金属与电气机械器材集群”关联，餐饮业与“军工品与农副食品集群”相互关联；零售业与“军工品与农副食品集群”“有色金属与电气机械器材集群”以及“钢压延加工与乐器玩具集群”相互关联。如图 3－8 所示。

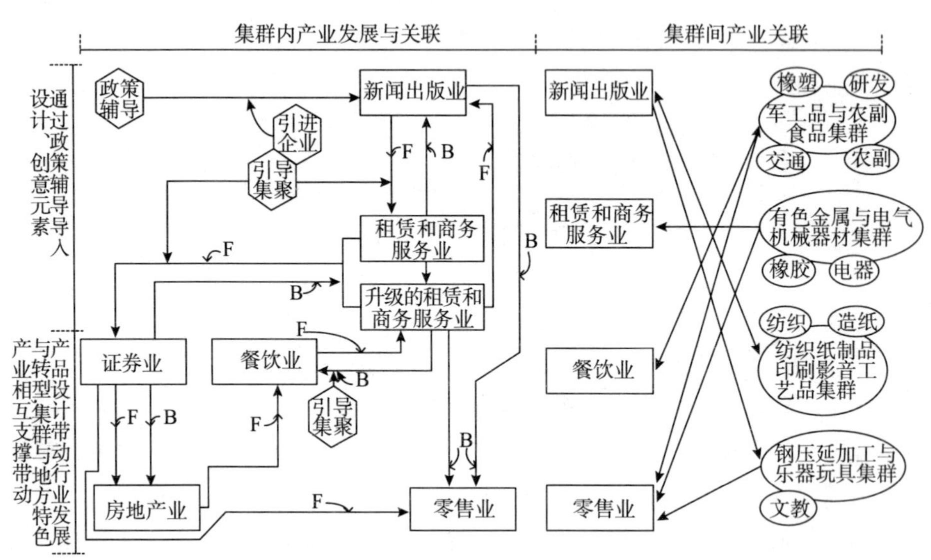

图 3－8　证券与新闻出版集群发展导向

注：F 表示前向关联，B 表示后向关联。

运输服务集群。空间涉及南苑乡的新宫村，集群产业由 2 个重点产业组成，面临再发展与再转型的问题，发展政策上，道路运输业营业收入在丰台区占有较大比重，经营较好，问题较小，政策上可先优先引导其再集聚；装卸搬运和其他运输服务业现有产能不足，随着道路运输业再发展以及业务量增加，将带动装卸搬运和其他运输服务业的转型，并通过政策辅导将现代物流的服务业务内容导入，扶持产业转型；通过服务内容的提升，集群产业将成为南中轴的现代物流中心，负责运送材料、半成品及成品至各个集群的加工厂及下游渠道，短期在区域内向北服务大红门文化创意产业集聚区及各产业集群、集聚，长期向外辐射全市及其他地区，建立全市高端批发畅货中心。

其他金融活动集聚。空间涉及右安门街道的东滨河路社区，由 1 个重点产业集聚组成，面临再集聚的问题，发展政策上，由于发展新企业动能不足，发展时程应安排在生产集聚全面启动发展之后，并跟随证券业、文化创意产业体系中的下游产业以及中间产业共同发展。通过服务内容的提升，集聚产业将成为南中轴北端的其他金融业务商务服务中心，内容涵盖金融信托与管理、金融租赁、财务公司、邮政储蓄、典当等行业，短期维持区域内基础商务需求，长期向外辐射全市及其他地区，与方庄地区成为城南商务服务中心。

2. 产业体系空间布局与产业关联发展导向定位

（1）上游产业。文艺创作与表演业、工程勘察设计、规划管理以及其他专业技术服务业不属于任何集群或集聚，产业关联低，较难受到其他产业带动或支撑，因此政府的培育政策特别重要；目前在南中轴区域的企业数量较多，尤其集中在大红门街道、西罗园街道、东铁匠营街道，艺术气氛浓厚；而工程勘察设计、规划管理以及其他专业技术服务业，主要集中在丰台科技园，因此南中轴区域设计能力相对滞后；该产业区位现况优越，西拥“钢压延加工与乐器玩具集群”，东靠“纺织、纸制品、印刷影音及工艺品集群”，北倚“证券与新闻出版集群”，南临“有色金属与电气机械器材集群”，这些集群均需要设计、创意及创新人才的参与，文艺创作与表演业、工程勘察设计、规划管理以及其他专业技术服务业应作为人才后盾与设计师集聚地区，加持集群的文化创意发展。

（2）中游产业。过半数的产业均归属于集群或集聚，跟随集群或集聚共同发展。而其他不属于任何集群或集聚的产业，计有广播电视电影和音像业、纺织服装鞋帽制造业、皮革毛皮羽毛（绒）及其制品业、木材加工及木竹藤棕草制品业以及家具制造业，与大红门服装商务区关系密切。

广播电视电影和音像业占全丰台区的 32.7%，分布在南中轴北部区域，包括方庄、东铁匠营，以及右安门与马家堡街道；纺织服装、鞋、帽制造业以及皮革、毛皮、羽毛（绒）及其制品业企业数量多，分占全丰台区的 78.8%

与88%，分布在南中轴东北区域的几个社区/村；木材加工及木、竹、藤、棕、草制品业以及家具制造业，企业数量也较多，分占全丰台区的43%与35%，分布在南中轴北部地区中心向东北区域延伸的社区/村；这些企业主要位于“纺织、纸制品、印刷影音及工艺品集群”，是重要的制品生产业，因此在制定设计、创意、创新元素扶持政策时，应考虑将纺织业、造纸及纸制品业、印刷业和记录媒介的复制业以及工艺品及其他制造业应用到这些产业的设计、创意、创新。

（3）下游产业。半数的产业均归属于集群或集聚，跟随集群或集聚共同发展，有零售业、批发业、广告业、旅行社以及会议及展览服务；它们在体系中的功能，批发业适合于B2B的商业模式，不利发展休闲产业，因此应建立起产品批发与区域内各式零售店的完整通路，支撑特色零售商店的发展；广告业负责个别商家与地区形象的包装与宣传，对区域名片的打造相当重要；旅行社的功能在于建立游客与休闲资源之间的通路，包括批发、零售业贩卖文化创意产品、会展、文艺创作与表演、婚纱摄影等；会议及展览服务是创作展览的空间，为旅行社提供休闲产品。

而其他不属于任何集群或集聚的产业，有娱乐业以及摄影扩印服务。娱乐业一方面是文艺表演的空间；另一方面也创造了多元的休闲活动，为旅行社提供休闲产品；摄影扩印服务能够提供日常相片、相本产品与婚纱摄影。娱乐业占全丰台区的44.9%%，分布在南中轴东北区域东铁匠营街道、方庄地区一带；摄影扩印服务占全丰台区的55.3%，分布在南中轴北部区域，特别是方庄地区；这些企业主要位于四大集群包围的核心区域，随着区域内制品业的发达、批发与零售业通路的建立、文艺创作与表演的发展，区域内对娱乐业以及摄影扩印服务的需求将与日俱增，自然地带动其发展。

（4）中间产业。将创意转变成商品是文化创意产业重要的一个环节，部分的产业归属于集群或集聚，跟随集群或集聚共同发展，有贸易经纪与代理以及知识产权服务，它们在体系中的功能分别是协助产品销售与贸易代理以及知识产权申请。而其他不属于任何集群或集聚的产业，有群众文化服务、文化艺术经纪代理与银行业，它们在体系中的功能，群众文化服务协助举办群众文化活动，文化艺术经纪代理协助艺术家、设计师、表演者等代为经营管理创意商品价值、知识产权申请、营销通路接洽，银行业协助文创产品的估价与贷款。

目前南中轴区域内企业数量占全区分别是：群众文化服务占22.6%，分布在南中轴北部区域的东铁匠营周边的成寿寺、时村、分中寺村、横七条路；

文化艺术经纪代理占22.6%，分布在南中轴东北区域；银行业目前是以分行的形式设立，南中轴全区未有银行业注册；相比于下游产业，该比重明显较小，由于产业属性的关系，这些产业应引导移往“证券与新闻出版集群”以及“其他金融活动集聚”，以提高集群的关联程度。

（5）2.5产业。将创意、材料、制品业、通路整合是一项复杂且涉及多个领域专业整合的工作，在产业分类上属于2.5产业，以技术服务以及设备提供为主，为每一项特殊化、个性化的文创产品实现生产的可能。半数的产业均归属于集群或集聚，跟随集群或集聚共同发展，有机械设备租赁、机械设备五金交电及电子产品批发以及研究与试验发展。

而其他不属于任何集群或集聚的产业，有电信和其他信息传输服务业、计算机服务、软件业、科技交流和推广服务业以及专业技术服务业，其中专业技术服务业同属于上游产业。目前南中轴区域内企业数量占全区分别是：电信和其他信息传输服务业占27.7%，分布在南中轴北部区域；计算机服务占25.9%，分布在南中轴东北区域；软件业占17.4%，分布在南中轴东北区域；科技交流和推广服务业占26.1%，分布在南中轴东北区域；而在营业收入方面，仅科技交流和推广服务业较高；未来空间布局方面，应移往“证券与新闻出版集群”以及“其他金融活动集聚”，提高集群的关联程度；发展时程方面，2.5产业必须界于产品设计与制造之间，因此是服务业中应优先发展的产业，如表3－31所示。

表3－31　不属于产业集群内的其他文创产业相关上、中、下游产业空间现状

产　业	关联等级	产业特性	集中程度	地　点
文艺创作与表演	低	无	南中轴区域企业数量占全区的53%；主要集中在大红门街道、西罗园街道、东铁匠营街道，占全区的40.6%	大红门街道、西罗园街道、东铁匠营街道
纺织服装、鞋、帽制造业	低	无	南中轴区域企业数量占全区的78.8%；主要集中在分中寺、横七条路、芳城、芳星、芳群园、石榴园、大红门村，占全区的29.5%，以及和义东里到南苑村，占全区的12%	南中轴东北区域

续表

产　业	关联等级	产业特性	集中程度	地　点
皮革、毛皮、羽毛（绒）及其制品业	低	无	南中轴区域企业数量占全区的88%；主要集中在分中寺、成仪路社区、宋庄路第一社区、大红门村、彩虹城，占全区的36%	南中轴东北区域
木材加工及木、竹、藤、棕	主要中间投入需求产业	无	南中轴区域企业数量占全区的43%；主要集中在西马场南里社区、大红门村、久敬庄、南顶路、宋庄，占全区的26.7%	南中轴北部中心区域
家具制造业	主要中间投入需求产业	无	南中轴区域企业数量占全区的35%；主要集中在分中寺村、成寿寺、宋庄路、时村、大红门村，占全区的14.8%	南中轴东北区域
娱乐业	低	无	南中轴区域企业数量占全区的44.9%；主要集中在东铁匠营街道、方庄地区，占全区的24.7%	南中轴东北区域
摄影扩印服务	主要中间投入需求产业	无	南中轴区域企业数量占全区的55.3%，南中轴北部区域企业数量占全区的46.8%，集中在方庄地区，占全市的10%，以及嘉园一、二、三里，占8.5%	南中轴北部区域
群众文化服务			南中轴区域企业数量占全区的22.6%，主要集中在东铁匠营周边的成寿寺、时村、分中寺村、横七条路	南中轴北部区域
文化艺术经纪代理	低关联产业	无	南中轴区域企业数量占全区的22.6%，南中轴北部区域企业数量占全区的21.4%，集中在横七条路、成寿寺、分中寺、石榴园、东罗园、西罗园、木樨园南里，占全区的16.7%	南中轴东北区域

续表

产　业	关联等级	产业特性	集中程度	地　点
银行业	低关联产业	无	无	
电信和其他信息传输服务业	低	无	南中轴区域企业数量占全区的27.7%，主要平均的分布在南中轴北部区域，占全区的25.9%	南中轴北部区域
计算机服务	低	无	南中轴区域企业数量占全区的25.9%，南中轴北部区域企业数量占全区的18.6%。主要分布在方庄地区、东铁匠营街道，占全区的10.3%	南中轴东北区域
软件业	低	无	南中轴区域企业数量占全区的17.4%，南中轴北部区域企业数量占全区的15.6%。主要分布在方庄地区、东铁匠营街道，占全区的10%	南中轴东北区域
专业技术服务业	低	无	南中轴区域企业数量占全区的26.7%；南中轴北部区域企业数量占全区的22.2%，其中以东铁匠营街道企业数量最大，占全区的7.9%	南中轴北部区域
科技交流和推广服务业	主要中间投入需求产业	营业收入较大	南中轴区域企业数量占全区的26.1%；南中轴北部区域企业数量占全区的19.1%，主要分布在方庄地区、东铁匠营街道，占全区的12.3%	南中轴东北区域

第四章　丰台区三四环都市型产业发展带产业分析

在《北京城市总体规划（2004—2020年）》中，三四环都市型产业发展带发展高新技术产业、南苑的教育科研、高端服务、金融保险、仓储物流、文化旅游，特别强调三四环都市型产业发展带在全市交通功能的优势，以北京西站、北京南站作为客运系统“四主两辅”其中的二主，丰台站为其中的一辅，交通枢纽地位凸显。2009年提出的《促进城市南部地区加快发展行动计划》，对三四环都市型产业发展带的产业发展更进一步的确定，兼顾三级产业的升级，第一产业升级为花卉产业园、种业交易与会展中心、农产品加工，第二产业发展高新技术产业和现代制造业，第三产业发展现代金融、文化创意以及体育策划和体育赛事运营，这一时期，农业以及文化创意产业的重要性逐渐突出。2011年1月13日丰台区第十四届人民代表大会第七次会议批准的《北京市丰台区国民经济和社会发展第十二个五年规划纲要》，定位将促进产业结构优化，完善现代产业体系，产业内容包括高新技术产业、金融服务业、高端装备制造业、文化创意产业、旅游和会展业、房地产业以及商贸物流业。

综上所述，三四环都市型产业发展带的主要产业体系已导向以高新技术产业、现代制造业、生产性服务业以及文化创意产业为主体的现代产业体系，结合过去规划对地方特色产业的深刻指导，该体系应再加上籽种农业、农产品加工以及都市型工业。在既定的产业发展方向上，三四环都市型产业发展带现有的人才、经济、社会与产业发展特征是文化创意产业以及都市型工业发展的基础，但在支撑产业转型以及产业体系的建构也存在不足，本书在过去研究成果的基础上，进一步分析三四环都市型产业发展带产业发展的环境特征与问题。

一、区域发展现状与环境分析

（一）人口经济社会现状

2010 年时，丰台区常住人口为 211.2 万人，呈现稳定的上升趋势，其中户籍人口为 103.6 万人，人数不断上升，农业人口呈现略微下降趋势。三四环产业带的户籍人口占全丰台超过 80% 的比重，是丰台区重点人口聚集区，2008 年三四环产业带的户籍人口 85.7 万人，占全区户籍人口的 82.43%。农村人口 9.87 万人，占全区农村人口的 69.17%。从农业人口比重来看，三四环产业带的农村人口占户籍总人口的 11.5%，略高于丰台区农村人口占户籍人口水平，后者为 11.1%。这是因为该区域包括卢沟桥乡与花乡的农村人口，是典型的城乡接合部，人口相对稠密且人口素质差距略大，人口与经济发展的关系呈现以下特征。

1. 人口素质呈现高低端分化

不同产业对人才素质的需求不同，在三四环都市型产业发展带的十四街三乡中，除了南苑乡、东铁匠营街道、右安门街道、花乡、卢沟桥街道、卢沟桥乡、太平桥街道、宛平城地区的商务服务业，右安门街道、西罗园街道、马家堡街道、南苑街道、和义街道的教育事业，东高地街道的研究与试验发展业，卢沟桥街道的专业技术服务业，卢沟桥乡与新村街道的科技交流和推广服务业，以及东高地街道的交通运输设备制造业、宛平城地区的通用设备制造业有较高的人才素质需求，其余的街道均以低端制造业及服务业为主要产业，其需求的人才以建筑工人、低端服务人员以及产业工人为主，如表 4－1 所示。

表 4－1　三四环都市型产业发展带街道/乡从业人员集中程度较高的产业

街道/乡	从业人员集中产业	比重	从业人员集中产业	比重
方庄地区（32887）	零售业	24.66%	道路运输业	18.91%
	批发业	9.87%		
南苑乡（33353）	商务服务业	30.19%	房地产业	6.92%
	批发业	7.36%	零售业	7.34%
大红门街道（28262）	房屋和土木工程建筑业	27.83%	批发业	13.06%
	零售业	11.46%		

续表

街道/乡	从业人员集中产业	比重	从业人员集中产业	比重
东铁匠营街道（27702）	房屋和土木工程建筑业	23.06%	批发业	10.35%
	零售业	8.93%	房地产业	7.56%
	商务服务业	6.63%		
东高地街道（21252）	交通运输设备制造业	26.28%	研究与试验发展	39.44%
右安门街道（15916）	教育	18.01%	商务服务业	16.27%
	房地产业	11.79%	批发业	7.99%
	卫生	7.9%		
西罗园街道（14774）	房屋和土木工程建筑业	32.29%	批发业	9.65%
	教育	7.53%	零售业	7.19%
马家堡街道（12564）	房屋和土木工程建筑业	15.7%	批发业	13.55%
	卫生	11.64%	教育	10.59%
南苑街道（4564）	教育	13.3%	卫生	11.17%
	航空运输业	9.82%	食品制造业	8.39%
	零售业	5.67%	批发业	5.11%
和义街道（2443）	农副食品加工业	22.19%	房地产业	9.09%
	教育	9.01%	餐饮业	7.37%
	零售业	6.79%	批发业	6.47%
丰台街道（38523）	房屋和土木工程建筑业	12.28%		
花乡（38535）	商务服务业	14.95%	批发业	10.98%
	零售业	12.19%	房地产业	6.77%
	科技交流和推广服务业	5.05%		
卢沟桥街道（49167）	房屋和土木工程建筑业	17.48%	批发业	6.81%
	铁路运输业	7.27%	专业技术服务业	6.36%
	商务服务业	6.22%	房地产业	5.13%
卢沟桥乡（79372）	道路运输业	19.99%	科技交流和推广服务业	7.39%
	商务服务业	11.15%	房屋和土木工程建筑业	6.82%
	零售业	9.02%	批发业	6.38%
太平桥街道（32015）	城市公共交通业	15.49%	房地产业	8.05%
	商务服务业	14.99%	批发业	6.14%
	住宿业	11.62%	房屋和土木工程建筑业	5.62%

续表

街道/乡	从业人员集中产业	比重	从业人员集中产业	比重
宛平城地区（8574）	通用设备制造业	19.92%	塑料制品业	6.50%
	商务服务业	11.63%	零售业	6.04%
	非金属矿物制品业	6.86%	居民服务业	5.13%
新村街道（115149）	铁路运输业	20.91%	科技交流和推广服务业	5.51%
	城市公共交通业	8.97%		

注：括号内为从业人员数。

2. 新增常住人口可望支撑高端经济发展

根据丰台区2010年第六次全国人口普查，全区常住人口中，具有大学（指大专及以上）程度的为63.4万人，具有高中（含中专）程度的为51.7万人，具有初中程度的为63.4万人，具有小学程度的为20.1万人。同2000年第五次全国人口普查相比，每10万人中具有大学程度的由14723人上升为30033人，具有高中程度的由26811人下降为24494人，具有初中程度的由35114人下降为29994人，具有小学程度的由15207人下降为9539人，这说明在过去十年，丰台区大专以上学历的人才呈现上升趋势，然而比起朝阳区以及海淀区，其大专以上人才仍然稀缺。如表4-2所示。

表4-2 丰台区与其他区按学历、职称及技术等级分的从业人员情况比较分析

区域	大专及以上（人）	占区内常住人口（%）	拥有高级职称（人）	占区内常住人口（%）	技师等级证书（人）	占区内常住人口（%）
丰台区	259940	14.83	24093	1.37	8639	0.49
朝阳区	840750	27.27	57424	1.86	18624	0.60
海淀区	1125000	38.40	118272	4.04	31416	1.07
北京市	3993000	23.56	343098	2.02	106197	0.63

数据来源：北京市全国第二次经济普查主要数据公报及各地区统计年鉴。

3. 农村集体是重要的高端服务业支撑与重要的产业关联组成

三四环都市型产业发展带由十四街三乡组成，南苑乡、花乡、卢沟桥乡下辖行政村，人口仍具农民身份，然而，南苑乡在南中轴区域中商务服务业从业人员占有较大的比重，比商务服务业从业人员次多的右安门街道多出7353人；而三四环都市型产业发展带中商务服务业从业人员占有较大的比重的太平桥街道，从业人员为4800人，也较花乡、卢沟桥乡少，卢沟桥乡也高出了4049

人，因此，村民经济不容小觑。商务服务业属于生产者服务业，对制造业的发展有较大的产业关联，换言之，农村集体是产业发展的重要一环，产业关联跨越城镇与农村。

4. 军方背景的2.5产业人才有待市场化

2.5产业能够整合创意、材料、制品业、通路，是发展文化创意产业所需要的中间产业，实现每一项特殊化、个性化的文创产品十四街三乡中，东高地街道的研究与试验发展业能够提供2.5产业的功能，然而由其生产的产品来看，营业收入排在前十位的企事业单位，收入累计占总收入的84.4%，主要生产军品、航天工程研究、研制与开发军工产品、军工产品、研制宇航产品，[1] 对发展文创产品帮助不大；丰台科技园所在的新村街道是另一发展2.5产业较多的片区，则就以民间企业为主。综上所述，科研产业虽然在全市具备优势，但2.5产业人才还有待进一步市场化。

（二）三级产业发展现状

丰台区三四环产业带这一区域有法人单位2.31万个，占全区69.58%；资产8164亿元，占全区85.63%；主营收入3074亿元，占全区92.61%；从业人员55.79万人，占全区70.40%，这说明三四环产业带是丰台行政区划、人口与经济发展的主体地区。[2] 采用区位商分析，居民服务、水利环境设施管理、科研和建筑四大产业优势最为突出，区位商均在1.5以上；住宿餐饮、工业、教育、租赁商务、金融和信息软件业区位商小于1，在全市优势不明显。[3] 全区比重较大的产业，既有科研技术服务、金融等知识密集型的现代服务业业，同时也有建筑、批发零售、交通物流等劳动力密集型的传统产业。

产业现况说明了丰台区的产业发展历史背景原因突出，城市纹理明显，航天一院、三院以及中建一局、三局等单位位于丰台区，使得丰台的科研和建筑产业优势明显；研究人员、军队人员收入稳定，也支撑了居民服务业的发展。然而再具体到企业规模来看，除了上述国家级单位，其他行业发展水平基本处于同行业的中低端，以中小企业为主，最为突出的行业是批发和零售业，每万元营业收入所产生的税收仅为19.6元，[4] 每个从业人员创造的GDP为6.4万，

---

[1] 丰台区政府政策研究室. 丰台南中轴区域发展与功能定位研究［R］. 2010：25.

[2] 丰台区政府政策研究室. 丰台区三四环产业带定位与布局研究［R］. 2010：1-2.

[3] 丰台区政府政策研究室. 丰台区三四环产业带定位与布局研究［R］. 2010：5.

[4] 丰台区政府政策研究室. 丰台南中轴区域发展与功能定位研究［R］. 2010：22.

居全市末位。[1] 因此，在过去研究的基础上，本书再从人才、经济、社会与产业发展方面，进一步的分析这一区域的发展特征。

三次产业结构，在 2000 年时为 0. 78∶31. 40∶67. 77，到 2005 年时转变为 0. 2∶28. 2∶71. 6，2010 年再变化为 0. 1∶24. 3∶75. 6（2015 年再变化为 0. 1∶21. 3∶78. 6），三次产业虽然呈现后工业化的发展特征，但也存在以下问题。

1. 以低端人才为主的产业发展特征

从各产业营业收入的比重来看，三四环都市型产业发展带以传统产业的营业收入较高，批发、零售业以及房屋和土木工程建筑业三者合计达 46%，现代产业虽然计有研究与试验发展、科技交流和推广服务业、专业技术服务业、商务服务业以及计算机服务业等五项，但营业收入偏低，五项产业的营业收入合计达 21%，与丰台全区相比，除了批发业占比高 1%之外，其余皆相同，这也说明，以低端人才为主的产业发展特征，不只是三四环都市型产业发展带的问题，也是全丰台区的问题，如表 4 – 3 所示。

2. 低端二级产业带动低端服务业发展

产业是由农业、制造业进步到服务业，由于低端制造业的产业工人只有能力消费低端的服务业，因此服务业的发展是由制造业发达的程度所决定。三四环都市型产业发展带的服务业相对低端，与制造业低端、低营业收入有关，目前区域内营业收入较高的二级产业是房屋和土木工程建筑业，其余的制造业类型繁多，缺乏单一高营业收入的制造业，因此较难带动高端现代服务业的发展，建筑工人对高端服务业的需求较低，这也导致了批发业、零售业大量发展，如表 4 – 3 所示。

表 4 – 3　三四环区域重要产业营业收入比重

丰台区		三四环		
产　　业	比重	产　　业	占三四环比重	占全区比重
批发业	19%	批发业	20%	19%
房屋和土木工程建筑业	16%	房屋和土木工程建筑业	16%	16%
零售业	10%	零售业	10%	10%
研究与试验发展	7%	研究与试验发展	7%	7%
科技交流和推广服务业	7%	科技交流和推广服务业	7%	7%
房地产业	5%	房地产业	5%	5%

[1] 丰台区政府政策研究室. 丰台区三四环产业带定位与布局研究［R］. 2010：14.

续表

丰台区		三四环		
产　业	比重	产　业	占三四环比重	占全区比重
铁路运输业	3%	铁路运输业	3%	3%
专业技术服务业	3%	专业技术服务业	3%	3%
交通运输设备制造业	2%	建筑安装业	2%	2%
建筑安装业	2%	商务服务业	2%	2%
计算机服务业	2%	计算机服务业	2%	2%
商务服务业	2%			
总计	78%	总计	77%	76%

3. 2.5 产业发展有待进一步市场化

2.5 产业是发展文化创意产业以及制造业转型所需要的中间产业，属于文化创意产业范围的行业，有信息传输、计算机服务和软件业，机械设备租赁，研究与试验发展，专业技术服务业，科技交流和推广服务业，机械设备、五金交电及电子产品批发，属于通路的重要组成产业，有道路运输业、装卸搬运和其他运输服务业。目前三四环都市型产业发展带较为发达的产业有研究与试验发展业、科技交流和推广服务业以及专业技术服务业，属于现代物流的道路运输业发展不足，只有铁路运输业较为发达，然而，研究与试验发展业集中在东高地街道，主要生产军品、航天工程研究、研制与开发军工产品、军工产品、研制宇航产品，对文化创意产业的发展以及其他制造业转型的帮助有限。

二、发展环境评价

归纳《丰台区三四环产业带定位与布局研究》的研究成果，三四环都市型产业发展带在支撑产业发展方面仍存在以下现象。第一，经济实力居后，与发达城区差距不断拉大，2008 年，丰台区 GDP 位居原城八区末位，仅相当于朝阳和海淀的三分之一和四分之一；第二，高端、高效、高辐射的产业体系尚未形成，生产性服务业、现代服务业和文化创意产业等新兴高端服务业，无论是在收入规模上还是结构比重上都还存在着较大差距；第三，产业发展与功能定位耦合度低，在首都地域分工中的高端服务职能承载不足，只有科学研究体现出了高端服务职能，高端服务功能地位也下降，金融业、科学研究、技术服务和地质勘查业、租赁和商务服务业等生产性服务业比重、增速和地位变弱；

第四，空间发展不平衡，设施与服务配套滞后；第五，资源的集聚与整合能力有待提升，大专及以上学历人数占区内常住人口的比重低于全市的平均水平，央企和市企少，农村产业与资源分散。❶ 再从人才、经济、社会与产业发展等方面来看，本书进一步的归纳这一区域的发展特征。

（一）人口经济社会结构与产业转型问题

1. 高学历外来人口的增加还未能引导产业升级

根据丰台区 2010 年第六次全国人口普查，全区常住人口中，具有大学（指大专及以上）程度的 63.4 万人，同 2000 年第五次全国人口普查相比，每 10 万人中具有大学程度的由 14723 人上升为 30033 人，上升幅度达到 104%，然而高学历人才投入丰台区企事业单位工作的人口相对较少，增加的大专以上学历人才，只有近一半的人口投入丰台区相关产业，高级职称以及技师的增幅更小，这说明有近一半的大专以上人才移入丰台后还未谋得工作，或只是选择居住于丰台，这透露出丰台区现有的产业对高学历人才的吸引力有限，新增的高学历人才对产业升级的支撑也有限，如表 4－4 所示。

表 4－4 丰台区 2000 年与 2010 年按学历、职称及技术等级分的从业人员增幅 单位：人

时间	大专及以上	增幅	拥有高级职称	增幅	技师证书以上	增幅
2000	163494	59%	20512	17.5%	6971	23.9%
2010	259940		24093		8639	

数据来源：北京市全国第二次经济普查主要数据公报。

2. 创意人才专长单一

文化创意产业的核心元素是创意人才，目前三四环都市型产业发展带营业收入较高的产业，还无法吸引创意人才。基于《国民经济行业分类》，文化创意产业中与创意有关的产业为上、中游产业；上游产业是主要的创意设计来源，因此是发展文化创意产业的重点产业，包括文艺创作与表演业、工程勘查设计、规划管理以及其他专业技术服务。文艺创作与表演业在三四环都市型产业发展带有 29 家，从业人员 918 人，但扣除二家大型的戏曲演出公司，从业人员只剩下 334 人；工程勘查设计 85 家，从业人员 2589 人；规划管理 3 家，从业人员 29 人；其他专业技术服务 557 家，从业人员 4434 人，但其中多为各类工业的技术服务，从事设计的公司只有 71 家，250 人。总体来看，能够从事工

❶ 丰台区政府政策研究室. 丰台区三四环产业带定位与布局研究［R］. 2010：12～20.

艺设计的从业人员还不多，创意人才主要集中在建筑设计，设计专长较为单一。

3. 企业规模较小

在全市24446家企业中，三四环都市型产业发展带的企业数为23197，占全区的94.9%，但其中企业雇用从业人员在10人及以下，共有16009家，占全区的65.5%；雇用从业人员在5人及以下，共有12609家，占全区的51.6%；从业人员只有1人的企业，共3268家，占全区的13.4%；从业人员超过100人的企业只有2001家，只占全区的8.2%，总共雇用367343人，占全区总就业人口的61.3%。

4. 低端人才不敷满足商务服务业的需求

商务服务业是文化创意产业体系的下游产业与中间产业，包括广告业、旅行社、会议及展览服务、文化艺术经纪代理、贸易经纪与代理、知识产权服务等，商务服务业对高学历人才的需求较大，然而有近半的大专以上学历人才移入丰台区后未谋工作，也说明外来人口与高端服务业的人才需求较难匹配。现有的人才，主要支撑营业收入最高的批发业与零售业，这些产业对人才学历与素质的要求不高，同时也由于目前缺乏文化创意商品或高档国际名品，而以批量生产的低档产品为主要销售，因此销售人员对于产品从材料、制作、功能到美学的知识水平也较低。

（二）三级产业发展与产业转型问题

1. 现代制造业与文化创意产业的产业体系不健全

根据《北京市丰台区国民经济和社会发展第十二个五年规划纲要》，现代制造业以及文化创意产业是三四环都市型产业发展带两大产业，依照产业生产流程的不同，现代制造、现代服务以及文化创意产业可以再分为文化创意产业以及现代制造业两大独立但彼此关联的上、中、下游体系。现代制造业以上、中、下游的生产线方式水平或垂直生产产品，与终端消费者之间以定式化的物流与零售业建立销售渠道，而文化创意产业主要生产非生活所必需的创意产品，缺乏固定的生产线以及品牌效益，因此通过中间产业协助文化创意产业将创意商品化以及营销商品，是文化创意产业体系主要的运作流程。现代制造业与文化创意产业两大产业体系彼此分工后，才能实现规划所定位的产业体系。现行的产业体系，缺乏以产品设计产业，显示现行的产业体系还未实现现代制造业与文化创意产业的分工，对三四环都市型产业发展带而言，从产品设计、都市型工业以及现代制造业生产的过程到产品销售，还没有较为成熟的发展，各产业之间的关联不足，造成上、中游产能不足，下游独立发展的局面，形成了以销售低档、单一产品为主的大红门市场。新产业体系的建构还需要更进一步的政策扶持。

2. 高营收产业的关联产业集群仍待挖掘

产业关联与产业体系健全一体两面，产业关联是指产业间投入品和产出品的技术经济联系，当产业之间的关联不强，产业体系发展也就难以为继。前向与后向关联均较强的产业在空间上出现集聚，是产业关联开始的基本条件，当高生产关联的产业带动与支撑其他关联产业的发展，产业集聚将转型为产业集群，并以该高生产关联为主导产业，互动发展，生生不息。三四环都市型产业发展带目前营业收入较高的产业，以批发业与零售业居首位，为中间投入供应产业，然而目前以服装、生活用品为大宗的销售模式，主要为终端销售，对支撑其他制造业发展的关联较弱，又缺乏上游生产产业的支撑，因此在整个产业链之中相对独立。作为高关联产业的商务服务业，具有主导产业的特质，然而营业收入占区域的比重不高，也显示产业集群仍未健全发展，有待进一步挖掘关联产业之间的空间集聚关系，制定引导集群产业发展的政策。

3. 外资投资明显偏少，新业态发展受影响

2008 年和 2009 年丰台区从业人员数分别是 609305 人和 654896 人，增长速度为 7.5%，比北京市的从业人员增长速度高 2.4 个百分点，相对于同期 3.51% 的人口自然增长率有较大增长，这说明丰台区目前对从业人员有较大的吸纳能力。然而，从各单位就业人员占城镇就业人员之比重来看，丰台区国有以及集体的从业人员明显偏高，但是港澳台商投资、外商投资的比重明显偏少，与朝阳区、海淀区以及全市都有较大的落差，这将导致包括港澳台以及国外先进的农业、制造业以及服务业的技术以及服务业态发展难以顺利引入丰台区，影响产业转型与更新，如表 4 - 5 所示。

表 4 - 5　2009 年丰台与其他区的各单位就业人员占城镇就业人员之比重　　单位:%

区　域	国　有	集　体	港澳台商投资	外商投资	其他个体私营经济[1]	总计
朝阳区	22.53	3.16	7.5	18.42	48.39	100
海淀区	36.7	2.45	4.44	10.95	45.46	100
丰台区	30.21	5.63	1.89	4.72	57.55	100
北京市	31.52	4.12	6.22	12.09	46.05	100

数据来源：北京统计信息网。

[1] 根据由 1 减去前面几项之和计算出。

三、产业关联与发展定位研究

与研究南中轴地区产业关联的思路方法一致，三四环产业带已经形成了具有一定关联性的各类产业。产业发展定位，不是要引进新产业，而是已有产业的再发展。图 4－1 是三四环都市型产业发展带未来应发展的产业。三四环都

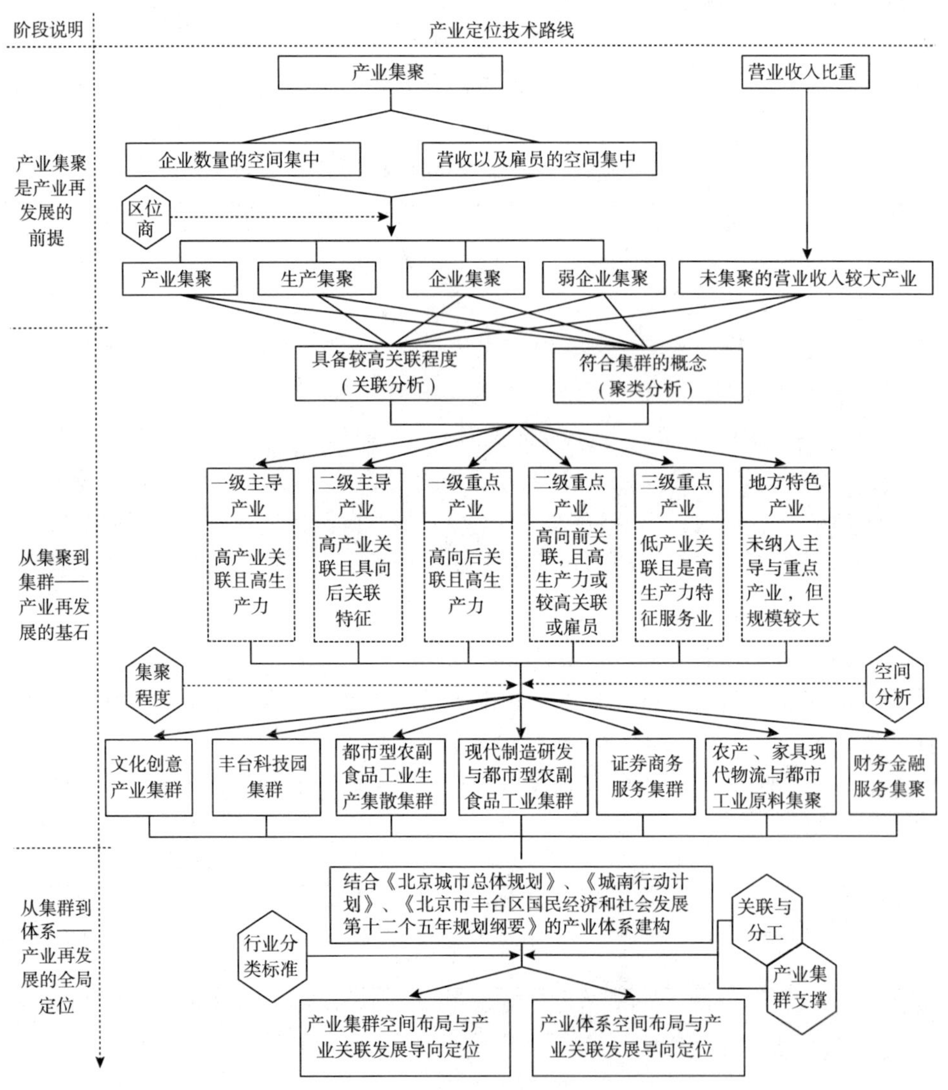

图 4－1　产业关联与发展定位研究技术路线

市型产业发展带的产业基础与文化底蕴是发展现代制造业、现代服务业以及文化创意产业的基石，现有的优势主导产业与关联产业所形成的产业集群是产业再发展的支撑，通过主导产业的带动以及产业关联体系的完善，将可带动产业朝向符合文化产业趋势的方向发展，打造出以科技、服务、文化为基础的特色产业，以及辅助科技、服务、文化产业发展的以现代制造、现代服务以及文化创意产业为主导的高端产业体系。为产业体系所需要的上、中、下游产业链提供发展的环境，持续拉动三四环都市型产业发展的经济增长。

（一）产业集聚是产业再发展的前提

1. 三四环产业带企业数量的空间集中状况

产业集聚是产业集群的先决条件，企业数量的集聚则是产业集聚的基本条件。三四环都市型产业发展带由卢沟桥、花乡、南苑 3 个乡、51 个村，14 个街道，239 个社区构成，面积 180.3km^2。实际上，三四环都市型产业发展带是北京典型的城乡接合部地区，2008 年户籍人口为 85.7 万人，其中，农村人口为 9.87 万人。在农村与社区的交错下，村办企业以及私人企业在社会网络中彼此联结，逐渐聚集在同一个街道/乡以及同一个社区/村，共同形成各类产业的生产集聚，与全丰台区的其他街道、乡、社区、村竞争成为产业的生产集聚中心。根据丰台区二经普数据计算，三四环都市型产业发展带法人单位有 2.31 万个，占全区的 69.58%，资产占全区的 85.63%，主营收入占全区的 92.61%，从业人员占全区的 70.40%，这说明三四环都市型产业发展带是丰台行政区划、人口与经济发展的主体地区。

中关村丰台科技园是丰台区企业集聚最强的区域，因此可以把丰台科技园集聚程度作为评价三四环都市型产业发展带集聚的标准。一般集聚的标准，是以 25%、50% 以及 75% 依序递增，划分不同层次。根据丰台区第二次经济普查数据，在丰台区街道/乡的集中程度，中关村丰台科技园有 63% 的产业的企业数量集中程度超过 25%，只有 14% 的产业的企业数量集中程度超过 50% 以及 75%；在丰台区社区/村的集中程度，有 42% 的产业的企业数量集中程度超过 25%，只有 12% 的产业的企业数量集中程度超过 50% 以及 75%；由于中关村丰台科技园是丰台区集聚程度最高的区域，第二次经济普查数据结果说明，不论在街道/乡以及社区/村的集中程度，若以 50% 集聚程度为门槛，筛选出的产业将偏少，基于在街道/乡层次，集聚程度达到 25% 可筛选出集聚程度在前 50% 的企业，在社区/村层次，集聚程度则须下降到 20%，才可筛选出集聚程度在前50%的企业，因此，本书在街道/乡层次选择以25%，社区/村层次选择以20%为集聚标准。

在街道/乡层次，三四环都市型产业发展带区域中，以非金属矿采选业、航空运输业、农、林、牧、渔服务业以及农业的集聚程度最高，达到100%，这与南苑机场、花乡的花卉历史有关，除此之外，方庄地区的证券业以及东铁匠营街道的水的生产和供应业，其企业数量占丰台区均达到50%；在社区/村层次，产业及集聚程度也相同，这也显示出上述产业更集中的集聚在社区/村，各个社区/村的产业特色凸显，如表4-6、表4-7、表4-8、表4-9所示。

从产业特色来看，在街道/乡层次，服务业主要集聚在马家堡街道、太平桥街道以及方庄地区；卢沟桥乡集聚的产业较多且多元，以服务业为主，制造业为辅；南苑乡集聚的产业多元但产业较少，缺乏突出的现代服务业以及高技术产业；花乡集聚的产业最多，以低端产业为主，包括农业、劳力密集的装卸搬运及其他运输服务业及仓储业；现代制造业以及现代服务业则主要集聚在中关村丰台科技园，如表4-6、表4-7所示。

表4-6　三四环、街道/乡、各个产业的企业数量集中程度　　单位:%

行　业	街道/乡	集中率
保险业	卢沟桥乡	26.5
	太平桥街道	38.2
仓储业	花乡	26.2
	卢沟桥乡	34.0
城市公共交通业	卢沟桥乡	28.1
	南苑乡	25.0
道路运输业	花乡	29.0
地质勘查业	新村街道	25.0
纺织业	东铁匠营街道	25.0
	花乡	25.0
非金属矿采选业	花乡	100.0
废弃资源和废旧材料回收加工业	卢沟桥乡	25.0
航空运输业	南苑街道	100.0
黑色金属冶炼及压延加工业	大红门街道	25.0
环境管理业	新村街道	29.3
农、林、牧、渔服务业	花乡	100.0

续表

行　　业	街道/乡	集中率
农业	花乡	100.0
	南苑乡	34.5
其他服务业	卢沟桥乡	25.9
石油加工、炼焦及核燃料加工业	花乡	25.0
	右安门街道	25.0
水的生产和供应业	东铁匠营街道	50.0
水利管理业	宛平城地区	28.6
文教体育用品制造业	马家堡街道	33.3
橡胶制品业	南苑乡	37.5
新闻出版业	太平桥街道	28.6
饮料制造业	卢沟桥乡	28.0
邮政业	卢沟桥乡	25.0
	南苑乡	27.8
有色金属冶炼及压延加工业	南苑乡	27.3
造纸及纸制品业	卢沟桥乡	37.0
证券业	方庄地区	60.0
装卸搬运及其他运输服务业	花乡	35.9

表 4－7　丰台科技园、街道/乡、各个产业的企业数量集中程度　　单位:%

行　　业	街道/乡	集中率
地质勘查业	新村街道	33.3
黑色金属冶炼及压延加工业	新村街道	33.3
软件业	新村街道	33.3
石油加工、炼焦及核燃料加工业	新村街道	25.0
水的生产和供应业	新村街道	25.0
铁路运输业	新村街道	85.5
通信设备、计算机及其他电子设备制造业	新村街道	44.9
橡胶制品业	新村街道	25.0
烟草制品业	丰台街道	100.0
研究与试验发展	新村街道	28.6
医药制造业	新村街道	46.5
仪器仪表及文化、办公用机械制造业	新村街道	40.4
银行业	新村街道	100.0
有色金属冶炼及压延加工业	新村街道	27.3

表 4－8　三四环、社区/村、各个产业的企业数量集中程度　单位:%

行　业	社区/村	集中率
道路运输业	新发地村（花乡）	21.3
地质勘查业	育仁里社区（新村街道）	25.0
纺织业	成寿寺社区（东铁匠营街道）	25.0
非金属矿采选业	榆树庄村（花乡）	100.0
航空运输业	机场社区（南苑街道）	100.0
黑色金属冶炼及压延加工业	西马场南里社区（大红门街道）	25.0
环境管理业	草桥社区（新村街道）	22.0
农、林、牧、渔服务业	黄土岗村（花乡）	100.0
农业	樊家村（花乡）	100.0
石油加工、炼焦及核燃料加工业	草桥村（花乡）	25.0
	开阳里第四社区（右安门街道）	25.0
水的生产和供应业	分中寺社区（东铁匠营街道）	50.0
水利管理业	城南社区（宛平城地区）	21.4
文教体育用品制造业	角门东里西社区（马家堡街道）	27.8
证券业	芳古园一区第一社区（方庄地区）	50.0
装卸搬运及其他运输服务业	新发地村（花乡）	34.5

表 4－9　丰台科技园、社区/村、各个产业的企业数量集中程度　单位:%

行　业	社区/村	集中率
地质勘查业	育仁里社区（新村街道）	33.3
黑色金属冶炼及压延加工业	育仁里社区（新村街道）	33.3
软件业	育仁里社区（新村街道）	23.9
石油加工、炼焦及核燃料加工业	育仁里社区（新村街道）	25.0
铁路运输业	育仁里社区（新村街道）	85.5
通信设备、计算机及其他电子设备制造业	育仁里社区（新村街道）	32.1
橡胶制品业	韩庄子第一社区（新村街道）	25.0
烟草制品业	永善社区（丰台街道）	100.0
医药制造业	育仁里社区（新村街道）	41.9
仪器仪表及文化、办公用机械制造业	育仁里社区（新村街道）	25.8
银行业	育仁里社区（新村街道）	100.0
有色金属冶炼及压延加工业	育仁里社区（新村街道）	27.3

2. 三四环产业带企业营业收入和雇员的空间集中状况

企业数量的集聚是产业集聚的基本条件，随着企业数量愈来愈集中，营业收入以及从业人员也将愈来愈集中，因此，集聚产业的营业收入以及从业人员的增加，说明集聚已开始成长，是产业集聚的跃升条件。

本书同样以中关村丰台科技园在营业收入以及从业人员的集聚程度为参考标准。根据丰台区第二次经济普查数据，在丰台区街道/乡的集中程度，中关村丰台科技园有66%的产业的营业收入或从业人员集中程度超过25%，51%的产业的营业收入或从业人员集中程度超过50%；在丰台区社区/村的集中程度，有80%的产业的营业收入或从业人员集中程度超过25%，54%的产业的营业收入或从业人员集中程度超过50%；第二次经济普查数据结果说明，不论在街道/乡以及社区/村的集中程度，以50%集聚程度为门槛，能够筛选出集聚程度在前50%的企业，再由于科技园的营业收入应较园区外高，以50%为唯一标准将过于严苛，因此，本书在街道/乡以及社区/村层次，选择25%为集聚的低标准，50%为高标准。

在街道/乡层次，三四环都市型产业发展带区域中，同样基于南苑机场、花乡的花卉历史，以非金属矿采选业、航空运输业、农、林、牧、渔服务业以及农业的集聚程度最高，达到100%；分析结果也可发现，营业收入或从业人员的集聚程度，远高于企业集聚，也就是说，尽管各个街道均多元化的发展各式产业，然而，营运较好的产业仍然集中在部分的街道。这一点在社区/村层次也呈现同样的状况，如表4－10、表4－11、表4－12所示。

从产业特色来看，在街道/乡层次，现代服务业主要集聚在三环沿线的街道，包括太平桥街道、方庄地区、东铁匠营街道、右安门街道以及西罗园街道；新村街道则因为靠近丰台科技园，因此以发展现代制造业为主。各乡中，则以卢沟桥乡集聚的产业较多且多元，除了仓储业外，其余均为制造业；花乡以及南苑乡产业的营业收入或从业人员数量则相对较少。现代制造业以及现代服务业则主要集聚在中关村丰台科技园，如表4－10、表4－11、表4－13所示。

表4－10　三四环、街道/乡、各个产业的营业收入与从业人员比重　单位:%

街道/乡	行　业	从业人员占比	营业收入占比
大红门街道办事处	电气机械及器材制造业	16.4	67.0
	黑色金属冶炼及压延加工业	73.9	28.1
	木材加工及木、竹、藤、棕、草制品业	55.1	90.1
东高地街道办事处	研究与试验发展	53.0	0.0

续表

街道/乡	行　业	从业人员占比	营业收入占比
东铁匠营街道办事处	纺织业	71.3	67.5
	家具制造业	20.7	30.0
	水的生产和供应业	65.2	86.1
	娱乐业	18.1	27.6
	造纸及纸制品业	17.7	30.9
	体育	10.8	65.2
方庄地区办事处	道路运输业	23.2	69.1
	新闻出版业	35.7	70.6
	证券业	93.2	99.9
丰台街道办事处	废弃资源和废旧材料回收加工业	28.6	7.8
	广播、电视、电影和音像业	25.6	2.6
	国家机构	47.4	0.0
和义街道办事处	农副食品加工业	33.0	15.6
花乡	仓储业	35.7	4.5
	非金属矿采选业	100.0	100.0
	农、林、牧、渔服务业	100.0	100.0
	塑料制品业	29.1	42.1
	租赁业	31.9	41.0
卢沟桥街道办事处	装卸搬运及其他运输服务业	21.3	81.6
卢沟桥乡	仓储业	26.1	1.1
	道路运输业	59.1	2.7
	农副食品加工业	30.9	5.8
	其他建筑业	30.6	29.4
	社会福利业	26.5	20.3
	饮料制造业	39.0	6.5
	造纸及纸制品业	29.1	22.2
	废弃资源和废旧材料回收加工业	29.3	3.3
马家堡街道办事处	文教体育用品制造业	47.3	43.1
南苑街道办事处	航空运输业	100.0	100.0
南苑乡	农副食品加工业	8.3	44.2
	皮革、毛皮、羽毛（绒）及其制品业	42.6	40.1
	卫生	7.6	26.2
	邮政业	61.8	57.7

续表

街道/乡	行　　业	从业人员占比	营业收入占比
太平桥街道办事处	保险业	68.8	98.6
	城市公共交通业	25.5	23.5
	新闻出版业	29.2	12.2
	住宿业	28.4	32.8
西罗园街道办事处	废弃资源和废旧材料回收加工业	26.2	7.1
	文化艺术业	34.6	1.3
新村街道办事处	仓储业	3.9	85.6
	城市公共交通业	53.0	52.7
	地质勘查业	52.9	9.6
	纺织服装、鞋、帽制造业	16.5	25.2
	环境管理业	58.8	77.6
	其他建筑业	31.5	12.6
右安门街道办事处	其他金融活动	89.1	99.5

表 4-11　丰台科技园、街道/乡、各个产业的营业收入与从业人员比重 单位:%

丰台科技园			
街道/乡	行业	从业人员占比	营业收入占比
丰台街道办事处	烟草制品业	100.0	100.0
	有色金属冶炼及压延加工业	58.0	26.2
宛平城地区办事处	通用设备制造业	6.4	41.7
新村街道办事处	饮料制造业	5.4	84.4
	石油加工、炼焦及核燃料加工业	60.9	89.4
	化学原料及化学制品制造业	20.8	54.7
	医药制造业	80.8	92.0
	橡胶制品业	73.2	92.0
	塑料制品业	20.3	28.0
	非金属矿物制品业	25.9	45.2
	黑色金属冶炼及压延加工业	20.3	63.1
	有色金属冶炼及压延加工业	12.4	63.1
	专用设备制造业	30.4	46.1
	通信设备、计算机及其他电子设备制造业	71.2	80.5

续表

丰台科技园			
街道/乡	行业	从业人员占比	营业收入占比
新村街道办事处	仪器仪表及文化、办公用机械制造业	58.9	73.8
	工艺品及其他制造业	55.2	98.4
	房屋和土木工程建筑业	5.0	30.6
	建筑安装业	21.6	39.8
	铁路运输业	86.9	82.6
	电信和其他信息传输服务业	44.2	64.8
	计算机服务业	42.5	67.1
	软件业	57.3	58.9
	银行业	100.0	100.0
	研究与试验发展	12.8	97.0
	专业技术服务业	22.5	80.7
	科技交流和推广服务业	24.8	71.4
	地质勘查业	36.7	89.0
	水利管理业	19.3	90.5
	其他服务业	6.6	38.0
	广播、电视、电影和音像业	29.4	60.8

表 4-12　三四环、社区/村、各个产业的营业收入与从业人员比重　　单位:%

街道/乡	社区/村	行业	从业人员占比	营业收入占比
大红门街道办事处	海户屯社区居委会	房屋和土木工程建筑业	15.9	5.8
	久敬庄社区居委会	农副食品加工业	7.7	19.2
	石榴庄东街社区居委会	电气机械及器材制造业	16.4	67.0
	西马场南里社区居委会	黑色金属冶炼及压延加工业	73.9	28.1
		木材加工及木、竹、藤、棕、草制品业	53.5	89.8
东高地街道办事处	六营门社区居委会	交通运输设备制造业	24.6	18.3
		研究与试验发展	47.3	0.0
东铁匠营街道办事处	成寿寺社区居委会	纺织业	71.3	67.5
		造纸及纸制品业	17.7	30.9
	分中寺社区居委会	水的生产和供应业	65.2	86.1
	宋庄路第二社区居委会	家具制造业	17.3	26.4
	光彩路第一社区居委会	体育	59.6	0.0

续表

街道/乡	社区/村	行业	从业人员占比	营业收入占比
方庄地区办事处	芳城园三区社区居委会	新闻出版业	6.5	41.5
	芳古园一区第一社区居委会	证券业	92.0	99.9
		租赁业	5.6	18.3
	芳群园三区社区居委会	新闻出版业	13.4	22.7
	芳星园二区社区居委会	道路运输业	22.9	68.7
	芳星园三区社区居委会	新闻出版业	15.8	6.5
丰台街道办事处	北大街社区居委会	广播、电视、电影和音像业	20.3	0.0
	东大街社区居委会	建筑装饰业	19.6	2.3
和义街道办事处	和义西里第一社区居委会	文教体育用品制造业	14.9	18.1
	南苑北里第二社区居委会	农副食品加工业	30.9	15.3
花乡	白盆窑村	家具制造业	7.1	20.8
		金属制品业	3.2	15.5
	草桥村	租赁业	7.7	23.3
	黄土岗村	农、林、牧、渔服务业	100.0	100.0
		塑料制品业	27.1	40.7
	榆树庄村	非金属矿采选业	100.0	100.0
卢沟桥街道办事处	八一厂社区居委会	铁路运输业	12.9	16.9
	丰台路口社区居委会	房屋和土木工程建筑业	6.3	20.6
		建筑装饰业	4.1	20.9
	丰西路社区居委会	公共设施管理业	0.1	18.3
	六里桥北里社区居委会	电力、热力的生产和供应业	15.7	0.0
	六里桥社区居委会	装卸搬运及其他运输服务业	20.8	81.6
	五里店第一社区居委会	食品制造业	22.2	13.6
卢沟桥乡	菜户营村	食品制造业	23.4	21.1
	东管头村	饮料制造业	35.1	6.4
	果园村	社会福利业	9.6	20.3
	西局村	农副食品加工业	30.1	5.5
		其他建筑业	17.6	21.1
	小井村	道路运输业	55.1	0.1

续表

街道/乡	社区/村	行业	从业人员占比	营业收入占比
马家堡街道办事处	角门东里西社区居委会	文教体育用品制造业	39.7	15.2
	玉安园社区居委会	文教体育用品制造业	7.6	27.9
南苑街道办事处	机场社区居委会	航空运输业	100.0	100.0
南苑乡	分中寺村	皮革、毛皮、羽毛（绒）及其制品业	35.6	33.4
		邮政业	52.1	39.9
	槐房村	农副食品加工业	7.1	44.0
	南苑村	社会福利业	4.3	21.6
	西铁营村	邮政业	7.6	15.4
	右安门村	卫生	4.9	25.2
太平桥街道办事处	莲花池社区居委会	保险业	66.3	98.5
		住宿业	20.3	22.9
	三路居社区居委会	城市公共交通业	25.1	23.1
	太平桥西里社区居委会	卫生	4.6	50.3
宛平城地区办事处	城北社区居委会	木材加工及木、竹、藤、棕、草制品业	19.5	3.1
西罗园街道办事处	海户西里南社区居委会	文化艺术业	23.8	0.0
	花椒树社区居委会	废弃资源和废旧材料回收加工业	26.2	7.1
新村街道办事处	草桥社区居委会	环境管理业	54.8	67.7
	电力机社区居委会	城市公共交通业	52.5	52.2
	科学城第一社区居委会	仓储业	2.9	85.5
	育仁里社区居委会	地质勘查业	52.9	9.6
		其他建筑业	29.7	9.3
右安门街道办事处	东滨河路社区居委会	其他金融活动	88.9	99.5

表4-13 丰台科技园、社区/村、各个产业的营业收入与从业人员比重 单位:%

街道/乡	社区/村	行业	从业人员占比	营业收入占比
丰台街道办事处	东幸福街社区居委会	电信和其他信息传输服务业	7.2	21.3
		文化艺术业	0.6	15.1
	永善社区居委会	烟草制品业	100	100
		有色金属冶炼及压延加工业	58	26.2
花乡	纪家庙村	饮料制造业	16.7	4.5
卢沟桥街道办事处	丰台路口社区居委会	电信和其他信息传输服务业	17.9	11.2
卢沟桥乡	大井村	科技交流和推广服务业	21.4	12.4
太平桥街道办事处	太平桥西里社区居委会	计算机服务业	13.7	16.2
宛平城地区办事处	城南社区居委会	通用设备制造业	6.2	41.6
新村街道办事处	富丰园社区居委会	专业技术服务业	6.5	15.7
	韩庄子第一社区居委会	广播、电视、电影和音像业	29.4	60.8
		科技交流和推广服务业	0.3	32.5
		橡胶制品业	73.2	92
	科学城第二社区居委会	文教体育用品制造业	12.2	15.7
	科学城第一社区居委会	饮料制造业	5.4	84.4
新村街道办事处	育仁里社区居委会	地质勘查业	36.7	89
		电气机械及器材制造业	17.7	8.4
		电信和其他信息传输服务业	39.6	62.6
		房屋和土木工程建筑业	5	30.6
		非金属矿物制品业	25.9	45.2
		工艺品及其他制造业	55.2	98.4
		黑色金属冶炼及压延加工业	20.3	63.1
		化学原料及化学制品制造业	16.1	47.6
		计算机服务业	40.1	66.6

续表

街道/乡	社区/村	行业	从业人员占比	营业收入占比
新村街道办事处	育仁里社区居委会	建筑安装业	20.9	38.1
		建筑装饰业	7.8	22.5
		科技交流和推广服务业	20	36.9
		其他服务业	6.3	37.7
		其他建筑业	2	16.3
		软件业	46.1	49.9
		石油加工、炼焦及核燃料加工业	60.9	89.4
		水利管理业	19.3	90.5
		塑料制品业	14.9	26.9
		铁路运输业	86.9	82.6
		通信设备、计算机及其他电子设备制造业	65.4	72.8
		研究与试验发展	10.4	94.9
		医药制造业	72.3	88.5
		仪器仪表及文化、办公用机械制造业	48.8	62
		银行业	100	100
		印刷业和记录媒介的复制	4.1	17.2
		有色金属冶炼及压延加工业	12.4	63.1
		专业技术服务业	14	64.7
		专用设备制造业	16.2	37.2

3. 三四环产业带产业集聚程度与空间分布

根据各产业在企业数量、营业收入、从业人员以及区位商的现状，三四环都市型产业发展带的产业可以分类为不同集聚程度，即产业集聚产业、生产集聚产业、企业集聚产业和微集聚产业，如表4－14、表4－15、表4－16、表4－17、表4－18所示。

表 4 – 14　三四环、各个产业、产业集聚的集聚程度表现

行业与集聚		营业收入区位商	从业人员区位商
强产业集聚：在社区/村层级，企业集中 >20，营业收入或从业人员集中 >50			
地质勘查业	育仁里社区（新村街道）	6.1/0.1	32.5/0.0
纺织业	成寿寺社区（东铁匠营街道）	122.6/0.0	135.6/0.1
非金属矿采选业	榆树庄村（花乡）	799.2/0.0	281.2/0.0
航空运输业	机场社区（南苑街道）	257.7/0.3	456.8/0.1
黑色金属冶炼及压延加工业	西马场南里社区（大红门街道）	53.0/0.1	129.6/0.2
环境管理业	草桥社区（新村街道）	592.2/0.0	58.3/0.9
农、林、牧、渔服务业	黄土岗村（花乡）	109.8/0.0	135.8/0.1
社会保障业	三路居社区（太平桥街道）	–/0.0	57.4/0.0
水的生产和供应业	分中寺社区（东铁匠营街道）	563.0/0.0	514.2/0.0
证券业	芳古园一区第一社区（方庄地区）	741.2/0.0	316.0/0.0
中产业集聚：在社区/村层级，企业集中 >20，营业收入或从业人员集中 >25，<50			
水利管理业	城南社区（宛平城地区）	0.0/0.0	76.9/0.0
社会保障业	洋桥北里社区（西罗园街道）	–/0.0	116.5/0.0
文教体育用品制造业	角门东里西社区（马家堡街道）	69.0/0.0	174.7/0.0
弱产业集聚：在街道/乡层级，企业集中 >25，营业收入或从业人员集中 >50			
邮政业	南苑乡	17.0/0.0	11.1/0.0
保险业	太平桥街道	20.5/0.8	13.4/0.1
微产业集聚：在街道/乡层级，企业集中 >25，营业收入或从业人员集中 >25，<50			
城市公共交通业	卢沟桥乡	2.3/0.1	1.2/0.5
纺织服装、鞋、帽制造业	南苑乡	6.4/0.0	3.3/0.1
纺织业	花乡	1.8/0.0	1.1/0.0
皮革、毛皮、羽毛（绒）及其制品业	南苑乡	11.8/0.0	7.6/0.1
其他服务业	卢沟桥乡	1.4/0.1	1.5/0.3

续表

行业与集聚		营业收入区位商	从业人员区位商
微产业集聚：在街道/乡层级，企业集中>25，营业收入或从业人员集中>25，<50			
	右安门街道	5.7/0.0	5.3/0.0
橡胶制品业	南苑乡	2.2/0.0	3.2/0.0
新闻出版业	太平桥街道	2.5/0.1	5.7/0.1
有色金属冶炼及压延加工业	南苑乡	2.8/0.1	2.4/0.0
石油加工、炼焦及核燃料加工业	右安门街道	5.7/0.0	5.3/0.0
造纸及纸制品业	卢沟桥乡	2.9/0.0	2.4/0.0

注：数字表示区位商/各个产业营业收入及从业人员占全区比重。

表4-15 三四环、各个产业、生产集聚的集聚程度表现

行业与集聚		营业收入区位商	从业人员区位商
强生产集聚：在社区/村层级，营业收入或从业人员集中>50			
仓储业	科学城第一小区（新村街道）	54.1/1.0	5.3/0.0
城市公共交通业	电力机社区（新村街道）	290.2/0.2	29.7/1.7
道路运输业	芳星园二区社区（方庄地区）	88.9/0.7	18.7/1.0
装卸搬运及其他运输服务	六里桥社区（卢沟桥街道）	228.1/0.3	166.8/0.1
电气机械及器材制造业	石榴庄东街小区（大红门街道）	84.7/0.7	71.2/0.1
木材加工及木、竹、藤、棕、草制品业	西马场南里小区（大红门街道）	169.6/0.2	93.8/0.1
其他金融活动	东滨河路小区（右安门街道）	110.1/0.6	171.8/0.2
体育	光彩路第一小区（东铁匠营街道）	0.0/0.0	167.6/0.1
	大井村（卢沟桥乡）	227.7/0.0	17.9/0.0
卫生	太平桥西里小区（太平桥街道）	276.4/0.1	11.8/0.1
中生产集聚：在社区/村层级，营业收入或从业人员集中>25，<50			
公共设施管理业	郭公庄村（花乡）	289.4/0.0	38.8/0.1
城市公共交通业	三路居社区（太平桥街道）	237.3/0.1	22.2/0.8

续表

行业与集聚		营业收入区位商	从业人员区位商
中生产集聚：在社区/村层级，营业收入或从业人员集中 >25，<50			
家具制造业	宋庄路第二小区（东铁匠营街道）	43.1/0.0	13.3/0.0
农副食品加工业	南苑北里第二小区（和义街道）	168.0/0.1	230.4/0.1
	西局村（卢沟桥乡）	5.9/0.0	17.4/0.1
	槐房村（南苑乡）	87.1/0.2	16.4/0.0
其他建筑业	育仁里小区（新村街道）	5.8/0.0	18.2/0.1
社会福利业	万泉寺小区（太平桥街道）	5673.4/0.0	33.5/0.0
	东庄小区（右安门街道）	0.0/0.0	506.3/0.0
水利管理业	玉林西里社区（右安门街道）	0.0/0.0	42.0/0.0
卫生	右安门村（南苑乡）	377.6/0.0	21.9/0.1
文教体育用品制造业	玉安园社区（马家堡街道）	39.9/0.0	21.7/0.0
塑料制品业	黄土岗村（花乡）	44.7/0.1	36.8/0.1
废弃资源和废旧材料回收加工业	花椒树社区（西罗园街道）	362.4/0.0	468.3/0.0
研究与试验发展	六营门小区（东高地街道）	0.0/0.0	20.8/1.3
弱生产集聚：在街道/乡层级，企业集中 >25，营业收入或从业人员集中 >50			
卫生	太平桥街道	12.1/0.1	1.2/0.1
新闻出版业	方庄地区	14.7/0.5	6.5/0.2
城市公共交通业	新村街道	8.4/0.2	6.7/1.7
微生产集聚：在街道/乡层级，营业收入或从业人员集中 >25，<50			
房屋和土木工程建筑业	卢沟桥街道	2.8/4.2	1.7/0.9
卫生	南苑乡	7.7/0.0	1.4/0.2
造纸及纸制品业	东铁匠营街道	9.0/0.0	3.8/0.0
居民服务业	花乡	4.9/0.0	1.8/0.1
娱乐业	东铁匠营街道	8.0/0.0	3.9/0.1
住宿业	太平桥街道	6.8/0.1	5.5/0.6
纺织服装、鞋、帽制造业	新村街道	4.0/0.0	2.1/0.1
其他建筑业	卢沟桥乡	3.9/0.1	2.5/0.1
租赁业	花乡	8.0/0.1	5.3/0.1

注：数字表示区位商/各个产业营业收入及从业人员占全区比重。

表 4－16　三四环、各个产业、企业集聚的集聚程度表现

<table>
<tr><th colspan="2">行业与集聚</th><th>营业收入区位商</th><th>从业人员区位商</th></tr>
<tr><td colspan="2">强企业集聚：在社区/村层级，企业集中＞20</td><td colspan="2"></td></tr>
<tr><td>农业</td><td>樊家村（花乡）</td><td>－/0.0</td><td>－/0.0</td></tr>
<tr><td>道路运输业</td><td>新发地村（花乡）</td><td>6.9/0.0</td><td>3.1/0.1</td></tr>
<tr><td rowspan="3">社会保障业</td><td>三角地第一社区（东高地街道）</td><td>－/0.0</td><td>1.6/0.0</td></tr>
<tr><td>黄土岗村（花乡）</td><td>－/0.0</td><td>4.3/0.0</td></tr>
<tr><td>槐房社区（南苑街道）</td><td>－/0.0</td><td>34.5/0.0</td></tr>
<tr><td rowspan="2">石油加工、炼焦及核燃料加工业</td><td>草桥村（花乡）</td><td>2.0/0.0</td><td>27.8/0.0</td></tr>
<tr><td>开阳里第四社区（右安门街道）</td><td>104.8/0.0</td><td>38.3/0.0</td></tr>
<tr><td>装卸搬运及其他运输服务</td><td>新发地村（花乡）</td><td>5.4/0.0</td><td>13.3/0.0</td></tr>
</table>

注：数字表示区位商/各个产业营业收入及从业人员占全区比重。

表 4－17　三四环、各个产业、微集聚的集聚程度表现

<table>
<tr><th colspan="2">行业与集聚</th><th>营业收入区位商</th><th>从业人员区位商</th></tr>
<tr><td colspan="2">微集聚：属前项各集聚，但区位商＜1</td><td></td><td></td></tr>
<tr><td rowspan="3">仓储业</td><td>花乡</td><td>0.9/0.1</td><td>5.9/0.2</td></tr>
<tr><td>卢沟桥乡</td><td>0.1/0.0</td><td>2.1/0.2</td></tr>
<tr><td>新村街道</td><td>13.7/1.0</td><td>0.5/0.0</td></tr>
<tr><td>邮政业</td><td>卢沟桥乡</td><td>0.5/0.0</td><td>0.8/0.0</td></tr>
<tr><td>保险业</td><td>卢沟桥乡</td><td>0.0/0.0</td><td>0.8/0.0</td></tr>
<tr><td>城市公共交通业</td><td>南苑乡</td><td>1.1/0.0</td><td>0.7/0.1</td></tr>
<tr><td>道路运输业</td><td>小井村（卢沟桥乡）</td><td>0.5/0.0</td><td>17.4/2.5</td></tr>
<tr><td>废弃资源和废旧材料回收加工业</td><td>卢沟桥乡</td><td>0.4/0.0</td><td>2.4/0.0</td></tr>
<tr><td>饮料制造业</td><td>卢沟桥乡</td><td>0.9/0.0</td><td>3.2/0.1</td></tr>
</table>

注：数字表示区位商/各个产业营业收入及从业人员占全区比重。

表 4－18　丰台科技园、各个产业、产业集聚的集聚程度表现

<table>
<tr><th colspan="2">行业与集聚</th><th>营业收入区位商</th><th>从业人员区位商</th></tr>
<tr><td colspan="2">强产业集聚：在社区/村层级，企业集中＞20，营业收入或从业人员集中＞50</td><td></td><td></td></tr>
<tr><td>地质勘查业</td><td>育仁里小区（新村街道）</td><td>3.1/0.6</td><td>3.6/0.0</td></tr>
<tr><td>黑色金属冶炼及压延加工业</td><td>育仁里小区（新村街道）</td><td>2.2/0.2</td><td>2.0/0.1</td></tr>
</table>

续表

行业与集聚		营业收入区位商	从业人员区位商
强产业集聚：在社区/村层级，企业集中 >20，营业收入或从业人员集中 >50			
石油加工、炼焦及核燃料加工业	育仁里小区（新村街道）	3. 1/0. 0	6. 1/0. 0
铁路运输业	育仁里小区（新村街道）	2. 9/2. 5	8. 6/4. 0
通信设备、计算机及其他电子设备制造业	育仁里小区（新村街道）	2. 6/0. 4	6. 5/0. 5
橡胶制品业	韩庄子第一小区（新村街道）	36. 4/0. 1	261. 6/0. 1
烟草制品业	永善小区（丰台街道）	204. 2/0. 0	250. 5/0. 0
医药制造业	育仁里小区（新村街道）	3. 1/0. 5	7. 2/0. 4
仪器仪表及文化、办公用机械制造业	育仁里小区（新村街道）	2. 2/0. 2	4. 8/0. 2
银行业	育仁里小区（新村街道）	3. 5/0. 0	9. 9/0. 0
有色金属冶炼及压延加工业	育仁里小区（新村街道）	2. 2/0. 4	1. 2/0. 0
中产业集聚：企业数量、营业收入、从业人员空间集聚产业			
软件业	育仁里小区（新村街道）	1. 7/0. 2	4. 6/0. 5
弱产业集聚：企业数量、营业收入、从业人员空间集聚产业			
研究与试验发展	卢沟桥街道	9. 1/6. 7	7. 1/0. 3
仪器仪表及文化、办公用机械制造业	新村街道	2. 3/0. 3	5. 2/0. 2
研究与试验发展	新村街道	3. 0/6. 7	1. 1/0. 3

注：数字表示区位商/各个产业营业收入及从业人员占全区比重。

表 4－19　丰台科技园、各个产业、生产集聚的集聚程度表现

行业与集聚		营业收入区位商	从业人员区位商
强生产集聚：营业收入、从业人员空间集聚产业			
电信和其他信息传输服务业	育仁里小区（新村街道）	2. 2/0. 4	3. 9/0. 2
工艺品及其他制造业	育仁里小区（新村街道）	3. 4/1. 0	5. 5/0. 1
广播、电视、电影和音像业	韩庄子第一小区（新村街道）	24. 0/ 0. 0	104. 9/0. 0
计算机服务业	育仁里小区（新村街道）	2. 3/1. 1	4. 0/0. 4
水利管理业	育仁里小区（新村街道）	3. 2/0. 0	1. 9/0. 0
饮料制造业	科学城第一小区（新村街道）	165. 4/0. 3	28. 4/0. 0

续表

行业与集聚		营业收入区位商	从业人员区位商
强生产集聚：营业收入、从业人员空间集聚产业			
专业技术服务业	育仁里小区（新村街道）	2.3/1.8	1.4/0.3
有色金属冶炼及压延加工业	永善社区（丰台街道）	53.5/0.2	145.4/0.1
	育仁里社区（新村街道）	2.2/0.4	1.2/0.0
中生产集聚：营业收入、从业人员空间集聚产业			
非金属矿物制品业	育仁里小区（新村街道）	1.6/0.4	2.6/0.3
化学原料及化学制品制造业	育仁里小区（新村街道）	1.7/0.2	1.6/0.1
建筑安装业	育仁里小区（新村街道）	1.3/0.9	2.1/0.4
科技交流和推广服务业	韩庄子第一小区（新村街道）	12.8/2.3	1.0/0.0
	育仁里小区（新村街道）	1.3/2.6	2.0/0.7
通用设备制造业	城南小区（宛平城地区）	94.9/0.4	63.7/0.1
专用设备制造业	育仁里小区（新村街道）	1.3/0.5	1.6/0.2
弱生产集聚：在街道/乡层级，企业集中>25，营业收入或从业人员集中>50			
水利管理业	新村街道	2.8/0.0	1.7/0.0
广播、电视、电影和音像业	新村街道	1.9/0.0	2.6/0.0
微生产集聚：在街道/乡层级，营业收入或从业人员集中>25，<50			
非金属矿物制品业	新村街道	1.4/0.4	2.3/0.3

表 4-20　丰台科技园、各个产业、微集聚的集聚程度表现

行业与集聚		营业收入区位商	从业人员区位商
微集聚：区位商<1			
水的生产和供应业	新村街道	0.2/0.0	0.5/0.0
房屋和土木工程建筑业	育仁里小区（新村街道）	1.1/4.9	0.5/0.4
其他服务业	育仁里小区（新村街道）	1.3/0.2	0.6/0.1
塑料制品业	育仁里小区（新村街道）	0.9/0.1	1.5/0.1

注：数字表示区位商/各个产业营业收入及从业人员占全区比重。

上述四级不同集聚程度的产业，除了城市公共交通业（3.3%）、道路运输业（4.5%）、铁路运输业（4.6%）以及科技交流和推广服务业（3.7%）之外，营业收入均未在丰台地区占有重要比重。丰台区的各个产业营业收入占全区营业收入比重大于1%的产业，尚有商务服务业（8.5%）、房屋和土木工程建筑业（8.2%）、零售业（7.3%）、批发业（6.6%）、房地产业（5.0%）、教育（4.2%）、餐饮业（2.8%），上述产业还未在三四环都市型产业发展带形成空间集聚，在空间上呈现分散发展，这说明三四环都市型产业发展带特殊的产业特征，丰台区营业收入较大的产业未在三四环都市型产业发展带形成集聚发展，在三四环都市型产业发展带集聚发展的产业营业收入相对较小，如表4－21所示。

表4－21 丰台区营业收入较大产业的空间分布现状

各个产业营业收入占全区营业收入比重		散布的街道/乡（该行业营业收入比重%）
餐饮业	2.8%	卢沟桥乡（21.28），方庄地区（15.43），卢沟桥街道（13.63），花乡（10.7），太平桥街道（7.51），东铁匠营街道（4.63），大红门街道（3.98），丰台街道（3.83），右安门街道（3.62），新村街道（3.06），西罗园街道（3.05），南苑乡（2.5），马家堡街道（1.85），王佐镇（1.27），和义街道（1.12）
城市公共交通业	3.3%	新村街道（52.69），太平桥街道（23.5），卢沟桥乡（17.37），南苑乡（3.79）
科技交流和推广服务业	3.7%	丰台科技园：新村街道（24.73），卢沟桥乡（21.82），花乡（8.26），丰台街道（3.91），卢沟桥街道（2.54），东高地街道（1.74），太平桥街道（1.31）
交通运输设备制造业	3.8%	长辛店街道（42.89），东高地街道（18.27），卢沟桥街道（7.14），新村街道（6.5），花乡（4.32），卢沟桥乡（2.92），南苑乡（2.77），大红门街道（1.26），丰台街道（1.06）；丰台科技园：长辛店街道（3.3），新村街道（2.2），丰台街道（1.37）
教育	4.2%	卢沟桥乡（23.9），花乡（15.22），丰台街道（10.19），方庄地区（9.1），卢沟桥街道（7.49），东铁匠营街道（5.97），大红门街道（5.72），马家堡街道（5.11），西罗园街道（4.3），王佐镇（2.83），宛平城地区（1.91），长辛店街道（1.0）
道路运输业	4.5%	方庄地区（69.03），花乡（4.22），卢沟桥街道（3.72），南苑乡（3.54），东铁匠营街道（3.52），卢沟桥乡（2.65），丰台街道（2.56），马家堡街道（1.83），长辛店镇（1.27），太平桥街道（1.2），长辛店街道（1.04）
铁路运输业	4.6%	卢沟桥街道（16.92），丰台科技园：新村街道（86.89）

续表

各个产业营业收入占全区营业收入比重		散布的街道/乡（该行业营业收入比重%）
房地产业	5.0%	东铁匠营街道（20.79），卢沟桥乡（20.01），花乡（14.08），太平桥街道（8.59），大红门街道（6.19），马家堡街道（4.53），新村街道（4.45），卢沟桥街道（3.91），长辛店镇（3.17），右安门街道（2.66），宛平城地区（2.00），南苑乡（1.73），方庄地区（1.34），王佐镇（1.07）
批发业	6.6%	卢沟桥街道（13.09），卢沟桥乡（12.18），新村街道（11.27），花乡（8.27），太平桥街道（8.00），大红门街道（5.63），方庄地区（5.48），南苑乡（5.24），西罗园街道（5.16），东铁匠营街道（5.12），丰台街道（3.02），马家堡街道（2.20），右安门街道（1.84）；丰台科技园：新村街道（2.66）
零售业	7.3%	卢沟桥乡（21.12），方庄地区（17.98），花乡（14.46），南苑乡（10.09），新村街道（7.72），大红门街道（6.05），马家堡街道（5.01），卢沟桥街道（4.28），丰台街道（2.88），东铁匠营街道（2.53），东高地街道（2.10），太平桥街道（1.26）；丰台科技园：新村街道（1.07）
房屋和土木工程建筑业	8.2%	卢沟桥街道（26.75），太平桥街道（7.33），大红门街道（5.76），卢沟桥乡（4.97），新村街道（4.36），西罗园街道（3.73），东铁匠营街道（3.52），马家堡街道（3.31），丰台街道（2.66）；丰台科技园：卢沟桥街道（6.00），新村街道（5.05）
商务服务业	8.5%	南苑乡（16.63），花乡（11.32），卢沟桥乡（10.50），方庄地区（9.01），新村街道（7.94），太平桥街道（7.31），卢沟桥街道（5.68），大红门街道（5.09），东铁匠营街道（5.01），长辛店镇（5.01），丰台街道（2.44），右安门街道（1.95），东高地街道（1.54），马家堡街道（1.32），西罗园街道（1.12）；丰台科技园：新村街道（1.63）

综上所述，三四环都市型产业发展带区域的产业已形成了空间集聚发展，然而在三四环都市型产业发展带集聚发展的产业，其营业收入也相对较小，究其可能的原因，缺乏主导产业以及未形成高生产关联的产业集群，或是主导产业及产业集群还未得到较大的发展支持，可能是影响空间集聚产业在营业收入较小的原因，这也说明，分析产业的空间集聚现象还不足以说明三四环都市型产业发展带产业再发展过程中的主导与重点产业，界定主导与重点产业将是产业定位的下一个重要步骤。

（二）从集聚到集群——三四环产业带产业再发展的基石

1. 三四环产业带的产业集群聚类

与南中轴地区分析主导产业的方法相同，本书结合北京市第二次全国经济普查数据以及主导产业的内涵，特征指标选取产业活动单位从业人员平均数（以下简称平均从业人员）、从业人员人均营业收入（即生产力，以下简称人均营业收入）、产业部门向前关联（以下简称向前关联）、产业部门向后关联（以下简称向后关联）。分析时排除非营利产业，针对74个营利产业划分聚类，分析结果显示，[1] 74个营利产业被划分为4群近似与远离主导与重点产业内涵的聚类，如表4－22所示。

表4－22　丰台区产业与主导、重点产业内涵近似程度的聚类分析

	集群平均平方和	F检定	显著性
平均从业人员	20.307	117.682	0.000
人均营业收入	8.752	13.107	0.000
向前关联	19.750	100.552	0.000
向后关联	10.010	16.307	0.000
聚类1	农、林、牧、渔服务业；非金属矿采选业；农副食品加工业；食品制造业；饮料制造业；烟草制品业；纺织业；纺织服装、鞋、帽制造业；皮革、毛皮、羽毛（绒）及其制品业；木材加工及木、竹、藤、棕、草制品业；家具制造业；造纸及纸制品业；印刷业和记录媒介的复制；文教体育用品制造业；石油加工、炼焦及核燃料加工业；非金属矿物制品业；金属制品业；通用设备制造业；专用设备制造业；交通运输设备制造业；电气机械及器材制造业；仪器仪表及文化、办公用机械制造业；工艺品及其他制造业；废弃资源和废旧材料回收加工业；水的生产和供应业；房屋和土木工程建筑业；建筑安装业；建筑装饰业；其他建筑业；邮政业；电信和其他信息传输服务业；计算机服务业；软件业；住宿业；餐饮业；租赁业；商务服务业；研究与试验发展；专业技术服务业；科技交流和推广服务业；水利管理业；环境管理业；公共设施管理业；居民服务业；其他服务业；教育；卫生；新闻出版业；广播、电视、电影和音像业；文化艺术业；体育；娱乐业		
聚类2	批发业；银行业；证券业；保险业；其他金融活动；房地产业；地质勘查业		

[1] 本书采用非层次聚类法中的K平均值法（K－Means），结合ANOVA分析，计算在不同聚类的条件下，分类变量对聚类结果影响的显著性，其次，结合AIC信息准则（Akaike Information Criterion，AIC），确认各聚类中的产业。统计显著性选取99%显著性水平，分类变量全数能显著的解释聚类结果。

续表

聚类 3	化学原料及化学制品制造业；医药制造业；橡胶制品业；塑料制品业；黑色金属冶炼及压延加工业；有色金属冶炼及压延加工业；通信设备、计算机及其他电子设备制造业；电力、热力的生产和供应业；道路运输业；航空运输业；装卸搬运和其他运输服务业；仓储业；零售业
聚类 4	铁路运输业；城市公共交通业

根据各聚类组成产业的特征指标特性，聚类 1 属于下游产业，向后关联较大，能够带动中、上游其他产业的发展，其平均从业人员为 39 人，人均营业收入 430 百元，向前关联 0.47、向后关联 0.69；聚类 2 人均营业收入最高，属于高生产力服务业，其平均从业人员为 28 人、人均营业收入 2048 百元、向前关联 0.63、向后关联 0.38；聚类 3 属于高生产力制造业，能提供主要的中间使用投入，也需要较多的中间使用投入，是主要的上游产业，也是重要的下游产业，带动产业发展的力度较大，其平均从业人员为 58 百元、人均营业收入 901 百元、向前关联 1.94、向后关联 0.67；聚类 4 属于交通运输产业，平均从业人员最多，以大量的劳动力投入，提供大量的中间使用投入，同时也需要较多的中间使用投入，是主要的上游产业，也是重要的下游产业，其平均从业人员为 556 人、人均营业收入 204 百元、向前关联 1.87、向后关联 0.61。

丰台区产业聚类的划分理由是基于丰台区的产业具有以下三大特点：一为高从业人员向前关联产业；二为高从业人员产业；三为生产力差异较大的高产业关联产业，如表 4－23 所示。[1]

表 4－23　丰台区产业聚类的三大特点（分类函数）

函数	函数特征	相关系数	方差累积解释率	函数命名
1	平均从业人员 向前关联	0.612 0.597	63.7%	高从业人员向前关联产业
2	平均从业人员	0.705*	89.4%	高从业人员产业
3	人均营业收入 向前关联 向后关联	－0.376* 0.689* 0.585*	100%	生产力差异较大的高产业关联产业

[1] 这一部分的多元统计方法采用判别分析。

根据这三大特点与4群聚类的相关程度，分别界定4群聚类的内涵。分析结果显示，聚类1在劳动力需求、产品与服务提供以及生产力的表现不突出，但在向后关联有一定的表现，因此界定为具向后关联特征产业；聚类2与聚类3是生产力差异较大但同样具备产品服务提供与需求的产业，在人均营业收入、向前关联以及向后关联上与其他聚类间具有显著差异，再考虑其平均从业人员、人均营业收入、向前关联、向后关联的表现，将聚类2界定为高生产力特征服务业，聚类3界定为高生产力高关联特征产业；聚类4在平均从业人员与向前关联的表现较好，在对大量劳动力的需求以及在产品服务提供的功能方面与其他聚类有明显差异，因此将其界定为高从业人员特征服务业，如表4－24所示。[1]

表4－24 聚类的产业特征界定

聚类	聚类定位	产业带动与支撑优势		规模趋势
		函数1	函数3	函数2
		大量劳动力需求的产品服务提供产业	生产力多元的产品服务提供需求产业	大量劳动力需求产业
1	具向后关联特征产业	－1.453***	0.109	0.708***
2	高生产力特征服务业	0.699	－3.066***	－2.898***
3	高生产力高关联特征产业	3.461***	1.473***	－2.296***
4	高从业人员特征服务业	12.850***	－1.674***	6.653***
平均数		3.6E－16	－2.701E－07	1.351E－07

*** 表示在99%置信度下，该聚类的平均数与总体有显著差异。

每一个聚类分别在产业关联、生产力以及从业人员有不同的表现，对整个经济发展起到不同程度的带动与支撑作用。从近似与远离主导与重点产业内涵的角度，聚类的优劣程度，以高生产力高关联特征产业最为近似，再来是具向后关联特征产业，能够较大的带动其他关联产业发展，第三是高生产力特征服务业，关联程度较低，但仍具备生产力优势，第四是高从业人员特征服务业，关联程度较低。

2. 三四环产业带主导与重点产业定位

关联程度是主导与重点产业的基本门槛，但高关联程度未必生产力或从业

[1] 这一部分的多元统计方法采用平均数检定与方差分析，以分析分类函数与聚类的相关程度。

人员规模就一定较大，因此结合了四个聚类的分析结果，再加上近似与远离主导与重点产业内涵的角度，可以划分出相同关联程度内接近主导与重点产业内涵的程度差异，进一步细化并定位真正的主导产业与重点产业。

主导产业。高产业关联是其必要条件，交叉分析后发现，这些产业涉及“高生产力高关联特征产业”以及“具向后关联特征产业”两个聚类，“高生产力高关联特征产业”聚类的产业，具备高生产力优势，属于一级主导产业，“具向后关联特征产业”聚类的产业，相对而言只具备高向后关联优势，因此属于二级主导产业。

一级重点产业。有较高的向后关联是其必要条件，交叉分析后发现，这些产业涉及“具向后关联特征产业”以及“高生产力特征服务业”两个聚类，因此除了较高的向后关联，部分产业还具备较高的生产力，对地方经济发展贡献较大。

二级重点产业。有较高的向前关联是其必要条件，交叉分析后发现，这些产业涉及“高生产力高关联特征产业”“高生产力高关联特征产业”以及“高从业人员特征服务业”三个聚类，因此除了较高的向前关联，部分产业具备较高的生产力、较高的关联以及较多的从业人员。

三级重点产业。低产业关联是其必要条件，交叉分析后发现，这些产业涉及“高生产力特征服务业”聚类，因此除了低产业关联，这些产业是具备较高生产力的服务业。

地方特色产业。是未被纳入主导与重点产业，而企业数、营业收入或从业人员规模较大的产业。

过去数十年的产业发展过程中，丰台区基于其生产环境的特征、优势与全市发展定位，已发展出 15 个主导产业，与所有产业的关联程度最高，其中生产力较高的高关联程度主导产业，一方面带动其他产业发展；另一方面也支撑其他产业的发展，是最重要的第一级主导产业；而生产力较低的高关联程度主导产业，其向后关联较高，通过对其他产业中间投入的需要，带动其他产业发展，是次重要的二级主导产业。一级与二级主导产业的生产优势有明显差距，一级主导产业的企业规模较大，平均从业人员是二级主导产业的 2. 3 倍，人均的营业收入达到 4. 2 倍，产业关联系数也明显较高，这也说明一级主导产业带动与支撑产业发展的力度更强，如表 4 – 25 所示。

表4－25 丰台区主导产业与生产优势指标平均数差异

<table>
<tr><th colspan="2">涉及聚类</th><th>分级</th><th colspan="4">高关联产业</th></tr>
<tr><td rowspan="3">3</td><td rowspan="3">高生产力高关联特征产业</td><td rowspan="3">一级主导</td><td colspan="4">黑色金属冶炼及压延加工业；有色金属冶炼及压延加工业；通信设备、计算机及其他电子设备制造业；电力、热力的生产和供应业</td></tr>
<tr><td>企业平均从业人员</td><td>企业人均营业收入</td><td>向前关联</td><td>向后关联</td></tr>
<tr><td>87.18</td><td>2341.60</td><td>1.82</td><td>0.80</td></tr>
<tr><td rowspan="3">1</td><td rowspan="3">具向后关联特征产业</td><td rowspan="3">二级主导</td><td colspan="4">纺织业；造纸及纸制品业；印刷业和记录媒介的复制；文教体育用品制造业；石油加工、炼焦及核燃料加工业；金属制品业；通用设备制造业；专用设备制造业；交通运输设备制造业；租赁业；商务服务业</td></tr>
<tr><td>企业平均从业人员</td><td>企业人均营业收入</td><td>向前关联</td><td>向后关联</td></tr>
<tr><td>37.64</td><td>551.77</td><td>0.88</td><td>0.75</td></tr>
</table>

一级以及二级主导产业带动与支撑着一批主要中间投入需求产业，共同带动丰台区的产业发展，同时支撑着一批具备个别产业特征，是地方产业链中不可或缺的产业，具体包括有，第一，大量中间投入的产业，是重要的第一级重点产业，这类产业需要大量中间投入，且从业人员的规模、人均营业收入高于全区平均，具备较高的表现，一方面带动产业发展；另一方面企业规模以及生产力较大，具发展前景；第二，供应大量中间投入的产业，是次重要的第二级重点产业，这类产业具有较高的向前关联，且从业人员的规模、人均营业收入高于全区平均，具备较高的表现，能够支撑产业发展；第三，高生产力产业，是第三级重点产业，这类产业主要提供无形的服务，因此产业关联较低，属于生产力较高的现代服务业，为产业链中不可或缺的产业；第四，地方特色产业，这类产业的企业数量、营业收入或从业人员比重较大，是丰台区的特色产业，必须通过产业升级转型的地方产业，如表4－26所示。

表 4-26 丰台区重点产业

<table>
<tr><td colspan="2">涉及聚类</td><td>分级</td><td colspan="4">主要中间投入需求产业</td></tr>
<tr><td rowspan="3">1，2</td><td rowspan="3">具向后关联特征产业
高生产力特征服务业</td><td rowspan="3">一级
重点</td><td colspan="4">平均从业人员规模高于全区平均水平。房屋和土木工程建筑业；研究与试验发展；公共设施管理业；教育；卫生。其中卫生属于公共服务业，因此自重点产业删除。
人均营业收入高于全区平均水平。农副食品加工业；饮料制造业；烟草制品业；电气机械及器材制造业；工艺品及其他制造业；房屋和土木工程建筑业；电信和其他信息传输服务业；计算机服务业；新闻出版业；专业技术服务业；科技交流和推广服务业；地质勘查业</td></tr>
<tr><td>企业平均
从业人员</td><td>企业人均
营业收入</td><td>向前关联</td><td>向后关联</td></tr>
<tr><td>55.57869</td><td>1783.728</td><td>0.349132</td><td>0.688276</td></tr>
<tr><td></td><td>聚类定位</td><td>分级</td><td colspan="4">主要中间投入供应产业</td></tr>
<tr><td rowspan="3">2-4</td><td rowspan="3">高生产力高关联特征产业
高生产力特征服务业
高从业人员特征服务业</td><td rowspan="3">二级
重点</td><td colspan="4">平均从业人员规模高于全区平均水平。化学原料及化学制品制造业；医药制造业；橡胶制品业；塑料制品业；道路运输业；航空运输业；铁路运输业。
人均营业收入高于全区平均水平。批发业；零售业；化学原料及化学制品制造业；装卸搬运和其他运输服务业；仓储业</td></tr>
<tr><td>企业平均
从业人员</td><td>企业人均
营业收入</td><td>向前关联</td><td>向后关联</td></tr>
<tr><td>135.9581</td><td>1562.228</td><td>1.923474</td><td>0.5882</td></tr>
<tr><td></td><td>聚类定位</td><td>分级</td><td colspan="4">低关联产业</td></tr>
<tr><td rowspan="3">2</td><td rowspan="3">高生产力特征服务业</td><td rowspan="3">三级
重点</td><td colspan="4">银行业；证券业；保险业；其他金融活动；房地产业。</td></tr>
<tr><td>企业平均
从业人员</td><td>企业人均
营业收入</td><td>向前关联</td><td>向后关联</td></tr>
<tr><td>31.78993</td><td>4246.484</td><td>0.464</td><td>0.376</td></tr>
<tr><td></td><td></td><td></td><td colspan="4">企业数、营业收入或从业人员规模较大的产业</td></tr>
<tr><td rowspan="3">1</td><td rowspan="3">其他还未纳入的产业</td><td rowspan="3">地方
特色
产业</td><td colspan="4">产业经营企业数高于全区平均水平。软件业；住宿业；建筑装饰业；餐饮业；居民服务业；其他服务业。
产业营业收入高于全区1%。餐饮业。
产业从业人员规模高于全区平均水平。建筑安装业；环境管理业</td></tr>
<tr><td>产业平均
企业数</td><td>产业平均
从业人员</td><td>向前关联</td><td>向后关联</td></tr>
<tr><td>409.4286</td><td>8944.286</td><td>0.331592</td><td>0.651043</td></tr>
</table>

（三）三四环产业带主导与重点产业提炼与分析

根据各产业在企业数量、营业收入、从业人员以及区位商的现状，三四环都市型产业发展带已发展出一批不同程度空间集聚的产业，其中部分集聚是由主导与重点产业所汇聚而成，当它们相互邻接或靠近，彼此在生产上相互关联共生，将形成产业集群。

1. 主导与重点产业的集聚是集群发展的前提

在主导产业集聚方面。根据主导与重点产业的定位与产业集聚程度的分析结果，三四环都市型产业发展带的主导产业集聚在一个或多个街道/乡或小区/村，形成不同类型的产业集聚。已形成的主导产业集聚（产业集聚产业）有：（1）黑色金属冶炼及压延加工业、有色金属冶炼及压延加工业、纺织业、文教体育用品制造业、造纸及纸制品业、石油加工炼焦及核燃料加工业以及租赁业；（2）企业家数仍处于空间分散阶段的主导产业集聚（生产集聚产业）有文教体育用品制造业、造纸及纸制品业以及租赁业；（3）营业收入与从业人员仍处于空间分散阶段的主导产业集聚（企业集聚产业）有石油加工炼焦及核燃料加工业。

在已形成的主导产业集聚（产业集聚产业）方面。部分产业集聚程度不高，须予以删除，有纺织业（花乡）；造纸及纸制品业；石油加工炼焦及核燃料加工业，而有色金属冶炼及压延加工业虽然是微产业集聚，但相对集中于石榴庄村，因此予以保留。

其余保留的主导产业，在丰台区产业的营业收入还未占有重要地位，带动与支撑产业发展的力度仍不强：（1）黑色金属冶炼及压延加工业、有色金属冶炼及压延加工业具有较高的产业关联，具备带动与支撑产业发展的功能，目前集聚区仅3家企业，单一企业规模较大，人均营业收入也较高，是三四环都市型产业发展带必须全力发展的产业；（2）纺织业、文教体育用品制造业［角门东里西社区（马家堡街道）］具有较高的向后关联，具备带动产业发展的功能，目前集聚区分别仅4家、6家企业，单一企业规模及人均营业收入较小，营业收入表现仍不突出，也必须再培育发展。

企业家数仍处于空间分散阶段的主导产业集聚（生产集聚产业）。各项产业中，造纸及纸制品业以及租赁业集聚程度不高，须予以删除。保留的文教体育用品制造业［玉安园社区（马家堡街道）］在丰台区产业的营业收入还未占有重要地位，带动产业发展的力度仍不强，目前集聚区仅 1 家企业，空间分散，但营业收入以及从业人员在马家堡街道高度集聚，占丰台区近一半的规模，具有较高的向后关联，是必须推动发展的产业。

营业收入与从业人员仍处于空间分散阶段的主导产业集聚（企业集聚产业）。石油加工炼焦及核燃料加工业，目前全区仅 1 家企业，人均营业收入较小，主要集中在花乡的草桥村。

在重点产业集聚方面。三四环都市型产业发展带的重点产业同样集聚在一个或多个街道/乡或小区/村，形成不同类型的产业集聚。已形成的重点产业集聚（产业集聚产业）有：(1) 新闻出版业、航空运输业、橡胶制品业、地质勘查业、证券业、保险业、环境管理业、其他服务业；(2) 企业家数仍处于空间分散阶段的主导产业集聚（生产集聚产业）有电气机械及器材制造业、公共设施管理业、农副食品加工业、研究与试验发展、房屋和土木工程建筑业、仓储业、装卸搬运和其他运输服务业、道路运输业、塑料制品业、其他金融活动、居民服务业以及住宿业；(3) 营业收入与从业人员仍处于空间分散阶段的主导产业集聚（企业集聚产业）有道路运输业［新发地村（花乡）］；装卸搬运和其他运输服务业［新发地村（花乡）］。其中其环境管理业、住宿业属于低度关联产业，环境管理业又与居民服务业属于人均营业收入偏低产业，再加上上述三个产业营业收入占丰台全区比重也不高，因此予以删除。

已形成的重点产业集聚（产业集聚产业）。部分产业集聚程度不高，须予以删除，有新闻出版业（太平桥街道）、橡胶制品业（南苑乡）、保险业、其他服务业，而环境管理业属于低度关联产业以及人均营业收入偏低产业，营业收入占丰台全区比重也不高，因此予以删除。(1) 航空运输业全数集中在南苑街道的机场社区，企业家数 5 家，产业政策应配合南苑机场建设；(2) 地质勘查业有较高的向后产业关联，具备带动产业发展的功能，也具有高生产力特征，目前集聚区仅 7 家企业，单一企业规模中等，但人均营业收入高，是三四环都市型产业发展带必须全力发展的产业；(3) 证券业是具备较高的生产力的现代服务业，属于低关联产业，主要提供无形的服务，为产业链中不可或缺的产业，目前集聚区仅 5 家企业，营业收入表现不突出，必须再培育发展。

企业家数仍处于空间分散阶段的各个重点产业集聚（生产集聚产业）。部分产业集聚程度不高，须予以删除，有新闻出版业（方庄地区）、房屋和土木工程建筑业、居民服务业、住宿业，其中位于方庄地区的新闻出版业虽然在小区的层次集聚程度不高，但是在其中的三个小区均有集聚且相邻，因此予以保留，而公共设施管理业属于公共性质服务，芳星园二区社区（方庄地区）的道路运输业以高速公路管理与养护等公共性质服务为主，因此予以删除；（1）新闻出版业有较高的向后产业关联，具备带动产业发展的功能，也具有高生产力特征，目前集聚区仅7家企业，人均营业收入较高，总营业收入占全丰台的70%，是三四环都市型产业发展带必须全力发展的产业；（2）电气机械及器材制造业、农副食品加工业以及研究与试验发展业有较高的向后产业关联，具备带动产业发展的功能，也具有高生产力特征，目前集聚区分别达3家、8家以及13家企业，单一企业规模中等，人均营业收入较高，是三四环都市型产业发展带必须全力发展的产业；（3）仓储业属于高向前关联高生产力产业，具备支撑产业发展的功能，也具有高生产力特征，目前集聚区仅1家，但单一企业规模较大，人均营业收入高，是三四环都市型产业发展带必须全力发展的产业；（4）装卸搬运和其他运输服务业在六里桥社区（卢沟桥街道）集聚发展，目前集聚区17家，单一企业规模中等，人均营业收入，为物流运输不可缺少的产业，必须随着产业发展而转型升级，提高该产业的企业集聚；（5）塑料制品业属于高向前关联高生产力产业，具备支撑产业发展的功能，也具有高生产力特征，目前集聚区仅2家，但企业规模较大，是可以发展的产业；（6）其他金融活动业包括了金融信托与管理、金融租赁、财务公司、邮政储蓄、典当等各类金融活动，营业收入以及从业人员的集聚强，主要集中在右安门街道的东滨河路社区，营业收入占全区的99.5%，从业人员占全区的88.9%，说明该集聚向前关联的能力强，集聚区企业家数6家，应加速培育发展。

丰台科技园作为丰台区产业发展的重心，在产业集聚方面的表现更为突出，具体的分析如表4－27、表4－28所示。

表 4－27 三四环都市型产业发展带主导产业集聚现状

产业等级	集聚等级	产业
一级主导	强产业集聚	黑色金属冶炼及压延加工业
	微产业集聚	有色金属冶炼及压延加工业
	无集聚的重要产业	通信设备、计算机及其他电子设备制造业；电力、热力的生产和供应业
二级主导	强产业集聚	纺织业
	中产业集聚	文教体育用品制造业
	微产业集聚	纺织业；造纸及纸制品业；石油加工、炼焦及核燃料加工业
	中生产集聚	文教体育用品制造业
	微生产集聚	造纸及纸制品业；租赁业
	强企业集聚	石油加工、炼焦及核燃料加工业
	微集聚	
	无集聚的高营业收入产业	交通运输设备制造业；商务服务业
	无集聚的重要产业	印刷业和记录媒介的复制；金属制品业；通用设备制造业；专用设备制造业
一级重点	微产业集聚	新闻出版业
	强生产集聚	电气机械及器材制造业
	中生产集聚	公共设施管理业；农副食品加工业；研究与试验发展
	弱生产集聚	新闻出版业
	微生产集聚	房屋和土木工程建筑业
	微集聚	饮料制造业
	无集聚的高营业收入产业	教育；科技交流和推广服务业
	无集聚的重要产业	烟草制品业；工艺品及其他制造业；电信和其他信息传输服务业；计算机服务业；专业技术服务业
二级重点	强产业集聚	航空运输业
	微产业集聚	橡胶制品业
	强生产集聚	仓储业；装卸搬运和其他运输服务业
	中生产集聚	塑料制品业；道路运输业
	强企业集聚	道路运输业；装卸搬运和其他运输服务业
	无集聚的高营业收入产业	铁路运输业；批发业；零售业
	无集聚的重要产业	化学原料及化学制品制造业；医药制造业

续表

产业等级	集聚等级	产　业
三级重点	强产业集聚	地质勘查业；证券业
	强生产集聚	其他金融活动
	弱产业集聚	保险业
	无集聚的高营业收入产业	房地产业
	无集聚的重要产业	银行业
四级重点	强产业集聚	环境管理业
	微产业集聚	其他服务业
	微生产集聚	居民服务业；住宿业
	无集聚的高营业收入产业	餐饮业
	无集聚的重要产业	软件业；建筑装饰业；建筑安装业
地方特色	无集聚但高营业收入	餐饮业、城市公共交通用、科技交流和推广服务业、交通运输设备制造业、教育、道路运输业、房地产业、批发业、零售业、房屋和土木工程建筑业、商务服务

表 4－28　丰台科技园主导产业集聚现状

产业等级	集聚等级	产　业
一级主导	强产业集聚	黑色金属冶炼及压延加工业；有色金属冶炼及压延工业
	强生产集聚	有色金属冶炼及压延工业
	强产业集聚	通信设备、计算机及其他电子设备制造业
	无集聚的重要产业	电力、热力的生产和供应业
二级主导	强产业集聚	石油加工、炼焦及核燃料加工业
	中生产集聚	通用设备制造业；专用设备制造业
	无集聚的高营业收入产业	交通运输设备制造业；商务服务业
	无集聚的重要产业	纺织业；造纸及纸制品业；印刷业和记录媒介的复制；文教体育用品制造业；金属制品业；租赁业
一级重点	强产业集聚	烟草制品业
	弱产业集聚	研究与试验发展
	琼森产集聚	饮料制造业；工艺品及其他制造业；电信和其他信息传输服务业；计算机服务业；专业技术服务业
	中生产集聚	科技交流和推广服务业

续表

产业等级	集聚等级	产　　业
一级重点	微集聚	房屋和土木工程建筑业
	无集聚的高营业收入产业	教育
	无集聚的重要产业	公共设施管理业；农副食品加工业；电气机械及器材制造业；新闻出版业
二级重点	强产业集聚	医药制品业；橡胶制品业；铁路运输业
	中生产集聚	化学原料及化学制品制造业
	微集聚	塑料制品业
	无集聚的高营业收入产业	批发业；零售业；道路运输业
	无集聚的重要产业	航空运输业；装卸搬运和其他运输服务业；仓储业
三级重点	强产业集聚	银行业；地质勘查业
	无集聚的高营业收入产业	房地产业
	无集聚的重要产业	证券业；保险业；其他金融活动
四级重点	中产业集聚	软件业
	中生产集聚	建筑安装业
	微集聚	其他服务业
	无集聚的高营业收入产业	餐饮业
	无集聚的重要产业	住宿业；建筑装饰业；居民服务业；环境管理业
地方特色	无集聚但高营业收入	科技交流和推广服务业

2. 主导与重点产业集聚的发展思考

已形成的主导产业集聚以及未来可能形成的主导产业集聚，基于不同的集聚现况、关联程度、现况企业家数以及营业收入占全区比重，应采取不同的发展导向。已形成集聚的主导产业，当规模大、收入高、从业人员多，表示该产业只要企业持续集聚，可再带来新一波发展，须推动现有集聚再发展，成为上、下游关联节点；而当收入低，显示企业集聚仍无法提升生产力，这说明目前产能不足，应推动转型。

未来可能形成集聚的主导产业，企业数量较多但发展分散，说明在分散发展的条件下，该产业在发展新企业的动能充足，通过集聚可望再带来新一波发展，因此政策上须引导产业集聚发展；企业数量少但发展分散，说明在分散发展的条件下，该产业在发展新企业的动能不足，因此政策上除引导集聚，还必须鼓励发展；营业收入及从业人员发展分散，当企业集聚发展且数量较多，表示集聚无法提升生产力，说明产能不足，应推动转型，当企业集聚发展且数量较少，表示集聚无法提升生产力与发展新企业，这说明产能不足，应推动转型或停止发展。综上所述，三四环都市型产业发展主导产业集聚，营业收入比重较小，应采取不同的发展导向，如表 4－29 所示。基于不同的集聚现况、关联程度、现况企业家数以及营业收入占全区比重，已形成的重点产业集聚以及未来可能形成的重点产业集聚，也应采取不同的发展导向，如表 4－30 所示。

表 4－29　三四环都市型产业发展带主导产业集聚发展思考

<table>
<tr><th>集聚等级</th><th>产业等级</th><th>产业</th><th>特征</th><th>发展思考</th></tr>
<tr><td rowspan="4">已经形成的主导产业集聚（企业、营业收入、从业人员集聚）</td><td rowspan="2">一级主导（高生产力、高关联）</td><td>黑色金属冶炼及压延加工业</td><td>规模大</td><td rowspan="2">企业集聚可再带来新一波发展，须推动现有集聚再发展，成为上、下游关联节点</td></tr>
<tr><td>有色金属冶炼及压延加工业</td><td>收入高</td></tr>
<tr><td rowspan="2">二级主导（高关联）</td><td>纺织业</td><td>人员多</td><td rowspan="2">企业集聚无法提升生产力，说明产能不足，应推动转型</td></tr>
<tr><td>文教体育用品制造业</td><td>收入低</td></tr>
<tr><td>可能形成的主导产业集聚（营业收入、从业人员集聚）</td><td>二级主导（高关联）</td><td>文教体育用品制造业</td><td>规模大</td><td>只有 1 家，若企业集聚可再带来新一波发展，鼓励集聚</td></tr>
<tr><td>可能形成的主导产业集聚（企业集聚）</td><td>二级主导（高关联）</td><td>石油加工、炼焦及核燃料加工业</td><td>规模小</td><td>只有 1 家，高污染且规模小，建议停止发展</td></tr>
</table>

表 4－30　三四环都市型产业发展带重点产业集聚发展思考

<table>
<tr><th>集聚等级</th><th>产业等级</th><th>产业</th><th>特征</th><th>发展思考</th></tr>
<tr><td rowspan="5">已经形成的重点产业集聚（企业数量、营业收入、从业人员集聚）</td><td rowspan="2">二级重点</td><td>橡胶制品业</td><td>规模大</td><td>企业集聚可再带来新一波发展，须推动现有集聚再发展，成为支撑发展节点</td></tr>
<tr><td>航空运输业</td><td>规模大</td><td>发展新企业动能不足，应视机场建设与时俱进，推动发展</td></tr>
<tr><td rowspan="2">三级重点</td><td>证券业</td><td>规模小</td><td>企业集聚无法提升生产力，说明产能不足，应推动转型</td></tr>
<tr><td>地质勘查业</td><td>规模大</td><td>维持发展</td></tr>
<tr><td>四级重点</td><td>环境管理业</td><td>人员多</td><td>企业集聚无法提升生产力，说明产能不足，应推动转型</td></tr>
</table>

续表

集聚等级	产业等级	产业	特征	发展思考
可能形成的重点产业集聚（营业收入、从业人员集聚）	一级重点（高向后关联）	研究与试验发展	军工	推动军方转移技术以供民营企业发展
		农副食品加工业（南苑北里第二小区、槐房村）	规模大	若企业集聚可再带来新一波发展，鼓励集聚
		农副食品加工业（西局村）	收入低	企业集聚无法提升生产力，说明产能不足，应推动转型
		电气机械及器材制造业	规模大	若企业集聚可再带来新一波发展，鼓励集聚
	二级重点（高向前关联）	塑料制品业	规模大	
		仓储业	规模大	
		装卸搬运和其他运输服务业	收入高	
	三级重点（现代服务业）	其他金融活动	收入高	
可能形成的重点产业集聚（企业集聚）	四级重点	道路运输业	收入低	企业集聚无法提升生产力，说明产能不足，应推动转型
		装卸搬运和其他运输服务业	规模小	企业集聚无法提升生产力，说明产能不足，应推动转型

3. 主导与重点产业集群的空间整合与定位

主导与重点产业集聚之间，因为生产关联的关系而彼此邻近或相近，将形成更大的产业集群，由多个产业集聚共同带动与支撑新集群的成长，深化地方化经济。空间分析结果显示，三四环都市型产业发展带可以汇聚成为 6 个较大的复合生产集群以及 1 个产业集聚，按照其生产的产品在产业发展上扮演不同的角色。

（1）第一个复合生产集群为文化创意产业集群，辅以房地产业、房屋和土木工程建筑业以及商务服务业。以黑色金属冶炼及压延加工业、有色金属冶炼及压延加工业、文教体育用品制造业、纺织业为主要集聚，并入电气机械及器材制造业、环境管理业，产业关联特征是“一个带动、一个支撑”，黑色金属冶炼及压延加工业、有色金属冶炼及压延加工业带动与支撑电气机械及器材制造业。空间分布由东铁匠营街道的成寿寺社区，向东经南苑乡石榴庄村、大红门街道的石榴庄东街小区、西马场南里社区、马家堡街道的角门东里西社区、玉安园社区，到花乡的草桥村以及新村街道的草桥社区为止，如表4－31所示。

东铁匠营街道、大红门街道、马家堡街道、新村街道、石榴庄村以及草桥村也分布了较大比重的地方特色产业，有房地产业、房屋和土木工程建筑业以及商务服务业，其中房地产业、商务服务业这两个产业属于生产者服务业，具备服务半径较大的特征，服务全丰台区及其周边区域。地方特色产业与生产集群之间的产业关联特征是由生产产品的产业支撑的“二个支撑，二个带动”，由有色金属冶炼及压延加工业、有色金属冶炼及压延加工业支撑与带动房屋和土木工程建筑业，电气机械及器材制造业支撑房屋和土木工程建筑业，商务服务业支撑房地产业。

（2）第二个复合生产集群为丰台科技园集群。以丰台科技园为中心，集聚了各式主导与重点产业，是三四环都市型产业发展带各个集群的核心，为各集群提供完整的产业关联连系。具体产业计有仓储业、地质勘查业、黑色金属冶炼及压延加工业、有色金属冶炼及压延工业、通信设备计算机及其他电子设备制造业、石油加工炼焦及核燃料加工业、通用设备制造业、专用设备制造业、烟草制品业、饮料制造业、工艺品及其他制造业、电信和其他信息传输服务业、计算机服务业、专业技术服务业、科技交流和推广服务业、医药制品业、橡胶制品业、铁路运输业、化学原料及化学制品制造业、银行业、地质勘查业、软件业以及建筑安装业。空间分布以新村街道的育仁里小区、科学城第一小区、韩庄子第一小区为核心，向北延伸至丰台街道的永善小区，向西扩展至宛平城地区的去城南小区。如表4－33、表4－34、表4－35、表4－36、表4－37所示。

（3）第三个复合生产集群为都市型农副食品工业生产集散集群，辅以餐饮业、房地产业、教育、科技交流和推广服务业、零售业、批发业、商务服务业。由农副食品加工业、装卸搬运和其他运输服务业两个重点产业组成，由卢沟桥乡散布的商务服务业作为主导产业共同发展。农副食品加工业、装卸搬运和其他运输服务业的产业关联程度低，然而装卸搬运和其他运输服务业是配送农副食品至各大市场的重要产业，因此，两者的关系是建立在产品通路的营销上。空间分布由卢沟桥乡的西局村向北延伸至卢沟桥街道的六里桥社区。

表4-31　文化创意产业集群生产关联比例

单位：%

		纺织业	造纸印刷及文教体育用品制造业	石油加工、炼焦及核燃料加工业	金属冶炼及压延加工业	电气机械及器材制造业	水利、环境和公共设施管理业	建筑业	房地产业	租赁和商务服务业
纺织业	向前	0	4	0	0	0	0	0	0	0
	向后	0	4	0	0	0	0	0	0	0
造纸印刷及文教体育用品制造业	向前	2	0	0	0	2	1	1	2	4
	向后	3	0	0	0	2	1	0	5	4
石油加工、炼焦及核燃料加工业	向前	0	2	0	7	0	4	2	1	2
	向后	1	4	0	12	0	6	2	3	3
金属冶炼及压延加工业	向前	0	1	0	0	8	0	14	0	0
	向后	0	3	0	0	26	0	34	0	1
电气机械及器材制造业	向前	0	1	0	1	0	3	13	1	9
	向后	0	1	0	1	0	2	7	1	7
水利、环境和公共设施管理业	向前	1	1	0	2	0	0	0	2	5
	向后	0	0	0	1	0	0	0	1	1
建筑业	向前	0	0	0	0	0	46	0	4	1
	向后	0	0	0	0	0	29	0	5	1
房地产业	向前	1	1	0	0	0	2	0	0	2
	向后	1	0	0	0	0	1	0	0	1
租赁和商务服务业	向前	2	1	0	0	2	1	1	5	0
	向后	5	1	0	0	3	2	2	19	0
租赁和商务服务业	向前	2	1	0	2	1	1	5	0	0
	向后	5	1	0	3	2	2	19	0	0

表4-32 电气机械器材与文教体育用品集群生产内容

产业	家数	平均营业收入	平均从业人员	产品	分布	集聚类型
黑色金属冶炼及压延加工业	3	116787	393	钢带、钢压延加工	西马场南里社区（大红门街道）	强产业集聚
有色金属冶炼及压延工业	2	104385	40	高压电器合金产品制造、铜成品材加工、铝成品材加工	石榴庄村（南苑乡）	微产业集聚
电气机械及器材制造业	3	788054	227	高压开关柜避雷器、低压配电开关控制设备、生产销售绝缘制品	石榴庄东街小区（大红门街道）	强生产集聚
文教体育用品制造业（角门东里西社区）	5	7327	157	玩具皮革制品技术开发与咨询服务	角门东里西社区（马家堡街道）	中产业集聚
文教体育用品制造业（玉安园社区）	1	13433	30	制造乐器及零件	玉安园社区（马家堡街道）	中生产集聚
纺织业	4	37458	180	编织商标带生产、织造棉化纤制造、产品制造、加工制造销售帆布麻布制品、旅游及充气产品	成寿寺社区（东铁匠营街道）	强产业集聚
环境管理业	9	14653	578	城市生活废弃物的清运、转运、处置	草桥社区（新村街道）	强产业集聚
房地产业	298	20685	35	房地产开发经营、房地产销售、物业管理，信息咨询		无
房屋和土木工程建筑业	69	357118	304	按营业收入，施工承包、土木工程建筑，安装管道设备、勘测设计工程监理，工程设计、工程监理，建筑装饰、市政、电力工程、隧道工程施工，房地产开发经营，工业与代用建筑工程		无
商务服务业	859	2336	13	按营业收入，计算机技术服务、市场管理，审计、验资、评估，家居汇展，企业管理机构，旅行社，制作电视广告，影视文化广告设计，租赁，市场管理		无

表 4－33　丰台科技园集群生产关联比例

单位：%

		食品制造及烟草加工业	石油加工、炼焦及核燃料加工业	化学工业	金属冶炼及压延加工业	通用、专用设备制造业	通信设备、计算机及其他电子设备制造业	工艺品及其他制造业	建筑业	交通运输及仓储业	信息传输、计算机服务和软件业	金融业	综合技术服务业
食品制造及烟草加工业	向前	0	0	1	0	0	0	0	0	1	0	0	0
	向后	0	0	1	0	0	0	0	0	1	0	0	0
石油加工、炼焦及核燃料加工业	向前	0	0	6	7	0	0	0	2	19	0	1	1
	向后	1	0	15	12	1	0	0	2	40	0	3	1
化学工业	向前	3	1	0	1	1	3	2	1	0	0	0	1
	向后	8	2	0	2	5	17	5	3	1	1	1	2
金属冶炼及压延加工业	向前	0	0	1	0	9	1	24	14	1	0	0	0
	向后	0	0	6	0	32	4	58	34	4	0	0	0
通用、专用设备制造业	向前	1	1	1	2	0	1	0	2	0	0	0	17
	向后	1	1	2	4	0	3	0	2	1	0	1	19
通信设备、计算机及其他电子设备制造业	向前	0	0	0	0	5	0	0	0	0	32	0	7
	向后	0	0	0	0	10	0	0	0	0	60	1	10
工艺品及其他制造业	向前	1	0	2	0	3	4	0	10	0	1	1	2
	向后	0	0	0	0	0	1	0	1	0	0	0	0

续表

		食品制造及烟草加工业	石油加工、炼焦及核燃料加工业	化学工业	金属冶炼及压延加工业	通用、专用设备制造业	通信设备、计算机及其他电子设备制造业	工艺品及其他制造业	建筑业	交通运输及仓储业	信息传输、计算机服务和软件业	金融业	综合技术服务业
建筑业	向前	0	0	0	0	0	0	0	0	1	1	1	13
	向后	0	0	0	0	0	0	0	0	1	0	2	7
交通运输及仓储业	向前	2	12	2	1	1	1	2	1	0	1	1	2
	向后	5	23	10	5	5	5	3	3	0	3	5	5
信息传输、计算机服务和软件业	向前	1	0	1	0	1	0	1	0	3	0	7	22
	向后	0	0	1	0	1	0	0	0	2	0	8	12
金融业	向前	2	1	1	5	1	1	1	1	5	2	0	2
	向后	1	0	2	6	1	1	0	1	7	2	0	2
综合技术服务业	向前	2	0	2	1	1	1	1	7	2	3	1	0
	向后	2	0	2	1	1	1	1	4	2	3	1	0

表 4-34 丰台科技园集群生产内容（1）

产业	家数	平均营业收入	平均从业人员	产品	分布	集聚类型
仓储业	1	3244093	115	金属材料批发	科学城第一小区（新村街道）	强生产集聚
地质勘查业	7	303775	64	矿产勘查、地质勘查、固体矿产勘查、黑色金属矿产品、地质灾害治理、地质勘探技术、技术服务、软件开发及零售	育仁里社区（新村街道）	强产业集聚
黑色金属冶炼及压延加工业	4	197075	81	生产双套管密相气力除灰系统、电站锅炉干式排渣系统、大直径高温高压等管件，加工销售压型板	育仁里小区	强产业集聚
有色金属冶炼及压延加工业（育仁里小区）	3	475086	34	电解铜、生产草酸钴、氧化亚钴，制造锌制品，货场进出口，代理进出口	育仁里小区	强生产集聚
有色金属冶炼及压延加工业（永善社区）	1	590810	476	生产钴酸锂、氧化钴、氧化铋	永善社区（丰台街道）、育仁里小区	强生产集聚
通信设备、计算机及其他电子设备制造业	32	45595	110	新型智能通信开关电源、空气净化机、逆变电源系统，生产磁性材料、多媒体终端设备、现金循环机、工控机、CPCI 主板、ATCA 主板，电容口、电阻口研发，生产研发通信设备、雷达系列产品	育仁里小区	强产业集聚
石油加工、炼焦及核燃料加工业	1	26967	39	生产和销售润滑油、防冻液及其他润滑油	育仁里小区	强产业集聚
通用设备制造业	6	268194	277	制造弹簧、各类扶梯产品、液压设备、挖掘机、叉车、工业机器人，加工烟草、钣金，零售钢厂，技术转让	城南小区（宛平城地区）	中生产集聚

表 4－35　丰台科技园集群生产内容（2）

产　　业	家数	平均营业收入	平均从业人员	产　　品	分布	集聚类型
专用设备制造业	29	57856	48	机械制造、制造勘探设备，生产及零售医疗器械，高精度冷轧机成套设备设计制造与零售，生产水处理反渗透设备、高压锅炉补给处理设备	育仁里小区	中生产集聚
烟草制品业	1	17157	25	化工产品	永善小区（丰台街道）	强产业集聚
饮料制造业	1	878454	57	生产果蔬汁	科学城第一小区	强生产集聚
工艺品及其他制造业	2	1634749	319	经营流通人民币、贵金属纪念品，研发产品制造	育仁里小区	强生产集聚
电信和其他信息传输服务业	22	64318	45	提供因特网信息服务业务、软件开发。生产列尾和列车安全预警系统、GSMR 综合无线通信设备、应急通信设备，无线通信研发，设计和安装有线电视站，安装卫星地面接收设施	育仁里小区	强生产集聚
计算机服务业	75	47273	32	火电机组脱硫安装、电子计算机网络设备及产品、电力调度与管理自动化系统、电力供应、网络系统设备、视频监控，批发 POS 机，软件研发批发，电子报检、网上通关，计算机连锁系统研发，通信工程安装与调试	育仁里小区	强生产集聚

表 4－36　丰台科技园集群生产内容（3）

产　业	家数	平均营业收入	平均从业人员	产　品	分布	集聚类型
专业技术服务业	147	40251	16	电力工程总承包、工程承包房屋工程、工程设备租赁、工程项目管理，铁路客运专线系统开发、其他专业技术服务，电力设计、35 千伏以下电力电缆及电缆隧道设计、35 千伏以下变电站改造设计，交通工程设施设计安装，数据采集系统，有色金属开发勘察，电气技术开发研究设计、电力设备安装维护，电站环保工程承包、电站环保设备制造、电站配套工程技术开发，饰品设计与技术咨询培训、批发建材	育仁里小区	强生产集聚
科技交流和推广服务业	174	91934	28	生产批发进口铂金，药品研发与销售，新型建筑材料，生物制品研发与推广、零售抑菌，水电站设备成套加工、水工金属结构，高精度金属切削工具、金万众商务分销系统，非晶合金变压器铁芯技术研究推广，蓄热式钢包烘烤器技术，对讲机批发、通风设备零售，医药电子技术，自动化控制系统研发、西门子自动化产品代理商	韩庄子第一小区（新村街道）、育仁里小区	中生产集聚
医药制造业	18	85837	145	药品生产，生产氨曲南、维库溴氨、注射用克林霉素、注射用脑蛋白水解物、密骨胶囊、感冒清热颗粒、板蓝根颗粒，生产、批发样品，药品食品、生产、批发，生产疫苗、饲料，生产透明质酸精致提纯、研发透明质酸创伤愈合凝胶、液相色谱方法开发，生产生物活性原料（制造），大肠杆菌快速检测试剂 MUG 研发、大肠菌群快速检测试剂 MUGAL、沙门氏菌快速测试剂 MUCAP	育仁里小区	强产业集聚

表 4－37　丰台科技园集群生产内容（4）

产　　业	家数	平均营业收入	平均从业人员	产　　品	分布	集聚类型
橡胶制品业	2	148267	223	生产汽车密封条	韩庄子第一小区（新村街道）	强产业集聚
铁路运输业	47	174333	512	货物运输、包装托运仓储铁路代理、技术咨询技术服务，铁路运输，承办海运陆运进出口货物的国际运输、国际多式联运业务，铁路新型实验车使用	育仁里小区	强产业集聚
化学原料及化学制品制造业	13	63530	33	生产汽车涂料、黏合剂、防腐材料，光稳定剂、热稳定剂、有机高分子材料、环保涂料、化学原料及化学制品、PVC 外墙挂板，化工批发，生产零售轻质建筑材料	育仁里小区	中生产集聚
银行业	1	141242	44	农村信用社资金清算	育仁里小区	强产业集聚
软件业	107	8067	27	软件开发与销售，研发生产计算机软件、系统软件、应用软件，计算机系统集成，自产产品技术开发技术服务技术咨询，天健医院信息管理系统软件、MEDVISION 医学影像存储与传输系统软件、天健放射医学信息系统软件，软件技术服务，咨询服务、IT 产品代理	育仁里小区	中产业集聚
建筑安装业	15	186861	182	铁路电气化城市轨道交通、铁路电务、高速出路机电安装，建筑智能化专项工程设计与施工、建筑装修工程承包，网络技术计算机软硬件的技术开发与转让，智能化弱电系统集成、高速公路及城市交通的通信、监控和收费系统，零售交电机械电器设备和计算机软硬件，沼气工程、污水处理工程、零售环保设备、供水设备、水暖、机电设备、安防设备、空调安装，雷电防护零售，研发地源热泵	育仁里小区	中生产集聚

西局村以及六里桥社区也分布了较大比重的地方特色产业，有餐饮业、房地产业、教育、科技交流和推广服务业、零售业、批发业、商务服务业，与生产集群之间的产业关联特征是“四个支撑，八个带动”，由农副食品加工业、房地产业支撑餐饮业，农副食品加工业、商务服务业带动餐饮业，餐饮业带动商务服务业，商务服务业支撑与带动批发与零售业、带动餐饮业与房地产业，装卸搬运和其他运输服务业带动批发与零售业以及商务服务业，批发与零售业带动农副食品加工业，如表4－38、表4－39所示。

表4－38　都市型农副食品工业生产集散集群生产关联比例　　单位:%

		食品制造及烟草加工业	交通运输及仓储业	批发和零售业	住宿和餐饮业	房地产业	租赁和商务服务业	综合技术服务业	教育
食品制造及烟草加工业	向前	0	1	0	73	0	1	0	0
	向后	0	1	0	34	0	1	0	0
交通运输及仓储业	向前	2	0	3	1	1	3	2	2
	向后	5	0	11	2	3	8	5	7
批发和零售业	向前	4	1	0	2	0	2	2	1
	向后	11	5	0	6	2	6	6	4
住宿和餐饮业	向前	1	2	6	0	3	11	5	5
	向后	1	2	7	0	6	11	5	7
房地产业	向前	0	1	4	9	0	2	2	5
	向后	0	1	3	5	0	1	1	4
租赁和商务服务业	向前	4	1	16	5	5	0	2	1
	向后	6	2	34	8	19	0	3	3
综合技术服务业	向前	2	2	7	3	2	3	0	2
	向后	2	2	7	2	4	3	0	2
教育	向前	1	5	2	2	0	3	3	0
	向后	0	1	0	0	0	0	0	0

表4－39　都市型农副食品工业生产集散集群生产内容

产　业	家数（个）	平均营业收入（千元）	平均从业人员（人）	产　品		集聚类型
农副食品加工业	5	15508	99	生产与肉类制品	西局村	中生产集聚

续表

产　业	家数（个）	平均营业收入（千元）	平均从业人员（人）	产　品		集聚类型
装卸搬运和其他运输服务	17	63849	20	物流运输	六里桥社区	强生产集聚
餐饮业	76	4695	39	中餐、正餐，酒店管理，桑拿、歌厅		无
房地产业	98	6944	31	开发建设用地、建设房屋、销售出租房屋，投资管理，物业管理，电力技术开发，房地产经纪，房屋租赁		无
教育	61	824	42	培训驾驶员，幼儿园，保洁培训，舞蹈、美术、计算机教育，行业培训，专业研发，儿童教育，电信类、按摩、化妆、旅游技术培训，教育咨询，法律、法规咨询培训		无
科技交流和推广服务业	162	4771	8	进出口业务，高速公路收费通信设备制造，技术开发，电力系统电力管道技术研发加工、制造，芯片设计开发及生产销售，甩气仪表自动化系统的安装设计，体育彩票信息推广，涡轮副减速机，灌封胶技术推广研究应用，生产驱动装置，财务技术咨询服务，催化分子抗焦活化剂218技术研究		无
零售业	531	5413	7	汽车、汽车配件销售，汽车修理，零售成品油、润滑油，食品百货销售，建材批发，通信产品电子设备零售，零售五金电料，零售家具，服装类零售，销售税控机		无

续表

产　业	家数（个）	平均营业收入（千元）	平均从业人员（人）	产　品		集聚类型
批发业	411	21359	10	销售钢铁产品，批发化肥，销售副食品、百货、日用百货，批发图书，中药材及中成药、批发，批发销售食糖，销售东风汽车长车，销售建筑用钢材，购销煤炭		无
商务服务业	392	1357	12	投资与资产管理，代理发布广告，行政管理，企业管理，市场出租，旅游，模型服务，租赁，保安服务，市场调查，信息咨询，资产评估，市场管理，审计		无

（4）第四个复合生产集群为现代制造研发与都市型农副食品工业集群，辅以交通运输设备制造业。以地方特色的交通运输设备制造业为主导产业，由农副食品加工业以及研究与试验发展业两个相对独立的集聚组成，并入航空运输业。交通运输设备制造业以及研究与试验发展业均为军方产业，产业关联不强，主要为生产部门之间的军方关系联系。农副食品加工业发展基础较强，但缺乏共荣的关联产业，由该地区农副食品加工企业规模较大来看，缺乏合理产业政策配套使得该地农副食品加工产业竞争力较弱。航空运输业是基于南苑机场而发展，因此与其他产业也缺乏关联。空间分布南起南苑街道的机场社区，向北延伸至南苑乡的南苑村、槐房村以及东高地街道的六营门社区止，如表4－40、表4－41所示。地方特色产业的空间范围，分布于机场社区、东高地街道、和义街道、槐房村委会。

表4－40　现代制造研发与都市型农副食品工业集群生产关联比例与生产内容 单位：%

		交通运输及仓储业	研究与试验发展业	食品制造及烟草加工业	交通运输设备制造业
交通运输及仓储业	向前	0	2	2	1
	向后	0	5	5	5

续表

		交通运输及仓储业	研究与试验发展业	食品制造及烟草加工业	交通运输设备制造业
研究与试验发展业	向前	0	0	1	2
	向后	0	0	0	2
食品制造及烟草加工业	向前	1	4	0	0
	向后	1	2	0	0
交通运输设备制造业	向前	32	1	1	0
	向后	16	0	0	0

表4－41　现代制造研发与都市型农副食品工业集群生产内容

产　业	家数（个）	平均营业收入（千元）	平均从业人员（人）	产　品	分布	集聚类型
航空运输业	5	204438	90	国内航空客运、机场管理服务	机场社区（南苑街道）	强产业集聚
研究与试验发展	13	0	575	研制与开发宇航产品、军工产品，航天工程研究，计量标准研究、精密测试，提供科技信息服务采集分析，飞行器总体设计，信息系统建设信息资料管理、信息查询业务培训咨询服务	六营门小区（东高地街道）	中生产集聚
农副食品加工业	3	279219	208	生产冷冻薯条、果蔬和其他食品	南苑北里第二小区（和义街道）、槐房村委会（南苑乡））	中生产集聚
交通运输设备制造业	37	343883	4	制造航天器、军工产品，制作安装交通设施牌		无

（5）第五个复合生产集群为证券商务服务集群，辅以餐饮业、道路运输业、零售业、商务服务业。以新闻出版业为生产力核心，并入证券业，由方庄地区散布的商务服务业作为主导产业共同发展。商务服务业对新闻出版业、证券业都有较大的产业关联，产业关联特征是“一个支撑，二个带动”，商务服

务业支撑证券业，商务服务业带动新闻出版业、证券业，空间分布在方庄地区的芳古园一区第一社区、芳城园三区社区、芳群园三区社区、芳星园二区社区和芳星园三区社区。

方庄地区也分布了较大比重的地方特色产业，有餐饮业、道路运输业、零售业、商务服务业，地方特色产业与生产集群之间的产业关联特征是由生产产品的产业支撑的“六个支撑，十一个带动”，商务服务业支撑证券业、零售业，新闻出版业、证券业、餐饮业支撑商务服务业，道路运输业、新闻出版业、证券业、餐饮业带动商务服务业，道路运输业带动零售业，商务服务业带动新闻出版业、证券业、餐饮业以及零售业，如表 4 – 42、表 4 – 43 所示。

（6）第六个为复合生产集聚，由重点产业组成，集聚农产、家具现代物流与都市工业原料集聚，辅以房地产业、批发零售业、教育、商务服务业。以塑料制品业为生产核心，由道路运输业以及装卸搬运和其他运输服务业向后带动发展，因此产业关联是“一个带动”。空间分布由花乡的黄土岗村向东南延伸至花乡的新发地村。花乡也分布了较大比重的地方特色产业，有房地产业、批发零售业、教育、商务服务业，地方特色产业与生产集群之间的产业关联特征是“一个支撑，六个带动”，道路运输业以及装卸搬运和其他运输服务业带动塑料制品业、批发与零售业以及商务服务业，批发与零售业带动塑料制品业，商务服务业带动房地产业以及批发与零售业，商务服务业支撑批发零售业，如表 4 – 44、表 4 – 45 所示。

表 4 – 42　证券商务服务与现代物流集群生产关联比例与生产内容　单位：%

		交通运输及仓储业	文化、体育和娱乐业	金融业	住宿和餐饮业	批发和零售业	租赁和商务服务业
交通运输及仓储业	向前	0	2	1	1	3	3
	向后	0	6	5	2	11	8
文化、体育和娱乐业	向前	0	0	7	3	4	32
	向后	0	0	6	2	2	15
金融业	向前	5	2	0	6	11	15
	向后	7	1	0	5	12	13
住宿和餐饮业	向前	2	6	4	0	6	11
	向后	2	6	7	0	7	11
批发和零售业	向前	1	2	1	2	0	2
	向后	5	8	3	6	0	6
租赁和商务服务业	向前	1	5	8	5	16	0
	向后	2	8	24	8	34	0

表 4－43　证券商务服务与现代物流集群生产内容

产　业	家数（个）	平均营业收入（千元）	平均从业人员（人）	产　品	分布	集聚类型
新闻出版业	7	217044	146	期刊、图书、报纸出版发行	方庄地区	弱生产集聚
证券业	5	7341	16	证券经济交易	芳古园一区第一社区（方庄地区）	强产业集聚
餐饮业	55	5062	42	中餐、西餐，正餐、快餐，销售饮料酒		无
道路运输业	11	216191	565	普通货运、停车服务、道路货物运输、高速公路管理与养护	芳星园二区社区（方庄地区）	强生成集聚
零售业	235	24862	35	按营业收入，零售百货，销售汽车、汽车修理、汽车配件销售，零售医疗器械、技术开发，零售、餐饮，零售服装、皮鞋、化妆品，培训咨询		无
商务服务业	200	3219	9	按营业收入，医疗器械、投资咨询、代理进出口，信息咨询服务，代理广告，企业形象策划，零售、电脑图文设计，诉讼代理、非诉讼代理、刑事辩护，销售展柜柜台		无

表 4－44　农产、家具现代物流与都市工业原料集聚生产关联比例与生产内容　　单位:%

		化学工业	交通运输及仓储业	房地产业	批发和零售业	教育	租赁和商务服务业
化学工业	向前	0	0	0	1	1	1
	向后	0	1	2	4	3	3
交通运输及仓储业	向前	2	0	1	3	2	3
	向后	10	0	3	11	7	8

续表

		化学工业	交通运输及仓储业	房地产业	批发和零售业	教育	租赁和商务服务业
房地产业	向前	0	1	0	4	5	2
	向后	0	1	0	3	4	1
批发和零售业	向前	2	1	0	0	1	2
	向后	10	5	2	0	4	6
教育	向前	0	5	0	2	0	3
	向后	0	1	0	0	0	0
租赁和商务服务业	向前	2	1	5	16	1	0
	向后	7	2	19	34	3	0

表4-45　农产、家具现代物流与都市工业原料集聚生产内容

产　业	家数（个）	平均营业收入（千元）	平均从业人员（人）	产　品	集聚类型
塑料制品业	2	214113	399	塑料制品制造、母粒、制造塑料薄膜	中生产集聚
道路运输业	85	1184	9	普通货运、客运、仓储配送	强企业集聚
装卸搬运和其他运输服务业	71	428	3	货运代理、普通货物运输、仓储服务	强企业集聚
房地产业	62	34692	42	按营业收入，房地产开发经营、销售商品房、物业管理、销售建筑材料、租赁、房屋管理、供暖服务、房屋配套工程维修	无
批发业	449	11535	9	按营业收入，批发零售挖掘机，煤炭批发，购销建筑材料金属材料、五金机电批发、销售钢材、批发其他机械设备及电子产品、汽车销售、批发西药保健品、机电设备，饮料批发，零售小灵通	无
零售业	674	7312	7	按营业收入，零售汽车、汽车维修、配件销售，运钞车改造技术，零售成品油，药品销售，批发电线电缆，销售家电	无

续表

产　业	家数（个）	平均营业收入（千元）	平均从业人员（人）	产　品	集聚类型
教育	18	2266	63	驾驶员培训、技术培训、会议培训、管理咨询培训、技术技能培训、职业技能培训、小学教育、初等教育、学前教育	无
商务服务业	156	5189	37	按营业收入，市场管理，旧机动车评估销售、出租，企业管理，投资管理	无

（7）三四环都市型产业发展带区域还有1个产业集聚，财务金融服务集聚。产业为其他金融活动，与其他集聚距离较远，独立生产与发展。从服务的内容来看，是由财务公司所组成，空间分布在右安门街道的东滨河路小区，如表4－46所示。

表4－46　财务金融服务集聚生产内容

产业	家数（个）	平均营业收入（千元）	平均从业人员（人）	产品	集聚类型
其他金融活动	6	309123	161	财务公司	强生产集聚

表4－47　产业集群及其空间分布

集群名称	产　业	空间分布
文化创意产业集群	黑色金属冶炼及压延加工业、有色金属冶炼及压延加工业、文教体育用品制造业、纺织业、电气机械及器材制造业、环境管理业。辅以房地产业、房屋和土木工程建筑业以及商务服务业	由东铁匠营街道的成寿寺社区，向东经南苑乡石榴庄村、大红门街道的石榴庄东街小区、西马场南里社区、马家堡街道的角门东里西社区、玉安园社区，到花乡的草桥村以及新村街道的草桥社区为止
丰台科技园集群	仓储业、地质勘查业、黑色金属冶炼及压延加工业、有色金属冶炼及压延工业、通信设备计算机及其他电子设备制造业、石油加工炼焦及核燃料加工业、通用设备制造业、专用设备制造业、烟草制品业、饮料制造业、工艺品及其他制造业、电信和其他信息传输服务业、计算机服务业、专业技术服务业、科技交流和推广服务业、医药制品业、橡胶制品业、铁路运输业、化学原料及化学制品制造业、银行业、地质勘查业、软件业以及建筑安装业	以新村街道的育仁里小区、科学城第一小区、韩庄子第一小区为核心，向北延伸至丰台街道的永善小区，向西扩展至宛平城地区的去城南小区

续表

集群名称	产　业	空间分布
都市型农副食品工业生产集散集群	农副食品加工业、装卸搬运和其他运输服务业。辅以餐饮业、房地产业、教育、科技交流和推广服务业、零售业、批发业、商务服务业	由卢沟桥乡的西局村向北延伸至卢沟桥街道的六里桥社区
现代制造研发与都市型农副食品工业集群	农副食品加工业、研究与试验发展业、航空运输业。辅以交通运输设备制造业	南起南苑街道的机场社区，向北延伸至南苑乡的南苑村、槐房村以及东高地街道的六营门社区止
证券商务服务集群	新闻出版业、证券业。辅以餐饮业、道路运输业、零售业、商务服务业	芳古园一区第一社区、芳城园三区社区、芳群园三区社区、芳星园二区社区和芳星园三区社区
农产、家具现代物流与都市工业原料集聚	塑料制品业、道路运输业、装卸搬运和其他运输服务业。辅以房地产业、批发零售业、教育、商务服务业	由花乡的黄土岗村向东南延伸至花乡的新发地村
财务金融服务集聚	其他金融活动业	右安门街道的东滨河路小区

4. 主导与重点产业集群的发展思考

5 个产业集群、1 个复和集聚与 1 个产业集聚分别是从事生产为主的文化创意产业集群、丰台科技园集群、都市型农副食品工业生产集散集群、现代制造研发与都市型农副食品工业集群、农产、家具现代物流与都市工业原料集聚，从事服务为主的证券商务服务集群、财务金融服务集聚。

文化创意产业集群由 4 个主导 2 个重点产业组成，集群的发展导向，黑色金属冶炼及压延加工业、有色金属冶炼及压延加工业、纺织业的企业集聚可再带来新一波发展，须推动现有集聚再发展，成为上、下游关联节点，文教体育用品制造业企业集聚无法提升生产力，说明产能不足，应推动转型。

丰台科技园集群由 6 个主导 17 个重点产业组成，是丰台区产业的发展核心，发展良好，应持续推动发展与转型。

都市型农副食品工业生产集散集群由 2 个重点产业组成，集群的发展导向，农副食品加工业现阶段的企业集聚无法提升生产力，说明产能不足，应推动转型，装卸搬运和其他运输服务业的企业集聚可再带来新一波发展，应鼓励集聚。

现代制造研发与都市型农副食品工业集群由3个重点产业组成，集群的发展导向，农副食品加工业现阶段缺乏合理产业政策配套，使得该地农副食品加工产业竞争力较弱，企业集聚可再带来新一波发展，鼓励集聚，研究与试验发展业宜推动军方转移技术以供民营企业发展，航空运输业发展新企业动能不足，应视机场建设与时俱进，推动发展。

证券商务服务集群由2个重点产业组成，集群的发展导向，新闻出版业的企业集聚可再带来新一波发展，应鼓励集聚，证券业企业集聚无法提升生产力，说明产能不足，应推动转型。

农产、家具现代物流与都市工业原料集聚由3个重点产业组成，集群的发展导向，塑料制品业的企业集聚可再带来新一波发展，应鼓励集聚，道路运输业以及装卸搬运和其他运输服务业企业集聚无法提升生产力，说明产能不足，应推动转型。

其他金融活动集聚由1个重点产业组成，集群的发展导向，其他金融活动业的企业集聚可再带来新一波发展，应鼓励集聚，以推动发展。

（四）三四环产业带产业集群与产业体系——产业再发展的全局定位

1. 区域政府产业布局规划梳理

在《北京城市总体规划（2004—2020年）》中已确定“两轴两带多中心”的城市空间结构基本格局，三四环都市型产业发展带是中心城次区域的一部分，涵盖南中轴线，是国际国内知名企业代表处聚集地与北京南部物流基地，以发展高端服务、金融保险和文化旅游等第三产业为主体，发展科学园以及五里店综合物流园、丰台玉泉营专业物流园的仓储物流设施布局为调整手段，重点发展高新技术产业以及南苑的教育科研，实现国际交往职能、历史文化传统保护与现代化建设以及核心经济功能。

2009年提出的《促进城市南部地区加快发展行动计划》，对三四环都市型产业发展带的产业发展更进一步的确定，强调创新发展业态，促进主导产业形成和特色产业发展，采取以龙头企业带动中小企业的发展手段。具体的产业发展内容，第一产业升级为花乡千亩高端花卉产业园、建设亚太种业交易中心与种业会展中心、农产品加工，第二产业发展一批高新技术产业和现代制造业，包括轨道交通车辆研发制造的重大装备制造业，第三产业发展现代金融，与现代工艺、现代传媒、时尚元素、现代营销相结合的文化创意，以及体育策划和体育赛事运营等高端服务业。

2011 年 1 月 13 日丰台区第十四届人民代表大会第七次会议批准的《北京市丰台区国民经济和社会发展第十二个五年规划纲要》，定位将促进产业结构优化，完善现代产业体系，产业内容共分为七点。

（1）提升高新技术产业发展水平。发展新能源及环保，产业包括“风能、生物质能、太阳能的企业总部、研发中心、结算中心和工程”“建筑与节能建筑系统设计与集成产业”。生物医药，产业包括“抗体、疫苗、基因药物、生物芯片、医疗器械、生物医药 CRO 等制造和研发”。电子信息，产业包括“高端软件、新一代移动通信、下一代互联网、数字电视应用等领域的增值服务、物联网、云计算”。高技术服务业，产业包括“工程设计、管理及工程总承包、工程开发和工程监测、咨询”“科技中介服务”。

（2）加快培育金融服务业。发展金融信息中心，产业包括“金融信息的采编、交互、发布、传播、交易”。金融租赁，产业包括“航空租赁、高铁租赁、卫星租赁、汽车租赁等金融租赁业务”。设计新兴金融要素市场的金融产品设计，产业包括“技术研发、能源计量、合同能源管理、设计咨询、碳交易”。发展新兴金融中介，产业包括“证券代理、基金管理、信用评级、保荐机构、保险分销、保险代理”。金融投资，产业包括“股权投资、创业投资、产业基金、政府引导基金”。发展产业金融、科技金融，产业包括“投资基金”。文化金融，产业包括“文化产业保险、文化投资基金、产业基金、政府引导基金”。装备金融，产业包括“航天基金、轨道交通基金、高铁基金及相关股权投资”。农村金融服务，产业包括“三农金融产品和服务的创新、消费金融服务、消费金融网络化”。此外，产业尚有“信用市场、外汇交易、财务管理”。

（3）推进高端装备制造业发展。提升轨道交通产业，产业包括“地铁、轻轨、有轨电车、磁浮列车、城际列车等制造、工程服务”。发展航空航天装备产业，产业包括“飞机机电、航电设备和复合材料、卫星与运载火箭装备项目、卫星通信和导航相关设备、空间信息服务和民用空天导航服务”。

（4）增强文化创意产业支撑能力。设计服务业，产业包括“服装服饰设计、城市规划设计、民用建筑设计以及城市景观设计”。广告，产业包括“传统广告业、互联网广告”。新闻出版业，产业包括“广播电视、网络、报刊”。

文化娱乐业，产业包括“演艺、文化艺术、舞台艺术创作、场所”。

（5）积极发展旅游和会展业。发展高端会展产业、高端商务会议，产业包括“展会策划、申办、承办、宣传、接待、旅游服务”。旅游休闲产业，产业包括“旅行社、旅游营销、旅游信息服务、交通服务、旅游线路服务”。

（6）优化提升房地产业。产业侧重商业地产开发。

（7）促进商贸物流业升级。商贸业，产业包括“大型购物中心、连锁批零结合”。电子商务，产业包括“网上商城”。现代物流，产业包括“服装、图书、冷链等高端物流市场发展”。

综上所述，三四环都市型产业发展带应规划发展籽种农业与农产品加工、高新技术产业、现代制造业、都市型工业、生产性服务业以及文化创意产业，打造为北京的总部营运新区、创新研发新区和金融商务新区，成为北京全市产业发展格局规划中的一环。产业发展内容具体定位为：

第一产业。籽种农业，以及由第一产业结合第二产业的农产品加工。第二产业。传统产业，有服装、食品、印刷、包装；高端产业，有软件、计算机、移动通信、互联网、数字电视、光机电、生物医药、医疗器械、风能、生物质能、太阳能、新材料、汽车制造、交通车辆研发制造的轨道交通重大装备制造业，以及航空航天装备产业，有飞机机电、航电设备和复合材料、卫星与运载火箭装备项目、卫星通信和导航相关设备、空间信息服务和民用空天导航服务。第三产业。科技中介服务、设计业、工程产业、金融业、文化创意产业、新闻出版业、文化娱乐业，旅游和会展业、物流、教育科研、商贸、体育策划和体育赛事、房地产业等。

本书在现有规划及过去研究成果的基础上，依据产业集群的产业内容、空间布局以及产业关联现况，进一步分析过去所定位的产业的适宜性与实施阶段，并依据《国民经济行业分类标准》《北京市文化创意产业分类标准》，对产业内容进一步标准化、具体化。

2. 产业体系定位与产业集群支撑

产业体系是结合产业发展趋势以及产业之间的产业关联关系，架构产业的分工机制。本书进一步从产业发展趋势的角度，通过产业之间的关联关系，定位产业体系，说明其分工机制，以及5个产业集群、1个复和集聚与1个产业集聚对该体系的支撑。

三四环都市型产业发展带作为北京中心城次区域的南端，涵盖南中轴线，历史上的庶民文化重要，文化地位彰显，是北京重要的花卉产业区，城南行动计划提出后，将推进丰台南中轴、丽泽金融商务区、中关村丰台科技园、大红门服装创意产业集聚区、南苑第二机场的发展，现已成为国际国内知名企业代表处聚集地，拥有北京西站、北京南站，为北京客运系统“四主两辅”中的二主，交通枢纽及物流地位凸显，产业发展节点明确，肩负国际交往职能、历史文化发扬与现代产业功能，因此，产业发展应当配合既有节点，发展关联产业，避免与丰台科技园、丽泽金融商务区形成区域内竞争，也避免产业发展分散了推动丽泽金融商务区、中关村丰台科技园、大红门服装创意产业集聚区的力量。

高技术产业、现代制造业、现代服务业、生产性服务业、文化创意产业与都市型工业是三四环都市型产业发展带历次规划与研究成果在基于全市高度与区域特色所落定的产业方向，不仅是集产业趋势与政策机遇的重要产业，也将带动深化 5 个产业集群、1 个复和集聚与 1 个产业集聚的地方化经济发展。各节点是区域的发展特色，影响产业的定位与发展，这些节点的产业功能为：

（1）丽泽金融商务区。已经纳入首都金融重点功能区之中，上升到全市发展战略之中，根据丽泽金融商务区总体实施方案预测，2015 年和 2020 年丽泽金融商务区的经济产出将达到当前丰台区 GDP 的 2/3 和 2 倍多。

（2）中关村丰台科技园。是丰台重要的现代服务与现代制造业产业节点，以 2003 年总部基地建设为重要起步，带动包括金融、保险、商务服务、文化创意、研发设计等高端产业提速发展，2007 年，丰台科技园第一次成为仅次于海淀和亦庄的北京市第三个销售收入过千亿的园区。

（3）首钢二通动漫城。是全国最大的动漫产业基地，位于丰台区首钢二通厂，北至吴家村路、南至梅市口路、东抵小屯路、西临张仪村路，规划面积 83 公顷、总建筑规模 120 万平方米左右。项目的“核心区”，将有面积约 40 公顷的区域作为工业特色建筑集中保留区，首个被改造的厂房是 4600 平方米的原铸钢清理车间，已改造成集办公、会展、餐饮、商业、休闲等功能于一体，多业态的综合样板工程，未来将带动丰台区以及北京市动漫游戏的发展。

（4）大红门服装创意产业集聚区。是《北京城市总体规划（2004—2020 年）》中已确定“两轴两带多中心”中南中轴的重要节点，在 2009 年提出的《促进城市南部地区加快发展行动计划》已确立为永外—大红门服装文化商务区，从企业数量与从业人数来看，大红门节点产业结构仍以服装批发业为其核心环节，且产品的终端消费群体集中于工薪阶层和农村市场，消费档次相对较低，仍需通过相关文化创意产业关联产业提升价值链。

（5）新发地农产品批发市场。成立于1988年5月，现已成为北京市交易规模最大的农产品专业批发市场，是首都三大菜篮子之一，农业部定为“鲜活农产品中心批发市场”，国家内贸局定为“全国重点联系批发市场”。市场现占地面积1370亩，总建筑面积近19万平方米，有管理人员1100多名，总资产10.6亿元。是一处以蔬菜、果品、肉类批发为龙头的国家级农产品中心批发市场，产业虽然较为低端，但在农产品批发市场里的地位特殊且重要。

（6）玉泉营、白盆窑花卉园艺市场。在玉泉营立交桥周围，共有西南角的花乡花卉市场、东北角的玉泉营花卉展销厅和西北角的玉泉营花卉展销厅西厅三个大型花卉市场，自1998年开发至今，已有十几年的历史，往南还有白盆窑花卉园艺市场，两个花卉市场空间相近，是花卉展销重要的功能节点，产业虽然较为低端，但在花卉园艺市场里的地位特殊且重要。

（7）郑常庄、岳各庄家具家装市场。在加强城市化进程中，岳各庄村与国际、国内知名企业合作，在四环路两侧打造红星美凯龙家具家装建材市场、北京玉明珠国际商务会馆，此外，往北的郑常庄也开设了家世界分店、亿客隆西四环水暖建材批发市场等。然而，相对于大红门、新发地、玉泉营以及白盆窑，郑常庄、岳各庄的家具市场在全市面临较为激烈的竞争。

上述七个节点是发展三四环都市型产业发展带不可忽视的既有产业，也反应出高技术产业、现代制造业、现代服务业、生产性服务业、文化创意产业与都市型工业在三四环都市型产业发展带发展的重心。而这些产业同样也是现代产业的主流趋势，各个产业基于关联程度的不同，形成了完整的产业体系：

（1）高技术产业。为主要的高关联产业，能够带动及支撑关联产业的发展。其余的现代制造业，依不同产业而具有高关联、高向前、向后关联的特性，因此，以高技术产业为主的现代制造业是主导产业的重要组成之一。

（2）商务服务业。涵盖在生产性服务业之中，也是重要的主导产业之一，具备高关联的特性，对带动及支撑制造与服务业都有重要的功能。其余的生产性服务业，一部分是能够整合新材料、新制程、新通路的2.5产业，能够将其他产业的中间投入予以整合，还有一部分是低生产关联产业，其主要功能为满足基础的服务需求。

（3）文化创意产业。涵盖了许多产业，与高技术产业、现代制造业、现代服务业、生产性服务业以及都市型工业彼此关联，并基于自身对产品生产的需要，独立出具有上、中、下游创意从发生到营销的高附加价值的产业链。创作、创造、创新的核心价值是上游产业，中游产业实现核心价值转换为商品，下游产业连系创意与产品的核心价值，实现消费交易、文化体验。因此，为了实现创意商品化，文化创意产业也涵盖了一批从事设备生产的现代制造业，以及一批从事用品生产的传统制造业，协助创意商品化，随着文化创意产业的发展，其与制造业的关联程度将会愈来愈大。

（4）都市型工业。主要是一种与传统工业相联系的轻型的、微型的、环保的和低耗的新型工业，依赖大都市特有的信息流、物流、人才流、资金流和技术流等社会资源为依托，重视产品设计、技术开发、加工制造、营销管理和技术服务，因此以生产实体产品为主，较少生产中间产品，如工业零件、生产工具等，因此，都市型工业具备高向后或低关联的特性，带动其他的产业发展，是文化创意产业链中生产文化创意产品的主要制造业，不可或缺。

高技术产业、现代制造业、现代服务业、生产性服务业、文化创意产业与都市型工业六项产业，将会按其不同的产业特性分工，自发的构建成完整的产业体系，共同发展三四环都市型产业发展带。在坚持高端制造业、高端生产性服务业、文化创意产业能够耦合发展的原则下，三四环产业带应发挥其作为中心城发展不足产业的腹地以及周边新城产业的上游供应的角色，着力打造以现代制造、现代服务以及文化创意产业为主导的高端产业体系，提升功能节点的产业内容。

由位于中游产业的以高技术产业为主的现代制造业以及商务服务业为主导，带动上游的花卉的种植，种子饲料批发，农产品初加工服务，其他农业服务，其他农畜产品批发，生物、生化制品的制造，医药制造业，化学原料及化学制品制造业，花卉零售，综合零售，也支撑下游的都市型工业，有农副食品加工业，食品制造业，电气机械及器材制造业，非电力家用器具制造，家具制造业，整合中间投入的2.5产业以及发展中间投入创意的文化创意产业，有研究与试验发展，专业技术服务业，科技交流和推广服务业，建筑装饰业，工程勘察设计，规划管理，其他专业技术服务，工程管理服务等。

低关联产业有以提供科技与信息服务为主的2.5产业、现代物流业、金融保险服务业、出版传媒业以及文化艺术产业，作为产业链中不可或缺的组成产业，一方面，服务高技术产业、现代制造业以及文化创意产业提升生产技术；另一方面，协助文化创意产业将创意商品化，以其服务职能协助上、中、下游各级产业的发展；低关联产业还包括一部分的都市型工业。如表4－48所示。

表 4-48 三四环都市型产业体系

功能		产业内容
上游产业	农业	花卉的种植，农产品初加工服务，其他农业服务
	化学	生物、生化制品的制造，医药制造业，化学原料及化学制品制造业
	批发零售	其他农畜产品批发、种子饲料批发，花卉零售，综合零售
中游产业	高技术产业	光电子器件及其他电子器件制造，家用视听设备制造，电子计算机制造，通信设备制造，广播电视设备制造，医疗仪器设备及器械制造，航空航天器制造
	现代制造	汽车制造，电力生产，铁路运输设备制造，金属加工机
	传统制造	非金属矿物制品业，黑色金属冶炼及压延加工业，有色金属冶炼及压延加工业，纺织业
	商务服务	商务服务业，广告业，租赁业，会议及展览服务，旅行社
下游产业	都市型工业	农副食品加工业，食品制造业，电气机械及器材制造业，非电力家用器具制造，家具制造业
	2.5 产业	研究与试验发展，专业技术服务业，科技交流和推广服务业，建筑装饰业，工程管理服务
	文化创意	工程勘查设计，规划管理，其他专业技术服务
低关联产业	都市型工业	纺织服装、鞋、帽制造业，皮革、毛皮、羽毛（绒）及其制品业
	文化创意	新闻出版业，广播、电视、电影和音像业
	2.5 产业	软件业，互联网信息服务，计算机服务业
	生产性服务	铁路运输业，道路运输业，航空运输业，装卸搬运和其他运输服务业，仓储业，电信和其他信息传输服务业，银行业，证券业，保险业，其他金融活动，房地产业
	其他服务	教育，旅游饭店

通过上、中、下游以及低关联产业，把丰台区三四环产业带建设成为国际化的首都农业技术、科技研发、新兴创意产品的生产地、研发地与商务交易中心，辐射全国及海外的产品市场。

3. 产业关联与分工机制

三四环都市型产业发展带是以现代制造、现代服务以及文化创意产业为主导的高端产业体系发展，区域内现已汇聚的 5 个产业集群、1 个复和集聚与 1 个产业集聚，是现代制造、现代服务以及文化创意产业关联体系发展的基础与优势，通过产业关联驱动各个产业的动力，在此体系内，没有产业是独立运营的，并形成上、中、下游的产业关联。

依照产业生产流程的不同，现代制造、现代服务以及文化创意产业可以再分为文化创意产业以及现代制造业两大独立但彼此关联的上、中、下游体系。文化创意产业是新兴产业，不同于现代制造业以上、中、下游的生产线方式水平或垂直生产产品，与终端消费者之间以定式化的物流与零售业建立销售管道，文化创意产业着重在产品创意、生产创意产品化以及产品营销，产品多不是知名品牌，因此创意、营销相对重要，现代制造业的上、中、下游是其实现创意商品化的中游阶段。

理顺文化创意产业的上、中、下游体系，是定位现代制造业上、中、下游体系在整个现代制造、现代服务以及文化创意产业为主导的高端产业体系中的第一步。根据《北京市文化创意产业分类标准》的定义，文化创意产业是指“以创作、创造、创新为根本手段，以文化内容和创意成果为核心价值，以知识产权实现或消费为交易特征，为社会公众提供文化体验的具有内在联系的行业集群”。依照文化产业化的过程，上、中、下游就是创意从发生到营销的行业集群，创作、创造、创新核心价值是上游产业，中游产业实现创意产品化，并以知识产权保护核心价值，下游产业连系创意与产品的核心价值，实现消费交易、文化体验。

根据既有规划产业定位、现有产业集群与无集聚产业对现代制造、现代服务以及文化创意产业支撑的分析结果，选择既有规划定位产业、已有产业集群支撑，或本身是主导、重点与地方特色产业，或是现有产业且行业家数接近全丰台区该行业总家数50%比重的行业，结合《现代制造业行业目录及结构分类》《现代服务业行业分类目录》《北京市文化创意产业分类标准》的产业定义，配合产业关联分析，分类三四环都市型产业发展带文化创意产业体系的上、中、下游产业，现代制造业的上、中、下游产业，以及协助创意商品化、产业化的中间产业。

文化创意产业的上游产业。文艺创作与表演与专业技术服务业，以及包括在各制品业内的设计业；现行的《国民经济行业分类标准》还未全面的划分设计行业，设计行业被归在专业技术服务业之中，而未独立为设计业，且其中只涵盖工程勘察设计、规划管理以及其他专业技术服务，未明确区隔出重要的时尚设计、生活美学文化创意产业所应包含的服装服饰设计、家具饰品设计、生活美学创意设计等，因此更多的设计业是涵盖在各项产品制造之中；而与设计业相关的文化产业还包括有文艺创作与表演业。目前三四环都市型产业发展带的专业技术服务业属于无集聚的一级重点产业，在三四环都市型产业发展带的发展不足，文艺创作与表演业则既不是主导、重点或地方特色产业，也还未在空间集聚。

文化创意产业的中游产业。属于文化创意产业范围的行业，有工艺美术品制造，书、报、刊印刷，包装装潢及其他印刷，乐器制造，玩具制造，图书出版，广播、电视、电影和音像业；以及属于制品业代制造业产业体系。

文化创意产业的中游产业的现代制造业产业体系。现代制造业产业体系是由农业、生化、批发零售为上游、以高技术产业为主体的现代制造业为中游，辅以传统制造业，并以都市型工业为下游的生产体系；上游产业，属于农业，有花卉的种植，农产品初加工服务，其他农业服务，属于生化，有生物、生化制品的制造，医药制造业，化学原料及化学制品制造业，属于批发零售，有其他农畜产品批发，种子饲料批发，花卉零售，综合零售；中游产业，属于高技术产业，有光电子器件及其他电子器件制造，家用视听设备制造，电子计算机制造，通信设备制造，广播电视设备制造，医疗仪器设备及器械制造，航空航天器制造，属于现代制造业，有汽车制造，电力生产，铁路运输设备制造，金属加工机，属于传统制造业，有非金属矿物制品业，黑色金属冶炼及压延加工业，有色金属冶炼及压延加工业；下游产业，属于都市型产业，有农副食品加工业，食品制造业，电气机械及器材制造业，非电力家用器具制造，家具制造业，另有低关联产业，中间投入材料需求单一，有纺织服装、鞋、帽制造业，皮革、毛皮、羽毛（绒）及其制品业。

文化创意产业的下游产业。均属于文化创意产业范围的行业，有图书批发，图书零售，报刊批发，报刊零售，音像制品及电子出版物批发，音像制品及电子出版物零售，首饰、工艺品及收藏品批发，工艺美术品及收藏品零售，文具用品批发，文具用品零售，其他文化用品批发，其他文化用品零售，通信及广播电视设备批发，照相器材零售，家用电器批发，家用电器零售，其他批发业，其他零售业，广告业，旅行社，会议及展览服务，艺术表演场馆，室内娱乐活动，休闲健身娱乐活动，其他娱乐活动，摄影扩印服务。

中间产业。协助创意商品化、产业化，以及协助文化创意产业体系以及现代制造业产业体系关联分工。属于文化创意产业范围的行业，有群众文化服务，文化艺术经纪代理，贸易经纪与代理、知识产权服务、银行业；属于创意、材料、制品业、通路整合的2.5产业，由产业集群、无集聚的一级重点产业、地方特色产业、营业收入占全区收入较大以及属于文化创意产业范围的行业所组成，有信息传输、计算机服务和软件业，机械设备租赁，研究与试验发展，专业技术服务业，科技交流和推广服务业，建筑装饰业，工程管理服务，机械设备、五金交电及电子产品批发。不属于上述各产业，但为过去规划已定位的服务业，并与文化创意产业以及现代制造业上、中、下游产业具有关联，有商务服务业的咨询与调查、法律服务、职业中介服务、市场管理、证券业、保险业以及其他金融活动等。属于通路的重要组成产业，有道路运输业、装卸搬运和其他运输服务业。如图 4 –2 所示。

4. 产业集群发展对产业体系的支撑

《北京城市总体规划（2004—2020 年）》《促进城市南部地区加快发展行动计划》以及《北京市丰台区国民经济和社会发展第十二个五年规划纲要》所定位的籽种农业与农产品加工、高新技术产业、现代制造业、都市型工业、生产性服务业以及文化创意产业，可以再细分为各个行业，共计 92 项行业，现已汇聚的 5 个产业集群、1 个复和集聚与 1 个产业集聚，支撑了其中大部分的产业。

未受到现有产业集群、集聚支撑的产业，但受到既有主导、重点、地方特色产业支撑，有工程勘查设计、规划管理、其他专业技术服务、书报刊印刷、包装装潢及其他印刷、室内娱乐活动、休闲健身娱乐活动、其他娱乐活动、摄影扩印服务、铁路运输设备制造、汽车制造、电力生产、群众文化服务、文化艺术经纪代理、机械设备租赁、建筑装饰业。

除了未受到现有产业集群、集聚支撑外，还有部分产业也未受到既有主导、重点、地方特色产业支撑，有文艺创作与表演、广播电视电影和音像业、艺术表演场馆、花卉的种植、农产品初加工服务、其他农业服务、其他农畜产品批发、花卉零售、种子饲料批发、综合零售、非金属矿物制品业、家具制造业、纺织服装鞋帽制造业、电视电影和音像业、皮革毛皮羽毛（绒）及其制品业。如图 4 –3 所示。

（五）三四环产业带产业体系与产业集群整合下的发展导向定位

在本书组产业集群分析的基础上，分析结果显示，三四环都市型产业发展带已汇聚 5 个产业集群、1 个复和集聚与 1 个产业集聚，这 7 个生产集群与集聚，是现代制造、现代服务以及文化创意产业关联体系发展的基础与动力，将三四环都市型产业发展带进一步划分为七大功能节点。

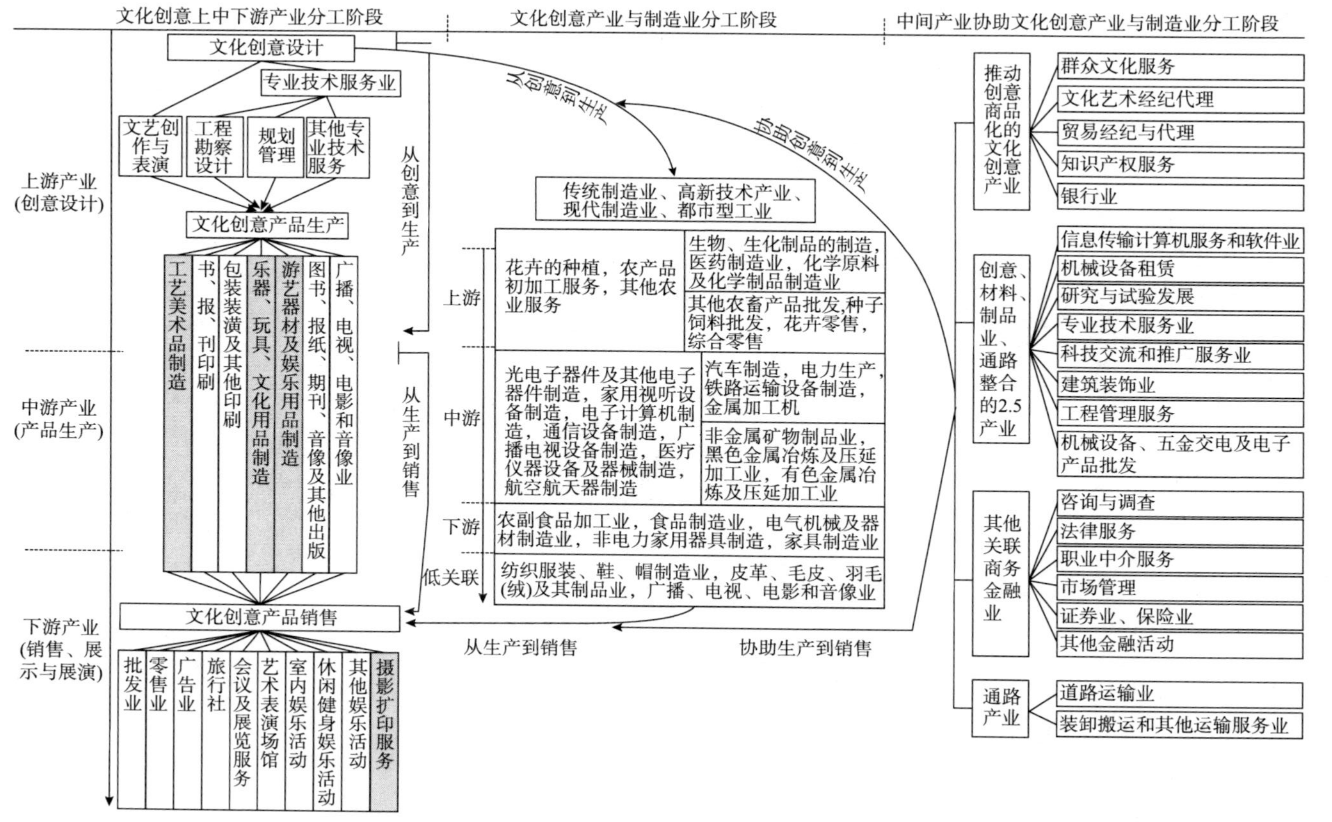

图 4－2　三四环都市型产业发展带现代制造、现代服务与文化创意产业体系

注：灰色部分为过去各项规划还未定位的产业。

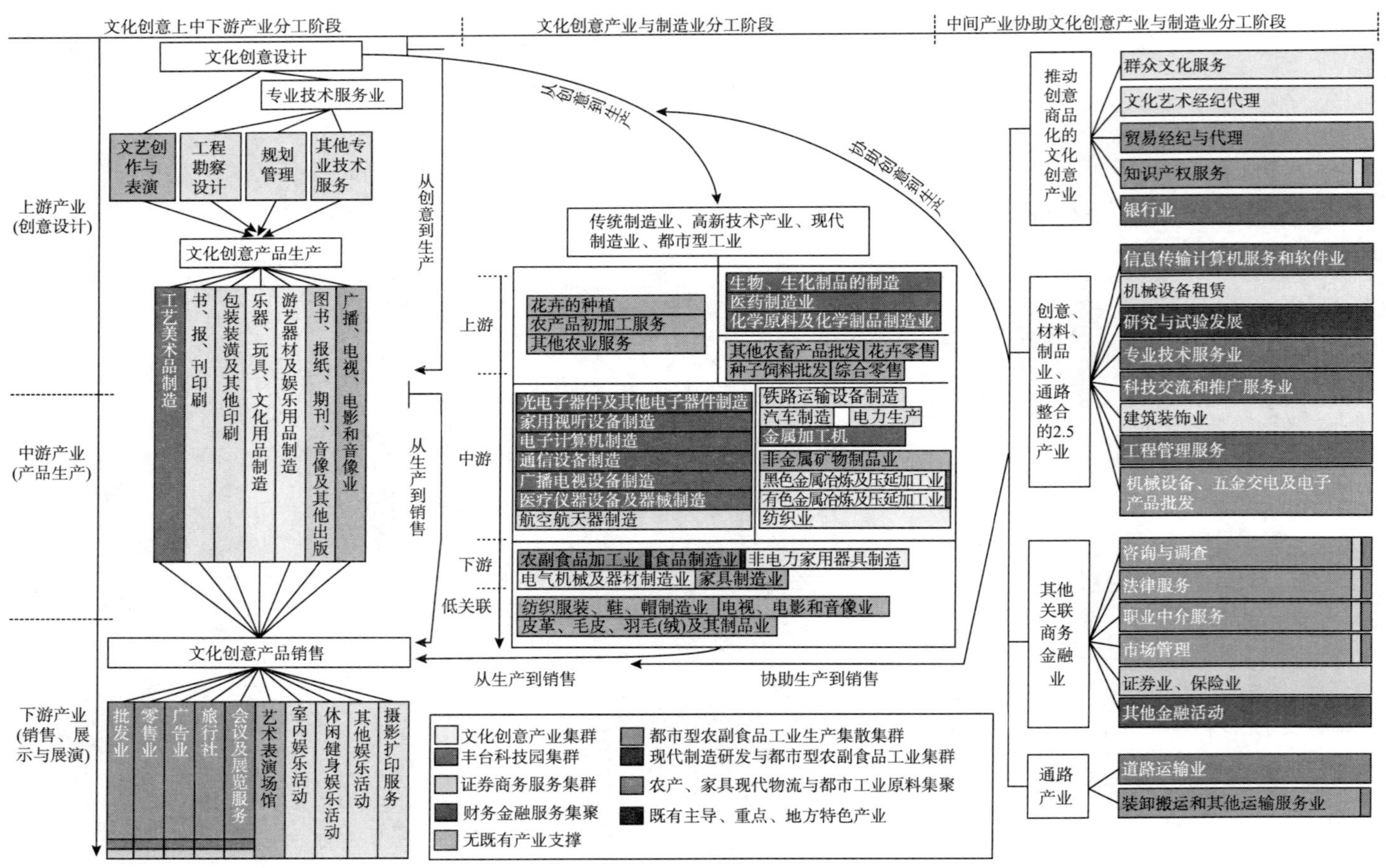

图 4-3　既有集群与产业对现代制造、现代服务与文化创意产业体系（重叠方型色块表示该产业受到重复支撑）

1. 围绕大红门文化创意产业集聚区发展以设计为导向的文化创意产业集群，辅以房地产业、房屋和土木工程建筑业以及商务服务业

空间由东铁匠营街道的成寿寺社区，向东经南苑乡石榴庄村、大红门街道的石榴庄东街小区、西马场南里社区、马家堡街道的角门东里西社区、玉安园社区，到花乡的草桥村以及新村街道的草桥社区为止；集群产业由4个主导2个重点产业组成，面临再发展与再转型的问题，发展政策上，黑色金属冶炼及压延加工业、有色金属冶炼及压延加工业作为一级主导产业，须优先扶持其再发展，通政策辅导将设计、创意、创新元素导入，朝向设计为导向的绿色加工产业；通过黑色金属冶炼及压延加工业的支撑以及设计、创意、创新元素共享，将可带动电气机械及器材制造业以及文教体育用品制造业，并随着带动建筑业、环境管理业、房地产业以及纺织业，最后通过商务服务业共同带动房地产业与纺织业。如图4-4所示。

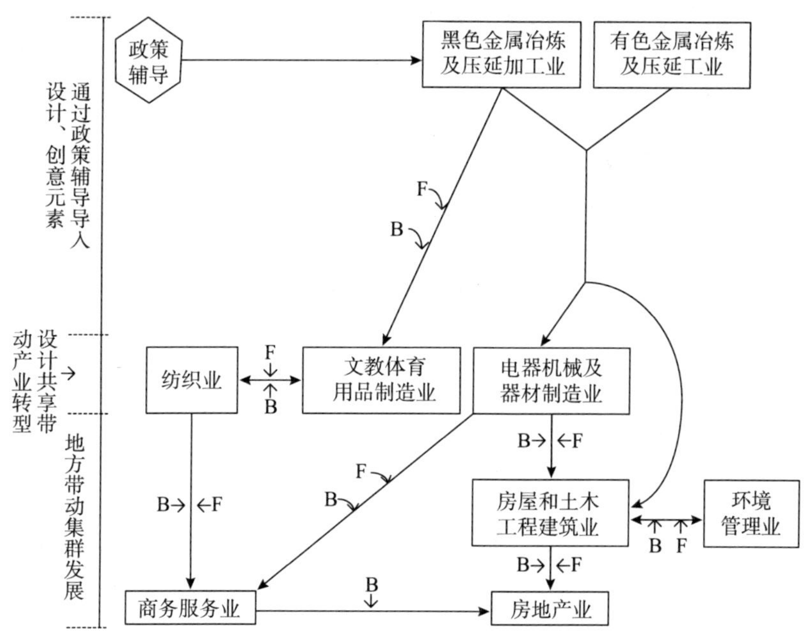

图4-4 文化创意产业集群发展导向

注：F表示前向关联，B表示后向关联。

2. 围绕丰台科技园，以现代制造业、现代服务业为导向的丰台科技园集群

空间分布以新村街道的育仁里小区、科学城第一小区、韩庄子第一小区为核心，向北延伸至丰台街道的永善小区，向西扩展至宛平城地区的城南小区。

园区的产业，包括了高技术产业、现代制造业、传统制造业、现代服务业以及文化创意产业，是现代制造、现代服务以及文化创意产业关联体系最重要的集群。

3. 都市型农副食品工业生产集散集群，辅以餐饮业、房地产业、教育、科技交流和推广服务业、零售业、批发业、商务服务业

空间分布由卢沟桥乡的西局村向北延伸至卢沟桥街道的六里桥社区；集群产业由 2 个重点产业组成，与地方数量较多的商务服务业为主导产业共同发展，面临再集聚与再转型的问题，由于本集群位于卢沟桥乡，地方特色产业较多，因此发展政策上，首先，需要与地方特色产业紧密关联，在地方特色产业已经较强的条件下，可优先通过政策辅导将设计、创意、创新元素导入农副食品加工业，带动餐饮业的发展，进而持续推动该产业对商务服务业的推进，拉动批发零售业、房地产业的发展。其次，发展装卸搬运和其他运输服务业，以带动批发与零售业与商务服务业，并回头带动农副食品加工业，扩大产品的销售范围。如图 4 –5 所示。

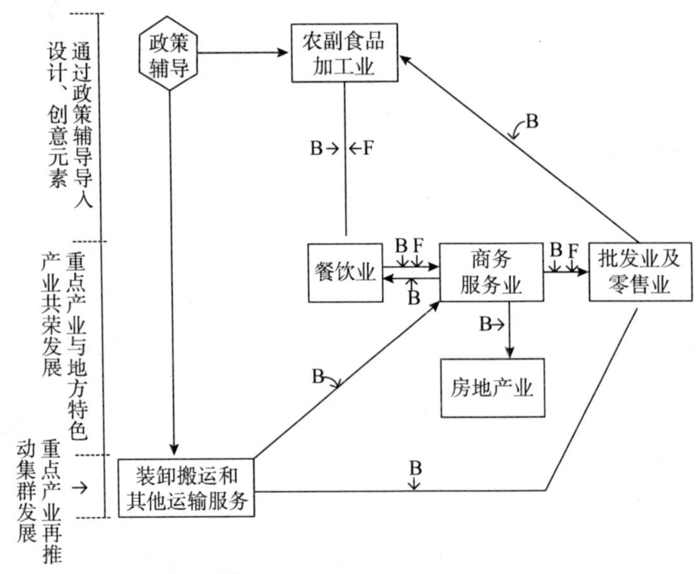

图 4 –5　都市型农副食品工业生产集散集群发展导向

注：F 表示前向关联，B 表示后向关联。

4. 现代制造研发与都市型农副食品工业集群，辅以交通运输设备制造业

空间分布南起南苑街道的机场社区，向北延伸至南苑乡的南苑村、槐房村以及东高地街道的六营门社区止；集群由 3 个重点产业组成，面临再集聚与再

转型的问题，发展政策上，农副食品加工业现阶段缺乏合理产业政策配套，使得该地农副食品加工产业竞争力较弱，企业集聚可再带来新一波发展，鼓励集聚，因此，宜单独采取扶持政策，导入设计、创意、创新元素，提升农副食品的文化创意价值，优先引导其再集聚；研究与试验发展作为军方企业，自身发展问题不大，应推动军方转移技术以供民营企业发展，强化与交通运输设备制造业以及各个集群的关联，通过交通运输设备制造业以及农副食品加工业的集聚与转型；航空运输业是基于南苑机场而发展，因此，与其他产业也缺乏关联，应待南苑机场搬迁再加强扶持发展。如图 4－6 所示。

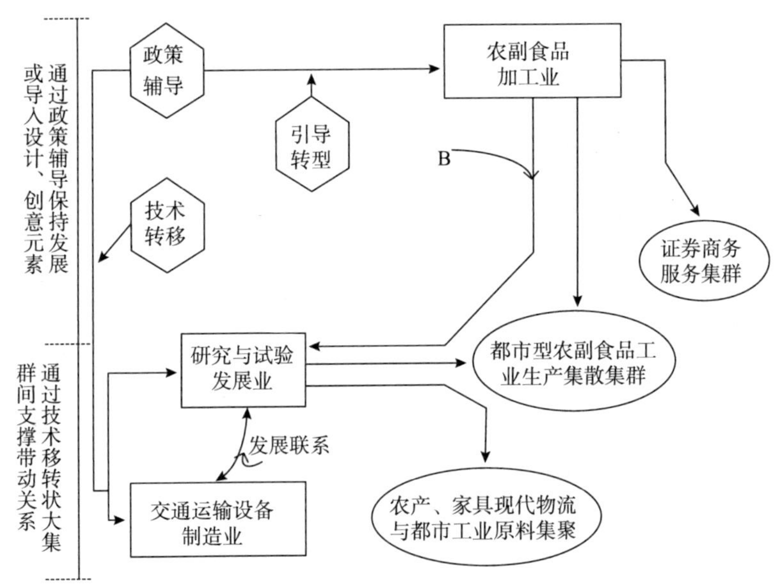

图 4－6　现代制造研发与都市型农副食品工业集群发展导向

注：F 表示前向关联，B 表示后向关联。

5. 证券商务服务集群，辅以餐饮业、道路运输业、零售业、商务服务业

空间分布在芳古园一区第一社区、芳城园三区社区、芳群园三区社区、芳星园二区社区和芳星园三区社区；集群由 2 个重点产业组成，面临再发展与再集聚的问题，发展政策上，考虑新闻出版业生产力高，问题较小，对其他产业的支撑力度较大，应优先通过政策辅导将设计、创意、创新元素导入，扶持新闻出版业再集聚，以支撑当地的租赁业以及商务服务业再集聚；证券业目前家数较少，发展新企业动能不足，由于证券业属于生产者服务业的一环，其发展时程应安排在生产集群全面启动发展之后，并跟随文化创意产业体系中的下游产业，包括广告业，旅行社，会议及展览服务，以及中间产业，包括贸易经纪

与代理，知识产权服务，共同发展。商务服务业的发展会较大的支撑与带动零售业，零售业也将带动新闻出版业的发展，同时，餐饮业受到商务服务业以及房地产业带动发展，也支撑着商务服务业的发展；道路运输业也带动租赁及商务服务业以及零售业的发展。如图 4－7 所示。

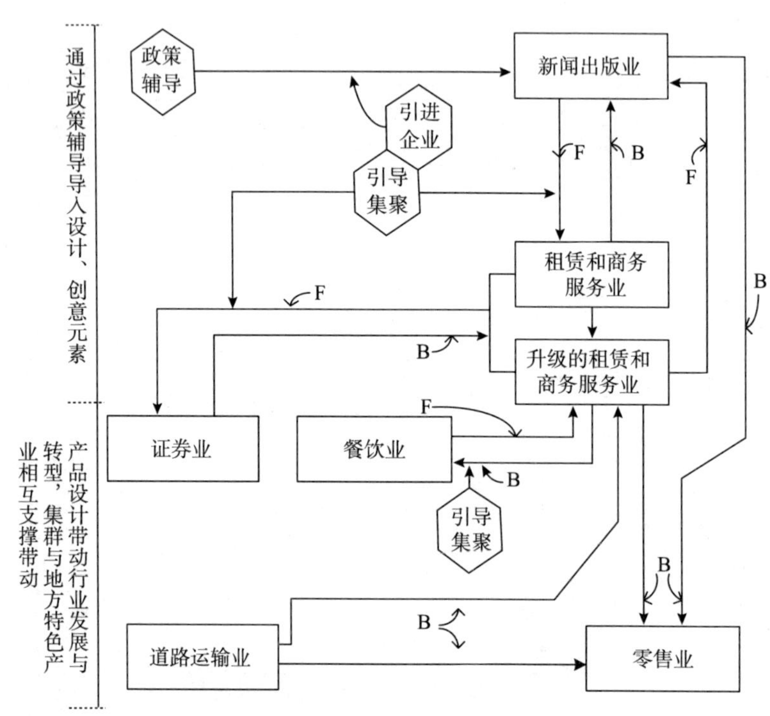

图 4－7　证券商务服务集群发展导向

注：F 表示前向关联，B 表示后向关联。

6. 农产、家具现代物流与都市工业原料集群

居于新发地农产品批发市场、玉泉营、白盆窑花卉园艺市场以及郑常庄、岳各庄家具家装市场中心位置的复合生产集聚，由重点产业组成，集聚农产、家具现代物流与都市工业原料集聚，辅以房地产业、批发零售业、教育、商务服务业。空间分布由花乡的黄土岗村向东南延伸至花乡的新发地村。发展政策上，塑料制品业是都市型工业生产的重要原料，因此优先以政策引导塑料原料的生产与销售，再通过道路运输业以及装卸搬运和其他运输服务业扩展其通路。道路运输业以及装卸搬运和其他运输服务业通过带动商务服务业、批发零售业以及房地产业，再回头推动塑料制品业的发展，最终此集聚将能扩大其产销规模，提供花卉、农产品以及家具建材的物流与原材料供应。如图 4－8 所示。

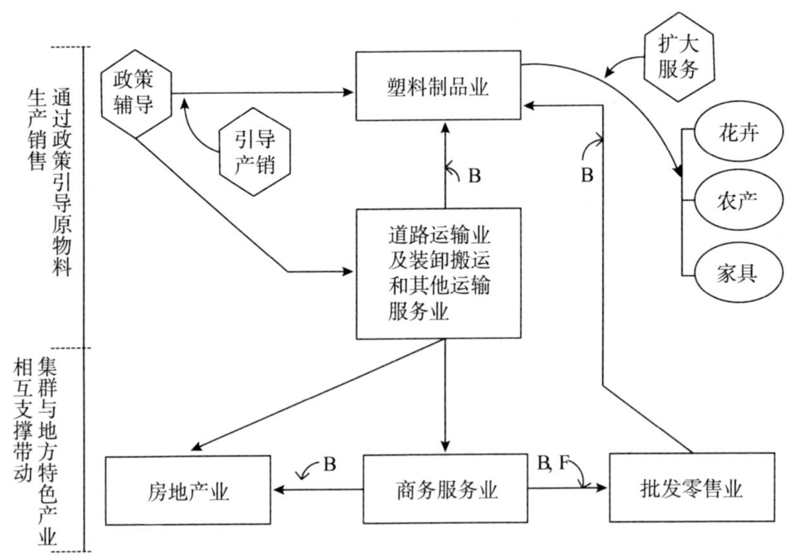

图 4－8　农产、家具现代物流与都市工业原料集聚发展导向

注：F 表示前向关联，B 表示后向关联。

7. 其他金融活动集聚

空间涉及右安门街道的东滨河路社区，由 1 个重点产业集聚组成，面临再集聚的问题，发展政策上，由于发展新企业动能不足，发展时程应安排在生产集聚全面启动发展之后，并跟随证券业、文化创意产业体系中的下游产业以及中间产业共同发展。通过服务内容的提升，集聚产业将成为三四环都市型产业发展带北端的其他金融业务商务服务中心，内容涵盖金融信托与管理、金融租赁、财务公司、邮政储蓄、典当等行业，短期维持区域内基础商务需求，长期向外辐射全市及其他地区，与方庄地区成为城南商务服务中心。

第五章　产业空间分析与规划

产业集群是指相同性或者互补性企业在空间上的成规模集聚。在经济全球化发展的今天，产业集群被认为是增强产业耕植性与保持国家与地方经济问题的重要条件。通过政策引导和有序规划强化产业的集群发展正越来越受到地方政府重视。

一、产业集聚空间现状分析

由于产业类型多样，空间集聚要求不一，对于如何引导各类产业集群的形成和发展，目前的相关研究仍处在实证阶段，并没有形成普适性的理论和指导原则。因此，对于丰台区三四环都市型产业发展带与南中轴高端商务轴发展规划研究产业空间集聚和引导政策，需要基于现实、抓住规律、因“业”制宜、科学引导。在《北京市丰台区国民经济和社会发展第十二个五年规划纲要》基础上，深化和细化分区域、分行业的空间引导策略。

（一）企业空间分析

从区域角度来看，丰台地区全区经济保持平稳较快发展，地区生产总值、人均地区生产总值均有较快增长。经济结构不断优化，第三产业比重和现代服务业所占比重明显提高[1]。在丰台永定河以东区域，2004 年至 2009 年期间，企业数量由 19741 增加至 20720 个，增长率为 5%。然而，在不同社区和行政村，企业数量增长并不均衡。

1. 丰台河东地区企业空间集聚

单纯从企业数量的空间分布来看，丰台区永定河以东地区企业密度比较高的区域主要分布在西三环和西四环之间和南三环附近区域，如图 5－1 所示。

---

[1] 北京市丰台区政府．北京市丰台区国民经济和社会发展第十二个五年规划纲要［R］．2001：2－4．

现状企业集聚数量并没有显示出南中轴对于经济发展的带动作用。而三四环产业带之间聚集效应比较明显的区域主要在西侧，在西侧三四环区域和南中轴地区之间存在一个明显产业企业分布的洼地。

表 5－1　丰台永定河以东地区企业分布密度

序号	社区与村庄	产业数量	产业密度	街　　道
1	大瓦窑社区居委会	26	7	卢沟桥街道办事处
2	西宏苑社区居委会	5	7	南苑街道办事处
3	六圈村委会	18	7	花乡
4	南苑北里第二社区居委会	12	8	和义街道办事处
5	机场社区居委会	53	8	南苑街道办事处
6	东安街头条 19 号院社区居委会	12	9	丰台街道办事处
7	保台村委会	32	9	花乡
270	东大街社区居委会	277	1001	丰台街道办事处
271	东新华社区居委会	218	1208	丰台街道办事处
272	西铁营社区居委会	75	1238	右安门街道办事处
273	芳城园一区社区居委会	275	1551	方庄地区办事处
274	东罗园社区居委会	84	1597	大红门街道办事处
275	丰台路口社区居委会	440	1618	卢沟桥街道办事处
276	光彩路第一社区居委会	259	2013	东铁匠营街道办事处
277	东安街头条 19 号院社区居委会	61	3249	丰台街道办事处
278	丰益花园社区居委会	244	3878	丰台街道办事处
279	科学城第一社区居委会	1184	7592	新村街道办事处

其次，在不同社区企业分布密度差异明显，如表 5－1 所示，企业分布密度大于 1000 个/km^2 区域包括，东大街社区、东铁华社区、西铁营社区、芳城园一区社区、东罗园社区、丰台路口社区、光彩路第一社区、东安街头条、19 号院社区、丰益花园社区居委会。其中科学城第一社区居委会企业集聚密度最高，区域内共集聚企业 1184 个，密度高达 7592 个/km^2。

与 2004 年第一次经济普查数据进行比较可得，在此时期内，企业数量明显增加的区域主要分布在南中轴线北侧和三四环都市型产业发展带西侧，如图 5－2 所示。而在这两个区域之间的三四环地区和四环以外区域，企业数量明显减少，企业向城市中心区和科技园区集聚趋势明显。

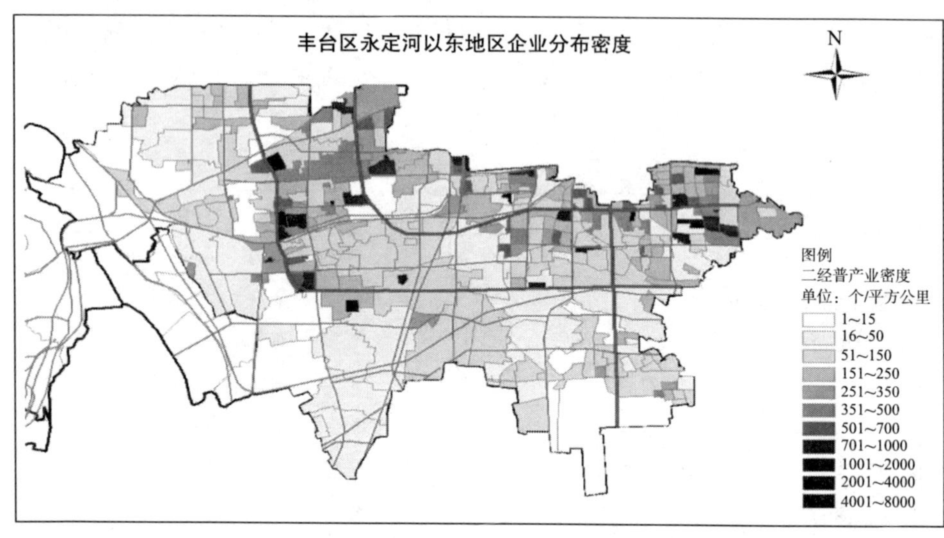

图 5－1　丰台区永定河以东地区企业分布密度（2009 年）

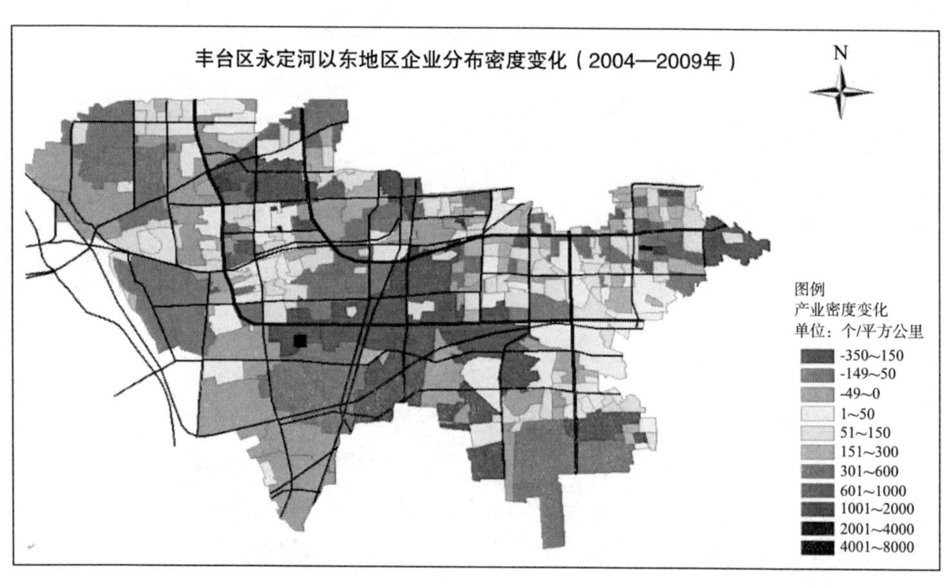

图 5－2　丰台区永定河以东地区企业分布密度变化（2004—2009 年）

2. 不同规模企业集聚

为进一步分析不同规模企业集聚的区域和演变特点，本研究基于第二次经济普查数据，在国家统计制度确定的规模企业标准基础上❶，将指标进一步细化分别按照营业收入和就业人数，将企业分为六大类。分别为企业销售收入在500万元以上，100万~500万元，100万元以下；和企业就业人员在100人以上，20~100人，20人以下。前者主要考虑企业对于区域的经济增长贡献率，而后者主要对于吸纳人口就业的贡献。

河东地区规模以上企业共有3050个，主要集聚区域沿西四环区域和三环沿线及三环内区域。其中规模以上企业密度最高的区域包括新村街道办事处科学城第一社区居委会（2360个/km²）、东铁匠营街道办事处横七条路第二社区居委会（699个/km²）、卢沟桥街道办事处丰台路口社区居委会（416个/km²）、方庄街道办事处芳城园一区社区居委会（350个/km²）、方庄街道办事处芳群园四区社区居委会（252个/km²）、丰台街道办事处东新华社区居委会（250个/km²）。如图5-3所示。

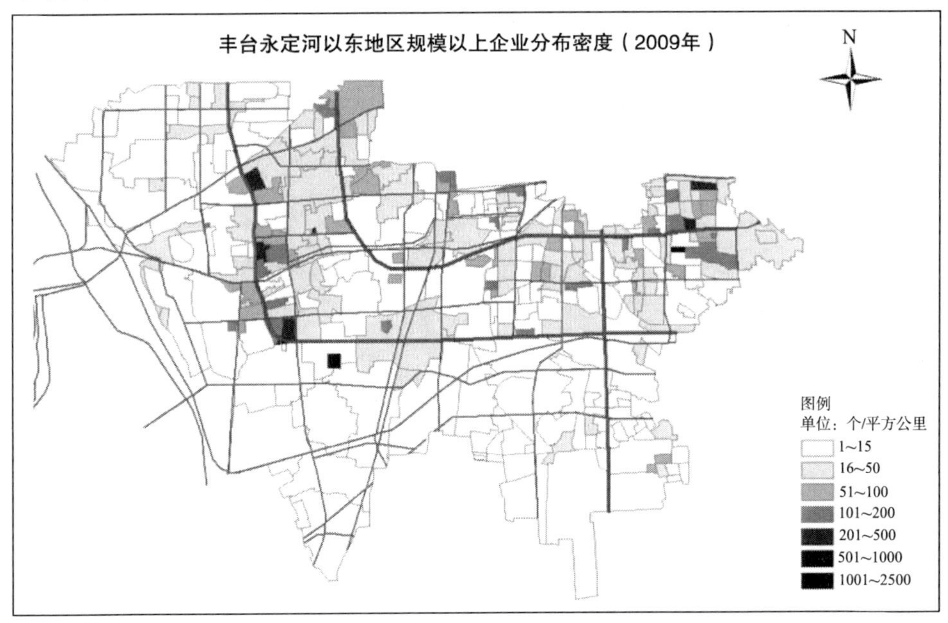

图5-3　丰台永定河以东地区规模以上企业主要集聚区域

❶ 规模以上企业是一个统计术语。一般以年产量作为企业规模的标准，国家对不同行业的企业都制订了一个规模要求，达到规模要求的企业就称为规模以上企业，规模以上企业也分若干类，如特大型企业、大型企业、中型企业、小型企业等。国家统计时，一般只对规模以上企业做出统计，达不到规模的企业就没有统计。规模以上私营企业就是私营的规模以上企业。自1996年起，将工业定期报表的统计范围确定为全部国有工业企业和年销售收入500万元及以上的非国有工业企业。为了叙述方便，习惯上将其称之为“规模以上工业”。

而营业收入低于100万的小企业集聚区域与规模以上企业分布趋势大体一致，主要集聚区域沿西四环区域和三环沿线及三环内区域。如图5-4所示。

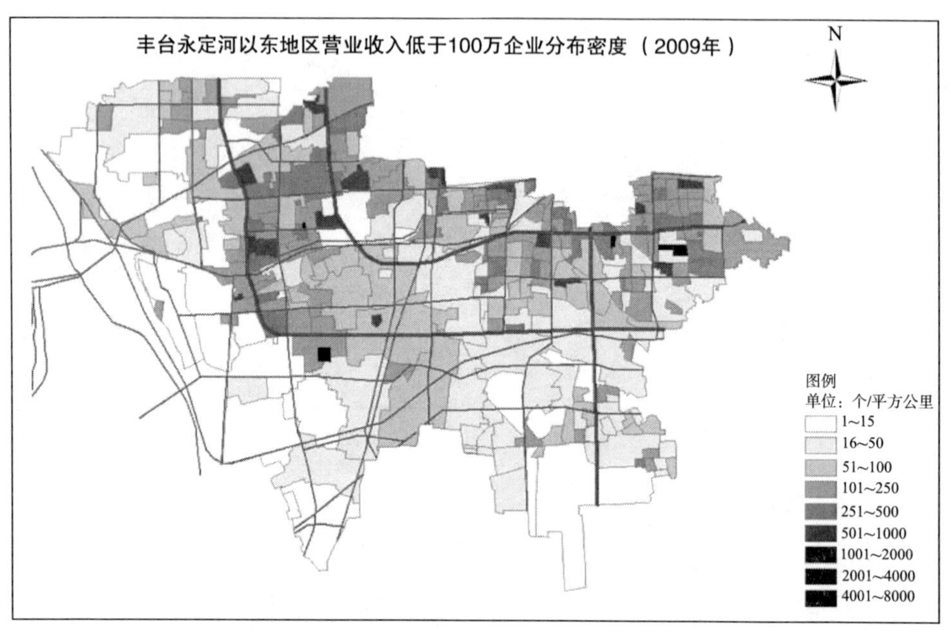

图5-4 丰台永定河以东地区企业年（营业收入低于100万）主要集聚区域（2009年）

3. 单位用地产出空间分析

单位用地最高的区域在北京西站附近区域、西南四环和方庄区域。单位产出比较低的区域主要分布在四环外和三四环产业的西侧与南中轴高端商务轴区域相邻近的地方。

河东地区单位面积企业营业收入产出最高的区域分别为新村街道办事处育仁里社区居委会、韩庄子第一社区居委会，方庄街道办事处芳星园三区、东铁匠营街道办事处横七条路第二社区居委会。单位产值最低的社区为大红门街道办事处石榴园南里第二社区居委会、南苑街道办事处西宏苑社区居委会、和义街道办事处和义东里第一社区居委会、太平桥街道办事处万润社区居委会、卢沟桥街道办事处蒋家坟社区居委会。如图5-5所示。

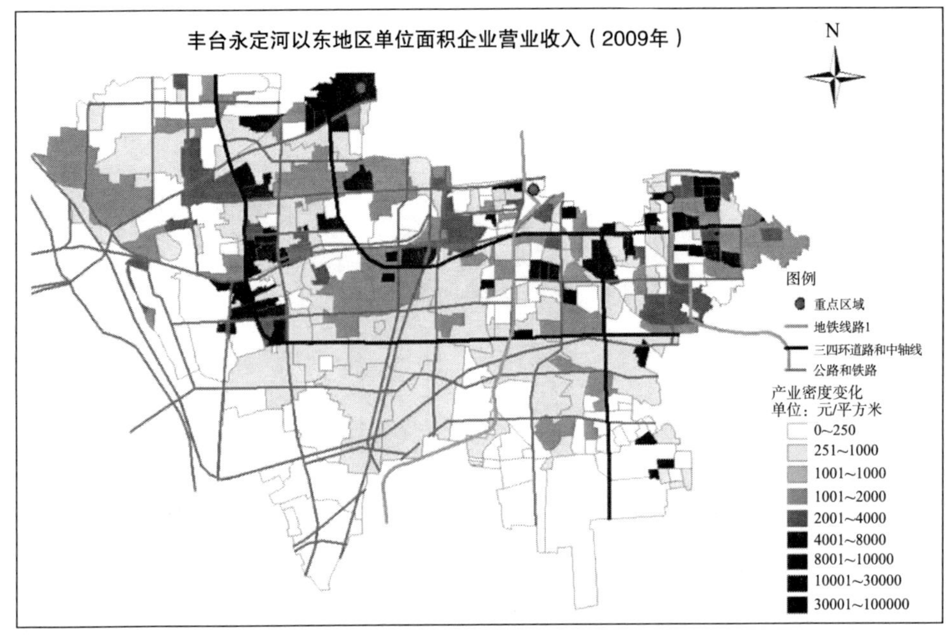

图 5－5　丰台永定河以东地区单位面积企业营业收入（2009 年）

（二）支柱产业集聚现状

根据各行业增加值的比重，丰台目前的七大支柱产业分别为：工业（17.70%）、科研技术服务（11.89%）、批发零售（11.04%）、建筑业（8.81%）、金融（8.46%）、房地产（7.49%）、物流（5.53%）等行业比重超过了5%，构成了丰台目前的七大支柱产业❶。

分别对这七大支柱产业空间集聚情况和分布进行分析，可以得出这七大类产业空间分布情况和变化趋势差异明显。

1. 工业主要集聚区（C、D）

工业是丰台占行业产出比例最高的产业。

在三四环产业发展带西侧，南中轴高端商务轴北侧形成工业企业分布较为密集的区域，此外花乡新发地村、南苑新宫村、和义街道工业企业密度也较高。而在四环外丰台河东地区南部工业企业分布的密度极低。如图 5－6 所示。

❶ 丰台政策研究室，北京大学首都发展研究院．丰台区三四环产业带定位与布局研究报告［R］．2009：5.

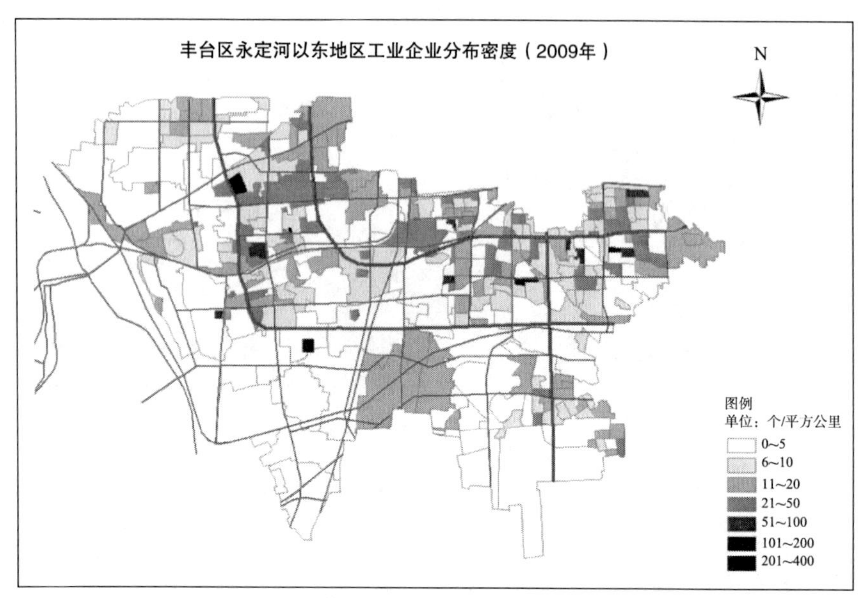

图 5－6　丰台区永定河以东地区工业企业分布密度（2009 年）

2004—2009 年间，工业企业数量增加区域和减少的区域互相交错，既没有呈现出由于地租极差效应所导致的距离城市中心较近工业企业外迁的趋势，也没有反映出通过政策引导工业企业向园区集中的政策效果。如图 5－7 所示。

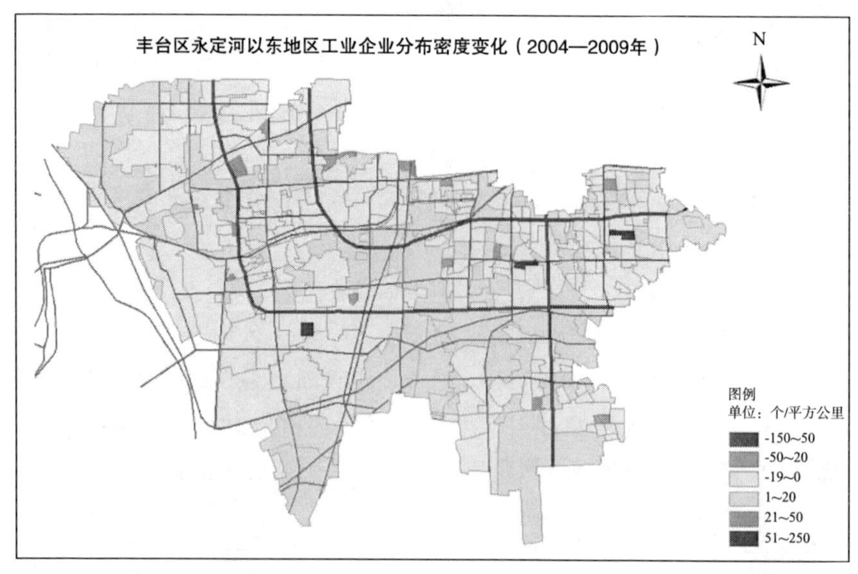

图 5－7　丰台区永定河以东地区工业企业分布密度变化（2004—2009 年）

2. 科研技术服务业（M）

自主创新能力的提升必须依托高水平的科技研发，对于像丰台这样一个正处于城市快速扩张和经济结构调整时期的区域而言，科研技术服务业的发展具有极其重要的意义。科研技术服务业本身是现代服务业的重要组成部分，同时又为高新技术产业和先进制造业提供技术创新源泉，对于促进丰台区产业结构升级、转变经济增长方式具有极为重要的战略意义。

整体而言丰台科研区位商均在 1.5 以上，在全市范围内属于科研技术服务业具有优势的区域❶。

3. 建筑业主要集聚区（E）

建筑业虽然是丰台第四大产业，但是并不是丰台在未来重点发展的产业。目前，建筑企业主要分布在三四环产业发展带西侧、南四环中路两侧区域和南中轴高端商务轴北侧，集聚程度较高。如图 5－8 所示。

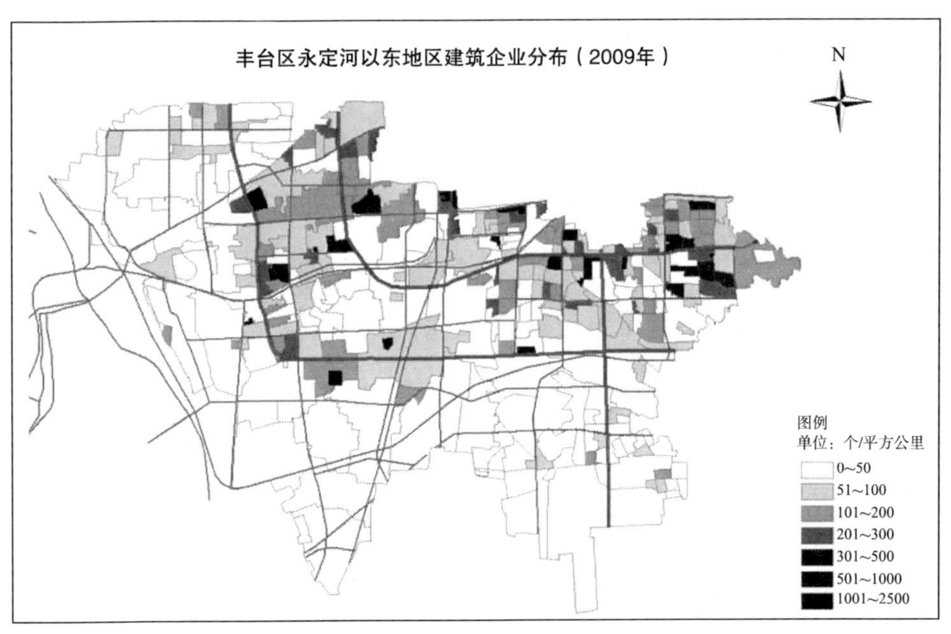

图 5－8　丰台区永定河以东地区建筑企业分布（2009 年）

2004—2009 年间，建筑企业整体呈现向外扩散的趋势，在南中轴北侧部

❶ 北京市丰台区委区政府研究室，北京大学首都发展研究院．丰台区三四环产业带定位与布局研究［R］．2011.

分社区出现建筑企业数量快速变化的现象。但是并没有太多影响建筑企业沿三四环和南中轴北侧靠近城市中心位置集聚的整体布局。如图5－9所示。

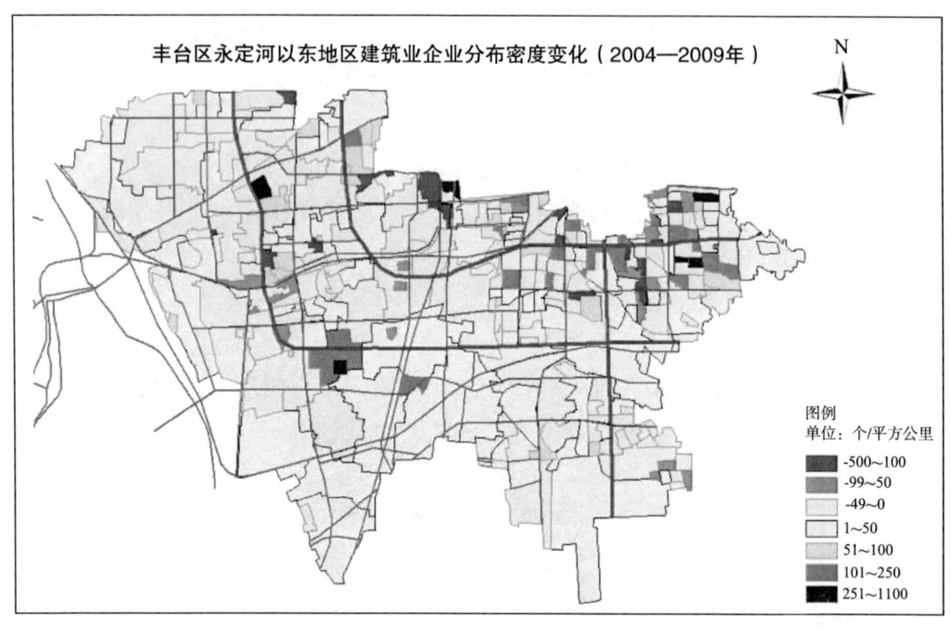

图5－9　丰台区永定河以东地区建筑企业分布密度变化（2004—2009年）

4. 金融业主要集聚区（J）

金融业是丰台第五大产业，也是未来丰台调整产业结构，完善现代产业体系重点发展的产业。中共北京市委、北京市人民政府联合发布《关于促进首都金融业发展的意见》中确定“一主一副三新四后台”的北京金融空间发展布局，丽泽商务区作为定位为北京市未来的新的金融中心之一。如图5－10所示。

虽然理论上金融功能区具有较强的集聚效应，但是只有金融功能区聚集的金融机构达到一定规模后，才能吸引更多的金融机构，从而充分发挥金融资源规模经济效应，目前在永定河以东金融业目前并没有形成大规模集聚的区域。丽泽金融商务区周边，部分区域金融企业数量有了较快的增长，但是仍需制定更有吸引力、更有针对性的吸引和扶持金融企业的政策，以实现“立足北京、服务全国、面向全球”的新兴金融产业集聚中心、创新金融产品试验中心和金融服务外包基地园区的既定目标要求。

2004—2009年，丽泽金融商务区周边部分区域金融企业数量有了较快的增长，但是仍需制定更有吸引力、更有针对性的吸引和扶持金融企业的政策，以实现“立足北京、服务全国、面向全球”的新兴金融产业集聚中心、创新金融产品试验中心和金融服务外包基地园区的既定目标要求。如图 5 - 11 所示。

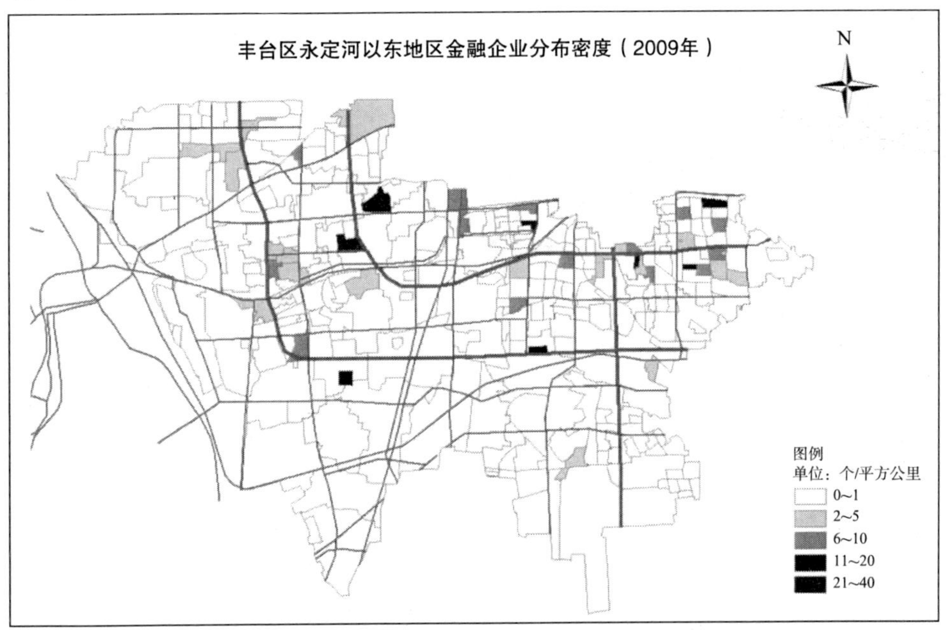

图 5 - 10　丰台区永定河以东地区金融企业分布密度

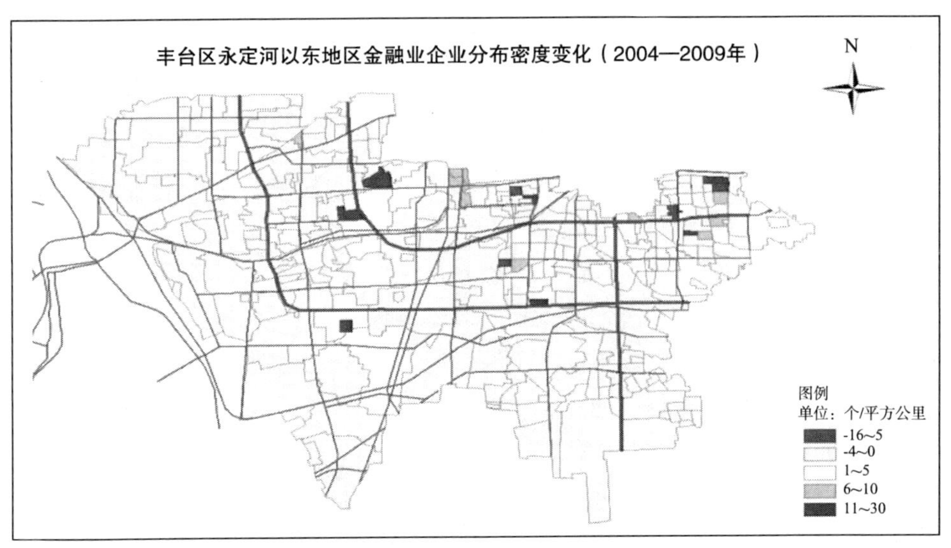

图 5 - 11　丰台区永定河以东地区金融企业分布密度变化（2004—2009 年）

5. 房地产主要集聚区（K）

房地产业又称房地产开发、经营和管理业，是从事房产和地产综合开发、经营、管理和服务的综合性行业，包括房地产生产、流通和消费过程的各项经营和管理业务。房地产业产品与制造业工业产品不同，具有位置固定性，单一性，耐久性和资本密集和回收周期长等特性。

城市长期发展必须依靠均衡、合理、多元的经济结构，房地产业作为城市经济的组成部分也不能脱离城市发展阶段和实体经济发展。快速膨胀的畸形房地产业虽然在短期内为地方政府和开发企业带来较多收益，但是由于侵占制造业等实体经济发展所需的土地、资金和其他资源，会阻碍制造业的技术革新和产业升级。而缺乏先进制造业支撑的房地产，随着城市制造业等实体经济萎缩，住房需求减少，地产泡沫破裂，最终也难以为继。

房地产业是丰台第六大产业，根据丰台区“十二五”规划纲要，未来主要加强对房地产市场的引导，合理控制住宅开发规模，适度扩大商业地产开发规模。

6. 物流主要集聚区（F）

集运输、仓储、装卸、加工、配送、信息一体化的现代物流业，正在全球范围内迅速发展。现代物流业具有很强的产业关联度和带动效应，其发展程度成为衡量国家和区域现代化程度和综合实力的重要标志之一。

丰台具有发展物流业的交通优势，区域内北京连接华北、华东地区，辐射华南、西北、西南地区的陆路交通枢纽；同时也是北京铁路最密集的地区，京九、京广、京沪等铁路干线交汇于此，区域内有北京西客站、北京南站、丰台站、丰台西站、石景山站，是北京铁路货运和客运的枢纽。丰台还是高速路、国道及其出口最多的区，环线、城市快速路、城市铁路组成了城市交通网络。此外，城市轨道交通地铁 4 号线、5 号线都穿过丰台。

丰台物流企业集聚程度较高，主要分布在南三四环发展带西侧和丰台区东部方庄地区尤其以北京西客站附近和西四环中路东侧最为密集，铁路客运站和汽车客运站对于物流企业集聚有明显的作用。但是，地铁枢纽如北京南站周边并没有形成物流企业集聚。如图 5 - 12 所示。

在 2004—2009 年期间，物流企业向交通干线和铁路站点集聚的过程更加明显。其中尤其以新村街道办事处育仁里社区居委会、东铁匠营街道办事处横七条路第二社区居委会、宋庄路第二社区居委会、太平桥街道办事处天伦北里社区居委会物流企业数量增长较快。而在卢沟桥乡卢沟桥村委会、丰台街道办事处新兴家园社区居委会、马家堡街道办事处玉安园社区居委会物流企业数量快速减少。如图5－13所示。

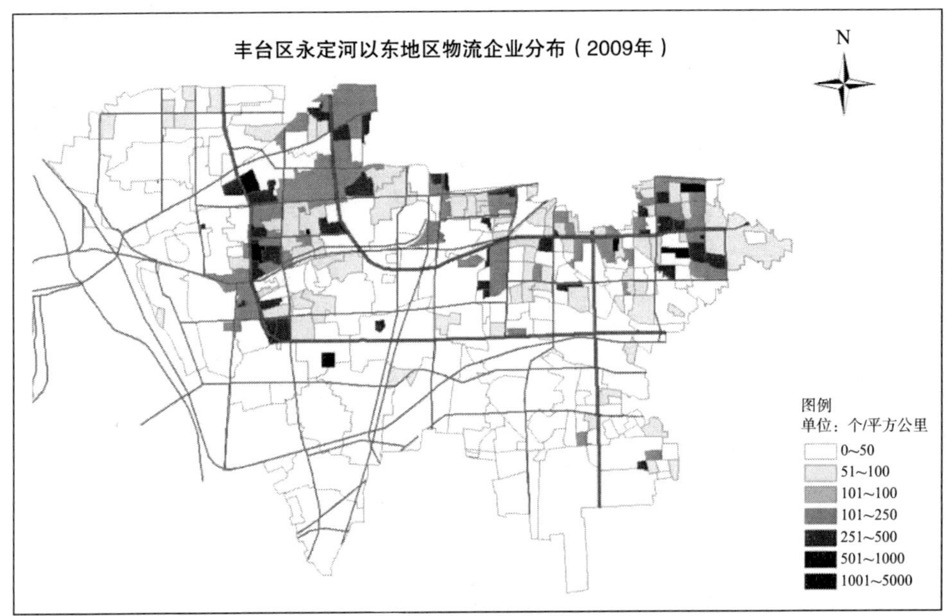

图5－12　丰台区永定河以东地区物流企业分布（2009年）

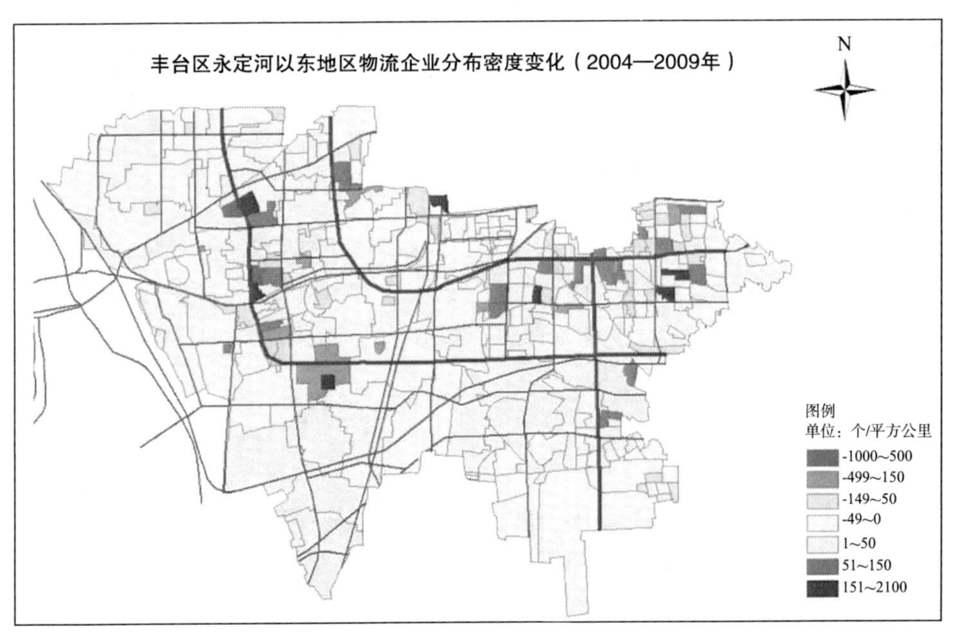

图5－13　丰台区永定河以东地区物流企业分布密度变化（2004—2009年）

（三）三四环都市型产业发展带空间分析

三四环产业带在丰台社会经济发展中发挥着核心引领的重要作用。整体而言，该区域内产业结构不断优化，行业分化特征明显；产业空间集聚程度较高；作为重点功能区的丰台科技园集聚了大量从事科学研究、技术服务和地质勘查业、工业、建筑业、邮电业规模以上企业。如图 5－14 所示。

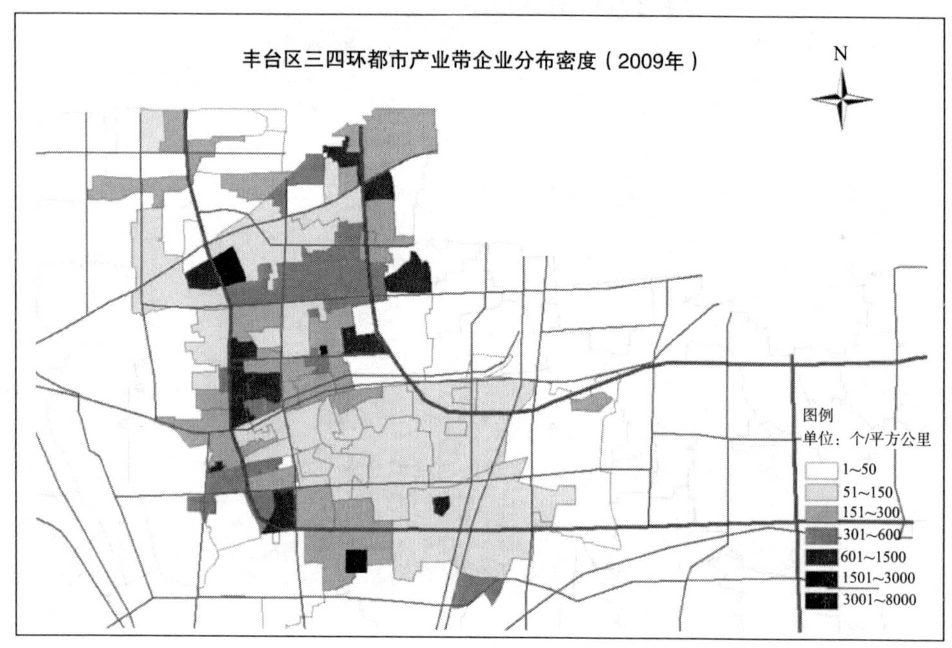

图 5－14　丰台区三四环都市产业带企业分布密度（2009 年）

但是，在区域整体快速发展的同时，区域内的发展不平衡问题日益严重。如表所示，在 2004—2009 年期间，三四环产业带西部和北侧企业数量有所减少。此外，丽泽金融商务区对周边区域的带动作用不明显。如图 5－15 所示。

（四）南中轴高端商务轴

丰台南中轴区域地处北京中轴延长线上，对北京城市空间均衡发展起着承上启下的作用，且历史文化在这一区域有着天然的烙印。

然而，目前南中轴区域产业发展虽处于中低端层次，高端发展还未能形成较强的竞争力和影响力，没有充分发挥托其独特的“区位”和“空间”优势。主要产业仍集中在四环以内区域，且由城市中心向外，产业密度逐渐降低。如

图 5－16、图 5－17 所示。

中轴线的产业发展引导作用不明显，四环外产业发展基础薄弱。

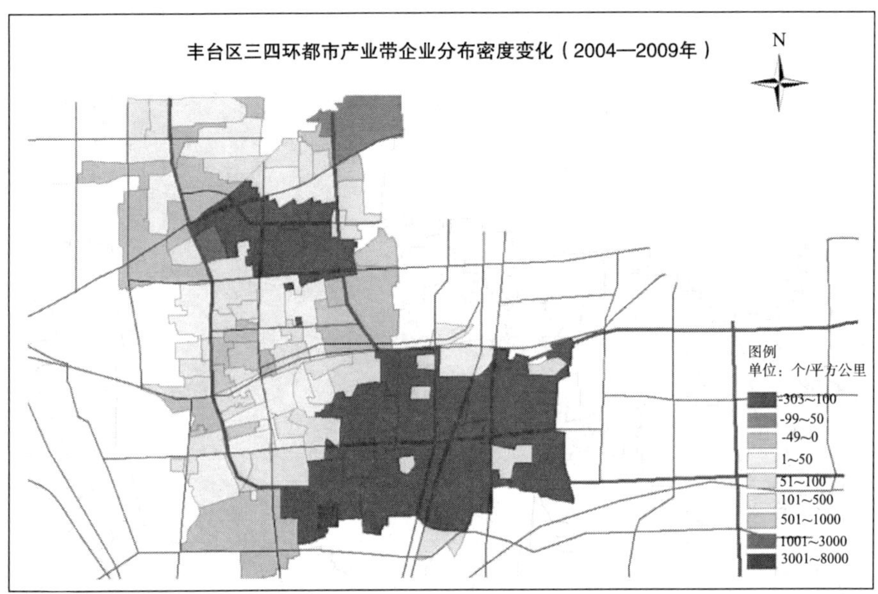

图 5－15　丰台区三四环都市产业带企业分布密度变化（2004—2009 年）

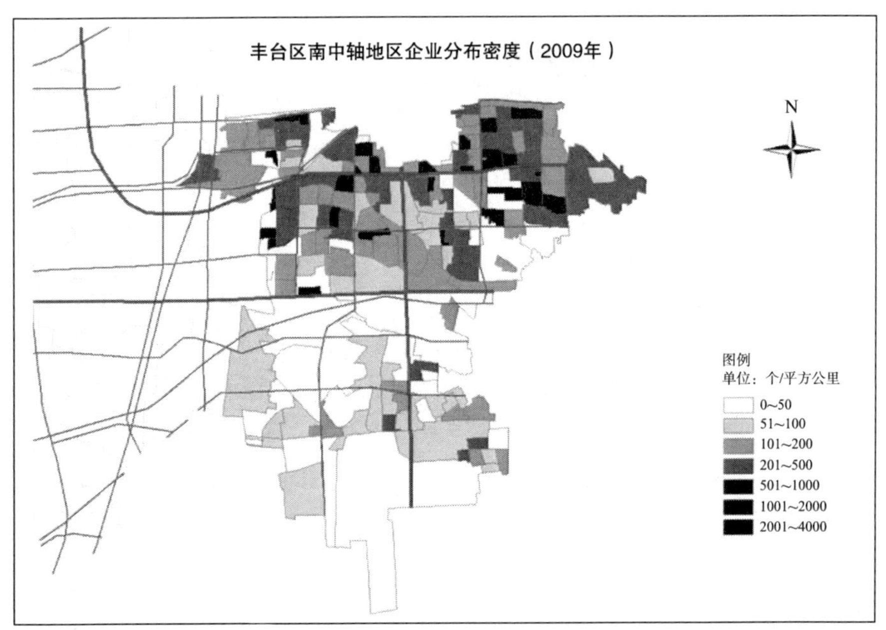

图 5－16　丰台区南中轴地区企业分布密度（2009 年）

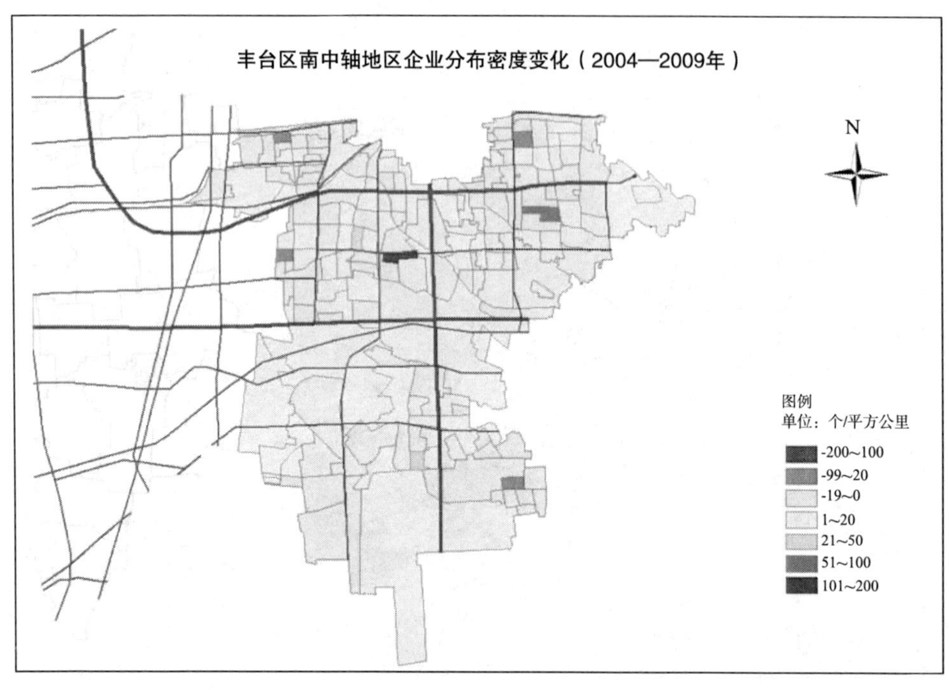

图5－17　丰台区南中轴地区企业分布密度变化（2004—2009年）

二、产业发展基础条件空间分析

（一）土地现状和产权结构

丰台永定河以东地区面积为176.4km^2。按照土地所有权主体不同，共有国有土地5657宗，占地10501.0公顷；集体土地620宗，占地7138.0公顷❶。国有和集体所有土地分布相互交错，在南中轴地区和三四环都市产业带西侧用地基本为国有，这些区域企业数量和规模以上企业数量和密度较高，而在二者之间的三四环区域和四环以外区域集体所有土地仍占较高比例。

河东地区现状以建设用地为主，共有建设用地面积13518.2公顷，占土地总面积的83.0%；此外还有农用地面积2498.9公顷，占土地总面积的

❶ 北京市国土资源局丰台分局．丰台区土地储备开发潜力资源研究［R］．2010.

15.3%；未利用地面积279.6公顷，占土地总面积的1.7%❶。如图5-18所示。

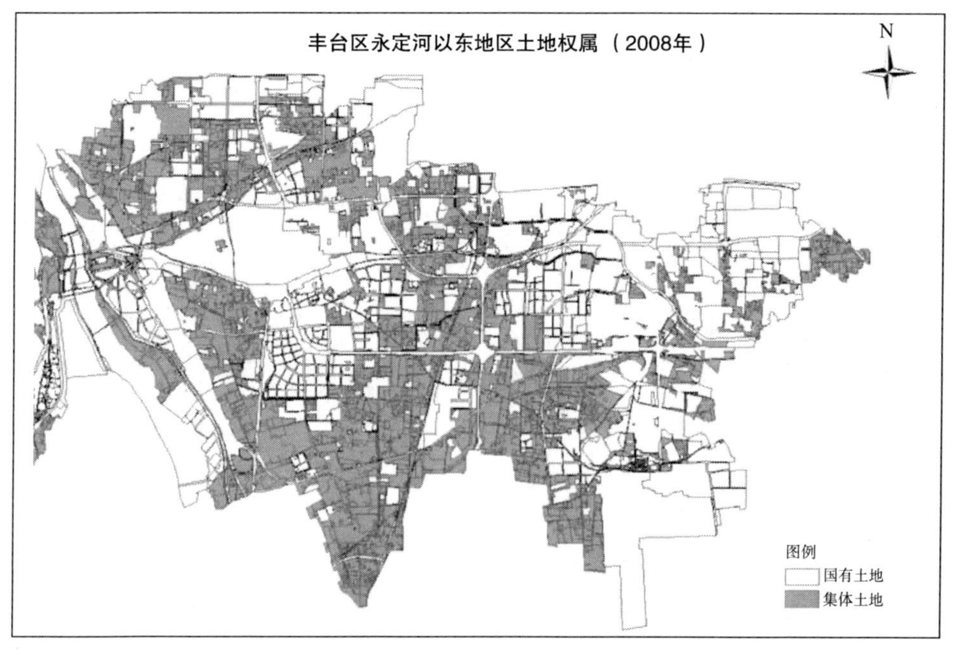

图5-18 丰台区永定河以东地区土地权属（2008年）

1. 三四环都市型产业发展带

在三四环都市产业带范围内共有土地66.2km²，其中国有土地2840宗，占地4538.0公顷；集体土地261宗，占地2081.3公顷。该区域内住宅用地所占面积比例最大，局部地区（樊家村农工商联合公司、黄土岗村、花乡草桥）保留有耕地，林地面积在整个区域内均有分布，并在草桥有集中的大面积苗圃。

2. 南中轴高端商务轴

在南中轴线区域现状国有土地约18.7km²，约占总用地的70.99%。这些国有用地的所属单位主要包括部队、国有企业、科研单位、机场、铁路等。各单位用地仍然保留传统单位用地的特点，自行规划建设，缺乏相互的统一指导，且用地互相交错且形状不规则。涉及若干大型国有单位，搬迁难度大。区域内集体土地约7.6km²，占总用地的29.01%，涉及9个行政村。集体土地的

❶ 丰台区政府. 丰台区城乡结合部土地资源整合利用研究［R］. 2010.

行政边界彼此交错咬合，导致现状建筑、生态景观、道路交通环境均极为混乱，整体而言，缺乏有力的规划和整合，除三环以内及三环外区域之外，土地产出较低❶。

现状土地用途由城市中心区向外明显分三个区域，城市区域、绿化隔离地区和南苑区域。城市区域用地类型主要为居住用地、村镇用地、工业用地和商业用地。其中南中轴线以西区域以住宅小区和大型商业零售、批发中心为主；而南中轴路以东仍有较大规模的平房区、个体商户经营的临时建筑群、工厂、部队用地、村镇住房和村镇企业等。绿隔段现状用地类型主要为绿地、村镇用地、水域及其他用地和工业用地。现状两侧建有较大面积以多层为主的住宅小区，公共设施用地和交通基础设施用地不足。南苑区域现状用地类型主要为机场用地、村镇用地、科研用地、水域及其他用地和绿地。未来南苑机场搬迁将为该区域释放出530公顷的土地资源。

（二）基础设施空间分析

在过去的五年内，丰台区新建10条城市快速路，区域内轨道交通线达到5条，有效改善了区域交通环境。丰台区的河东地区交通设施便利。

但是基础交通设施对于区域经济的带动作用并不十分明显，如图5－19所示，过去五年中经济增长较快的区域仍然集中在靠近中心城区的三环内及三环附近，以及三四环都市产业带西侧。尤其是未来城市发展交通的重点——轨道交通，对于周边区域的经济带动能力仍有待提高，交通优势并未转换成企业集聚和经济增长的动力。

（三）公共服务设施空间分析

丰台区目前公共服务设施已基本完善，基本公共服务均等化程度明显提高。城乡居民养老保险和医疗保险参保率均达到96%以上，城镇职工社会保险参保率达到98%以上，实现社会保障由制度全覆盖向人群全覆盖转变。

公共服务设施中小学和商业网点已基本覆盖永定河以东地区，但是教育质量和服务质量与海淀、朝阳和中心城区还有一定差距。医疗服务设施相对缺乏，尤其缺乏比较知名的大型三甲医院。

---

❶ 丰台区政府．丰台区南中轴规划研究［R］．

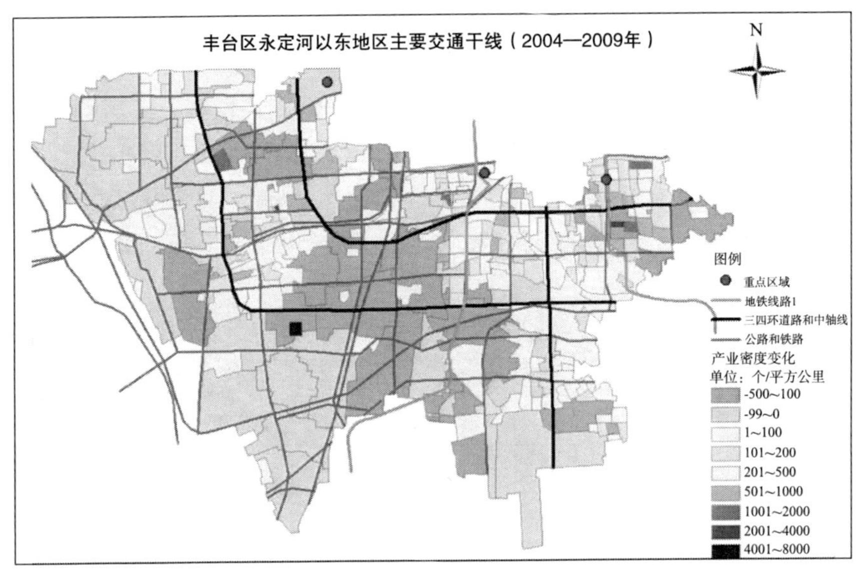

图5-19 丰台区永定河以东地区主要交通干线（2004—2009年）

（四）职住平衡

就业与居住平衡是就业和居住空间关系的一种理想模型，是西方规划师在应对所谓的“空间不匹配”引发交通拥挤、城市人居环境品质等“城市病”过程中逐步形成的一种规划理念，其基本内涵是指在某一给定的地域范围内，居民中劳动者的数量和就业岗位的数量大致相等，大部分居民可以就近工作❶。职住平衡对于城市区域的经济、社会和环境可持续发展和改善人居环境具有重要的意义。

根据职住平衡的概念内涵，所谓的职住分离度量分为数量的平衡和质量的平衡❷。根据第二次经济普查数据和各社区的居住家庭和人口数量，本研究采

---

❶ 赵晖，杨军，刘常平，等. 职住分离的度量方法与空间组织特征：以北京市轨道交通对职住分离的影响为例［J］. 地理科学进展，2011，30（2）：198-204.

❷ 数量的平衡是指在给定的地域范围内，就业岗位的数量和居住单元的数量是否相等，一般被称为平衡度（Balance）的测量。其测量一般采用就业/居住比率，即在给定的地域范围内，就业岗位与家庭数量比［2，4］。在既定的范围内，如就业岗位数量与居住单元数量相等，即可以表示职住完全平衡。质量的平衡是指在给定的地域范围内居住并工作的劳动者数量所占的比重，被称为自足性（Self-contained）的测量，其测量一般采用托马斯提出的“独立指数”，即在给定地域内居住并工作的人数与到外部去工作的人数的比值。但该指数存在较大的局限性，即假定去外部工作的人，均在所在区域的外围地区，职住分离强度非常小。因此，该指数对于区域范围的限制非常高，且无法从时间或距离的角度进行分离强度的度量。此外数据也不易获得。

用数量平衡方法测量职住分离度，并对三四环都市型产业发展带与南中轴高端商务轴所涉及社区和行政村职住平衡情况进行综合分析。

如表5－2所示，丰台区职住平衡比率为0.95，低于北京市平均水平1.45，就业岗位数量明显少于居住家庭数量。与朝阳区和海淀区相比，丰台区职住平衡比例高于朝阳区0.90，但是低于海淀区1.34，由此可以看出海淀区就业岗位相对于居民家庭数量而言数量较多，而丰台区和朝阳的就业岗位数量都低于居民家庭数量。

表5－2　三四环都市型产业发展带与南中轴高端商务轴所涉及社区家庭和人口

	户籍居民户数（万户）	居民户数[1]（万户）	常住人口（万户）	流动人口（万户）	户籍人口（万户）	从业人员[2]（万户）	职住平衡比[3]
北京市	488.7	688.4	1755.0	874.9	1245.8	998.3	1.45
朝阳区	71.9	123.4	317.9	222	185.3	111.0	0.90
海淀区	66.0	94.3	308.2	156.1	215.8	126.4	1.34
丰台区	43.5	76.0	182.3	80.3	105.2	71.2	0.94

1. 居民总户数由常住人口按照户籍人口户均人数估算得出。2. 从业人员主要指二三产业从业人员。3. 职住平衡比率＝从业人员÷居民总户数。

表5－3　三四环都市型产业发展带与南中轴高端商务轴及社区家庭职住平衡比率

	户籍居民户数（万户）	居民户数[1]（万户）	常住人口（万户）	流动人口（万户）	户籍人口（万户）	从业人员[2]（万户）	职住平衡比[3]
北京市	488.7	688.4	1755.0	874.9	1245.8	998.3	1.45
丰台区	43.5	76.0	182.3	80.3	105.2	71.2	0.94
三四环都市型产业发展带	488.7	688.4	1755.0	874.9	1245.8	998.3	1.45
	43.5	76.0	182.3	80.3	105.2	71.2	0.94

三、产业布局引导

在空间资源有限的条件下，未来丰台发展仍然坚持走土地高效利用的道路，包括优化产业布局、强化集群引导、挖掘存量潜力、提高利用效率；继续加强丰台科技园整合、集群引导的有效手段，促进企业高效和规模化发展；做好土地供应的计划和储备工作，为产业发展提供必要的空间保障；在国家、北京市相关政策框架下，通过利益共享、风险共担的机制，挖掘区域内村集体用地的潜力。

（一）空间政策

1. 差异化的集群引导政策

根据不同行业的发展现状和空间集聚需求，通过规划布局和建设用地整合方式，加大对产业集群化的引导。

首先，以现代产业空间分布为基础，结合不同行业的集聚发展要求和丰台区未来主导产业的发展需要，明确主导行业的集聚发展空间需求，通过集聚挂牌命名的方式，予以必要的集聚引导和政策扶持；在严格控制新增建设用地的基础上，通过开发权转移等利益共享机制，鼓励村集体建设用地的规模化整合。在此过程中要充分发挥农村基层民主机制，建立公开、透明的利益分配制度，减少土地拆迁、整合过程中可能引发的社会矛盾。

其次，土地出让计划和招拍挂政策要与区域长期的产业发展政策相结合，逐步扭转由于土地供应比例失衡、住宅用地供给比例偏高所引起的产业发展不均衡、职住失衡，以及由此引发的交通拥堵和居住、工作环境的恶化趋势。现在北京已经开始步入后工业化时代，区域之间的竞争很大程度上在区域环境和品质的竞争。

2. 存量优化策略

三四环都市型产业发展带与南中轴高端商务轴地区目前新增土地资源的条件有限，因此，未来经济增长主要依赖于产业结构优化和土地利用效率的提高。因此，按照产业升级的要求，循环利用土地资源，合理引导单位用地（尤其是工业用地）的升级改造；此外，在遵循市场规律、合理提高土地利用效率和升级产业结构的同时，在一些区域要考虑到产业协调发展和就业空间平衡的需要，尤其要注意合理引导本地村民，创造合适的就业岗位。

3. 空间储备政策

区域和产业的发展都面临着不确定性，在遵循科学发展观和节约发展的理念指导下，为未来储备预留必要的发展空间，因此建立区域内土地储备，通过有条件竞拍和利益共享机制，为引导发展的产业预留和提供发展空间。

（二）产业集群空间指引

产业集群的形成和发展是政府和市场共同租用的结果。地方政府通过产业政策引导、提供公共物品和服务，对于产业集群的发展有着重要的影响。为了促进产业集群的形成和发展，根据企业的发展空间集聚和区域条件提出发展空间指引政策。

1. 引导原则

产业集聚引导应当遵循区域协作、强化优势、分类引导和利益共享的原则。第一，应当加强与中心城区和海淀、朝阳等区域在区位和产业上的相互衔接，促进丰台区域整体的竞争力。第二，必须依托现有的优势产业，引导和强化产业的集群化发展。第三，分类引导原则，按照不同产业对于集群化发展的内在客观规律，制定针对不同类型产业的空间集群引导对策。

2. 空间指引

按照不同类型产业要求将产业分为集聚引导和非集聚引导。在集聚引导产业中又可分为政府需要强化集聚引导和一般集聚引导。结合丰台区目前的发展现状，采用以下指引策略。

强化集聚型产业主要包括金融业、科研技术服务业。

一般集聚型产业主要包括建筑业、服装业、物流业。

非引导集聚型产业主要包括餐饮娱乐、文化办公、房地产业。

第六章　海淀园（核心区）土地利用效率评价

中关村国家自主创新示范区起源于20世纪80年代初，最初是由位于海淀区的“中关村电子一条街”，逐步经历“北京市新技术产业开发试验区”“中关村科技园区海淀园”“中关村国家自主创新示范区核心区”等发展阶段，最终形成由海淀园、丰台园、昌平园、电子城、亦庄园、德胜园、石景山园、雍和园、通州园、大兴生物医药产业基地以及市人民政府根据国务院批准划定的其他区域等多园构成，形成了“一区多园”各具特色的发展格局。为了突出海淀园的核心地位，2009年4月北京市人民政府发布了《关于同意加快建设中关村国家自主创新示范区核心区的批复》（京政函［2009］24号）并指出：“同意中关村科技园区海淀园作为中关村国家自主创新示范区核心区”，将中关村科技园区海淀园作为示范区的核心区。

一、海淀园（核心区）空间规划与土地利用效益

核心区以北京大学、清华大学、中国科学院等著名学府和研究机构为依托，截至2015年，先后建设有10个专业园区和产业基地，20个大学科技园，44个开放实验室，孵化器51个，1个中关村高端人才创新基地。现有从业人员50万人，大专以上文化程度的占70%以上，硕士以上占17.5%，其中研究与实验发展人员超过40%。留学归国人员近10年来年均增长超过20%，32人入选中央“千人计划”，40人入选北京“聚海工程”。经济总量多年在全国54个国家级高新区名列前茅。园区有国家级高新技术企业5315家，中关村高新技术企业达12000余家，规模以上企业完成收入1.63万亿元[1]。园区企业科技活动经费支出371.6亿元。园区技术合同成交额突破1000亿元。发明专利授权量9048件。自主品牌、自主知识产权产品出口额位居全市第一。

---

[1] 资料来源：海淀区政府 http://www.bjhd.gov.cn/kejichuangxin/meilihexinqu/201411/t20141126_668944.htm.

（一）核心区空间与产业发展规划

海淀区全区面积430.77km^2。2012年10月13日，《国务院关于调整中关村国家自主创新示范区空间规模和布局的批复》（国函［2012］168号）原则同意对中关村国家自主创新示范区空间规模和布局进行调整。其中，海淀园规划面积扩容至174.06km^2，占全区面积的40%。海淀园重点功能区也在不断调整中，2009年园区规划以构筑“两心四区网络型开放式”的空间结构，强化突出“中关村科技园区核心”和“海淀山后科技创新中心”两心，协调发展东部科技产业区、北部城市新区、南部现代服务区、西部生态休闲旅游区四大功能区的空间结构。近几年园区发展思路不断朝向精致化和准确定位。2015年园区重点功能区调整为中关村科学城、北部生态科技新区（中关村科技中心区CID）、一城三街（中关村软件城、知识产权与标准化一条街、创新创业孵化一条街、科技金融一条街）。本书在原课题研究的基础上，依然着重分析中部的科技研发聚集区（涵盖中关村科学城和中关村西区）和北部生态科技新区（中关村科技中心区CID）的土地利用效率问题。

1. 北部研发服务和高新技术产业聚集地

（1）空间规划

海淀北部地区占地226km^2，具有一山三水的自然生态格局，西山林地和翠湖湿地成为区域生态核心。交通便利，已形成北清路、六环路、园清路、温阳路等组成的“五纵、五横”路网体系，地铁13号线、16号线等构成的轨道交通网。北部定位为科技创新基地、城乡统筹发展的典范地区和生态环境一流的生态化科技新城。

在空间布局上，将构建“一心、一带、多组团”的空间结构：“一心”——保护以翠湖国家城市湿地公园为核心的生态绿心，与产业带融合发展，为高科技产业发展提供良好的生态环境本底；“一带”——沿“北清路—七北路”为轴线，建设高技术产业发展聚集带，围绕轨道交通形成公共服务中心，完善居住、商业等配套设施，建设综合性的城市发展带；“多组团”——结合五大产业功能区建设，带动周边区域的空间整合，加强城市居住功能、完善产业配套、公共服务等设施，重点形成四个产业集聚、生活便利、设施配套、环境良好的功能组团。

（2）产业规划

北部研发服务和高新技术产业聚集地共规划了五大产业板块：

① 软件与信息服务业板块。空间涵盖上地信息产业基地、中关村软件园（一、二期）。北大科技园（上地园区）和硅谷亮城，占地规模约 $5.5km^2$，可用于发展产业的建筑面积约 550 万平方米。产业发展方向：发挥园区在移动通信领域技术和标准研发优势，针对移动通信、互联网、物联网以及数字电视制定标准，抢占信息通信产业制高点；依托中国科学院“龙芯”产业化重大项目，带动计算机芯片、集成电路设计制造、通信设备等相关产业发展。重点发展领域：包括有基于“云安全”概念的信息安全软件，满足企业信息化需求的应用软件与服务，支持网络游戏，基于无线阅读、存储、数字内容版权保护、交易的网络出版技术与平台，基于云计算、物联网、移动增值服务、网络信息检索等互联网服务。

② 永丰新材料产业板块。空间涵盖永丰产业基地及周边新拓展纳入园区的用地范围，占地规模约 $14.2km^2$，可用于发展产业的建筑面积约 920 万平方米。产业发展方向：纳米材料、生物医用材料、新能源与环保材料、航空航天材料等领域的总部和研发性企业。重点发展领域：基于建材、化工、纺织、环保等领域的纳米材料，基于矫形外科、心脑血管系统修复、硬组织替代的生物医用材料，基于燃料电池材料、高容量储氢材料、环境工程材料、可降解材料等领域关键材料制造提纯工艺和装备等的新能源与环保材料，基于钛和钛合金材料、镁和镁合金材料、碳纤维复合材料等领域的航空航天材料。

③ 信息通信产业板块。空间涵盖翠湖科技园及东扩区，占地规模约 $14.9km^2$，可用于发展产业的建筑面积约 1200 万平方米。产业发展方向：移动通信技术、宽带接入网技术、下一代网络关键技术等领域的总部和研发性企业。重点发展领域：新一代宽带移动通信技术、宽带接入网技术与设备，并重点推进以因特网和电信网融合为标志的下一代网络（NGN）关键技术与服务。

④ 生物工程与新医药产业板块。空间涵盖温泉科技产业基地及其南侧、西侧、北侧新纳入园区用地，占地规模约 $3.8km^2$，可用于发展产业的建筑面积约 200 万平方米。产业发展方向：医药生物技术，检测、诊断试剂和生物芯片，制药工艺创新，农业生物新技术等领域的总部和研发性企业。重点发展领域：以新型疫苗、基因工程药物为重点的医药生物技术，检测、诊断试剂和生物芯片，中药、化学药的新药创制、制剂技术及制药工艺创新，农业生物新技术开发。

⑤ 新能源与环保产业板块。空间涵盖上庄路北端新增产业用地，占地规模约 $4.15km^2$，可用于发展产业的建筑面积约 207 万平方米。产业发展方向：

新能源、环保产业等领域的总部和研发性企业。重点发展领域：太阳能设备及相关技术，大型风电机组成套装备及相关技术，地热资源开发利用与环境影响评估技术，污水处理的新技术、新工艺与集约化设备，空气污染防治与监测，再生资源利用的技术和设备。

2. 中部研发、技术服务和高端要素聚集区

（1）空间规划

中关村科学城。区域范围“东至原八达岭高速和新街口外大街，北至北五环及小营西路以南，西至西三环、苏州街和万泉河快速路，南至西北二环、西外大街和紫竹园路，以及沿中关村大街、知春路和学院路轴线形成的辐射区域”，总面积约75km^2，是中关村国家自主创新示范区核心区的核心。该区域集聚了清华、北大等27所国家重点高等院校、中科院等30多家研究所、25家国家工程技术研究中心、20余家国家工程研究中心和62家国家级重点实验室，承担13项国家科技重大专项的核心任务。

中关村西区。地处海淀区中部，是中关村科技园区海淀园的核心区域。其东起中关村大街、西至苏州街、北起北四环路、南至海淀南路。规划占地面积为94.6公顷，总建筑面积340万平方米。

（2）产业规划

中关村科学城。以中关村大街为核心，打造“中关村生命科学与新材料高端要素聚集发展区”；以知春路为核心，打造“中关村航空航天技术国际港”；以学院路为核心，打造“中关村信息网络世纪大道”。主导产业：着力发展新一代信息技术、节能环保、航空航天、生物、新材料、新能源、新能源汽车、高端装备制造八大战略性新兴产业的高端环节。

中关村西区。按照中关村西区以技术创新与科技成果转化和辐射为核心，以科技金融服务为重点，以高端人才服务、科技中介服务和政府公共服务为支撑的创新要素聚集功能区的功能定位，中关村西区的空间分为六大功能区：科技金融要素聚集区、科技中介服务区、科技型企业总部聚集区、创新产业聚集区、新技术新产品交易及展示区、高端人才公共服务区。

北部研发服务和高新技术产业聚集地以及中部研发、技术服务和高端要素聚集区所在街道，详见表6－1所列。由于一个乡镇可能包含几个科技园区，为了较好地比较各个区位土地利用效益，本书按照海淀区中部、上地区域、上庄地区、苏家坨镇、温泉镇和西北旺镇六个区域进行比较。

表6－1 各分园区所在街道

北部研发服务和高新技术产业聚集地	
文化教育基地	苏家坨镇
苏家坨科技产业基地Ⅰ	苏家坨镇
苏家坨科技产业基地Ⅱ	苏家坨镇
国际教育园	苏家坨镇
农林园	上庄镇
上庄科技产业基地	上庄镇
永丰产业基地	西北旺镇
航天城	西北旺镇、温泉镇
西北旺科技产业基地Ⅰ	西北旺镇
西北旺科技产业基地Ⅱ	西北旺镇
上地信息产业基地	上地街道
中关村软件园	上地街道
中关村创新园	苏家坨镇、上庄镇、西北旺镇
环保园	温泉镇
温泉科技产业基地Ⅰ	温泉镇
温泉科技产业基地Ⅱ	温泉镇
温泉科技产业基地Ⅲ	温泉镇
中部研发、技术服务和高端要素聚集区	
中关村科学城与中关村西区	中关村街道、学院路街道、北太平庄街道、燕园街道、花园路街道、清华园街道和海淀街道

（二）核心区制造业土地利用效益分析

不同产业的土地耗用量不同，而每一单位土地所能够产出的营业收入，说明了该行业利用土地的效益。效益愈高，表明其土地利用愈集约，有助于土地的集约节约利用。

1. 传统制造业和现代制造业土地利用效益

根据数据分析，目前海淀区传统制造业[1]中各类型制造业土地利用效益差

[1] 现代制造业计有：通信设备计算机及其他电子设备制造业、通用设备制造业、专用设备制造业、电气机械及器材制造业、仪器仪表及文化办公用机械制造业、交通运输设备制造业、医药制造业、化学原料及化学制品制造业、印刷业和记录媒介的复制。由于橡胶制品业、金属制品业、非金属矿物制品业当中，只有少数分支行业属于现代制造业，故在此不列入现代制造业。其他非现代制造业的行业，均归入传统制造业。

距较大。橡胶制造业、工艺品及其他制造业以及农副食品加工业土地利用效益较高，单位面积均超过了 1 万元。而位于末 3 位的非金属矿物制品业、木材加工制品业以及废弃资源和废旧材料回收加工业单位面积效益均不足千元，远低于排名前三的传统制造业。传统制造业的土地利用效益平均水平为 3146 元/m^2。传统制造业土地利用效益如表 6－2 所示。

表 6－2　传统制造业土地利用效益

名次	行业名称	单位面积土地营业收入（千元/m^2）
1	橡胶制品业	10. 93
2	工艺品及其他制造业	10. 70
3	农副食品加工业	10. 13
4	石油加工、炼焦及核燃料加工业	9. 28
5	有色金属冶炼及压延加工业	8. 38
6	纺织业	6. 80
7	金属制品业	5. 97
8	食品制造业	4. 67
9	造纸及纸制品业	4. 66
10	皮革、毛皮、羽毛（绒）及其制品业	4. 51
11	塑料制品业	3. 97
12	纺织服装、鞋、帽制造业	3. 45
13	黑色金属冶炼及压延加工业	3. 25
14	文教体育用品制造业	3. 01
15	家具制造业	2. 64
16	饮料制造业	1. 54
17	非金属矿物制品业	0. 94
18	木材加工及木、竹、藤、棕、草制品业	0. 46
19	废弃资源和废旧材料回收加工业	0. 01

注：海淀区的化学纤维制造业与煤炭开采和洗选业分别仅有二家，且化学纤维制造业在第二次经济普查数据中存在部分缺失，因故不予统计。

与传统制造业类似，现代制造业中不同类型制造业的土地利用效益差异也很大，但是整体而言是高于传统制造业的。数据分析结果是，现代制造业的土地利用效益平均水平为 17372. 4 元/m^2。其中，通信设备、计算机及其他电子设备制造业、专用设备制造业和电气机械及器材制造业的土地利用效益排名前三，且通信设备、计算机及其他电子设备制造业的效益远高于其他制造业。而印刷业和记录媒介的复制业的土地利用效益最低，但亦超过了传统制造业的平均水平。如表 6－3 所示。

表 6－3　现代制造业土地利用效益

名次	行业名称	单位面积土地营业收入（千元/m²）
1	通信设备、计算机及其他电子设备制造业	55.39
2	专用设备制造业	17.59
3	电气机械及器材制造业	15.71
4	仪器仪表及文化、办公用机械制造业	15.34
5	医药制造业	10.42
6	通用设备制造业	9.14
7	化学原料及化学制品制造业	4.89
8	交通运输设备制造业	3.64
9	印刷业和记录媒介的复制	3.23

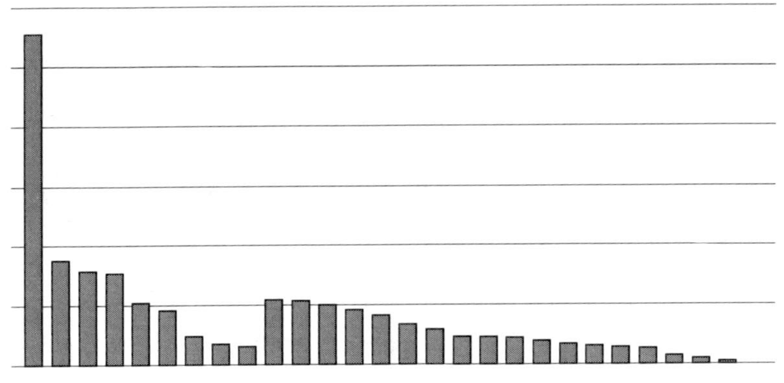

图 6－1　海淀区传统与现代制造业土地利用效益比较

2. 核心区分园区土地利用效益

中部研发、技术服务和高端要素聚集区（简称中部）包含中关村科学城和中关村西区，该区域包含中关村街道、学院路街道、北太平庄街道、燕园街道、花园路街道、清华园街道和海淀街道；上地街道内含上地信息产业基地、中关村软件园；上庄镇园区包含农林园和上庄科技产业基地以及中关村创新园部分；苏家坨园区包含文化教育基地、苏家坨科技产业基地、国际教育园和中关村创新园部分；温泉镇园区包含航天城部分、环保园和温泉镇科技产业基地；西北旺镇园区包含永丰产业基地、航天城部分、西北旺科技产业基地和中关村创新园部分。

表6－4和表6－5是海淀区分园区传统制造业的土地利用情况。从表格中可以很清晰地看出海淀区土地利用效益存在较大差异，表现在三个方面，一是同一产业不同地区差异巨大，以黑色金属冶炼及压延工业为例，该产业在中部科学城的土地利用效益是温泉镇的66倍；二是海淀各分园平均土地利用效益差距很大，中部平均土地利用效益是西北旺镇的106倍；三是在苏家坨、温泉和西北旺镇的废弃资源和废旧材料回收加工业土地利用效益不足百元。

表6－4　海淀区分园区传统制造业土地利用效益

序号	行业名称	单位面积土地营业收入（千元/m²）					
		中部	上地	上庄	苏家坨	温泉	西北旺
1	黑色金属冶炼及压延工业	87.98	74.38	7.13	2.26	1.33	—
2	农副食品加工业	29.95	8.02	3.34	0.24	0.46	2.66
3	皮革、毛皮、羽毛及其制品业	22.57	—	—	—	—	4.07
4	食品制造业	20.98	1.90	4.12	0.06	2.17	2.13
5	文教体育用品制造业	18.02	—	—	0.02	2.68	0.23
6	橡胶制品业	14.80	—	8.46	—	2.33	0.71
7	金属制品业	10.36	11.98	0.60	2.23	7.61	1.03
8	工艺品及其他制造业	7.90	2.58	3.23	—	0.88	0.37
9	石油加工、炼焦及核燃料加工业	5.91	—	—	1.58	—	—
10	家具制造业	5.70	—	1.17	13.31	0.37	1.20
11	造纸及纸制品业	3.20	—	2.60	1.90	1.39	2.03
12	塑料制品业	2.92	1.28	—	3.15	23.44	1.87
13	纺织业	2.79	—	14.81	13.78	19.14	2.84
14	非金属矿物制品业	2.57	3.93	1.96	2.41	1.02	0.21
15	纺织服装、鞋、帽制造业	1.84	1.18	13.40	1.15	4.34	9.01
16	有色金属冶炼及压延工业	1.21	—	31.85	2.41	3.46	18.87
17	饮料制造业	—	0.08	0.51	0.08	0.65	0.64
18	木材加工及木、竹、藤、棕、草制品制造	—	—	0.60	0.10	—	1.80
19	废弃资源和废旧材料回收加工业	—	—	—	0.00	0.04	0.00

表 6 –5　海淀区分园区传统制造业平均土地利用效益和收益最高最差产业　单位：万元/m^2

园区	平均土地收益	土地收益最高产业		土地收益最差产业	
		行业名称	土地收益	行业名称	土地收益
中部	5.96	黑色金属冶炼及压延工业土地利用效益较高	8.7	有色金属冶炼及压延工业	1.21
上地	5.68	有色金属冶炼及压延工业	74.38	饮料制品业	0.08
上庄	0.25	有色金属冶炼及压延工业	31.85	饮料制品业	0.51
苏家坨	0.17	纺织业	13.78	废弃资源和废旧材料回收加工业	0.00
温泉	0.578	塑料制品业	23.44	废弃资源和废旧材料回收加工业	0.04
西北旺	0.056	有色金属冶炼及压延工业	18.87	废弃资源和废旧材料回收加工业	0.00

表 6 –6 和表 6 –7 是海淀区分园区现代制造业的土地利用效益情况。从表格中可以看出海淀区分园区现代制造业的三个特点，一是同一产业在不同园区的单位面积土地效益差异很大，例如，通信设备、计算机及其他电子设备制造业土地效益上地产业园是苏家坨镇的 123 倍；二是各产业园平均土地利用效益差异很大，上地产业园的土地利用效益是上庄镇的 18 倍；三是北部上庄、苏家坨和温泉三个乡镇内的现代制造业土地利用效益不足百元，显示新建园区的产业发展亟待提升，现代制造业优势不明显。

表 6 –6　海淀区分园区现代制造业土地利用效益

序号	行业名称	单位面积土地营业收入（万元/ m^2）					
		中部	上地	上庄	苏家坨	温泉	西北旺
1	通信设备、计算机及其他电子设备制造业	36.75	72.59	6.51	0.61	5.61	50.38
2	专用设备制造业	32.37	15.37	7.98	3.53	3.49	3.69
3	仪器仪表及文化、办公用机械制造业	20.72	51.05	8.03	10.77	3.52	24.23
4	电器机械及器材制造业	10.91	32.46	3.73	2.09	4.26	5.97
5	通用设备制造业	9.56	46.82	2.12	1.01	1.08	2.48
6	医药制造业	5.86	30.92	5.98	0.97	1.61	0.71
7	化学原料及化学制品制造业	4.85	17.02	1.72	5.53	8.15	6.04
8	印刷业和记录媒介的复制	2.92	4.02	0.54	2.51	2.47	3.03
9	交通运输设备制造业	1.43	6.67	—	0.29	3.86	0.85

表6-7 海淀区分园区现代制造业平均土地利用效益和收益最高最差产业 单位：万元/m²

园区	平均土地收益	土地收益最高产业		土地收益最差产业	
		行业名称	土地收益	行业名称	土地收益
中部	1.11	通信设备、计算机及其他电子设备制造业	3.675	交通运输设备制造业	0.143
上地	5.75	通信设备、计算机及其他电子设备制造业	7.259	印刷业和记录媒介的复制	0.402
上庄	0.3068	仪器仪表及文化、办公用机械制造业	0.803	印刷业和记录媒介的复制	0.054
苏家坨	0.3723	仪器仪表及文化、办公用机械制造业	1.077	交通运输设备制造业	0.029
温泉	0.3485	化学原料及化学制品制造业	0.815	通用设备制造业	0.108
西北旺	1.0694	通信设备、计算机及其他电子设备制造业	5.038	医药制造业	0.071

二、海淀园（核心区）产业生产效率分析

根据《中关村国家自主创新示范区核心区“十二五”时期发展规划(2011—2015年)》的统计，“十一五”期间，核心区电子信息产业领先优势不断增强，形成两个千亿级产业集群。2005—2010年，电子信息产业收入从1727亿元增加到4369亿元，占我国电子信息产业总收入的比重从4.5%上升到5.6%，领先优势进一步增强，其中软件与信息服务业从975亿元增加到2260亿元，年均增长18.3%，计算机设备业从645亿元增加到1581亿元，年均增长19.6%。

与此同时“十一五”期间，新能源、节能环保等产业高速发展，形成一批新的百亿级产业集群。2005—2010年，核心区新能源、节能环保产业均保持了年均20%以上的高速增长，其中新能源产业从170亿元增加到653亿元，节能环保产业从45亿元增加到130亿元。2010年新材料产业实现收入391亿元，生物医药产业实现收入119亿元，先进制造业实现收入306亿元。

（一）制造业生产效率分析

1. 按照企业绝对投入量和绝对产出量比较

根据第二次经济普查的调查结果，传统制造业中，海淀区共有从业人员将近5万人，营业收入达271.8亿元，期末资产总计375.8亿元，共占地864万平方米，其中，非金属矿物制品业和金属制品业提供的就业机会最多，而非金属矿物制品业资产总量也是最多、占地面积也最大，石油加工、炼焦及核燃料加工业的营业收入则最高。现代制造业中，海淀区共有从业人员约16万人，营业收入达1188.82亿元，期末资产总计1329.1亿元，共占地约684万m^2。其中通信设备、计算机及其他电子设备制造业规模最大，该产业期末从业人员、营业收入、资产总计均排在现代制造业的第一位，占地面积排第二位。化学原料及化学制品制造业占地面积最大。

在制造业企业的投入要素“土地”“劳动力”以及“资产”中，每一家企业均投入了“劳动力”以及“资本”，但并非每一家企业均占用了“土地”，因此，企业对土地的占用可再分为占用“土地”以及占用楼宇的“楼地板”。基于统计数据的限制，此处所指企业平均占用土地面积，是指该行业全体企业能分得的行业总占用土地量。尽管无法明确区分出占用楼宇的“楼地板”的企业，但仍能从平均的角度，比较各行业内企业平均占用的土地面积。其他生产要素以及产出则不存在此问题，故其平均值是各企业平均实际投入量。

以海淀区全体制造业为范围，各企业平均占用的土地面积为4567.55m^2。其他生产要素方面，平均的劳动力投入为61.98人、平均总资产投入为5029.252万元，平均主营业务收入为4227.587万元。

同时，本书还给出了海淀区制造业各行业中，在土地投入、劳动力投入、总资本投入方面的前三名和后三名行业，见表6－8。可以看出排名在前三名的行业都是海淀区的重点行业。其中通信设备、计算机及其他电子设备制造业在总占用面积、劳动力投入、总资本投入方面都表现最佳，在解决就业问题上在海淀区都占有举足轻重的地位。

在产出方面，表6－9给出了主营业务收入排名前三的行业，这三个行业均为海淀区重点行业。其中通信设备、计算机及其他电子设备制造业的产出水平远高于其他制造业，表明该制造业对于园区的经济贡献比重较大。同时该产业也是高投入产业，故通信设备、计算机及其他电子设备制造业在海淀区中有着举足轻重的作用。

表 6－8 海淀区制造业按总占地面积、劳动力、资本投入排序的前三名和后三名行业

按行业总占用土地面积比较					
名次	产业名称	土地投入（m^2）	名次	产业名称	土地投入（m^2）
1	非金属矿物制品业	5299486	26	文教体育用品制造业	17913
2	化学原料及化学制品制造业	1478840	27	皮革、毛皮、羽毛（绒）及其制品业	5040
3	通信设备、计算机及其他电子设备制造业	1256594	28	废弃资源和废旧材料回收加工业	830
按行业总劳动力人数比较					
名次	产业名称	劳动力投入数量（人）	名次	产业名称	劳动力投入数量（人）
1	通信设备、计算机及其他电子设备制造业	55948	26	皮革、毛皮、羽毛（绒）及其制品业	282
2	仪器仪表及文化、办公用机械制造业	19753	27	木材加工及木、竹、藤、棕、草制品业	101
3	专用设备制造业	19121	28	废弃资源和废旧材料回收加工业	24
按行业总资本投入比较					
名次	产业名称	资本投入数量（亿元）	名次	产业名称	资本投入数量（亿元）
1	通信设备、计算机及其他电子设备制造业	645.05	26	文教体育用品制造业	0.66
2	非金属矿物制品业	155.80	27	皮革、毛皮、羽毛（绒）及其制品业	0.595
3	专用设备制造业	154.64	28	废弃资源和废旧材料回收加工业	0.518

表 6－9 海淀区制造行业按总主营业务收入排序的前三名和后三名行业

名次	产业名称	主营业务收入（亿元）	名次	产业名称	主营业务收入（亿元）
1	通信设备、计算机及其他电子设备制造业	689. 90373	26	皮革、毛皮、羽毛（绒）及其制品业	0. 20197
2	专用设备制造业	111. 14615	27	木材加工及木、竹、藤、棕、草制品业	0. 09651
3	仪器仪表及文化、办公用机械制造业	98. 79370	28	废弃资源和废旧材料回收加工业	0. 00005

2. 按照企业平均投入量和平均产出量比较

表 6－10 是海淀区制造业按照平均占地面积、平均劳动力和平均资本投入比较得出的前三名和后三名。其中，排在第一位的是石油加工、炼焦及核燃料加工业，在平均占地面积、平均劳动力、平均资本投入方面远远领先于其他产业的企业，这进一步印证了该产业单位企业规模庞大，但该行业并不是海淀区重点行业。在平均占地面积和平均劳动力方面，排在第二位的非金属矿物制品业是海淀区的重点行业。平均占地面积排在第三的饮料制造业不是重点行业，同时其劳动力人数和资本投入都不高，显示该产业单位企业土地投入量大，但是产出并不高，表明该类型企业土地产出效率较低。在平均资本投入方面，排名二、三的橡胶制品业和非金属矿物制品业均为重点行业。

表 6－10 海淀区制造业按平均占地面积、平均劳动力和平均资本投入排序的前三名和后三名行业

按行业平均占用土地面积比较					
名次	产业名称	企业平均占用土地面积（m^2）	名次	产业名称	企业平均占用土地面积（m^2）
1	石油加工、炼焦及核燃料加工业	121691. 43	26	皮革、毛皮、羽毛（绒）及其制品业	1008
2	非金属矿物制品业	52994. 86	27	文教体育用品制造业	778. 83
3	饮料制造业	18910. 36	28	废弃资源和废旧材料回收加工业	138. 33

续表

按行业平均劳动力人数比较					
名次	产业名称	单位企业劳动力投入数量（人）	名次	产业名称	单位企业劳动力投入数量（人）
1	石油加工、炼焦及核燃料加工业	304.14	26	文教体育用品制造业	14.87
2	非金属矿物制品业	121.88	27	木材加工及木、竹、藤、棕、草制品业	6.31
3	黑色金属冶炼及压延加工业	115	28	废弃资源和废旧材料回收加工业	4
按行业平均资本投入比较					
名次	产业名称	单位企业资本投入数量（亿元）	名次	产业名称	单位企业资本投入数量（亿元）
1	石油加工、炼焦及核燃料加工业	5.755	26	有色金属冶炼及压延加工业	0.045
2	橡胶制品业	1.614	27	家具制造业	0.0396
3	非金属矿物制品业	1.558	28	文教体育用品制造业	0.0286

表6－11是海淀区制造业平均产出比较的前三名和后三名行业。单位企业主营业务收入产出最大的依然为石油加工、炼焦及核燃料加工业，产出规模几乎是排在第二位的通信设备、计算机及其他电子设备制造业的10倍。

表6－11　海淀区制造行业按企业平均主营业务收入排序的前三名与后三名行业

名次	产业名称	单位企业主营业务收入（亿元）	名次	产业名称	单位企业主营业务收入（亿元）
1	石油加工、炼焦及核燃料加工业	11.136	26	文教体育用品制造业	0.0224
2	通信设备、计算机及其他电子设备制造业	1.165	27	木材加工及木、竹、藤、棕、草制品业	0.00603
3	黑色金属冶炼及压延加工业	0.509	28	废弃资源和废旧材料回收加工业	0.0000083

3. 生产效率分析

在生产效率的表现方面，传统制造业中，行业效率最高的为石油加工、炼焦及核燃料加工业和有色金属冶炼及压延工业，在0到1的效率评量当中，其效率值达到最高的1；效率最低的为废弃资源和废旧材料回收加工业，效率值为0.0001；传统制造业平均效率值则为0.456。现代制造业中，通信设备、计算机及其他电子设备制造业效率值为1。除去效率最高的行业外，产业群内部效率比较接近，平均效率值则为0.552。

通过对比发现，海淀区现代制造业在从业人员、营业收入、资产以及工业占地的规模，均远大于传统制造业，同时，现代制造业的生产效率也大于传统制造业，分行业的生产效率均大于0.6，表现远优于现代制造业，见表6－12。这是海淀区20多年来大力发展的成果，符合核心区的战略规划。

表6－12　海淀区传统与现代制造业基本情况

	从业人员（万人）	营业收入（亿元）	资产（亿元）	工业占地（万 m^2）	生产效率（0－1）
传统制造业	4.9	271.8	375.8	864	0.456
现代制造业	16	1188.82	1329.1	684	0.552

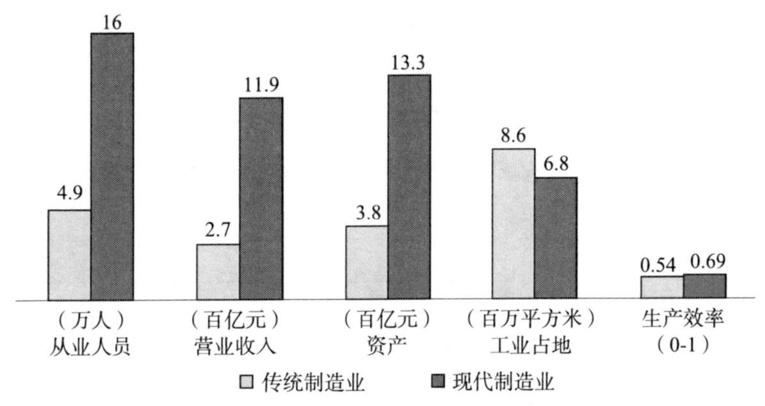

图6－2　海淀区传统与现代制造业基本情况比较

4. 分园区制造业生产效率比较

表6－13和表6－14是海淀区分园区传统制造业与现代制造业生产效率比较分析表。从表中可以看出，在中部研发、技术服务和高端要素聚集区，不论传统制造业还是现代制造业，其平均生产效率都高于其他五个区域，说明该区域在固定的从业人员、资产和工业占地面积下，产出效率最高。分园区来看，

各园区内优势产业和劣势产业具有一定差异性。中部和上地地区的现代制造业中的通信设备、计算机及其他电子设备制造业的生产效率最高，这表明与海淀区信息产业高度发达有密切关系。海淀区废弃资源和废旧材料回收加工业效率低，这显示出海淀区的环保科技产业并没有带动该产业的发展，科技投入缺乏使其效率十分低，亟须强化科技研发投入。

表 6-13　海淀区分园区传统制造业与现代制造业平均生产效率比较

区域	产业	从业人员（人）	营业收入（亿元）	资产（亿元）	工业占地（万平方米）	生产效率（0-1）
中部	传统制造业	7835	68.39	69.18	115.14	0.52
	现代制造业	44756	372.44	567.31	335.22	0.54
上地	传统制造业	1790	11.32	13.59	19.93	0.346
	现代制造业	29218	507.37	313.39	88.30	0.476
上庄	传统制造业	881	2.82	5.94	11.11	0.363
	现代制造业	658	1.68	1.41	5.48	0.339
苏家坨	传统制造业	1297	3.00	3.26	17.60	0.312
	现代制造业	2407	7.23	9.61	19.41	0.285
温泉	传统制造业	3404	7.66	8.11	13.25	0.412
	现代制造业	1969	4.33	3.93	12.43	0.598
西北旺	传统制造业	3139	4.51	7.00	8.03	0.404
	现代制造业	5146	25.06	31.16	23.44	0.594

表 6-14　海淀区分园区传统制造业与现代制造业最高和最低生产效率行业比较

区域	产业	生产效率最高行业		生产效率最低行业	
		名称	效率值	名称	效率值
中部	传统制造业	农副食品加工业 黑色金属冶炼及压延工业 石油加工、炼焦及核燃料加工业	1	纺织业	0.156
	现代制造业	通信设备、计算机及其他电子设备制造业	1	相对平均	—
上地	传统制造业	有色金属冶炼及压延工业	1	饮料制造业	0.0035
	现代制造业	通信设备、计算机及其他电子设备制造业	1	印刷业和记录媒介的复制	0.199

续表

区域	产业	生产效率最高行业		生产效率最低行业	
		名称	效率值	名称	效率值
上庄	传统制造业	食品制造业和有色金属冶炼及压延工业	1	饮料制造业	0.0548
	现代制造业	仪器仪表及文化、办公用机械制造业	0.834	通用设备制造业	0.1839
苏家坨	传统制造业	家具制造业 纺织业	1	废弃资源和废旧材料回收加工业	0.032
	现代制造业	仪器仪表及文化、办公用机械制造业	0.7876	交通运输设备制造业	0.034
温泉	传统制造业	纺织服装、鞋、帽制造业	1	废弃资源和废旧材料回收加工业	0.027
	现代制造业	专用设备制造业	1	印刷业和记录媒介的复制	0.3465
西北旺	传统制造业	有色金属冶炼及压延工业	1	废弃资源和废旧材料回收加工业	0
	现代制造业	交通运输设备制造业 通信设备、计算机及其他电子设备制造业	1	医药制造业	0.0727

分园区来看，中部区现代制造业在从业人员、营业收入、资产以及工业占地的规模，均远大于传统制造业，现代制造业的生产效率略大于传统制造业。

上地街道园区的现代制造业在从业人员、营业收入、资产以及工业占地的规模，均远远超过传统制造业，且现代制造业的生产效率要高于传统的制造业，发展态势良好。

上庄镇园区传统制造业在从业人员、营业收入、资产以及工业占地的规模，略大于现代制造业，且传统制造业的生产效率也略大于现代制造业，该地区的现代制造业亟待发展。

苏家坨镇园区现代制造业在从业人员、营业收入、资产以及工业占地的规模，均大于传统制造业，但传统制造业的生产效率大于现代制造业。该地区的现代制造业生产效率是各园区里最低的一个区域。

温泉镇园区的现代制造业在从业人员、营业收入、资产以及工业占地的规模等方面均不敌传统制造业，但现代制造业的生产效率要大于传统制造业，且现代制造业行业内部效率值更加接近。该地区的现代制造业规模还需要进一步扩大。

西北旺镇园区的现代制造业在从业人员、营业收入、资产以及工业占地的规模，均远远超过传统制造业，且现代制造业的生产效率要高于传统的制造业，发展态势良好。

（二）服务业生产效率分析

1. 按照企业绝对投入量和绝对产出量比较

根据第二次经济普查的调查结果，传统服务业中[1]，海淀区共有从业人员约71.5万人，营业收入约9181亿元，资产总计约5900亿，其中，铁路运输业的从业人员最多，批发业的营业收入和资产总计最多。现代服务业中，共有从业人员约101万人，营业收入4265亿元，资产总计约5.7万亿，其中，软件业的从业人员和营业收入最高，是现代服务业的主干力量，而银行业由于其特殊性，资产最多。

在服务企业的投入要素“土地”“劳动力”以及“资产”中，其企业对土地的占用主要是占用楼宇的“楼地板”。基于统计数据的限制，对于服务业的投入要素仅纳入“劳动力”以及“资产”。

以海淀区全体服务业为范围，各企业平均的劳动力投入为28.40人、平均总资产投入为1.026亿元；产出方面，单位企业营业收入的平均水平为0.221亿元。

如表6－15所示。在劳动力投入方面，排在第一位的铁路运输业劳动力投入远远多于后面的行业，表明该行业是一个劳动密集型产业。软件业是园区的重点行业，劳动力投入也很大，对容纳就业人口有帮助。在资本投入方面，投入资本产业最多的是银行业，是商业服务业的约4倍。该行业是资本高度密集的行业，这与银行业自身特点有关。排在第二位的商业服务业，资本投入是第三位批发业的两倍有余。

---

[1] 现代服务业计有：电信和其他信息传输服务业、计算机服务业、软件业、银行业、证券业、保险业、其他金融活动、房地产业、商务服务业、研究与实验发展、专业技术服务业、科技交流和推广服务业、地质勘察业、环境管理业、教育、卫生、社会保障业、新闻出版业、广播、电视、电影和音像业、文化艺术业、体育、娱乐业。其他非现代服务业的行业，均归入传统服务业。

表6－15　海淀区服务业按总劳动力、总资本投入排序的前三名和后三名行业

按行业总劳动力投入比较					
名次	产业名称	劳动力投入数量（人）	名次	产业名称	劳动力投入数量（人）
1	铁路运输业	323565	39	仓储业	632
2	软件业	184116	40	航空运输业	87
3	教育	143855	41	水上运输业	42
按行业总资本投入比较					
名次	产业名称	资本投入数量（亿元）	名次	产业名称	资本投入数量（亿元）
1	银行业	37204.61	39	水上运输业	0.920
2	商务服务业	8338.23	40	邮政业	0.481
3	批发业	3677.30	41	航空运输业	0.046

产出方面，海淀区主营业务收入最高的是批发业，其产出值是位列二、三位产业的约9倍和10倍。因批发业同样也是资本高投入行业，表明该行业对海淀区经济有很大的贡献。位列第二的软件业是园区重点行业。如表6－16所示。

表6－16　海淀区制造行业按总主营业务收入比较的前三名与后三名

名次	产业名称	营业收入（亿元）	名次	产业名称	营业收入（亿元）
1	批发业	7515.16	39	基层群众自治组织	0.08362
2	软件业	862.93	40	水上运输业	0.01163
3	零售业	796.20	41	航空运输业	0.00039

2. 按照企业平均投入量和绝对产出量比较

表6－17是海淀区服务业按照平均劳动力和平均资本投入的行业前三名和后三名情况。在劳动力投入情况方面，投入最多的是铁路运输业，远远领先于其他行业，与行业总体投入情况一致，进一步证实了该行业的劳动力密集性。劳动力紧随其后的是银行业和城市公共交通业。在资本投入方面，企业规模最为庞大的行业是总体投入最多的银行业，远远领先于其他行业，与银行业自身资本高度密集的特性吻合。

表 6－17 海淀区服务业按平均劳动力、平均资本投入排序的前三名和后三名行业

按行业企业平均劳动力投入比较					
名次	产业名称	单位企业劳动力投入数量（人）	名次	产业名称	单位企业劳动力投入数量（人）
1	铁路运输业	107855	39	批发业	11.29
2	银行业	7842	40	居民服务业	10
3	城市公共交通业	579.37	41	零售业	7.22
按行业企业平均资本投入比较					
名次	产业名称	单位企业资本投入数量（亿元）	名次	产业名称	单位企业资本投入数量（亿元）
1	银行业	18602.31	39	邮政业	0.011
2	铁路运输业	368.76	40	居民服务业	0.096
3	其他金融活动	23.39	41	群众团体、社会团体和宗教组织	0.009

在产出方面，表 6－18 是海淀区服务业按照平均主营业务收入的排名情况。排名第一位的是铁路运输业、位列次席的是银行业，均大幅度领先于其他行业。这是因为两个行业自身资本投入大，且一般个体规模远大于其他行业，故位列前茅。而在总产出方面最大的批发业、软件业和零售业因为单个规模小，所以未能排在前列。

表 6－18 海淀区服务业按企业平均主营业务收入排序的前三名与后三名行业

名次	产业名称	单位企业营业收入（亿元）	名次	产业名称	单位企业营业收入（亿元）
1	铁路运输业	140.93	39	群众团体、社会团体和宗教组织	0.00124
2	银行业	102.71	40	基层群众自治组织	0.00058
3	装卸搬运和其他运输服务业	1.077	41	航空运输业	0.00039

3. 生产效率分析

在生产效率的表现方面，传统服务业中，行业效率最高的为批发业，在 0 到 1 的效率评量当中，其效率值达到最高的 1，远高于其他行业，最低的为航空运输业，产业群内平均效率值为 0.00032。现代服务业中，效率最高的为计算机服务业和其他金融活动，其效率为 0.509，最低的为房地产业，其效率仅为0.06，产业群内平均效率值为0.225。如表6－19所示。

表6－19 海淀区传统服务业与现代服务业基本情况

	从业人员（万人）	营业收入（亿元）	资产（亿元）	生产效率（0－1）
传统服务业	71.5	9181	5900	0.286
现代服务业	101	4265	57000	0.225

通过对比发现，海淀区传统服务业虽然在营业收入上大于现代服务业，但是其吸纳就业人口的能力低于现代服务业，而且现代服务业资本含量远高于传统服务业。此外，现代服务业内各产业的效率值与传统服务业互有高低，现代服务业的生产效率优势不明显。如图6－3所示。

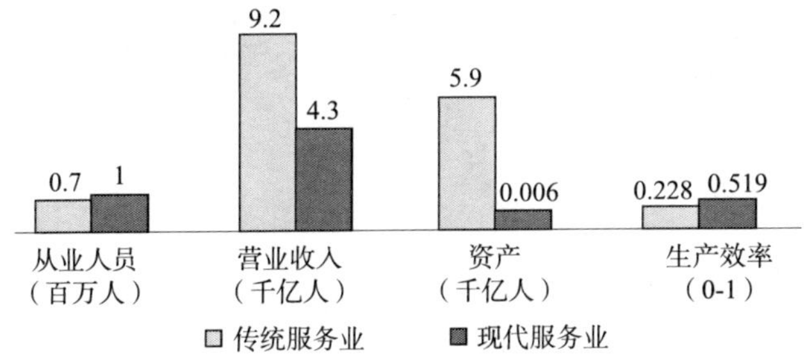

图6－3 海淀区传统服务业与现代服务业基本情况比较

4. 分园区生产效率比较

表6－20和表6－21是海淀区分园区传统服务业和现代服务业从业人员、营业收入和资产情况比较，可以看出，中部和上地两个区域吸引了大量的就业人口，营业收入也是海淀区的主要经济增长区。在北部四镇中，西北旺镇的从业人口、营业收入和资产总额都位于前列，说明该区域发展态势良好。上地区域的证券业和其他金融活动业生产效率相对较低，显示区域的科技与金融的结合程度还有进一步发展的空间，金融业为科技创新提供资金支持的力度还有待提高。中部的房地产业生产效率偏低，显示南部的发展空间不足，房地产业发展受到限制。从现代服务业发展状况来看，各区域都具有优势产业，但产业数量偏少，说明现代服务业的优势不明显。

表6－20　海淀区分园区传统服务业与现代服务业基本情况

区域	产业	从业人员（万人）	营业收入（亿元）	资产（亿元）	生产效率（0－1）
中部	传统服务业	14.44	4082.65	2437.37	0.405
	现代服务业	43.52	2407.77	9630.24	0.226
上地	传统服务业	1.41	162.73	89.84	0.400
	现代服务业	8.75	454.76	703.17	0.218
上庄	传统服务业	0.0949	1.94	2.87	0.617
	现代服务业	0.1142	3.05	14.46	0.349
苏家坨	传统服务业	0.2808	3.66	15.53	0.385
	现代服务业	0.3644	5.66	16.85	0.319
温泉	传统服务业	0.1478	3.63	3.00	0.555
	现代服务业	0.5650	23.27	70.54	0.489
西北旺	传统服务业	0.4462	12.37	13.39	0.536
	现代服务业	1.0930	24.41	73.03	0.406

表6－21　海淀区分园区传统服务业与现代服务业最高和最低生产效率行业比较

区域	产业	生产效率最高行业		生产效率最低行业	
		名称	效率值	名称	效率值
中部	传统服务业	批发业 社会福利业 装卸搬运和其他运输服务业	1	城市公共交通业	0.0054
	现代服务业	计算机服务业	0.4869	房地产业	0.0695
上地	传统服务业	仓储业和零售业	1	邮政业	0.094
	现代服务业	电信和其他信息传输服务业	1	证券业 其他金融活动业	0.199
上庄	传统服务业	餐饮业	1	租赁业	0.0378
	现代服务业	电信和其他信息传输服务业	1	娱乐业	0.0129
苏家坨	传统服务业	水利管理业 社会保障业 道路运输业	1	仓储业	0.049
	现代服务业	软件业	0.827	电信和其他信息传输服务业	0.0005

续表

区域	产业	生产效率最高行业		生产效率最低行业	
		名称	效率值	名称	效率值
温泉	传统服务业	批发业和住宿业	1	道路运输业	0.1613
	现代服务业	房地产业 研究与试验发展业	1	科技交流和推广服务业	0.071
西北旺	传统服务业	零售业 批发业和餐饮业	1	公共设施管理业	0.173
	现代服务业	专业技术服务业	0.948	研究与试验发展业	0.025

（三）海淀区制造业和服务业土地生产效率评价

1. 产业分类依据与聚类分类方法

研发与创新使得生产要素之间的关系也出现了改变。科技知识是企业再发展的重要资源，科技知识的提升源于资本的投入，而人力资本又是运用科技知识的资源，因此，随着人力资本的提高，部分劳动密集型产业逐渐转型为资本密集型产业，每单位产值对土地的需求也日益降低。鉴于各个行业基于其本身生产特性的不同，在生产要素的投入比例上本有不同，可分为资本密集以及劳力密集。

随着生产效率概念的不断深化，企业经营的成功与否，更重视的是每单位生产要素投入所能获得的产出。因此，若从生产效率的角度出发，资本密集以及劳力密集型产业的观念，可以转化为资本产出密集以及劳力产出密集型产业，再加上土地资源，则在追求生产效率的目标下，产业可以被分为“土地产出密集型”“资本产出密集”以及“劳力产出密集型”三个类型。

行业之间土地生产效率的比较，应基于“土地产出密集型”“资本产出密集型”以及“劳力产出密集型”三个类型行业群内部各自比较才具有经济意义。基于此，本书产业分类是依据人均营业收入、平均单位资本营业收入、地均营业收入进行，分类指标和指标意义见表6－22。本书依据以上行业分类指标体系对海淀区全部制造业和服务业子行业的生产效率情况进行了计算，分行业计算结果详见技术报告相关内容。

表 6－22 行业分类指标

制造行业		
产业分类指标	指标计算	指标意义
人均营业收入	$\frac{营业收入}{从业人员}$	反映行业单位从业人员的营业收入
平均资产营业收入	$\frac{营业收入}{资产}$	反映行业单位资产创造的营业收入
地均营业收入	$\frac{营业收入}{用地面积}$	反映行业单位用地面积创造的营业收入
服务行业		
产业分类指标	指标计算	指标意义
人均营业收入	$\frac{营业收入}{从业人员}$	反映行业单位从业人员的营业收入
平均资产营业收入	$\frac{营业收入}{资产}$	反映行业单位资产创造的营业收入

本次分类采用两阶段聚类法。所谓聚类是指将物理或抽象对象的集合分成由类似的对象组成的多个类的过程。两阶段聚类（two-step cluster analysis）是一种揭示数据集自然分组（分类）的探索性分析工具。其主要思想是用似然距离测度，假设聚类模型的变量均为自变量，即假设连续变量为正态（高斯）分布，分类变量为多项式分布，使用经验内部检验方法稳定自变量假设及分布假设的干扰，产生不同聚类数的判别信息，同时可以提供样本的变量重要性。两阶段聚类分析在计算中分 2 个阶段，第 1 阶段对原始记录进行分析，建立类别特征树。第 2 阶段利用特征树进行系统聚类，并根据 AIC（Akaike Information Criterion）值或 BIC（Bayes' Information Criterion）值大小和类间最短距离的变化情况来确定适宜的类别数。为了能够同时处理连续变量和分类变量，两阶段聚类法以对数似然值作为距离测量指标，两个类之间的距离由它们合并后以对数似然值的下降程度来表示。

本次聚类过程如下：运用人均营业收入、平均资本营业收入、地均营业收入，以对数似然法，做出聚类 1、2。再针对聚类内的对象使用杂讯处理，将落入全行业距离 75% 以外的行业视为离群行业，以最终得出两个聚类以及 6 个离群行业。聚类分析结果为海淀区确定重点行业和土地供给标准提供了依据。

依据两阶段聚类分析结果，海淀区的制造业被分为高人力与高土地产出密集型、人力产出密集型、高人力与高资本产出密集型以及低单位产值型。如

表 6 - 23 所示。

表 6 - 23 海淀区制造业聚类分析结果 （单位：千元）

<table>
<tr><th>特征</th><th>类型</th><th colspan="3">行　业</th></tr>
<tr><td rowspan="15">高人力与高资本产出密集型</td><td>离群</td><td colspan="3">石油加工、炼焦及核燃料加工业</td></tr>
<tr><td rowspan="2">单位产出</td><td>人均营收</td><td>平均资本营收</td><td>地均营收</td></tr>
<tr><td>3714. 56</td><td>1. 96</td><td>9. 28</td></tr>
<tr><td rowspan="2">单位投入</td><td>每单位营收劳力需求</td><td>每单位营收资本需求</td><td>每单位营收土地需求</td></tr>
<tr><td>0. 000269</td><td>0. 509372</td><td>0. 107715</td></tr>
<tr><td>离群</td><td colspan="3">有色金属冶炼及压延加工业</td></tr>
<tr><td rowspan="2">单位产出</td><td>人均营收</td><td>平均资本营收</td><td>地均营收</td></tr>
<tr><td>563. 06</td><td>2. 18</td><td>8. 38</td></tr>
<tr><td rowspan="2">单位投入</td><td>每单位营收劳力需求</td><td>每单位营收资本需求</td><td>每单位营收土地需求</td></tr>
<tr><td>0. 001776</td><td>0. 459538</td><td>0. 119344</td></tr>
<tr><td>离群</td><td colspan="3">黑色金属冶炼及压延加工业</td></tr>
<tr><td rowspan="2">单位产出</td><td>人均营收</td><td>平均资本营收</td><td>地均营收</td></tr>
<tr><td>460. 17</td><td>1. 46</td><td>3. 25</td></tr>
<tr><td rowspan="2">单位投入</td><td>每单位营收劳力需求</td><td>每单位营收资本需求</td><td>每单位营收土地需求</td></tr>
<tr><td>0. 002173</td><td>0. 683249</td><td>0. 307354</td></tr>
<tr><td rowspan="18">中人力产出密集型</td><td rowspan="14">聚类 2</td><td colspan="3">食品制造业</td></tr>
<tr><td colspan="3">饮料制造业</td></tr>
<tr><td colspan="3">纺织业</td></tr>
<tr><td colspan="3">纺织服装、鞋、帽制造业</td></tr>
<tr><td colspan="3">皮革、毛皮、羽毛（绒）及其制品业</td></tr>
<tr><td colspan="3">家具制造业</td></tr>
<tr><td colspan="3">造纸及纸制品业</td></tr>
<tr><td colspan="3">印刷业和记录媒介的复制</td></tr>
<tr><td colspan="3">文教体育用品制造业</td></tr>
<tr><td colspan="3">化学原料及化学制品制造业</td></tr>
<tr><td colspan="3">塑料制品业</td></tr>
<tr><td colspan="3">非金属矿物制品业</td></tr>
<tr><td colspan="3">金属制品业</td></tr>
<tr><td colspan="3">交通运输设备制造业</td></tr>
<tr><td rowspan="2">单位产出</td><td>人均营收</td><td>平均资本营收</td><td>地均营收</td></tr>
<tr><td>288. 09</td><td>0. 72</td><td>3. 85</td></tr>
<tr><td rowspan="2">单位投入</td><td>每单位营收劳力需求</td><td>每单位营收资本需求</td><td>每单位营收土地需求</td></tr>
<tr><td>0. 004639</td><td>1. 544331</td><td>0. 337382</td></tr>
</table>

续表

<table>
<tr><th>特征</th><th>类型</th><th colspan="3">行　业</th></tr>
<tr><td rowspan="17">高人力与高度土地产出密集型</td><td rowspan="8">聚类 1</td><td colspan="3">农副食品加工业</td></tr>
<tr><td colspan="3">医药制造业</td></tr>
<tr><td colspan="3">橡胶制品业</td></tr>
<tr><td colspan="3">通用设备制造业</td></tr>
<tr><td colspan="3">专用设备制造业</td></tr>
<tr><td colspan="3">电气机械及器材制造业</td></tr>
<tr><td colspan="3">仪器仪表及文化、办公用机械制造业</td></tr>
<tr><td colspan="3">工艺品及其他制造业</td></tr>
<tr><td rowspan="2">单位产出</td><td>人均营收</td><td>平均资本营收</td><td>地均营收</td></tr>
<tr><td>706.36</td><td>0.81</td><td>12.49</td></tr>
<tr><td rowspan="2">单位投入</td><td>每单位营收劳力需求</td><td>每单位营收资本需求</td><td>每单位营收土地需求</td></tr>
<tr><td>0.001779</td><td>1.348743</td><td>0.084348</td></tr>
<tr><td>离群</td><td colspan="3">通信设备、计算机及其他电子设备制造业</td></tr>
<tr><td rowspan="2">单位产出</td><td>人均营收</td><td>平均资本营收</td><td>地均营收</td></tr>
<tr><td>1244.09</td><td>1.08</td><td>55.39</td></tr>
<tr><td rowspan="2">单位投入</td><td>每单位营收劳力需求</td><td>每单位营收资本需求</td><td>每单位营收土地需求</td></tr>
<tr><td>0.000804</td><td>0.926733</td><td>0.018053</td></tr>
<tr><td>低单位</td><td>离群</td><td colspan="3">木材加工及木、竹、藤、棕、草制品业</td></tr>
<tr><td rowspan="9">产值型</td><td rowspan="2">单位产出</td><td>人均营收</td><td>平均资本营收</td><td>地均营收</td></tr>
<tr><td>95.55</td><td>0.05</td><td>0.46</td></tr>
<tr><td rowspan="2">单位投入</td><td>每单位营收劳力需求</td><td>每单位营收资本需求</td><td>每单位营收土地需求</td></tr>
<tr><td>0.010465</td><td>19.89193</td><td>2.17076</td></tr>
<tr><td>离群</td><td colspan="3">废弃资源和废旧材料回收加工业</td></tr>
<tr><td rowspan="2">单位产出</td><td>人均营收</td><td>平均资本营收</td><td>地均营收</td></tr>
<tr><td>0.21</td><td>0.00</td><td>0.01</td></tr>
<tr><td rowspan="2">单位投入</td><td>每单位营收劳力需求</td><td>每单位营收资本需求</td><td>每单位营收土地需求</td></tr>
<tr><td>4.8</td><td>10367.8</td><td>166</td></tr>
</table>

在此次聚类中，聚类 1 为高人力与高度土地产出密集型产业，主要特征表现为单位人力营收以及单位土地营收比重远大于聚类 2 中的产业。该类产业人均营业收入均值达 706.36 千元/人、平均资本营业收入达 0.81，单位土地面积平均营业收入为 12.49 千元/m^2。另外，高人力与高度土地产出密集型的离群

行业为通信设备、计算机及其他电子设备制造业，其单位土地营业收入是远远大于其他行业的。聚类 2 是人力产出密集型产业，其单位营业收入的劳动力需求与土地需求较大，大于聚类 1。聚类 2 中的高人力与高资本产出密集型产业，其单位营业收入对土地的需求远大于其他类产业。而聚类 2 中的低单位产值产业则表现为劳动力、资本和土地的单位产出均较低。

依据两阶段聚类分析结果，海淀区的服务业被分为中人力产出密集型产业、低人力产出密集型产业、高人力高资本产出密集型产业、低单位产值型产业，如表 6－24 所示。

表 6－24　海淀区服务业聚类分析结果

<table>
<tr><th>特征</th><th>类型</th><th colspan="2">行　　业</th></tr>
<tr><td rowspan="23">中人力产出密集型产业</td><td rowspan="13">聚类 1－1</td><td colspan="2">仓储业</td></tr>
<tr><td colspan="2">电信和其他信息传输服务业</td></tr>
<tr><td colspan="2">计算机服务业</td></tr>
<tr><td colspan="2">软件业</td></tr>
<tr><td colspan="2">零售业</td></tr>
<tr><td colspan="2">餐饮业</td></tr>
<tr><td colspan="2">房地产业</td></tr>
<tr><td colspan="2">租赁业</td></tr>
<tr><td colspan="2">商务服务业</td></tr>
<tr><td colspan="2">专业技术服务业</td></tr>
<tr><td colspan="2">科技交流和推广服务业</td></tr>
<tr><td colspan="2">地质勘查业</td></tr>
<tr><td colspan="2">新闻出版业</td></tr>
<tr><td rowspan="2">单位产出</td><td>人均营收</td><td>平均资本营收</td></tr>
<tr><td>514.7154</td><td>0.592171</td></tr>
<tr><td rowspan="2">单位投入</td><td>每单位营收劳动力需求</td><td>每单位营收资本需求</td></tr>
<tr><td>0.000204</td><td>11.70641</td></tr>
<tr><td>离群</td><td colspan="2">银行业</td></tr>
<tr><td rowspan="2">单位产出</td><td>人均营收</td><td>平均资本营收</td></tr>
<tr><td>1309.766</td><td>0.005521</td></tr>
<tr><td rowspan="2">单位投入</td><td>每单位营收劳动力需求</td><td>每单位营收资本需求</td></tr>
<tr><td>0.007664</td><td>0.68414</td></tr>
</table>

续表

<table>
<tr><th>特征</th><th>类型</th><th colspan="2">行　业</th></tr>
<tr><td rowspan="11">低单位产值型</td><td rowspan="7">聚类 1 -2 -2</td><td colspan="2">城市公共交通业</td></tr>
<tr><td colspan="2">水上运输业</td></tr>
<tr><td colspan="2">航空运输业</td></tr>
<tr><td colspan="2">水利管理业</td></tr>
<tr><td colspan="2">社会福利业</td></tr>
<tr><td colspan="2">群众团体、社会团体和宗教组织</td></tr>
<tr><td colspan="2">基层群众自治组织</td></tr>
<tr><td rowspan="2">单位产出</td><td>人均营收</td><td>平均资本营收</td></tr>
<tr><td>14. 59744</td><td>0. 071168</td></tr>
<tr><td rowspan="2">单位投入</td><td>每单位营收劳动力需求</td><td>每单位营收资本需求</td></tr>
<tr><td>0. 409734</td><td>36. 77508</td></tr>
<tr><td rowspan="19">低人力产出密集型产业</td><td rowspan="15">聚类 1 -2 -1 -1</td><td colspan="2">铁路运输业</td></tr>
<tr><td colspan="2">道路运输业</td></tr>
<tr><td colspan="2">邮政业</td></tr>
<tr><td colspan="2">住宿业</td></tr>
<tr><td colspan="2">证券业</td></tr>
<tr><td colspan="2">保险业</td></tr>
<tr><td colspan="2">研究与试验发展</td></tr>
<tr><td colspan="2">公共设施管理业</td></tr>
<tr><td colspan="2">其他服务业</td></tr>
<tr><td colspan="2">教育</td></tr>
<tr><td colspan="2">卫生</td></tr>
<tr><td colspan="2">广播、电视、电影和音像业</td></tr>
<tr><td colspan="2">文化艺术业</td></tr>
<tr><td colspan="2">体育</td></tr>
<tr><td colspan="2">娱乐业</td></tr>
<tr><td rowspan="2">单位产出</td><td>人均营收</td><td>平均资本营收</td></tr>
<tr><td>133. 602</td><td>0. 479143</td></tr>
<tr><td rowspan="2">单位投入</td><td>每单位营收劳动力需求</td><td>每单位营收资本需求</td></tr>
<tr><td>0. 020369</td><td>2. 405211</td></tr>
</table>

续表

<table>
<tr><th>特征</th><th>类型</th><th colspan="2">行　业</th></tr>
<tr><td rowspan="10">低人力产出密集型产业</td><td>离群</td><td colspan="2">环境管理业</td></tr>
<tr><td rowspan="2">单位产出</td><td>人均营收</td><td>平均资本营收</td></tr>
<tr><td>358.0083</td><td>0.357961</td></tr>
<tr><td rowspan="2">单位投入</td><td>每单位营收劳动力需求</td><td>每单位营收资本需求</td></tr>
<tr><td>0.002793</td><td>2.793604</td></tr>
<tr><td>离群</td><td colspan="2">居民服务业</td></tr>
<tr><td rowspan="2">单位产出</td><td>人均营收</td><td>平均资本营收</td></tr>
<tr><td>88.90648</td><td>0.92221</td></tr>
<tr><td rowspan="2">单位投入</td><td>每单位营收劳动力需求</td><td>每单位营收资本需求</td></tr>
<tr><td>0.011248</td><td>1.084351</td></tr>
<tr><td rowspan="7">高人力高资本产出密集型产业</td><td rowspan="3">聚类2</td><td colspan="2">装卸搬运和其他运输服务业</td></tr>
<tr><td colspan="2">批发业</td></tr>
<tr><td colspan="2">其他金融活动</td></tr>
<tr><td rowspan="2">单位产出</td><td>人均营收</td><td>平均资本营收</td></tr>
<tr><td>5246.045</td><td>1.180</td></tr>
<tr><td rowspan="2">单位投入</td><td>每单位营收劳动力需求</td><td>每单位营收资本需求</td></tr>
<tr><td>0.0002041</td><td>11.70640701</td></tr>
</table>

在此次聚类中，聚类1为中人力产出密集型产业、低人力产出密集型产业以及低单位产值型产业，各类型产业主要的产出差异，在于单位人力营业收入，中人力产出的单位人力营业收入是514.72千元/人，低人力产出则为358千元/人下降到88.91千元/人，低单位产值型产业则下降到14.6千元/人。相反的，聚类2则为高人力高资本产出密集型产业，其人均营收为5246.05千元/人，平均资本营收为1.180千元/资本。

2. 海淀区全体制造业效率评价

本书首先将海淀区全体制造业以土地作为唯一投入变量计算的土地生产效率，再结合产业聚类结果将全体制造业按照高人力与高度土地产出密集型产业、中人力产出密集型产业、高人力与高资本产出密集型产业进行了分类和排序，并依据第二章中关于海淀区重要发展产业、重点发展产业和是否为现代制造业将全部制造业进行了分类，为了能够分析每一个行业对海淀区的作用，以及行业发展趋势。评价结果见表6-25。

表 6-25　海淀区分产业类型的制造行业土地效率分析

排名	高人力与高度土地产出密集型产业	生产效率	现代	重要	重点
1	专用设备制造业	1	√	√	√
2	电气机械及器材制造业	0.90022	√	√	√
3	仪器仪表及文化、办公用机械制造业	0.85457	√	√	√
4	工艺品及其他制造业	0.60559		√	
5	医药制造业	0.59998	√	√	√
6	农副食品加工业	0.58522		√	
7	通用设备制造业	0.52098	√	√	√
8	橡胶制品业	0.4124			
排名	高人力与高度土地产出密集型（离群行业）	生产效率		重要	重点
1	通信设备、计算机及电子设备制造业	1	√	√	√
排名	中人力产出密集型产业	生产效率		重要	重点
1	塑料制品业	1			√
2	纺织业	0.64573			√
3	金属制品业	0.57084		√	√
4	化学原料及化学制品制造业	0.46118	√	√	√
5	食品制造业	0.44832		√	
6	造纸及纸制品业	0.44314			
7	皮革、毛皮、羽毛（绒）及其制品业	0.38765			
8	交通运输设备制造业	0.34327	√	√	√
9	纺织服装、鞋、帽制造业	0.3154			
10	印刷业和记录媒介的复制	0.28706	√	√	√
11	文教体育用品制造业	0.27769			
12	家具制造业	0.24844			
13	饮料制造业	0.14608			
14	非金属矿物制品业	0.08885		√	√
排名	高人力与高资本产出密集型（离群）	生产效率		重要	重点
1	石油加工、炼焦及核燃料加工业	1			
2	有色金属冶炼及压延加工业	0.88160			√
3	黑色金属冶炼及压延加工业	0.34226			
排名	低单位产值（离群）	生产效率		重要	重点
1	木材加工及木、竹、藤、棕、草制品业	1			
2	废弃资源和废旧材料回收加工业	0.01308			√

为了进一步分析海淀区全体制造业的土地生产效率情况，本书进一步以土地、劳动力和资本投入作为变量分析，并按照产业聚类分析结果和是否为现代制造业、重要和重点发展产业做了比较和排序。分析结果见表 6 - 26。

表 6 - 26 海淀区分产业类型下各制造行业生产效率分析

排名	高人力与高度土地产出密集型	生产效率	现代	重要	重点
1	农副食品加工业	1		√	
1	橡胶制品业	1			
1	专用设备制造业	1	√	√	√
4	电气机械及器材制造业	0.96269	√	√	√
5	仪器仪表及文化、办公用机械制造业	0.9308	√	√	√
6	工艺品及其他制造业	0.81238		√	
7	医药制造业	0.77217	√	√	√
8	通用设备制造业	0.75048	√	√	√
排名	高人力与高度土地产出密集型（离群行业）	生产效率		重要	重点
1	通信设备、计算机及电子设备制造业	1	√	√	√
排名	中人力产出密集型	生产效率		重要	重点
1	食品制造业	1		√	
1	纺织业	1			√
1	造纸及纸制品业	1			
1	化学原料及化学制品制造业	1	√	√	√
1	金属制品业	0.90646		√	√
6	家具制造业	0.86881			
7	饮料制造业	0.77539			
8	交通运输设备制造业	0.77358	√	√	√
9	文教体育用品制造业	0.73079			
10	纺织服装、鞋、帽制造业	0.71364			
11	塑料制品业	0.69238			√
12	印刷业和记录媒介的复制	0.57298	√	√	√
13	非金属矿物制品业	0.55023		√	√
14	皮革、毛皮、羽毛（绒）及其制品业	0.45595			
排名	高人力与高资本产出密集型（离群）	生产效率		重要	重点
1	石油加工、炼焦及核燃料加工业	1			
1	有色金属冶炼及压延加工业	1			√
3	黑色金属冶炼及压延加工业	0.62195			
排名	低单位产值（离群）	生产效率		重要	重点
1	木材加工及木、竹、藤、棕、草制品业	1			
2	废弃资源和废旧材料回收加工业	0.00251			√

3. 海淀区现代服务业在全体服务业中的效率评价

与制造业评价方法一样，本书对海淀区全体服务业生产效率进行了评价，并按照是否为现代服务业、重要以及重点行业做了排序。排序结果见表6－27。

表6－27　分产业类型下各服务行业生产效率分析

效率排名	高人力高资本产出密集型产业	生产效率	现代	重要	重点
1	批发业	1		√	
2	装卸搬运和其他运输服务业	0.71709		√	
3	其他金融活动	0.02866	√	√	√
效率排名	中人力产出密集型	生产效率		重要	重点
1	计算机服务业	1	√	√	√
1	零售业	1		√	
1	餐饮业	1		√	
4	软件业	0.54913	√	√	√
5	租赁业	0.52547			
6	新闻出版业	0.49029	√	√	
7	专业技术服务业	0.48608	√	√	√
8	科技交流和推广服务业	0.46747	√	√	√
9	地质勘查业	0.45798	√	√	
10	电信和其他信息传输服务业	0.44731	√	√	√
11	仓储业	0.39206			
12	房地产业	0.20242	√	√	
13	商务服务业	0.11858	√	√	√
效率排名	中人力产出密集型（离群）	生产效率		重要	重点
1	银行业	1	√	√	√
效率排名	低人力产出密集型产业	生产效率		重要	重点
1	公共设施管理业	1			
1	广播、电视、电影和音像业	1	√	√	
1	体育	1	√		√
4	道路运输业	0.95365			
5	证券业	0.82764	√		√
6	教育	0.78387	√	√	√
7	卫生	0.76443	√	√	√

续表

效率排名	低人力产出密集型产业	生产效率		重要	重点
8	保险业	0.75622	√	√	√
9	住宿业	0.66828		√	
10	研究与试验发展	0.61819	√	√	√
11	铁路运输业	0.61622		√	
12	邮政业	0.61209			
13	其他服务业	0.60985		√	
14	娱乐业	0.59652	√		√
15	文化艺术业	0.44417	√		√
效率排名	低人力产出密集型产业（离群）	生产效率		重要	重点
1	环境管理业	1	√	√	
效率排名	低人力产出密集型产业（离群）	生产效率		重要	重点
1	居民服务业	1			
效率排名	低单位产值（离群）	生产效率		重要	重点
1	水利管理业	1			
1	群众团体、社会团体和宗教组织	1			
3	城市公共交通业	0.99118			
4	社会福利业	0.9768			
5	基层群众自治组织	0.36423			
6	水上运输业	0.16929			
7	航空运输业	0.06376			

在高人力与高资本产出密集型产业主要由必要与重要行业组成，其中以批发业效率最高，效率值达到1，其他金融活动最低，效率仅为0.03，然而，该行业已是现代服务业以及重点行业中效率表现最好的行业。

中人力产出密集型产业中，现代制造业、重要以及重点行业均较多，三者中表现最好的行业均为计算机服务业，效率值达到1。必要与重要行业中，计算机服务业、零售业以及餐饮业的效率值均达到1。现代制造业、重要以及重点行业中表现最差的行业同样均为商务服务业，效率仅为0.12。银行业为其离群行业，效率仅高于房地产业。

在低人力产出密集型产业中，现代制造业、重要以及重点行业也均较多，现代制造业以及必要与重要行业中表现最好的行业均为广播、电视、电影和音像业，重点行业则以体育业表现最好，效率值均达到1。现代制造业以及重点行业中表现最差的行业则为文化艺术业，效率为0.44；必要与重要行业则以其他服务业表现最差，效率为0.61。环境管理业为其离群行业，效率仅高于其他服务业。

（四）分园区制造业土地生产效率评价

1. 中部研发、技术服务和高端要素聚集区

中部研发、技术服务和高端要素聚集区包含中关村科学城和中关村西区，目前该区效率表现比较好的现代制造业只有通信设备、计算机及其他电子设备制造业以及专用设备制造业，其他行业表现不佳。必要与重要行业中，农副食品加工业以及食品制造业表现较好，行业业态也较相似。未来规划的重点行业中，除了通信设备、计算机及其他电子设备制造业、专用设备制造业之外，橡胶制品业则有较好表现。整体而言，现代制造业、必要与重要以及重点行业表现不佳。如表6－28所示。

表6－28　中部研发、技术服务和高端要素聚集区总体产业土地生产效率分析

排名	行业名称	效率	现代	重要	重点
1	农副食品加工业	1.00		√	
2	石油加工、炼焦及核燃料加工业	1.00			
3	黑色金属冶炼及压延工业	1.00			
4	通信设备、计算机及其他电子设备制造业	1.00	√	√	√
5	橡胶制品业	0.94			√
6	专用设备制造业	0.92	√	√	√
7	食品制造业	0.78		√	
8	仪器仪表及文化、办公用机械制造业	0.60			
9	化学原料及化学制品制造业	0.58	√	√	√
10	通用设备制造业	0.47	√	√	√
11	有色金属冶炼及压延工业	0.45			√
12	工艺品及其他制造业	0.43		√	
13	文教体育用品制造业	0.42			
14	金属制品业	0.42		√	√
15	医药制造业	0.40	√	√	√
16	非金属矿物制品业	0.36		√	√
17	电器机械及器材制造业	0.36	√	√	√

续表

排名	行业名称	效率	现代	重要	重点
18	塑料制品业	0.35			√
19	交通运输设备制造业	0.32	√	√	√
20	电力、热力的生产和供应业	0.31	√	√	√
21	造纸及纸制品业	0.30			
22	家具制造业	0.30			
23	皮革、毛皮、羽毛及其制品业	0.26			
24	印刷业和记录媒介的复制	0.24	√	√	√
25	纺织服装、鞋、帽制造业	0.16			
26	纺织业	0.16			√

2. 上地街道及其所属园区

上地街道内含上地信息产业基地、中关村软件园，行业也多属于现代制造业、重要以及重点行业，其中通信设备、计算机及其他电子设备制造业在土地生产效率的表现上呈现一枝独秀的情况。效率表现同样较好的有色金属冶炼及压延加工业，属于未来大力发展的重点行业之一，未来发展可期。仪器仪表及文化、办公用机械制造业以及通用设备制造业，效率表现次之，但行业较为重要，宜大力推动其改善效率。如表 6－29 所示。

表 6－29　上地街道及其所属园区总体产业土地生产效率分析

排名	行业名称	效率	现代	重要	重点
1	有色金属冶炼及压延加工业	1.00			√
2	通信设备、计算机及其他电子设备制造业	1.00	√	√	√
3	农副食品加工业	0.89		√	
4	仪器仪表及文化、办公用机械制造业	0.70	√	√	√
5	通用设备制造业	0.64	√	√	√
6	水的生产和供应	0.47			
7	电气机械及器材制造业	0.45	√	√	√
8	医药制造业	0.43	√	√	√
9	化学原料及化学制品制造业	0.35	√	√	√
10	纺织服装、鞋、帽制造业	0.32			
11	专用设备制造业	0.31	√	√	√
12	金属制品业	0.30		√	√

续表

排名	行业名称	效率	现代	重要	重点
13	非金属矿物制品业	0.25		√	√
14	交通运输设备制造业	0.20	√	√	√
15	印刷业和记录媒介的复制	0.20	√	√	√
16	食品制造业	0.19		√	
17	工艺品及其他制造业	0.09		√	
18	塑料制品业	0.06			
19	饮料制造业	0.00			

3. 上庄镇及其所属园区

上庄镇园区包含农林园和上庄科技产业基地以及中关村创新园部分，但该镇表现最好的现代制造业、必要与重要行业以及重点行业仅有仪器仪表及文化、办公用机械制造业，产业生产效率发展相对滞后。各项现代制造业以及重点行业的生产效率有待进一步提升。如表6-30所示。

表6-30 上庄镇及其所属园区总体产业土地生产效率分析

排名	行业名称	效率	现代	重要	重点
1	食品制造业	1.00		√	
2	有色金属冶炼及压延工业	1.00			√
3	仪器仪表及文化、办公用机械制造业	0.83	√	√	√
4	纺织业	0.47			√
5	非金属矿物制品业	0.46		√	√
6	农副食品加工业	0.45		√	
7	纺织服装、鞋、帽制造业	0.42			
8	专用设备制造业	0.42	√	√	√
9	化学原料及化学制品制造业	0.31	√	√	√
10	造纸及纸制品业	0.30			
11	通信设备、计算机及其他电子设备制造业	0.28	√	√	√
12	家具制造业	0.28			
13	橡胶制品业	0.27			√
14	印刷业和记录媒介的复制	0.25	√	√	√
15	电器机械及器材制造业	0.24	√	√	√
16	黑色金属冶炼及压延工业	0.22			

续表

排名	行业名称	效率	现代	重要	重点
17	工艺品及其他制造业	0.21		√	
18	医药制造业	0.19	√	√	√
19	通用设备制造业	0.18	√	√	√
20	塑料制品业	0.15			√
21	水的生产和供应	0.09			
22	金属制品业	0.09		√	√
23	木材加工及木、竹、藤、棕、草制品制造	0.08			
24	饮料制造业	0.05			

4. 苏家坨镇及其所属园区

苏家坨园区包含文化教育基地、苏家坨科技产业基地、国际教育园和中关村创新园部分，该镇表现最好的现代制造业、必要与重要行业以及重点行业也同样仅有仪器仪表及文化、办公用机械制造业，产业生产效率发展相对滞后。各项现代制造业以及重点行业的生产效率同样有待进一步提升。如表 6－31 所示。

表 6－31　苏家坨镇及其所属园区总体产业土地生产效率分析

排名	行业名称	效率	现代	重要	重点
1	家具制造业	1			
2	纺织业	1			√
3	石油加工、炼焦及核燃料加工业	0.8595			
4	仪器仪表及文化、办公用机械制造业	0.7876	√	√	√
5	黑色金属冶炼及压延工业	0.4807			
6	化学原料及化学制品制造业	0.4154	√	√	√
7	非金属矿物制品业	0.3857		√	√
8	专用设备制造业	0.3804	√	√	√
9	造纸及纸制品业	0.377			
10	塑料制品业	0.362			√
11	有色金属冶炼及压延工业	0.3268			√
12	电器机械及器材制造业	0.3258			
13	金属制品业	0.2319		√	√
14	印刷业和记录媒介的复制	0.2258	√	√	√

续表

排名	行业名称	效率	现代	重要	重点
15	木材加工及木、竹、藤、棕、草制品制造业	0.182			
16	通用设备制造业	0.1661	√	√	√
17	通信设备、计算机及其他电子设备制造业	0.1606	√	√	√
18	纺织服装、鞋、帽制造业	0.1448			
19	水的生产和供应	0.1234	√	√	√
20	食品制造业	0.112		√	
21	农副食品加工业	0.0973		√	
22	医药制造业	0.0704	√	√	√
23	交通运输设备制造业	0.034	√	√	√
24	饮料制造业	0.0219			
25	工艺品及其他制造业	0.0162		√	
26	煤炭开采和洗选业	0.0064			
27	文教体育用品制造业	0.0062			
28	废弃资源和废旧材料回收加工业	0.0033			√

5. 温泉镇及其所属园区

温泉镇园区包含航天城部分、环保园和温泉镇科技产业基地，然而交通运输设备制造业在本镇的生产效率表现仍不强，效率值仅为0.3297，有待进一步提升。废弃资源和废旧材料回收加工业效率也不佳，排名最后，效率值仅为0.003，生产效率较弱。医药制造业、化学原料及化学制品制造业在本镇的表现最佳，业态相近，该行业也属于现代制造业、必要与重要行业以及重点行业，适宜大力发展。如表6－32所示。

表6－32 温泉镇及其所属园区总体产业土地生产效率分析

排名	行业名称	效率	现代	重要	重点
1	纺织服装、鞋、帽制造业	1			
2	医药制造业	1	√	√	√
3	水的生产和供应	1			
4	化学原料及化学制品制造业	0.9852	√	√	√
5	塑料制品业	0.8286			√
6	电器机械及器材制造业	0.6634	√	√	√
7	食品制造业	0.6605		√	

续表

排名	行业名称	效率	现代	重要	重点
8	有色金属冶炼及压延工业	0.6335			√
9	专用设备制造业	0.5894	√	√	√
10	金属制品业	0.5568		√	√
11	仪器仪表及文化、办公用机械制造业	0.5413	√	√	√
12	橡胶制品业	0.5219			√
13	通信设备、计算机及其他电子设备制造业	0.4946	√	√	√
14	纺织业	0.4748			√
15	通用设备制造业	0.432	√	√	√
16	文教体育用品制造业	0.3718			
17	造纸及纸制品业	0.3544			
18	印刷业和记录媒介的复制	0.3465	√	√	√
19	交通运输设备制造业	0.3297	√	√	√
20	工艺品及其他制造业	0.3187		√	
21	非金属矿物制品业	0.2545		√	√
22	饮料制造业	0.2027			
23	家具制造业	0.1861			
24	农副食品加工业	0.1151		√	
25	黑色金属冶炼及压延工业	0.1086			
26	废弃资源和废旧材料回收加工业	0.003			√

6. 西北旺镇及其所属园区

西北旺镇园区包含永丰产业基地、航天城部分、西北旺科技产业基地和中关村创新园部分，其中生产效率达到1的行业包括有交通运输设备制造业与通信设备、计算机及其他电子设备制造业，也反映出其园区特色，仪器仪表及文化、办公用机械制造业的表现也较好。该镇在北部四镇中土地生产效率表现最好。如表6－33所示。

表6－33 西北旺镇及其所属园区总体产业土地生产效率分析

排名	行业名称	效率	现代	重要	重点
1	有色金属冶炼及压延工业	1			√
2	交通运输设备制造业	1	√	√	√
3	通信设备、计算机及其他电子设备制造业	1	√	√	√

续表

排名	行业名称	效率	现代	重要	重点
4	仪器仪表及文化、办公用机械制造业	0.8498	√	√	√
5	造纸及纸制品业	0.6117			
6	化学原料及化学制品制造业	0.6057	√	√	√
7	皮革、毛皮、羽毛及其制品业	0.6036			
8	纺织服装、鞋、帽制造业	0.5895			
9	印刷业和记录媒介的复制	0.4674	√	√	√
10	专用设备制造业	0.4663	√	√	√
11	农副食品加工业	0.4614		√	
12	文教体育用品制造业	0.4556			
13	电器机械及器材制造业	0.4444	√	√	√
14	通用设备制造业	0.4288	√	√	√
15	橡胶制品业	0.3798			√
16	非金属矿物制品业	0.3698		√	√
17	金属制品业	0.3548		√	√
18	家具制造业	0.3443			
19	木材加工及木、竹、藤、棕、草制品制造	0.3435			
20	塑料制品业	0.3409			√
21	食品制造业	0.305		√	
22	工艺品及其他制造业	0.268		√	
23	饮料制造业	0.2445			
24	纺织业	0.2018			√
25	医药制造业	0.0844	√	√	√
26	废弃资源和废旧材料回收加工业	0			√

三、核心区现代产业、重要及重点行业最适用地面积标准

海淀区共有29个制造业以及45个服务业，但因海淀区的化学纤维制造业仅2家，且第二次经济普查数据存在部分缺失，故制造业实际为28个。而由于服务业之中有4个非营利行业，因此服务业实际为41个。重要及重点行业，是基于海淀区的产业发展规划以及目前在海淀区发展比重较大的行业，重要行业共计38个，其中制造业有14个，服务业有24个；重点行业有24个，其中

制造业有16个，服务业有8个。重要以及重点行业彼此重叠，因此，在制造业方面，重要以及重点行业共计20个，在服务业方面则计有24个；但制造业中，化学纤维制造业在海淀区还未真正发展，因此，最终这一节将针对这些43个重要以及重点行业分析其用地面积标准。

（一）现代、重要及重点制造行业最适用地面积标准

根据海淀区的产业发展规划，海淀区未来要发展的制造业包括现代制造业、重要制造业和重点制造业三个类型。本书所定义的现代、重要及重点制造行业最适用地面积标准，是指按各企业每一单位的营业收入所应获得的土地数量范围，其计算方式，是针对各个行业内所有企业进行生产效率分析，得出生产效率最高的企业，并就这些企业，找出每单位营业收入所需投入土地数量最高以及最低的企业，作为该行业企业每单位营收所能购得的最高与最低土地数量标准。如表6－34所示。

表6－34　现代、重要及重点制造行业最适用地面积标杆企业定义

标杆企业分类	定　义	应　用
最适用地面积最高标准	与该行业所有企业相比，生产效率达到1，且其每单位营业收入所需投入的土地数量，在该行业生产效率为1的企业中达到最多（即土地用的多）	若企业单位营收的土地数量投入高于其所属行业标准值，则应协调该企业腾退土地
最适用地面积最低标准	与该行业所有企业相比，生产效率达到1，且其每单位营业收入所需投入的土地数量，在该行业生产效率为1的企业中达到最少（即土地用的少）	若企业单位营收的土地数量投入低于其所属行业标准值，则可主动协助辅导该企业进入扩大投资阶段

《高新技术企业认定管理办法》以及《北京市海淀区创新企业认定管理暂行办法》，两者均以企业一年销售收入5000万元为标准，划分不同的研究开发费用总额占销售收入总额的比例，但由于海淀区中小企业数量多，本书以营业收入500万元为标准，分别分析与确定各行业的最适用地面积最高与最低标准。以下针对现代、重要及重点制造行业所归属的产业类型，罗列各行业在营业收入为10万元时，所能获得的最高以及最低的最适用地比例。表6－35中营业收入、工业占地、从业人员和资产投入的单位依次为10万元、m^2、人和万元。

表 6-35 海淀区各现代、重要及重点制造行业营业收入与用地最适比例

高人力与高度土地产出密集型制造业							
行业名称	效率	营收 500 万上/下	比例	营业收入	工业占地	从业人员	资产
电气机械及器材制造业	0.61	以上	最低	1	0.734	0.301	12.533
			最高	1	4.976	0.256	4.050
		以下	唯一	1	31.336	0.705	10.082
通信设备、计算机及其他电子设备制造业	1	以上	最低	1	0.167	0.122	7.988
			最高	1	1.879	0.096	4.215
		以下	最低	1	2.667	0.170	40.870
			最高	1	7.377	0.258	3.596
通用设备制造业	0.58	以上	最低	1	1.469	0.060	13.822
			最高	1	23.294	0.795	3.618
		以下	最低	1	8.974	0.561	5.508
			最高	1	36.419	0.243	9.153
仪器仪表及文化、办公机械制造业	0.60	以上	最低	1	0.245	0.211	5.184
			最高	1	3.039	0.061	8.520
		以下	最低	1	2.828	0.731	10.000
			最高	1	8.287	0.194	16.418
专用设备制造业	0.61	以上	最低	1	0.721	0.224	9.246
			最高	1	17.020	0.079	6.826
		以下	最低	1	4.335	0.450	44.548
			最高	1	16.618	0.415	8.255
医药制造业	0.55	以上	最低	1	1.434	0.119	5.082
			最高	1	1.622	0.102	7.892
		以下	唯一	1	5.061	0.238	24.725
农副食品加工业	0.91	以上	最低	1	2.047	0.078	4.246
			最高	1	3.228	0.231	2.842
		以下	唯一	1	3.954	0.343	7.103

续表

中人力产出密集型制造业							
非金属矿物制品业	0.15	以上	最低	1	0.840	0.067	11.093
			最高	1	15.875	0.586	7.885
化学原料及化学制品业	0.41	以上	最低	1	0.616	0.096	5.488
			最高	1	10.386	0.087	3.640
		以下	唯一	1	24.641	0.407	3.381
金属制品业	0.45	以下	最低	1	9.242	0.277	17.948
			最高	1	57.803	0.925	4.543
交通运输设备制造业	0.34	以上	最低	1	2.476	0.377	22.952
			最高	1	38.293	0.451	9.375
		以下	最低	1	2.214	1.018	15.096
			最高	1	17.637	1.411	28.289
印刷和记录媒介复制	0.30	以下	最低	1	7.547	0.366	11.025
			最高	1	21.882	0.356	8.446
食品制造业	0.49	以上	最低	1	36.180	0.329	6.304
			最高	1	55.108	0.231	23.145
		以下	唯一	1	32.395	1.072	8.277
高人力与高资本产出密集型制造业							
有色金属冶炼及压延加工业	1	以上	最低	1	1.344	0.589	6.594
			最高	1	2.488	0.100	4.520
		以下	最低	1	7.154	0.318	6.033
			最高	1	31.818	1.364	24.265

注：经剔除数据不合理的企业后，纺织业、塑料制品业、橡胶业、工艺品及其他制造业与废弃资源和废旧材料回收加工业企业数过少，故不纳入分析。

（二）海淀区现代、重要及重点服务行业最适用地面积

服务企业在第二次经济普查中未登记其所占用地，与其是在楼宇中经营有关，同时，写字楼租金根据市场供需情况变化较大，服务企业能够根据写字楼租金和企业自身经营状况调整承租面积。因此，本书以资产作为土地的替代变量进行分析。同样，根据海淀区的产业发展规划，海淀区未来重点发展的服务业包括现代服务业、重要服务业和重点服务业。本书所定义的现代、重要及

重点服务行业最适用地面积标准，是指按各企业每一单位的营业收入所应投入的资本范围，其计算方式，是针对各别行业内所有企业进行生产效率分析，得出生产效率最高的企业，并就这些企业，找出每单位营业收入所需投入资本最高以及最低的企业，作为该行业企业每单位营收所能投入的最高与最低资本标准。这个标准可以作为政府向企业提供写字楼租金补贴的基础依据，即只有达到单位营业收入相应的资产投入标准，才能获得相应的房屋租赁补贴，其政策意义在于强化企业提供写字楼的利用效率和生产经营能力。如表 6 – 36 所示。

表 6 – 36　海淀区现代、重要及重点服务行业最适用地面积标杆企业定义

标杆企业分类	定　　义	应　　用
最适资本最高标准	与该行业所有企业相比，生产效率达到1，且其每单位营业收入所需投入的资本，在该行业生产效率为 1 的企业中达到最多。（意味着在该营业收入状况下，该企业不能再继续扩大经营面积，继续扩大土地面积，意味着土地浪费和低效率。对政府而言，也就意味着不能继续给予该企业租房补贴优惠）	若企业单位营收的资本投入高于其所属行业标准值，则该企业不应再以扩大经营面积的方式增加资本
最适资本最低标准	与该行业所有企业相比，生产效率达到1，且其每单位营业收入所需投入的资本，在该行业生产效率为 1 的企业中达到最少。（意味着该企业用比较少的土地有很大的产出，政府应对这类企业进行更多的政策支持和财政金融补贴，如政府贴息贷款、房租补贴等）	若企业单位营收的资本投入低于其所属行业标准值，则可主动协助辅导该企业进入扩大投资阶段

本书同样以企业营业收入 500 万元为标准，分别分析与确定各行业的最适资本最高与最低标准。以下针对海淀区现代、重要及重点服务行业所归属的产业类型，罗列各行业在营业收入为 1 时，所能获得的最高以及最低的最适资本比例。表 6 – 37 中营业收入、从业人员和资产投入的单位分别是 10 万元、人、万元。

表 6－37 海淀区现代、重要及重点服务各行业营业收入与资本最适比例

中人力产出密集型行业						
行业名称	效率	营收 500 万上/下	比例	营业收入	从业人员	资产
软件业	0.32	以上	最低	1	0.047	1.124
			最高	1	0.046	12.696
		以下	最低	1	0.482	2.011
			最高	1	0.142	16.610
计算机服务业	0.51	以上	最低	1	0.027	0.534
			最高	1	0.026	5.866
		以下	最低	1	0.202	1.378
			最高	1	0.143	11.242
科技交流和推广服务业	0.19	以上	最低	1	0.054	0.820
			最高	1	0.038	15.022
		以下	唯一	1	0.121	1.043
商业服务业	0.06	以上	最低	1	0.026	0.317
			最高	1	0.014	16.432
		以下	最低	1	0.105	0.361
			最高	1	0.062	4.648
专业技术服务业	0.20	以上	最低	1	0.116	0.461
			最高	1	0.048	4.156
		以下	最低	1	0.362	1.340
			最高	1	0.209	7.918
电信和其他信息传输服务业	0.19	以上	最低	1	0.186	0.648
			最高	1	0.033	9.212
		以下	最低	1	0.184	1.129
			最高	1	0.158	10.278
零售业	0.68	以上	最低	1	0.051	0.210
			最高	1	0.032	1.817
		以下	最低	1	0.114	0.523
			最高	1	0.062	2.204
房地产业	0.06	以上	最低	1	0.075	1.145
			最高	1	0.008	3.497
		以下	最低	1	0.237	2.732
			最高	1	0.104	8.763

续表

中人力产出密集型行业						
行业名称	效率	营收500万上/下	比例	营业收入	从业人员	资产
银行业	0.13	以上	最低	1	0.023	29.801
			最高	1	0.018	1879.590
餐饮业	0.71	以上	最低	1	0.503	0.755
			最高	1	0.334	3.075
		以下	最低	1	0.365	0.445
			最高	1	0.324	2.627
新闻业	0.26	以上	最低	1	0.194	3.339
			最高	1	0.120	12.327
		以下	最低	1	0.431	3.252
			最高	1	0.124	8.733
地质勘查业	0.19	以上	最低	1	0.074	2.811
			最高	1	0.049	8.076
		以下	最低	1	0.486	5.703
			最高	1	0.129	12.908

低人力产出密集型						
行业名称	效率	营收500万上/下	比例	营业收入	从业人员	资产
研究与试验发展业	0.13	以上	最低	1	0.196	1.241
			最高	1	0.045	3.601
		以下	最低	1	0.418	2.414
			最高	1	0.150	34.666
教育	0.30	以上	最低	1	0.528	0.629
			最高	1	0.174	7.117
		以下	最低	1	1.518	0.997
			最高	1	0.201	19.463
铁路运输业	0.19	以上	唯一	1	0.076	23.348
		以下	唯一	1	0.037	46.600
住宿业	0.18	以上	最低	1	0.385	1.440
			最高	1	0.337	47.620
		以下	最低	1	0.704	1.095
			最高	1	0.358	2.613

续表

低人力产出密集型						
行业名称	效率	营收500万上/下	比例	营业收入	从业人员	资产
保险业	0.12	以上	最低	1	0.479	2.682
			最高	1	0.064	21.137
		以下	最低	1	0.577	4.699
			最高	1	0.165	8.657
广播、电视、电影和音像业	0.19	以上	最低	1	0.036	10.746
			最高	1	0.175	3.077
		以下	最低	1	0.491	3.458
			最高	1	0.129	10.784
公共设施管理业	0.39	以上	最低	1	0.047	0.939
			最高	1	0.029	1.560
		以下	最低	1	0.326	2.688
			最高	1	0.217	16.514
其他服务业	0.17	以上	最低	1	0.204	1.330
			最高	1	0.084	6.358
		以下	最低	1	0.612	1.774
			最高	1	0.083	2.806
高人力高产出密集型服务行业						
行业名称	效率	营收500万上/下	比例	营业收入	从业人员	资产
批发业	1	以上	最低	1	0.010	0.087
			最高	1	0.002	3.287
		以下	最低	1	0.145	1.101
			最高	1	0.100	27.085
装卸搬运和其他运输服务业	0.72	以上	最低	1	0.383	2.511
			最高	1	0.203	12.388
		以下	最低	1	0.097	1.425
			最高	1	0.006	4.517
其他金融活动	0.46	以上	最低	1	0.174	41.623
			最高	1	0.005	56.930
		以下	唯一	1	0.221	42.946

续表

低人力产出密集型服务行业						
行业名称	效率	营收 500 万上/下	比例	营业收入	从业人员	资产
环境管理业	0.18	以上	最低	1	0.088	2.970
			最高	1	0.031	18.669
		以下	最低	1	2.074	4.222
			最高	1	0.435	13.562

四、海淀区主导产业、产业集群与产业目录

产业集聚的出现是相同类型的产业在空间上集中的过程，是产业集群的先决条件。当高生产关联的产业带动与支撑其他关联产业的发展，产业集聚将转型为产业集群，集群内各产业依循关联的体系互动发展。带动与支撑其他关联产业发展的高生产关联产业是集群的主导产业，它依靠本身的产业集聚带动周边关联产业的发展，并进一步兼并周边的集聚产业，成长为更大的产业集群，因此，产业集聚是集群发展的前提，也是产业能汇聚成为高生产关联的主导产业或是相关联的重点产业的重要前提。为了使动态观测和管理园区的产业用地变化情况，建立园区土地供应标准、准入、退出机制，首先需要编制产业目录，然后再编订与产业目录相关的用地标准和联审机制。

（一）海淀区行业集聚空间分析

分析产业集聚主要从两个角度展开。一是企业数量、营业收入以及从业人员在区域上的集中（空间集中）；二是行业企业数量、营业收入以及从业人员的地区专业化程度。行业在区域上集中且达到专业化程度，表示行业达到了集聚。

集中的程度是按某一行业企业数量、营业收入以及从业人员在某一街道的集中数量占全海淀区该行业超过 75%、50% 以及 25% 的标准线，鉴于部分重要产业的集中程度多大于 40% 但小于 50%，本书再增加 40% 一项。划分标准上，某一行业的营业收入在一街道集聚程度 >75%，但就业人口以及企业数量集聚程度 <75%，说明该行业能够以较低的员工数创造出较高的营业收入，且单位企业的营业收入也较高，说明该行业不仅技术较好，生产规模也较大，因

此属于规模技术生产绝对集中的行业。若企业数量集聚程度<75%，但就业人口集聚程度>75%，则该行业仅达到规模生产，技术较不突出。再当企业数量、营业收入以及从业人员均大于75%，显示该行业一方面技术相比较差；另一方面企业规模也相比较小。其他标准线的划分与上述同。如表6-38所示。

表6-38　行业集聚划分标准

程度	类　型	内　容
绝对集中	规模技术生产绝对集中	$i>75\%$ 且 w，$b<75\%$
	规模生产绝对集中	$i>75\%$ 且 $w>75\%$；以及 $b<75\%$
	生产绝对集中	$i>75\%$，$w>75\%$，$b>75\%$
相对集中	规模技术生产相对集中	$i>50\%$，且 i 区位商大于1；w，$b<50\%$
	规模技术生产相对次要集中	$i>40\%$，且 i 区位商大于1；w，$b<40\%$
	规模生产相对集中	i，$w>50\%$，且 i，w 区位商大于1；以及 $b<50\%$
	生产相对集中	i，$w>50\%$，且 i，w 区位商大于1；以及 $b>50\%$，且其区位商大于1
一般集中	规模技术生产一般集中	$i>25\%$，且 i 区位商大于1；w，$b<25\%$
	规模生产一般集中	i，$w>25\%$，且 i，w 区位商大于1；以及 $b<25\%$
	生产一般集中	i，$w>25\%$，且 i，w 区位商大于1；以及 $b>25\%$，且其区位商大于1

注：i为营业收入；w为从业人员；b为企业家数。

地区专业化程度的计算公式，营业收入、从业人员以及企业数量的专业化程度分别是：

营业收入专业化程度为：

$$营业收入区位商=\frac{K街道\ i\ 行业营业收入/K街道所有行业营业收入}{海淀区\ i\ 行业营业收入/海淀区所有行业营业收入}$$

从业人员专业化程度为：

$$从业人员区位商=\frac{K街道\ i\ 行业从业人员/K街道所有行业从业人员}{海淀区\ i\ 行业从业人员/海淀区所有行业从业人员}$$

企业分布专业化程度为：

$$企业分布区位商=\frac{K街道\ i\ 行业企业数/K街道所有行业企业数}{海淀区\ i\ 行业企业数/海淀区所有行业企业数}$$

经过行业集中程度以及专业化程度的交叉分析后，海淀区各行业在街道的集聚表现结果，几乎所有行业在25%集中标准下都有对应的集中街道，因此本书的集中标准定为营业收入最低40%以上，而将集中程度分为绝对集中与相对集中。集中情况见表6－39和表6－40。

表6－39　海淀区各个行业的集聚程度表现：绝对集中

规模技术生产绝对集中		区位商			集中程度（%）		
		人员	营收	企业	人员	营收	企业
皮革、毛皮、羽毛及其制品业	西北旺镇	38.56	202.04	31.94	52.48	88.09	60.00
橡胶制品业	西三旗街道	37.43	91.38	8.18	57.01	89.05	16.67
有色金属冶炼及压延工业	西三旗街道	48.7	89.35	4.91	74.17	87.07	10.00
证券业	北太平庄街道	4.6	15.18	1.11	18.73	92.27	5.56
基层群众自治组织	西北旺镇	12.37	174.5	3.33	16.84	76.08	6.25
规模生产绝对集中		区位商			集中程度（%）		
		人员	营收	企业	人员	营收	企业
煤炭开采和洗选业	北下关街道	14.62	11.3	6.74	97.78	100.00	50.00
燃气生产和供应业	甘家口街道	16.07	6.21	10.94	97.42	98.88	50.00
铁路运输业	羊坊店街道	6.47	9.44	20.08	96.98	81.02	66.67
银行业	羊坊店街道	6.36	11.22	15.06	95.38	96.30	50.00
工艺品及其他制造业	永定路街道	16.66	130.3	3.51	19.79	39.30	1.59
生产绝对集中		区位商			集中程度（%）		
		人员	营收	企业	人员	营收	企业
石油和天然气开采业	清河街道	85.19	83.34	37.89	100.00	100.00	100.00
航空运输业	北下关街道	14.95	11.3	13.49	100.00	100.00	100.00

表6－40　海淀区各个行业的集聚程度表现：相对集中

规模技术生产相对集中		区位商			集中程度（%）		
		人员	营收	企业	人员	营收	企业
食品制造业	清河街道	35.09	50.34	3.67	41.19	60.40	9.68
木材加工及木、竹、藤、棕、草制品制造	西北旺镇	20.37	135.01	19.96	27.72	58.86	37.50
化学原料及化学制品制造业	花园路街道	7.55	6.03	0.73	43.83	62.06	3.65

续表

规模技术生产相对集中		区位商			集中程度（%）		
		人员	营收	企业	人员	营收	企业
金属制品业	北下关街道	4.33	5.92	0.35	28.99	52.42	2.61
电器机械及器材制造业	上地街道	5.38	8.99	2.3	39.29	63.69	16.48
通信设备、计算机及其他电子设备制造业	上地街道	5.86	8.32	3.16	42.78	58.91	22.64
废弃资源和废旧材料回收加工业	温泉镇	20.85	446.58	20.75	15.00	60.00	16.67
其他建筑业	紫竹院街道	2.1	13.72	0.9	9.95	50.98	5.04
装卸搬运和其他运输服务业	北太平庄街道	5.18	10.83	1.75	21.08	65.87	8.76
保险业	甘家口街道	5.05	3.25	2.54	30.62	51.81	11.63
地质勘查业	学院路街道	7.46	21.2	5.04	39.76	73.77	27.00
社会福利业	四季青镇	3.52	24.81	2.26	8.36	52.29	5.13
规模技术生产相对次要集中		区位商			集中程度（%）		
		人员	营收	企业	人员	营收	企业
石油加工、炼焦及核燃料加工业	清河街道	15.85	39.95	5.41	18.61	47.93	14.29
有色金属冶炼及压延工业	八里庄街道	0.37	27.98	1	1.36	43.58	4.55
专用设备制造业	学院路街道	4.01	13.11	1.27	21.36	45.63	6.82
租赁业	甘家口街道	0.85	2.77	0.94	5.14	44.19	4.29
水利管理业	西三旗街道	8.51	48.46	2.05	12.96	47.22	4.17
通用设备制造业	北下关街道	3.85	5.38	0.52	25.77	47.65	3.87
仓储业	田村路街道	23.24	67.14	3.09	27.22	40.16	5.71
教育	海淀街道	0.83	2.65	0.72	8.36	39.48	9.19
规模生产相对集中		区位商			集中程度（%）		
		人员	营收	企业	人员	营收	企业
饮料制造业	西三旗街道	34.82	70.95	3.51	53.04	69.14	7.14
纺织业	清河街道	45.69	42.84	8.24	53.63	51.40	21.74
石油加工、炼焦及核燃料加工业	海淀街道	7.25	3.36	1.12	72.61	50.12	14.29
生产相对集中		区位商			集中程度		
		人员	营收	企业	人员	营收	企业
无	无	—	—	—	—	—	—

（二）海淀区主导产业与产业集群

主导产业是具有高生产关联的产业，负责联系上游及下游的生产，带动与支撑其他关联产业所共同发展而成的合作经济体系，推动产业集群的发展。主导产业发生倒闭、迁移或受到产业政策的限制，集群内产业链将会发生中断危机，影响各行业生产成本，最终导致产业集群的产能枯竭与产业衰败，严重者会波及其他集群，降低区域的产业竞争力。本书以高关联产业作为基本门槛确定海淀区主导和重点产业。

本书组以每五年调查一次的“北京市2007年投入产出直接消耗系数表”为基础，分析了北京市42部门各产业之间的关联程度，并结合北京市第二次全国经济普查数据以及主导产业的内涵，特征指标选取产业活动单位从业人员平均数（以下简称平均从业人员）、从业人员人均营业收入（即生产力，以下简称人均营业收入）、产业部门向前关联（以下简称向前关联）、产业部门向后关联（以下简称向后关联），计算海淀区主导产业和重要关联产业。分析结果显示，[1] 海淀区74个营利产业被划分为5群不同产业关联及生产力优势的行业群，见表6-41。

表6-41 海淀区各行业分类：关联程度与生产力优势

优势描述	行业
1级 高关联产业	化学原料及化学制品制造业；医药制造业；橡胶制品业；塑料制品业；黑色金属冶炼及压延工业；有色金属冶炼及压延工业；通信设备、计算机及其他电子设备制造业；电力、热力的生产和供应业；道路运输业；城市公共交通业；水上运输业；航空运输业；仓储业；零售业
表现 向前关联=0.66 向后关联=1.99 平均从业人员=55.20 人均主营收入=611.16	
2级 向后关联高生产力产业	煤炭开采和洗选业 石油加工、炼焦及核燃料加工业 装卸搬运和其他运输服务业 批发业 银行业 其他金融活动
表现 向前关联=0.57 向后关联=1.02 平均从业人员=374.14 人均主营收入=6277.61	

[1] 本书采用非层次聚类法中的K平均值法（K-Means），结合ANOVA分析，计算在不同聚类的条件下，分类变量对聚类结果影响的显著性，其次，结合AIC信息准则（Akaike Information Criterion，AIC），确认各聚类中的产业。统计显著性选取99%显著性水平，分类变量全数能显著的解释聚类结果。

续表

优势描述	行 业
3 级 高关联高从业人员行业	铁路运输业
表现 向前关联 =0.61 向后关联 =1.88 平均从业人员 = 67457 人均主营收入 =208.91	
4 级 向前关联中等规模与技术行业	农副食品加工业；食品制造业；饮料制造业；纺织业；木材加工；家具制造业；造纸及纸制品制造业；印刷业和记录媒介复制；文教体育用品制造业；非金属矿物制品业；金属制品业；通用设备制造业；专用设备制造业；交通运输设备制造业；电气机械及器材制造业；仪器仪表及文化、办公用机械制造业；工艺品及其他制造业；废品废料；水的生产和供应业；房屋和土木工程建筑业；建筑安装业；建筑装饰业；其他建筑业；租赁业；商务服务业；研究与试验发展业；专业技术服务业；科技交流和推广服务业；地质勘查业；居民服务业；其他服务业；卫生；社会福利业
表现 向前关联 =0.74 向后关联 =0.52 平均从业人员 = 46.62 人均主营收入 =399.16	
5 级 中等规模与技术行业	石油和天然气开采业；纺织服装鞋帽；皮革毛皮羽毛（绒）及其制品业；燃气生产和供应业；邮政业；电信和其他信息传输服务业；计算机服务业；软件业；住宿业；餐饮业；证券业；保险业；房地产业；水利管理业；环境管理业；公共设施管理业；教育；新闻出版业；广播、电视、电影和音像业；文化艺术业；体育；娱乐业；群众团体、社会团体和宗教组织；基层群众自治组织
表现 向前关联 =0.51 向后关联 =0.30 平均从业人员 =69.99 人均主营收入 =293.92	

结合产业关联感应度与影响度分析，是否属于“必要与重要行业”，以及是否已发生集聚现象，海淀区的共有 4 个主导行业，依其重要性可分为 2 个等级。如表 6 – 42 所示。

表 6 – 42 海淀区主导行业

主导等级	特 征	行 业
1 级	高关联产业	通信设备、计算机及其他电子设备制造业
2 级	向前关联中等规模与技术行业	金属制品业；通用设备制造业；专用设备制造业

以主导产业为核心的产业集群，是海淀区产业发展的引擎，而以主导产业为中心，重要及重点行业为集聚的产业集群，更是海淀区研发创新发展的火车头。结合海淀区主导产业、重要以及重点行业集聚的空间相邻关系，海淀区以核心区为中心的产业集群已经成型。重要的主导核心位于上地街道、学院路街

道以及北下关街道，空间涵盖上地信息产业基地、中关村软件园以及中关村科学城；以1级及2级主导行业为三中心，通过了相邻的重要及重点行业集聚，形成了成片的产业集群。产业集群中的行业优势明显，关联程度也较大，通信设备、计算机及其他电子设备制造业、电器机械及器材制造业、专用设备制造业、通用设备制造业、金属制品业以及计算器服务业，形成了强大的现代制造业集群；紧邻的教育集聚为集群提供人力资源，证券、保险以及银行业为集群提供完善的融资服务。主导产业与重要、重点集聚行业的相对位置关系，详见图6－4。

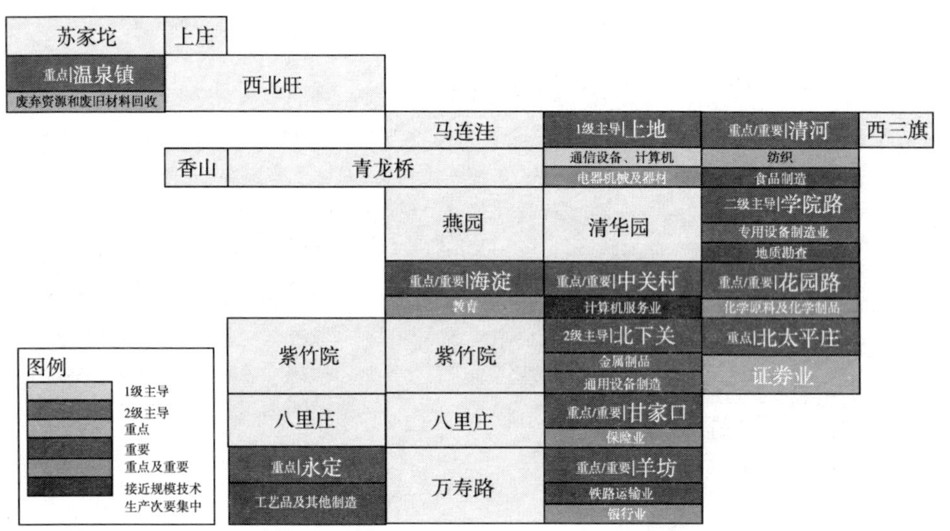

图6－4　海淀区产业集群内各行业空间位置关系

第七章　海淀园（核心区）企业空间集聚分析

中关村国家自主创新示范区核心区（海淀园）企业集聚程度高、效益好，人均产出和地均产出效率高，是海淀区的经济、公共服务以及人口重心所在。企业的高效率和高度集聚，得益于海淀区自身区位优势、人力资本、基础设施、公共服务等因素。

一、海淀区经济和公共服务空间分布

（一）企业空间分布情况

如图7－1所示，海淀区企业分布主要集中在核心区海淀山前地区（特别是中部研发、技术服务和高端要素聚集区），该区域为城市化高度发达地区，人力资本、公共服务、基础设施、科技条件等优质资源十分丰富，因此吸引了大量的企业在该地区集聚。

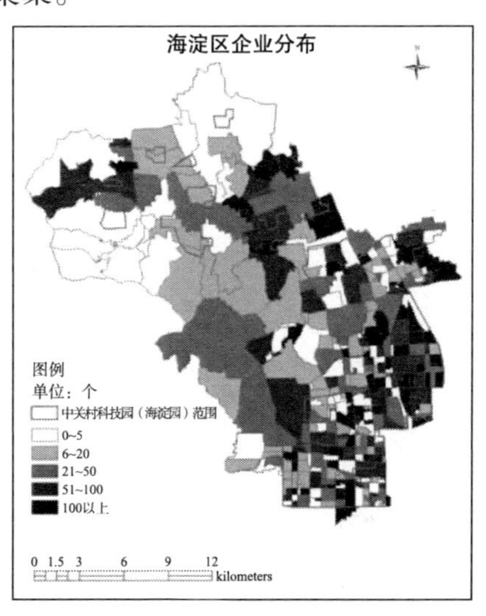

图7－1　海淀区企业的空间分布

而香山街道、四季青镇等地区处于城乡结合部地区，企业分布数量少，单个村（社区）企业分布低于50个，同时受“绿隔”政策以及风景名胜的用地需要，建设用地扩张受限，造成了企业分布数量少。海淀山后（北部研发服务和高新技术产业聚集地）的企业集中分布在高新科技开发区，如航天城、永丰等产业基地。

未来，海淀区除强化中部研发、技术服务和高端要素聚集区的优势以外，更要重点开发北部研发服务和高新技术产业聚集区域，强化公共服务，完善保障政策、吸引优质企业集聚。

如图7－2所示，海淀区工业企业主要分布在核心区（海淀园）的学院路街道以及东升镇地区，更多的工业企业集中分布在海淀北部以海淀园之外，但其集中度不如科技园内的分布。工业企业的产出效率和劳动力需求结构，造成了工业企业更多地分布在中关村科技园外，但较分散，而科技园内的工业企业分布集中。超过50个工业企业的社区单位集中分布在中关村科技园内，而科技园外，低于50个工业企业的村庄（社区）布局分散。图7－3所示，海淀区服务业企业主要分布在山前的中关村核心区（海淀园）内，其他地区分布强度较弱，海淀北部山后大部分地区服务业企业个数低于20。

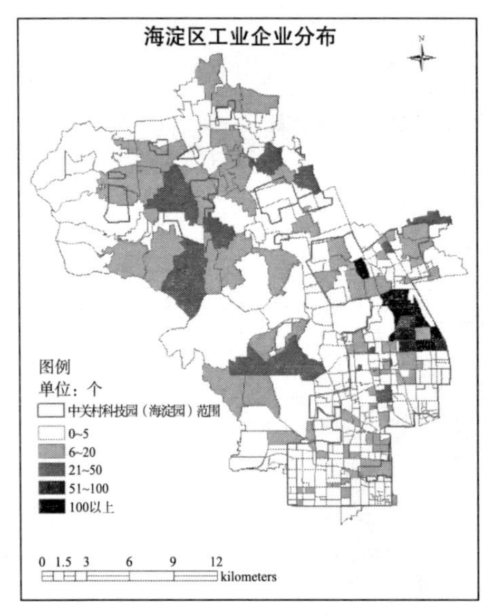

图7－2　海淀区工业企业的空间分布

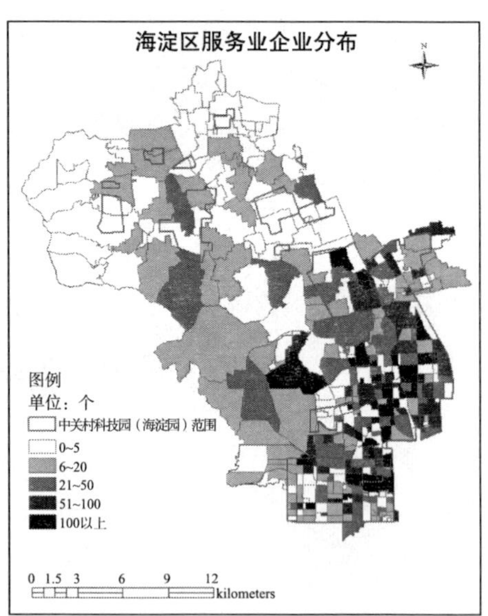

图7－3　海淀区服务业企业的空间分布

综合来看，中关村核心区（海淀园）内集中布局了大量服务业企业，企业品质较高端，而工业企业在中关村科技园的的分布较少，工业企业更多的是分布在山后科技园以外地区。服务业属于第三产业，对知识、人才、技术等生产要素的需求层次较高，而工业企业属于第二产业，对劳动力以及技术的需求层次弱于服务型企业。可见，中关村核心区（海淀园）主要是以服务业企业为主，未来山前的中关村科技园发展需要强化对服务型企业的支持力度，强化优势，同时，由于海淀区山后区域的中关村科技园的发展滞后，需要科学规划、合理布局、政策引导、加快发展山后中关村科技园区进程。

（二）海淀区分行业集聚中心

如图 7 –4 所示，海淀区主要行业的集聚中心分布情况：(1) 海淀区企业的集聚重心位于中关村街道、海淀街道、北下关街道交汇处，处于中关村核心区（海淀园）的中心位置。(2) 服务业企业重心和商业企业重心距离企业重心最近，其中服务业企业重心位于中关村街道和海淀街道交汇处，商业重心处于北下关街道内，服务业企业重心位于企业重心的北部，商业企业重心位于企业重心的南部，其位置靠近企业重心，接近于中关村核心区的中心位置。(3) 工业企业重心和运输邮电企业重心分布距离企业重心分布较远，工业企

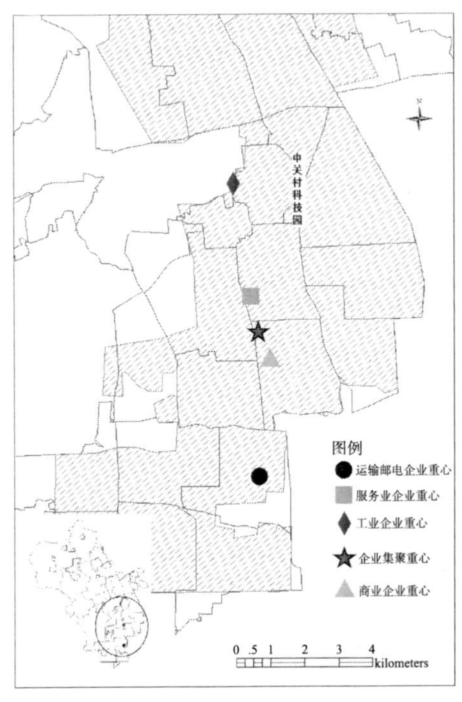

图 7 –4　海淀区分行业集聚中心

业重心分布于清华园街道与青龙桥街道交汇处，同时处于中关村核心区（海淀园）的边缘地区，而运输邮电企业重心分布于甘家口街道，虽然分布于中关村核心区（海淀园）内，但分布在中关村核心区（海淀园）的边缘地区。(4) 结合工业企业在海淀区以及中关村核心区（海淀园）内的分布情况来看，工业企业偏离中关村核心区（海淀园），呈现向北偏离的趋势。中关村核心区（海淀园）内集中分布了服务业重心、商业重心以及运输邮电业重心。

综上分析可以发现，海淀区中关村核心区（海淀园）内主要是服务业，第二产业在中关村核心区（海淀园）内的比重不大，工业重心的偏离并没有很大程度上造成企业重心的偏离。而服务业重心和商业重心围绕企业重心分布，可见，服务业是中关村核心区（海淀园）的支撑，中关村核心区（海淀园）发展重点在于服务业。服务业对于知识、技术等生产要素的要求高，未来强化中关村核心区（海淀园）的带动作用，需要继续加强对劳动力素质的提升，推动人力资本的形成。

（三）海淀区经济重心与变化趋势

第一，海淀经济重心随着城市扩张而不断外移。通过计算海淀区经济、人口、公共服务的重心，如图 7-5 所示，2010 年海淀区工业重心位于燕园街道和清华街道与青龙桥街道的交接处，处于中关村科技园区与非园区交接处。2010 年的经济重心如之前所述，位于中关村核心区（海淀园）内的地理中心位置。尽管由于数据限制，不能计算 2000 年经济重心，但可以推断，经济重心随着城市化的向外延伸，也在不断地由中心城区向外移动。

第二，人口重心外移明显，但速度较慢，产业发展扩张速度大于人口外迁速度。随着经济重心的外移，人口重心也向外移动，2000 年，常住人口的重心为海淀街道北部，到 2010 年已经转移到燕园街道和清华园街道交界处，方向是东北方向，朝着工业重心的方向，但速度落后于工业重心。同时，2000 年流动人口的重心，也由海淀街道与燕园街道交界处移动到了 2010 年的万柳地区，向西北方向移动，与常住人口重心的移动方向不一致。

第三，公共服务设施滞后于产业、人口发展速度。通过计算幼儿园、小学、中学、医院等公共服务的重心可得，公共服务类的幼儿园设施、小学和中学重心均在海淀街道，仅医院的重心偏南，处于海淀街道与紫竹院街道的交界处。公共服务重心集中在中关村核心区（海淀园）区与非园区交接处，其中，医院重心和小学重心位于中关村核心区（海淀园）范围内，而幼儿园重心和

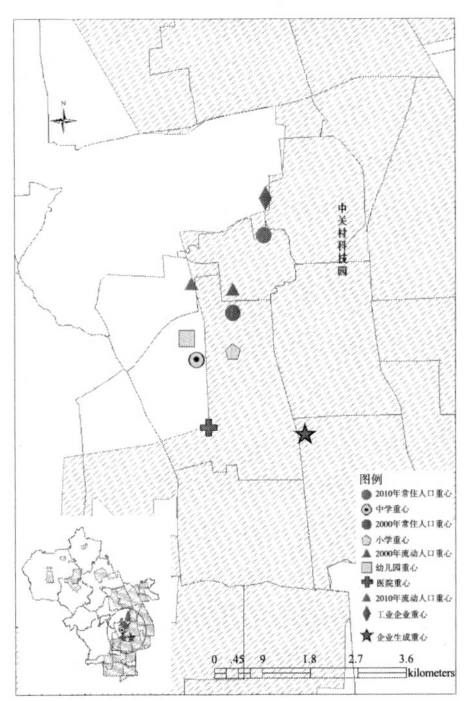

图7－5 海淀区经济、人口、公共服务重心变化

中学重心，则分布在靠近中关村核心区（海淀园）的地区，可见公共服务的中心分布与经济重心的分布不一致。

比较公共服务重心、人口重心、经济重心发现，人口重心向外延伸，且方向各异，常住人口重心目标为工业重心方向。而流动人口重心与常住人口重心的移动方向不一致。说明城市化发展中，人口与经济重心随着城市发展也向外扩张，但是公共服务设施发展速度落后于人口转移速度，公共服务的重心与人口和经济重心的增大，城市发展的协调程度受到影响。海淀区常住人口的移动受工业重心的影响，向中关村核心区（海淀园）的边缘地区移动。

人口重心、经济重心、公共服务重心的偏离程度加大，说明在海淀区内部，劳动力的居住、工作、享受公共服务存在着空间的不均衡性，人口重心与经济重心的偏离，通勤成本加大，同时与公共服务重心偏移，限制了城市人口生活品质的提升。未来海淀区需要统筹城乡发展、协调经济、人口与公共服务的关系，实现经济社会可持续发展。

(四) 海淀园企业的空间集聚

如图7-6所示，从海淀区企业的集聚程度来看，海淀区单位建设用地的企业个数来看，海淀区的企业在中关村核心区（海淀园）的集中分布更加明显。海淀山前地区，每平方公里企业个数超过20以上的村（社区）几乎全部分布在中关村核心区（海淀园）内，除部分东升地区外。而海淀山后地区，由于在苏家坨镇以及西北旺镇等乡镇的村庄，由于建设用地较少，也造成了单位建设用地上的企业数量较大，但结合之前的比较分析，可以推断出，部分海淀山后地区尽管单位建设用地密度较高，但数量不多，海淀区企业集聚地区仍为中关村科技园（海淀园）范围。

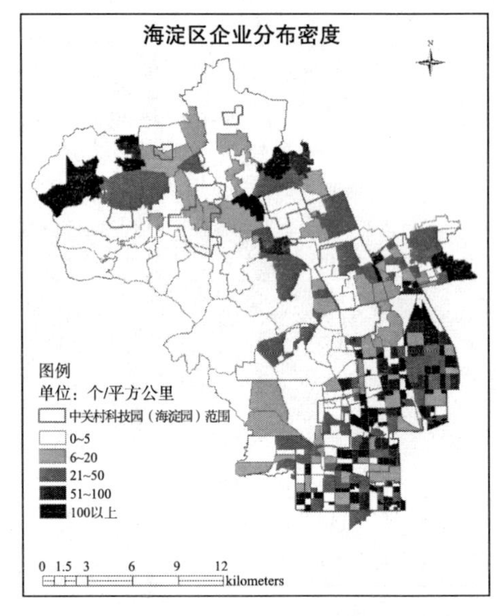

图7-6 海淀区企业分布密度

如图7-7至图7-10所示，从海淀区分行业企业的集聚程度来看，工业企业的集聚程度在海淀区中关村核心区（海淀园）内较高，但海淀山后园区外的分布也较普遍。服务业企业和商业企业在海淀区中关村核心区（海淀园）的集中分布较为明显，在分布范围上，广泛分布于中关村核心区（海淀园）区，而非园区也有一定分布，但在分布强度上，园区的服务业和商业企业集聚程度明显要高于非园区地区。运输邮电业在海淀区整体分布较弱。

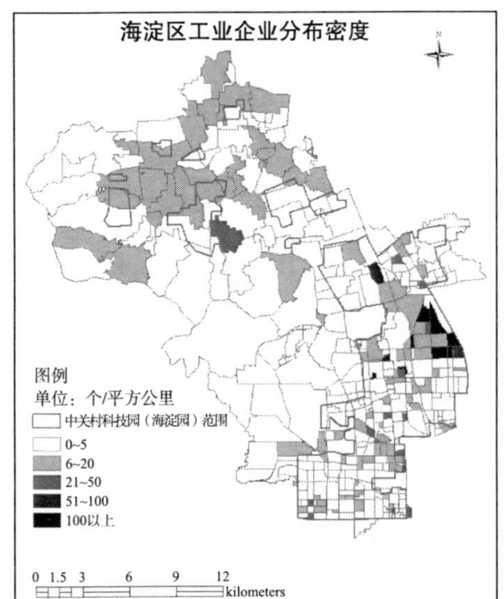

图 7－7　海淀区工业企业分布密度

图 7－8 海淀区服务业企业分布密度

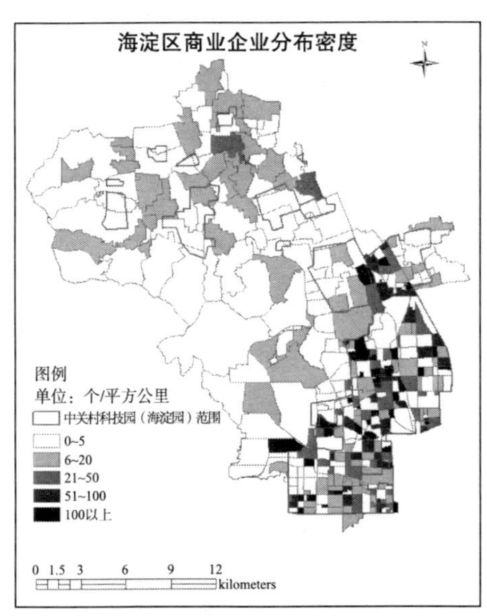

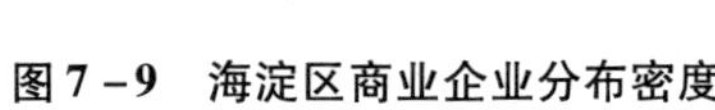
图 7－9　海淀区商业企业分布密度

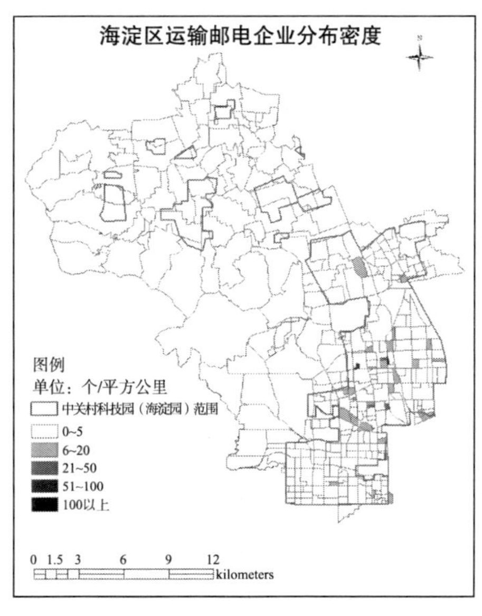

图 7－10　海淀区运输邮电企业分布密度

综合 4 个主要行业来看，海淀区企业呈现集中分布，集中分布于海淀区山前的中关村核心区（海淀园）内，而山后的中关村核心区（海淀园）分布分散。同时，发现山后地区企业有一定分布，无论数量还是分布强度都有一定规模，尽管弱于中关村核心区（海淀园）内，但对于经济发展相对落后的山后地区，需要统筹规划山后的企业，充分利用山后的经济基础，创造有利条件，积极推进城乡一体化发展。

二、海淀区以社区为单位的产出效率分析

海淀区，特别是核心区（海淀园）企业除了在空间上呈现集中分布趋势以外，在地均和人均产出效率上也呈现集中态势，除了山前的中关村核心区（海淀园）范围以外，山后及部分非科技园区也有较高的效率优势。

（一）海淀园经济产出分析

如图 7－11 和图 7－12 所示，海淀区企业营业收入较高的地区除了中关村核心区（海淀园）之外，还大量分布在非园区范围内，企业的营业收入较高，且部分山后地区也表现突出。但如图 7－12 所示，从企业的利润来看，海淀区中关村核心区（海淀园）园区内的企业利润情况较好于中关村核心区（海淀园）范围外的企业。特别是部分高新技术开发园区，尽管并非出于中关村核心区（海淀园）区，但企业利润依然较高，甚至表现优于中关村核心区（海淀园）区内。

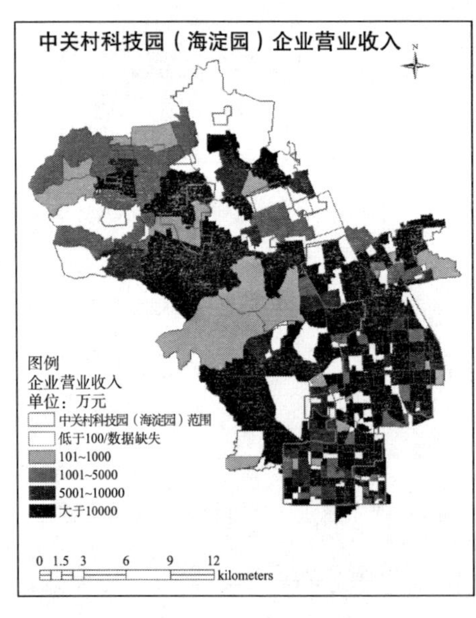

图 7－11　中关村（海淀园）企业营业收入

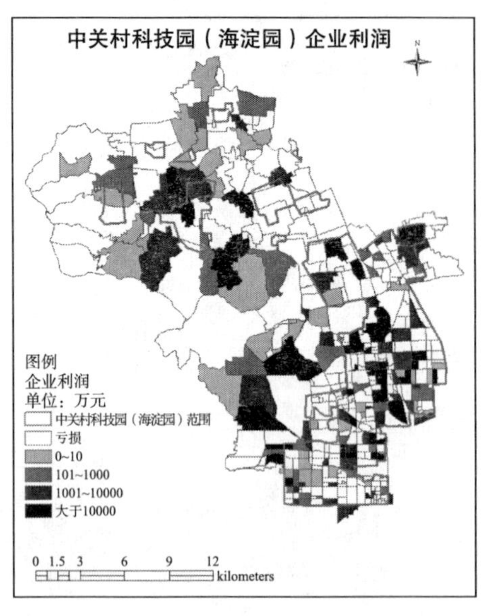

图 7－12　中关村（海淀园）企业利润

从营业收入来看，企业的整体营业收入较高，但从利润来看，大量企业出现了亏损，严重制约了海淀的持续发展，高利润的优质企业分布分散，山前山后地区均有分布，可见山前部分企业并没有充分合理利用区位、交通以及知识和技术优势，反倒在山后非园区内出现了部分高利润地区。政策在引导企业发展中，更重要的是提高企业的利润率，才能为企业带来长久的发展，为海淀协调发展提供持久动力。

（二）海淀园就业岗位提供分析

在就业人口方面，海淀区城镇单位就业人员占常住人口的比重高，增长快（如图 7－13 所示）。2000 年，城镇单位就业人口占常住人口 17.7%，到 2005 年，城镇单位就业人口占常住人口的 38.6%，到 2010 年城镇单位就业人口占常住人口的 40.75%，意味着海淀区内部解决就业的能力较高。

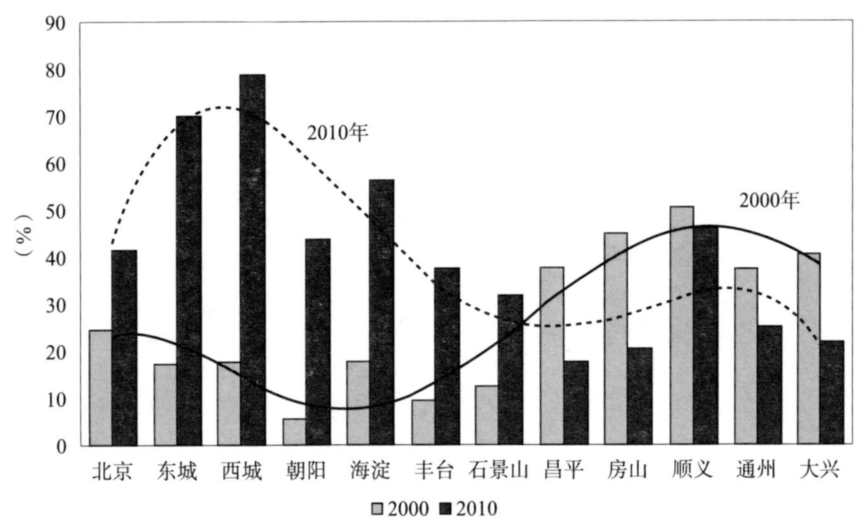

图 7－13　城镇单位就业人口占常住人口比重

从海淀区内部就业分布来看，如图 7－14 所示，海淀区高就业分布区域和中等就业分布区域都主要集中在中关村（海淀园），这说明中关村提供了较多的就业，而其他地区提供的就业相对较少。从海淀区内部就业分布强度来看，如图 7－15 所示，单位建设用地上的就业分布，就业高度密集区和就业中等密集区也主要分布在中关村（海淀园）中部地区，山后部分地区由于建设用地面积较小，造成单位就业也呈现了部分中等密集区，但结合图 7－14，可以发现，其承载的就业能力较弱，海淀区的就业人口主要集中在中关村（海淀园）

中部和南部区域内，主要是从事商业和服务业。

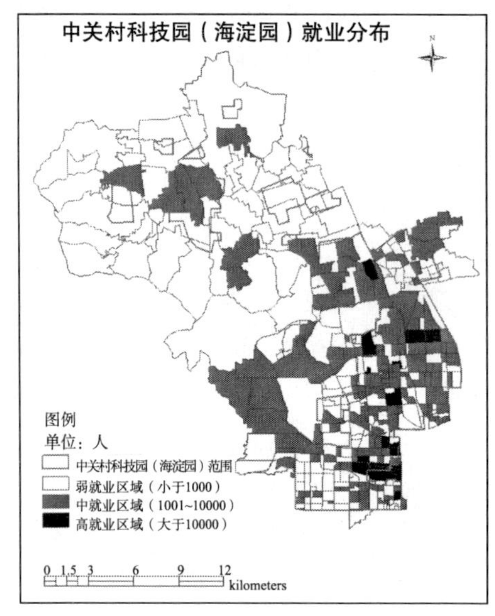

图7－14　中关村（海淀园）就业分布

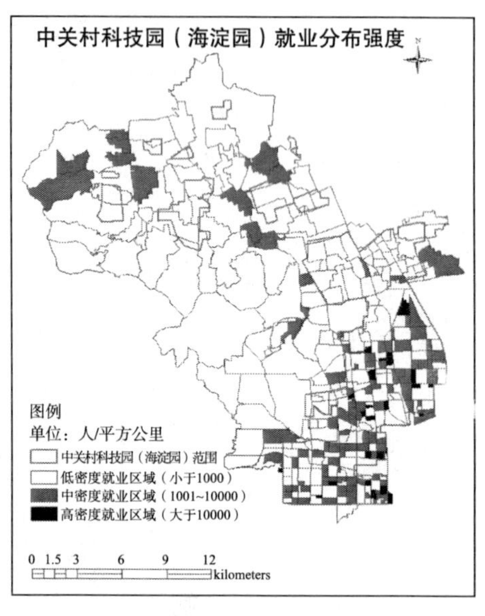

图7－15　中关村（海淀园）就业分布强度

提高海淀区劳动力素质，强化人力资本的形成，重点在于提高服务于中关村科技园内的劳动者，未来的政策导向需要对该地区劳动力加强培训，加强技能教育，全面提升海淀区的劳动力水平，提高劳动人口的素质。

（三）海淀园地均产出效率比较分析

对海淀区企业的产出效率进行分析，如图7－16所示，海淀区地均高效率区域集中分布在中关村（海淀园）中部和南部范围内，非园区范围仅香山和四季青部分地区为高地均效率区，主要是由于该地区建设用地相对较少。而中等效率地区除了在中关村（海淀园）范围内以外，海淀区山前大部分地区基本都处于中等效率和高效率地区，山后地区主要分布低效率区，可以发现，海淀区整体效率较高，呈现由核心区向周边递减的趋势。山后的中关村科技园区范围内，效率较低，给未来的开发提供了较大的开发空间。

分行业来看，如图7－17所示，工业企业的土地产出效率分布除了集中分布在核心区中部区域外，其他地区分布较为分散，主要是山后的部分产业基地，工业企业的高效率区域全部集中在核心区中部区域内。如图7－18所示，服务业的土地产出效率来看，中等效率区和高效率区几乎全部分布在核心区中部和南部范围内，其他绝大多数地区地均效率较低，低于1万元/m^2。

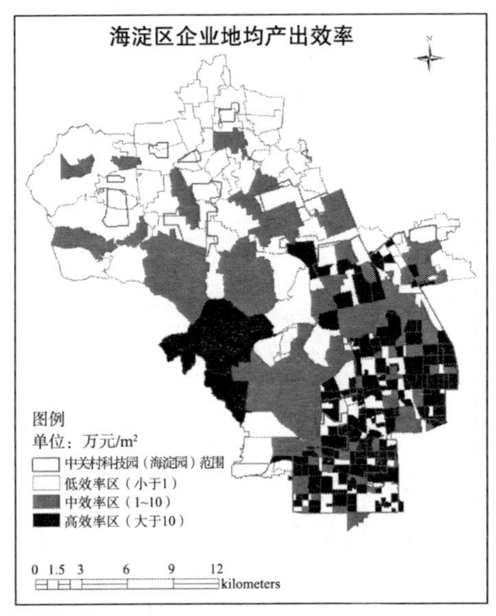

图7-16　海淀区企业地均产出效率

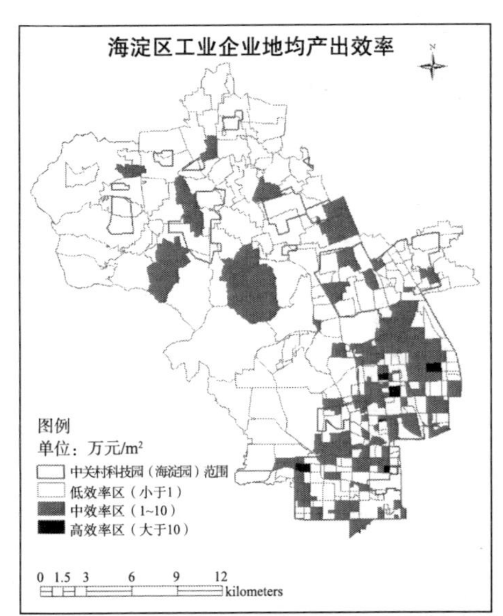

图7-17　海淀区工业企业地均效率

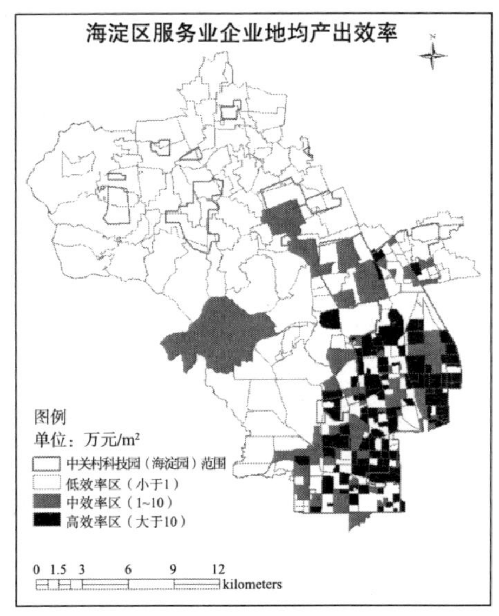

图7-18　海淀区服务业企业地均产出效率

综合比较核心区企业的地均效率来看，工业企业的效率集中程度弱于服务业企业的效率集中程度，海淀区产业结构以第三产业为主，服务业是经济发展的重点，未来在强化核心区的服务业效率之外，需要扩展高效率区，特别是山后地区，山后中关村科技园区范围内依然效率较低，在人才、技术、基础设施等方面不具有优势，需要政府的合理规划和引导，给海淀未来持续发展提供新的经济增长点。

（四）海淀园人均产出效率比较分析

如图7－19所示，海淀区人均产出效率，高效率区（超过100万元/人的地区）集中分布在核心区中部和南部，但高效率区域较少，且分布零散。低效率区（低于1万元/人）的区域也较少，且分布零散，主要分布在山后部分地区和城乡结合部地区。整体来看，中等效率区分布广泛，且覆盖了海淀区大部分区域，这说明未来海淀区劳动力产出还有较大的提升空间，同时也表明，海淀区劳动力有一定的基础，人均效率不差，为未来的提升劳动力素质奠定了基础，未来要加强对劳动力的教育和培训，全面提升海淀区的劳动力水平。

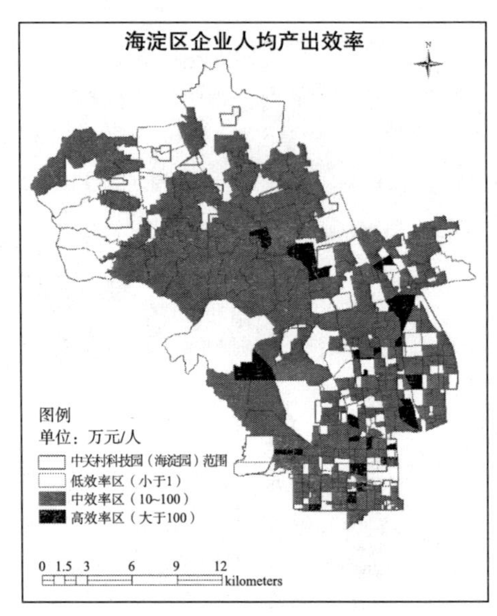

图7－19 海淀区企业人均产出效率

综合比较来看，在海淀区内部，从海淀区各社区企业人均效率和地均效率来看，地均效率依然集中在核心区中部和南部，城乡结合部地区地均效率低，明显落后于中部和南部。而从人均效率来看，城乡结合部地区的部分村落有着较高的人均产出效率，除了近郊的城乡结合部地区，山后的西北旺、上庄乡镇都拥有人均效率较高的村庄社区，甚至高于中心城区。产出效率较高的地区主要是高新产业园区，如上地街道等，但其对周边城乡结合部地区的经济带动效应不明显，其发展只是自身的发展，没有与周边地区进行有效的融合。尽管部分地区拥有优势，但总体来看，城乡结合部地区依然主要是经济产出效率低的村（社区）。

对城乡结合部的调研中发现，高效率地区主要是经济产业基地和开发区，而典型的城乡结合部地区经济形态以低端产业为主，大量流动人口聚集于经济低效率地区，绝大部分人居住在城乡结合部地区的流动人口，尽管居住在该地区，但由于就业依然在中心城区，造成了交通、社会管理、治安等一系列问题，有待合理规划，协调人口与产业的空间秩序。

分行业来看，如图7－20，工业企业的人均产出高效率区域分布分散，高效率区主要是部分高新产业开发园区。如图7－21所示，服务业人均产出效率分布集中，核心区主要是高效率区和中等效率区，低效率区较少。如图7－22所示，金融业人均产出效率分布集中，效率高的区域集中在海淀南部区域。如图7－23所示，商业企业的人均产出效率分布呈现多样化，高效率区域集中在核心区中部和南部，中等效率区域分布广泛，而低效率区域较少，分布于山后地区。

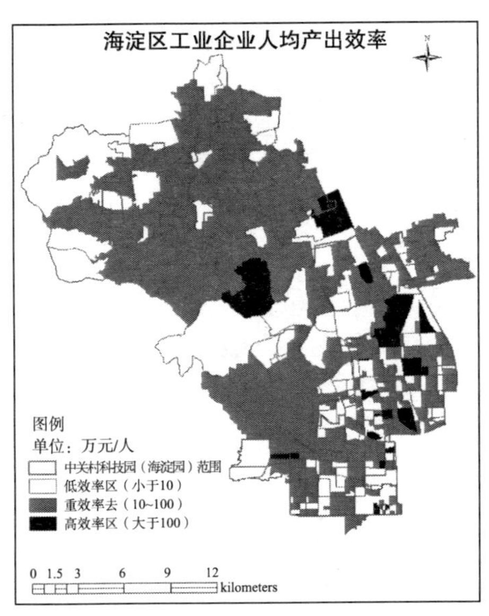

图7－20　海淀区工业企业人均效率

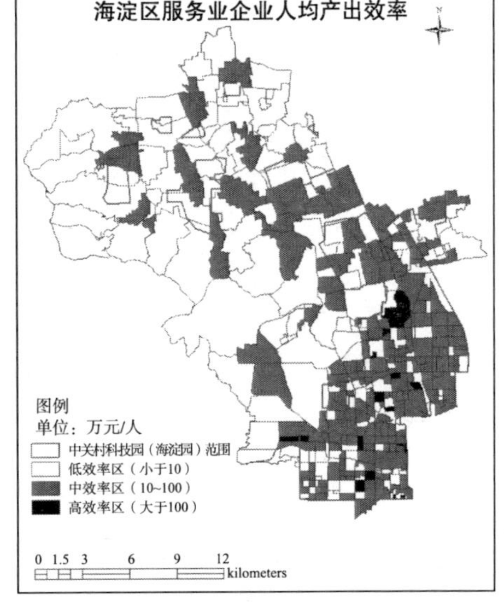

图7－21 海淀区服务业企业人均效率

通过以上分行业比较发现，工业和商业的整体产出效率较高，中等效率区和高效率区分布较广，而服务业产出效率一般，且分布集中，金融业局部效率较高，分布集中，绝大部分地区金融业为低效率区。未来提升产业效率的重点主要在于提升服务业的整体效率，重点塑造高效率的服务业，强化第三产业在产业结构中的优势，以效率制胜。

海淀区金融业企业人均产出效率
图例
单位：万元/人
中关村科技园（海淀园）范围
低效率区（小于10）
中效率区（10~100）
高效率区（大于100）
0 1.5 3 6 9 12
kilometers

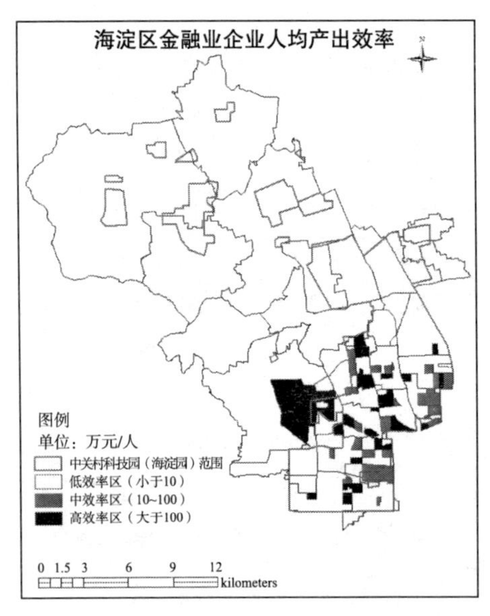

图 7－22　海淀区金融业企业人均效率

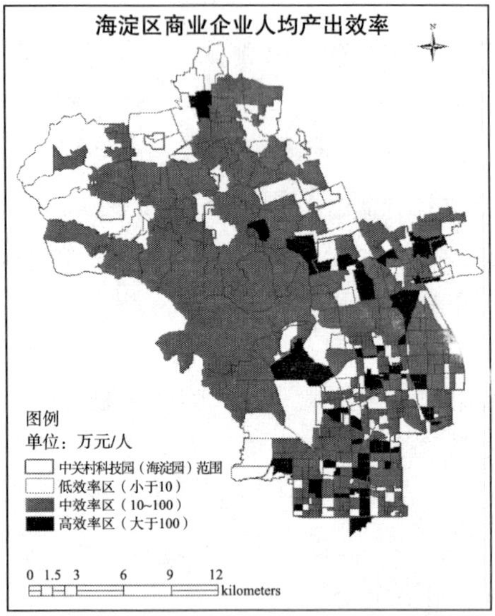

海淀区商业企业人均产出效率
图例
单位：万元/人
中关村科技园（海淀园）范围
低效率区（小于10）
中效率区（10~100）
高效率区（大于100）
0 1.5 3 6 9 12
kilometers

图 7－23　海淀区商业企业人均效率

三、企业空间集聚和产出效率影响因素及配套政策建议

中关村核心区（海淀园）企业呈现集中分布，产出效率呈现多样化，地均效率集中，人均效率分散，整体表现良好，但部分行业城乡差距较大。造成海淀区产业空间集聚和效率差异的原因主要在于核心区（海淀园）中部和南部与城乡结合部地区的区位差异、基础设施、公共服务，以及人力资本的分布不均造成。

（一）企业空间集聚与土地产出效率区域比较

从 GDP 产出效率来看，如图 7－24 所示，海淀区产业效率相对较高，海淀区单位建设用地的产出效率 2000 年为 1.4 亿元/km^2，2005 年为 6.2 亿元/km^2，2010 年为 11.1 亿元/km^2，均高于同期的朝阳、丰台、石景山等区县，落后于北京核心区东城区、西城区。但从产业效率的增长速度来看，2000—2005 年，海淀区建设用地产出效率的增速落后于东城、西城、朝阳、丰台、石景山、房山，与顺义持平。2005—2010 年，海淀区建设用地的产出效率增

速为 78.3%，与朝阳（78.1%）持平，落后于东城（128%）、西城（131.1%）、丰台（93.2%）、昌平（93.3%）、顺义（209%）、通州（113.2%）。

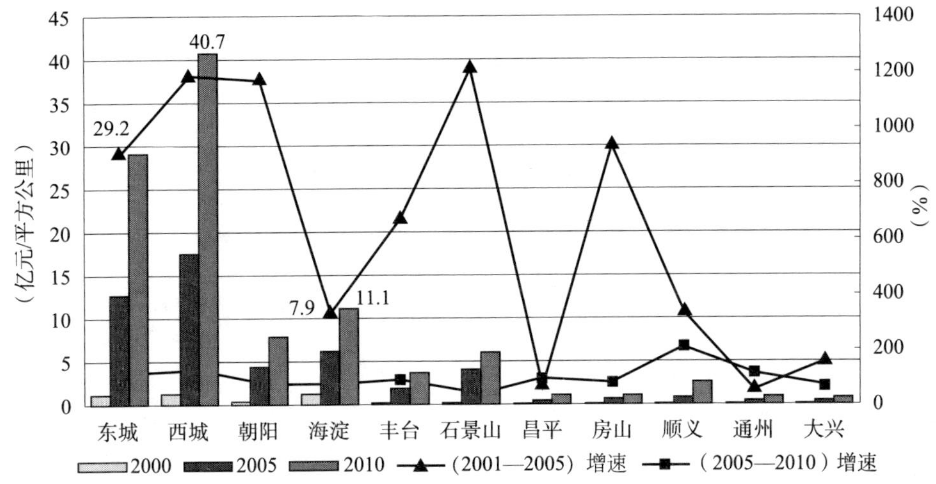

图 7－24　北京各区县单位建设用地 GDP 产出效率

如表 7－1 所示，从分产业来看，海淀区的效率优势产业集中在信息、科技服务、教育、金融、批发零售业等产业，其自身的产业效率较高，超过 4000 万元/km^2，其中海淀区信息和计算机业效率较突出，单位建设用地的信息服务业产出效率为 13124 万元/km^2，在北京市各区县中列第三位，仅次于东城、西城。另外，海淀区科技服务业效率也较高，为 7009 万元/km^2，仅落后于东城、西城，高于其他区县，同时海淀区的教育业也保持着其自身优势。在第二产业方面，海淀区尽管也为第二位，但与其他区县差距不大，特别房山、通州、顺义、昌平等区县工业的地均产出较高，随着产业结构的升级，未来海淀区第二产业效率即将被超越。

分行业看，海淀区的产业效率优势集中在信息、科技服务、教育等产业方面，属于高附加值的第三产业，而这些产业对知识和人才的需求层次较高，海淀区需要依托自身的人才资源优势，转化优势禀赋为发展动力。

科学技术是第一生产力。中关村核心园（海淀园）的发展必须依靠先进的技术和高素质的人才。在提升原有老动力的素质的同时，加快引进人才，为人才的培养提供适合的环境，打造人才培育基地，给广大人才提供发展平台，以人才为根本，以科技为动力，以持续发展为目的，推动海淀园区的协调稳定健康发展。

表 7-1　2011 年北京市分行业各区县地均产出效率（万元/km^2）

行业	北京	东城	西城	朝阳	丰台	石景山	海淀	房山	通州	顺义	昌平	大兴
工业	3551.8	3318.6	22199.3	4287.8	2488.9	7864.6	4434.3	2860.0	2196.7	3413.0	2286.4	1152.9
交通运输邮电业	942.4	3117.8	5766.1	2522.1	801.5	584.5	324.9	132.4	96.6	2512.3	45.6	134.1
信息、计算机业	1739.8	19251.4	11400.3	2624.0	942.1	4872.3	13124.0	25.9	13.2	17.9	171.4	15.3
批发零售业	2492.7	21961.7	29984.4	12702.5	2282.9	2372.8	4865.8	208.6	593.1	380.2	221.6	262.6
住宿餐饮业	405.9	6018.2	4776.0	1520.7	534.6	556.5	1154.8	55.8	86.8	88.8	178.9	33.8
金融业	2580.9	28627.2	112743.8	5062.7	1681.8	1775.4	4886.9	176.9	348.2	329.2	250.8	171.5
房地产业	1252.3	9322.8	12749.8	5259.1	1584.8	1769.2	2763.5	378.5	632.2	382.8	570.5	566.3
租赁和商贸服务业	1353.9	18740.8	24027.3	7553.1	1606.7	1182.3	2162.5	78.6	82.3	327.8	157.8	80.4
科技服务业	1322.9	15817.4	13655.1	3302.1	2547.9	1789.8	7008.5	124.5	115.7	153.2	312.4	130.2
水利公共设施	100.6	643.5	1102.2	291.2	228.2	242.6	346.0	29.7	26.6	18.3	49.6	15.7
居民服务业	130.6	818.5	1280.7	418.6	285.3	415.6	323.2	31.7	54.8	45.5	95.6	34.3
教育业	705.9	3471.4	6109.4	1397.3	604.1	1499.7	4031.2	204.5	229.2	151.4	348.9	257.8
卫生和社会福利	362.9	5280.1	7327.1	880.1	378.0	935.9	925.1	113.6	121.9	55.7	111.5	72.5
娱乐业	395.4	6175.7	7998.0	696.8	364.1	974.6	2153.2	13.3	15.0	12.2	35.0	21.2
公共管理和社会组织	616.8	10495.2	15584.7	1065.0	695.9	1342.1	987.8	195.9	260.8	120.9	173.8	234.8

（二）企业空间集聚的影响因素分析

海淀区是首都重要城市功能拓展区，也是中关村国家自主创新示范区核心区，海淀区紧邻西城区、朝阳区，海淀区（核心区）为北京市的中心城区，科教资源密集，人才资源丰富，受北京市中心城区的辐射带动作用明显，海淀区区位优势明显。在海淀区内部，核心区凭借优势的教育、文化资源，以中关村科技园为平台，全面提升经济产业发展水平，而城乡结合部地区，距离中心城市教育，发展基础较差，在整体发展中处于劣势。

海淀区内的轨道交通和主要公路的辐射范围，已经涵盖了整个城乡结合部地区，特别是地覆盖到了上地、清河、西三旗、青龙桥街道等地区，山后地区尽管尚未被地铁覆盖到，但快速的交通已经涵盖到了苏家坨镇、上庄镇、西北旺镇、温泉镇，交通便利，便利的交通为产业和人口向该地区的布局和转移提供了便利（如图 7－25 所示）。但同时也需关注，城乡结合部地区的交通条件与城区相比依然有差距，城区基本得到了全部覆盖，主要道路和轨道交通基本上已经全部覆盖中心城区，而在山后地区，依然存在着未被交通设施覆盖的地区，交通设施仍需进一步完善，尤其是通往部分村庄的道路。

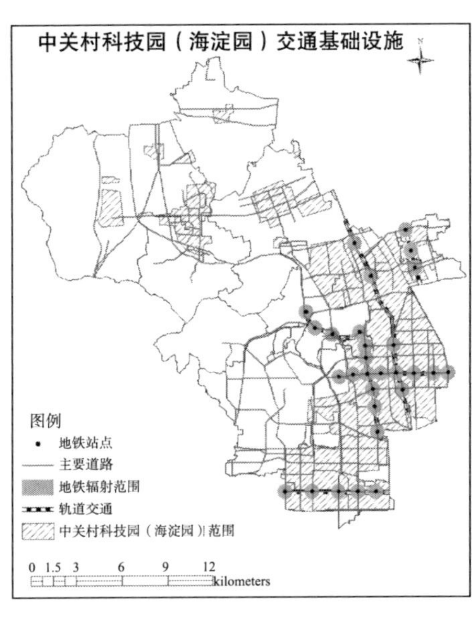

图 7－25　海淀区交通基础设施分布

交通设施的强化直接缩短了人口居住点与工作地点的通勤时间，加强了农村与城市的联系，便利了城乡结合部地区与中心城市的交流。调研发展，城乡结合部地区流动人口集中区主要集中于交通便利地区，交通基础设施的均等化，有利于缓解城乡结合部问题，分散流动人口。

另外，在公共服务方面，海淀区在医疗、教育等群众最关心的公共服务设施上，依然存在着较大的城乡差距。

如图 7－26 至图 7－29 所示，海淀区幼儿园、小学、中学、医院等资源的分布强度来看，优质的小学、中学、医院全部分布在核心区，数量多、质量好，而城乡结合部地区，各种资源的分布数量少、质量差。城乡结合部则明显成为公共服务弱质地区，对于人口的吸引力不够，受到公共服务覆盖范围的影响。

海淀区幼儿园分布情况
图例
幼儿园
幼儿园强度范围
0 1.5 3 6 9 12
kilometers

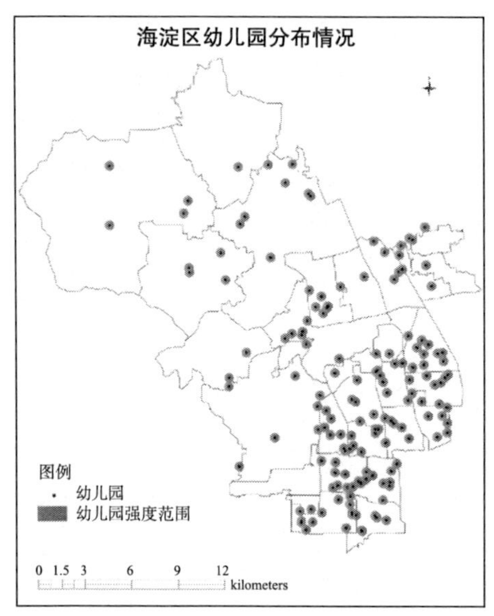

图 7－26　幼儿园资源分布

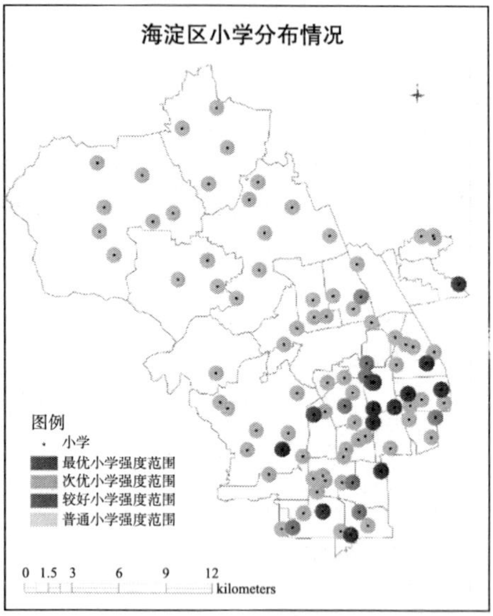

海淀区小学分布情况
图例
小学
最优小学强度范围
次优小学强度范围
较好小学强度范围
普通小学强度范围
0 1.5 3 6 9 12
kilometers

图 7－27　小学资源分布

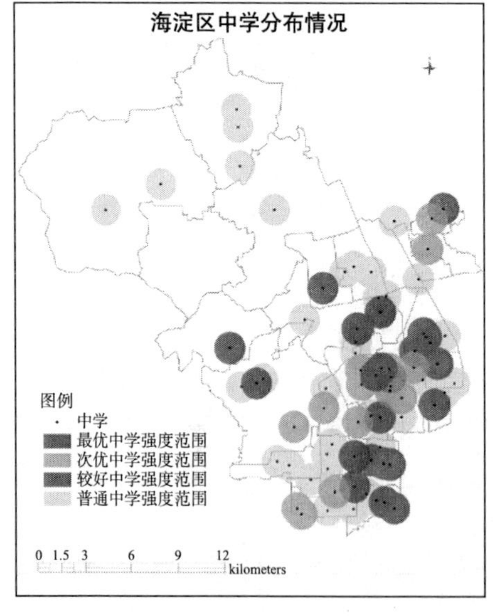

海淀区中学分布情况
图例
中学
最优中学强度范围
次优中学强度范围
较好中学强度范围
普通中学强度范围
0 1.5 3 6 9 12
kilometers

图 7－28　中学教育资源分布

海淀区医院分布情况
图例
医院
三级医院强度范围
二级医院强度范围
一级医院强度范围
0 1.5 3 6 9 12
kilometers

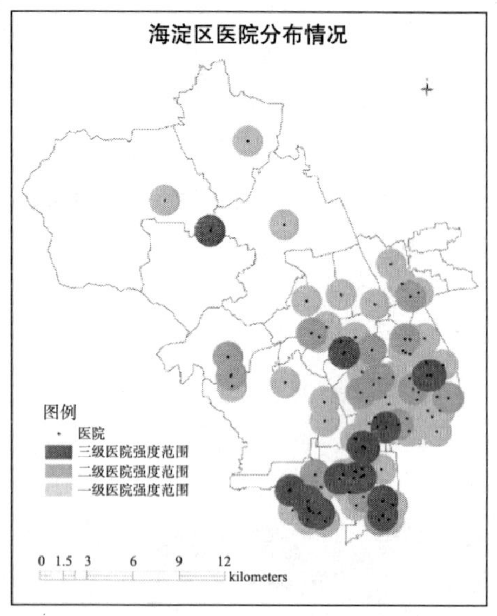

图 7－29　医疗资源分布

数据来源：根据北京市教育局数据及卫生局数据绘制。

医疗和教育是群众最为关心的民生问题。按照我国城乡规划标准，小学服务半径、幼儿园服务半径、中学服务半径，规划可以合理布局，实现公共服务的均等化，缩小城乡差距。

海淀区从业人员受教育水平高。如图 7－30 所示，从海淀区从业人员中大专及以上学历人员的比重来看，清华园街道、上地街道高学历人员占比重最高，超过 70%，燕园街道、中关村街道其次。城乡结合部的上地街道、万柳街道表现突出，人才密集区域集中在核心区，另外西北旺街道和东升街道比重也较高。其分布态势呈现以清华园街道、燕园街道、中关村街道为中心向外递减的状态。

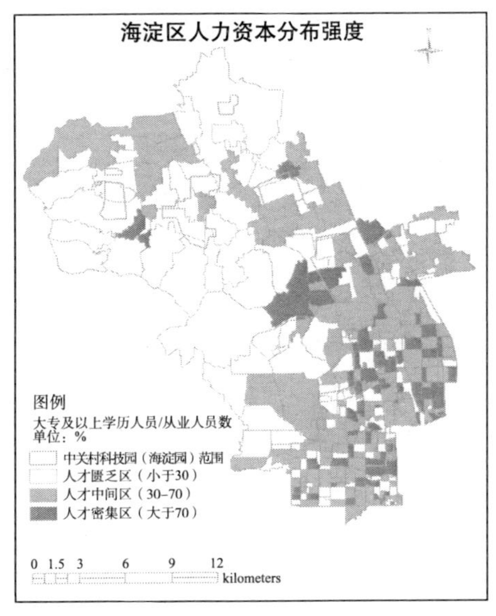

图 7－30　2010 年海淀区人才分布密度

数据来源：根据海淀区统计局数据整理。

在城乡结合部内，出现了部分人才密集区，主要是靠近城市化地区或者高新技术开发区，但整体上来看，城乡结合部的大部分地区为人才匮乏区域，成为该区域发展的瓶颈 。

区位条件、基础设施、公共服务、人力资本是造成海淀区企业向核心区集聚，企业地均效率和人均效率产业的主要影响因素，海淀区未来发展的关键，在于完善基础设施，公共服务均等化，强化人力资本，才能全面提升海淀区企业效率，解决好海淀区发展中的问题。

（三）强化海淀园（核心区）企业集聚配套政策建议

1. 交通优势和公共服务是海淀园企业集聚的重要因素

海淀园（核心区）企业集聚，依托发达的交通。通过之前的分析，中关村科技园（海淀园）主要分布在交通网络密集分布的地区，主要道路和轨道交通发达，缩短了企业与外界交流和沟通的时间，同时便捷的物流也便于商业信息的传播。

海淀园（核心区）企业集聚，依托人才科技优势。中关村核心区（海淀园）企业分布区，主要集中在海淀人才密集、科技资源丰富的高新聚集的地区，拥有丰富的人才优势，是企业持续发展的动力。

海淀园（核心区）企业集聚，依托优质公共服务。科技企业发展，信息的获取与传播，高新技术产品的研发等，都依赖于与其相关的配套服务业，高度科技企业依赖于高度的配套服务业。

人才优势、科技优势以及公共服务和基础设施的完善是吸引高新技术企业的主要条件，海淀区拥有丰厚的人才资源和科技优势，公共基础设施完善，但仅仅具备以上这些条件并不足以吸引高新企业落户和持续发展。

社会化服务体系的健全，特别是各种咨询和中介服务机构的健全是吸引高新技术企业的重要条件。除了具备雄厚的科研技术人员外，更应该有配套的科技转化机制，知识产业事物，科技成果转化教育中心等，高新企业需要高端的配套服务企业和单位为其提供便捷的市场信息、投资信息、技术信息等。

融资渠道的多元化是高新技术企业发展的重要条件。高新技术企业需要长久的持续发展，由小做大，更需要资金的支持，大量拥有先进技术的公司，往往希望寻求资金的支持，因此，开发区需要再融资渠道进行多元化开发。除了开发区的税收优惠，在资本融资渠道方面，允许民营资本开展灵活多样的融资方式，开股票和债券市场，给予高新技术企业更多的自主权。

另外，在行政制度上，给予高新技术企业尽可能多的优惠，简化审批手续，对于企业进入门槛灵活运用，不单纯以企业规模大小判定企业的优劣，在监管过程中做到公开、公正、公平，踏踏实实为企业服务。

2. 持续推动企业发展与土地利用监测机制

企业集聚产生两个结果，一是更多企业需要入（驻）科技园区，土地需求量增加；二是企业集聚使区域产业环境发展向好，园区土地价格提升，土地节约集约用地标准更高。因此，企业空间集聚后，土地利用的监测机制必须真正建立起来并实施，通过评价各行业企业用地绩效，并通过多种方式公布园区土地绩效利用状况，优胜劣汰，才能使海淀园成为国家级科技创新园区。

3. 土地开发可以采用更加灵活的机制和策略

海淀北部目前采用政府土地收储部门的“土地收购—储备—开发—销售供给”的模式，是一种传统的成本极高的土地开发供给模式，不适于高科技区域的土地开发供应。充分利用《中关村国家自主创新示范区条例》关于多种途径开发利用农村集体经济土地的条款，鼓励辖区内科技地产开发企业与园区 4 个乡镇全面开展合作开发，降低因土地征收补偿带来的土地成本，鼓励乡镇利用土地入股与科技地产开发公司共同建设各种不同需求的现代化孵化器、工业厂房和基础设施，在海淀区北部统一的供给平台上供给。同时也应鼓励各个村庄自己进行土地开发，政府应该做的是提供最佳的土地开发方案，监督村庄开发符合海淀北部规划，既增加了农民收入、调动了村集体的积极性，也降低了土地开发成本，减少矛盾。政府可能一时减少了土地出让金收入，但降低了土地开发成本，将对吸引高科技研发类科技企业具有举足轻重的作用。

（四）营造创新环境，在核心区北部建设中关村城市创新中心区 CCD

科技创新是由少数城市寡占的稀缺资源，同时它还只有在适宜的空间和制度环境中才能产生。根据中国城市发展研究会对全国城市创新排名的研究，自 2008 年以来，北京市一直名列创新城市排名的前三甲，但从创新环境单项指标上来看，却一直处于下滑趋势，2010 年排名第 6 名，2011 年下滑到第 9 名。这说明，北京建设一个具有示范效应、科技创新成果频出、自然环境优美、制度环境宽松，以科技创新为主的创新中心区十分必要。

本书认为，以全球视野作为定位，科技创新、国际性和领先性是海淀未来发展三大重要特征，这也是海淀北部的建设和发展路径愿景。创意城市是 21 世纪城市发展的全新理念，科技创新作为城市发展驱动力，是保持城市的综合竞争优势的源泉。基于此，如果在海淀北部提出并建设具有国际化特征的“中关村创新中心区 CCD”（Central Creative District，CCD）[1] 概念，不仅是对

---

[1] 国外关于创新型城市英文表述有两种“the creative city”和“the innovative city”，二者提法均强调变革和革新，倡导新的城市发展观，但是侧重点有所不同。前者更多地强调理念、创意和文化，着眼于城市的创新意识、文化与氛围；而后者强调包含技术、人才和制度的综合变革，特别是指一个城市在政府的引导和组织下，确立并推进以企业为主体要素的自主创新模式，培育高新技术产业集群和名牌企业、产品，以技术创新或科学技术进步推动城市经济、社会的快速发展这样一种创新性城市。根据国家、北京市和海淀区对海淀区北部生态科技创新的定位，以及海淀区可持续发展的战略思路，本书采用了“the creative city”这个广义概念。目前海淀区北部生态科技园区命名为中关村创新中心区 CCD。

以往海淀北部发展成果的总结，也是建设与知识经济相关的基础设施和宽松环境的核心思想，形成依靠科技创新带动区域发展的凝聚力和向心力，是继续保持海淀科技创新竞争优势的新起点和新模式。

本书认为，中关村创新中心区 CCD（Central Creative District）是面向未来，吸引全球的科技和文化创新人才集聚，不断孕育、转化和传播科技、文化创新成果，并最终实现区域生态、经济、文化和社会和谐发展的位于海淀北部自然风景区的新型城市空间。CCD 是以核心区空间规划为指导，落实《中关村科技园区发展战略纲要（2008—2020 年）》提出的“中关村发展与世界新技术发展前沿、国家重大技术战略实施紧密”的目标和“创新驱动”的指导思想，将核心区“两心之一”的“海淀北部科技创新中心”命名为“中关村创新中心区 CCD”。换言之，中关村创新中心区 CCD 就是海淀北部科技创新中心（海淀北部生态科技新区），是对海淀北部生态、科技、创新理念的进一步融合和提升。中关村创新中心区 CCD 通过营造以创新环境为核心的区域，突出其城市综合属性，建设有利于中小企业创新的公共实验室、开放交互式校园、孵化器，为创新人员提供便利的商业服务环境和交通设施，营造优质的公共服务，吸引创新企业和创新人员的入驻，着力于构建产城一体的创新人居环境，最终使海淀北部与南部共同发展。本书第八章将进一步分析建设中关村创新中心区 CCD 相关内容。

第八章　中关村城市创新中心区（CCD）概念提出与评价

全球化背景下，以城市竞争为主旋律的国家之间的竞争加剧。发达国家的经济正转向以信息为基础的知识创新驱动型经济，基本的经济资源不再是资本、自然资源、抑或一般“劳动力”，而是知识和信息，以及基于二者的创新。特别是当城市的产业朝向集群化发展，集群内技术与知识外溢明显，城市将进入知识经济时代。随着产业集群的研发创新能力不断提升，制造环节逐步转移到其他区域，城市将由以制造为主的工业城市、以服务高端制造业人群为主的服务城市，演变到以研发创意掌握核心知识产权的创意城市（知识城市）。因此，进入知识经济时代以来，科技创新成为全球化时代竞争的核心资源，知识（创意）和知识（创意）的创造者是城市发展的动力源泉。研究表明，创意城市是21世纪城市可持续发展的一种全新的城市理念，代表着未来提升城市竞争力的基本路径和源泉[1]。

一、中关村城市创新中心区CCD概念、空间分析和内涵

（一）中关村建设城市创新中心区CCD的必要性

1. 吸引与培育科技创新人才是全球化时代城市竞争的核心手段

能够运用知识创造附加价值的劳动力，从表象来看是企业的研发人员，从

---

[1] 创新型城市可以分为文化创新型城市、工业创新型城市、服务创新型城市和科技创新型城市。文化创新型城市偏重于文化产业发展突破，如法国巴黎、英国伦敦和芬兰的赫尔辛基等。工业创新型城市，以工业创新为突破口，工业基础比较扎实，工业领域的人才和技术优势明显，如美国的堪萨斯、英国哈德斯菲尔德和韩国的大田等。服务创新型城市，把现代服务业作为创新城市的主攻方向，增强城市服务功能，第三产业高度发达，为本地居民和其他国家提供跨国服务，如美国纽约、德国柏林和日本东京等。科技创新型城市，一般依托国际一流的大学和研究机构，形成雄厚的科技实力、较强的创新能力与明显的科技产业优势，通过大力发展先进科技生产力，在协调推进城市经济、社会、文化、生态发展的同时，为世界各国经济社会发展提供大量的高新技术和高科技产品，成为推动全球科技进步的动力源，如印度班加罗尔、美国硅谷、加拿大渥太华等。

内在来看则是企业的人力资本，缺少这群研发人员，将使得企业的生产要素不足，产品、企业与城市都将难以走向高端化发展。在全球化背景下，城市的高度竞争使得人力资本愈来愈重要，发达国家的产业正转向以人力资本、信息为基础的知识创新驱动型经济，创新型劳动（人力资本）创新了产品，其成果既可以表现为一种全新的技术产品，也可以是一种新颖商业或者管理模式，还可以是一种文化产品。

世界银行的专家利用公开发表的数据对全世界192个国家的资本存量进行了粗略计算，提出了“国民财富”新标准，认为目前全世界人力资本、土地资本和货币资本三者构成比例为64:20:16，其中的人力资本是全球国民财富中最大的财富。佛罗里达将人类社会发展划分为农业经济时代（A）、工业经济时代（M）、服务经济时代（S）和创意经济时代（C）。创意经济时代与前三个时代最根本的区别在于资源的构成。农业经济时代的资源是土地加劳力；工业经济时代的资源是能源、机械加劳力；服务经济时代的资源是人力；目前的创意经济时代的资源是知识（创意）和知识（创意）的创造者，即人力资本，一个具备人力资本的城市，才能拿到抢占世界64%资本量的门票。

创新需要依靠知识的传播与学习，而城市必须要创造先进知识传播的渠道。以跨国公司为例，跨国公司是全球知识传播的主体，其在母国以外的其他地区建立的研发基地，或是与各地城市内企业建立上、中、下游合作关系，促进了跨国公司所研发的最新创意、生产技术以及管理思维在本地人力、信息和知识在城市间的传播。而本地受过高等教育的人力资源状况、大学和研究机构数量，以及宏观社会经济环境、自然环境是影响跨国公司选择研究基地以及合作企业的重要变量。很多城市将拥有世界500强企业作为实现本地经济竞争力的指标，而吸引跨国公司又受到以上影响知识创造与传播因素的影响。因此，从全球视角，创意和创意人才正成为经济增长的原发动力。

2. 科技创新是北京转变经济增长方式的必然选择

我国传统城市经济运行的基本特征是土地资源投入和传统制造业增长为特征的发展导向，即以经济增长和规模扩张为主要发展目标，以高投入、高消耗、高排放、低效率为特征的发展模式。以农用地转为城市建设用地为特征的土地扩张为城市经济增长提供了土地供给，也引发了各种矛盾和生态危机。在经济增长目标导向下，忽略了提高人口素质、高效利用资源、减少环境污染等综合社会发展目标。这种低成本扩张、粗放型的经济发展方式难以为继，迫切要求我国必须改变传统以增长为导向的发展模式，转向依靠科技创新，提升产业结构，提高产出效率的内涵式发展道路。

自1995年5月党中央、国务院发布《中共中央、国务院关于加速科学技术进步的决定》首次提出实施科教兴国战略伊始，我国从科技进步和创新的战略目标、构建国家科技创新体系、深化科技体制改革、推动科技与经济的结合、发展高新技术产业等角度逐步建立了以科技创新为主导的经济发展模式。2012年11月，在党的“十八大”报告中，党中央更是明确提出建设创新型国家。

3. 科技创新是由少数城市寡占的稀缺资源

城市是创新的源头，原因是在城市集聚了吸引人力资本以及实现科技创新的资源。城市金融产业、产业集群、流动性就业机会和多元化需求有利于创新的产生。另一方面，提升和保持城市竞争力的动力源泉在于科技、经济和社会领域的持久创新。

目前所有关于中国城市创新能力研究报告中，北京、上海和深圳处于中国城市创新活动的顶端。在经济全球化背景下，北京有责任考虑自身在全球城市体系中的角色定位，引领国家前进。深圳是首个以民营高科技创新为驱动力的国家创新型城市。上海市于2003年提出“科教兴市”的主战略，作为国家级科技创新型城市，其不仅拥有雄厚的经济基础，同时也是我国高校、科研院所最为聚集的城市之一。上海市除了加强科技投入外，更重视创新的制度环境建设，形成了完善的鼓励、评价和保护创新的制度和政策，同时金融和税收对创新的支持力度不断增强。2006年上海市建立了60亿元的“科教兴市专项”资金，作为支持企业进行重大科技项目的资金平台。同时，上海的全社会研发投入占上海生产总值的比例逐年提高，科技对经济发展的贡献率从2002年的53.1%提高到2007年61.2%❶。

根据中国城市发展研究会对全国城市创新排名的研究，自2008年以来，北京市一直名列创新城市排名的前三甲，但从创新环境单向指标上来看，却一直处于下滑趋势，2010年排名第6名，2011年下滑到第9名。专利授权量的增加在一定程度上可以反映出该地区研发与创新能力、企业科研投入的状况。表8-1是2000年至2010年北京和上海市专利授权情况，自2002年开始，上海的专利授权量占全国的比例比北京高出1%以上。2010年和2011年，北京市研发（R&D）经费投入资金占到GDP总量分别为5.76%和5.82%，上海市的比重仅为2.81%和3.11%。北京的科技投入高，但专利产出低，其原因是

❶ 王志平. 上海建设国际大都市的战略与途径［M］. 上海：上海人民出版社，2010：66.

多方面的，但其中一个因素可能是北京缺乏有利于科技创新产出的环境和机制。因此，营造有利于科技人员科技创新和提高科技投入产出比的城市环境和制度环境是北京市未来的一个建设重点。

表8－1　北京和上海专利授权情况比较

年份	全国专利授权数（个）	北京专利授权数（个）	占全国比例（%）	上海专利授权数（个）	占全国比例（%）	北京与上海比例之差
2010	740620	33511	4.52%	48215	6.51%	－1.99%
2009	501786	22921	4.57%	34913	6.96%	－2.39%
2008	352406	17747	5.04%	24468	6.94%	－1.91%
2007	301632	14954	4.96%	24481	8.12%	－3.16%
2006	223860	11238	5.02%	16602	7.42%	－2.40%
2005	171619	10100	5.89%	12603	7.34%	－1.46%
2004	151328	9005	5.95%	10625	7.02%	－1.07%
2003	149588	8248	5.51%	16671	11.14%	－5.63%
2002	112103	6345	5.66%	6695	5.97%	－0.31%
2001	99278	6246	6.29%	5371	5.41%	0.88%
2000	95236	5905	6.20%	4050	4.25%	1.95%

数据来源：国家统计局《中国统计年鉴》（2001－2011）。

（二）中关村城市创新中心区CCD概念

创新是基于产业基础将创意商品化的过程，是指现实生活中一切有创造性、实用性意义的研究和发明、制程和技术、理论和方法、见解和活动。创新可以通过对原有的生活方式、产品使用、数据、感觉或者物质进行加工处理，生成新的且有用的产品或服务；创新也意味着全新地思考问题，是一种实验，一种原创力，一种重写规则的能力；创新的本质就是用原创的方法预见未来需求，并解决实现未来需求所出现的问题和挑战。创新可以是原始创新，也可以是集成创新，也包括再创新。在内容上，基于产业的不同，创新不仅包括科技创新，即制造业，也包括文化领域的创新，即文化创意产业，创新现代文化，对传统文化的创新。

支撑人力资本可持续创新的动力来源是人力、企业以及产业所处的环境。本书认为，基于海淀区经济发展实力、科技资源优势和厚重的人文历史，中关村城市创新中心区 CCD（Central Creative District）是面向未来，在产业角色上，应当在 CCD 现行产业规划的方向上，基于产业关联，明确定位 CCD 核心的创新内容以及在国际之间产业链的角色，并将 CCD 的技术与知识外溢到中关村既有的产业集群，形成相互学习成长的创新平台，最终建立成为海淀园企业相互分享知识与技术的平台，以及国外园区与海淀园相互分享创意与产品的平台；在人才与企业吸引上，通过营造适合创新的生产环境、生态环境、生活环境以及生命质量的四生环境，吸引科技和文化创新人才集聚，不断孕育、转化和传播科技、文化创新成果，并最终实现区域社会、经济、文化和生态和谐发展的海淀北部地区的新型城市创新空间。

中关村城市创新中心区的概念，从全球和区域整体环境和发展趋势进行定位的，内容涵盖了科技、文化、制度、生态、空间、产业、人才等内容。可以想象，中关村城市创新中心区 CCD 既是科技园区，也是一个景观自然美好的科技公园和旅游胜地；既是一个便利时尚的城市街区，也是一个蕴含文化、美学和科技创新的动力空间；既是一个科学家、工程师、建筑师、规划师、教授、教师、画家、美食创意者、音乐制作人等创意人士的集聚区，也是一个具有知识和动手能力的高端研发与技术人员的产业生产区；既是一个容纳各种新型孵化器的科技研发基地，也是一个具有领先水平的制造业生产基地。

中关村科学城是一个以发挥和调动高校、院所、企业等主体积极性，推进协同创新，大力发展高端研发和楼宇经济，突破一批关键核心技术、创制一批新标准、转化一批重大成果的全国独一无二的区域。其包括以中关村大街为核心的“中关村生命科学与新材料高端要素聚集发展区”，以知春路为核心的“中关村航空航天技术国际港”和以学院路为核心的“中关村信息网络世纪大道”三个区域。

中关村城市创新中心区 CCD，以紧邻中关村科学城的地缘优势，一方面可以建立与中关村科学城高度关联性和成长性的产业集群，与中关村科学城共同成为海淀区两个产业集聚区和经济成长区；另一方面，中关村城市创新中心区 CCD 又有自己的特性。CCD 通过与国际间主要企业与园区建立关联平台，营造开放、包容和多元的创意交流氛围，发挥区域自然生态景观特色，吸引来自全国和全球的研发或技术人员，突出创新和创意，强调知识产权源发地、重镇地这样一个科技园区。

（三）中关村城市创新中心区 CCD 的内涵

中关村城市创新中心区 CCD 是城市创新的中心节点，着力营造有利于创新的工作和生活环境。本书认为中关村城市创新中心区 CCD 的内涵应包括以下几个方面。

1. CCD 是科技创新的重要节点和自主知识产权的源发地

知识产权与科技创新密切相关。科技创新是知识产权的源头。拥有自主知识产权的数量和质量已经成为创新城市核心竞争力的重要表现形式，它关系到城市的经济安全。

在该区域，致力于引入各主要 ODM（Original Design Manufacturer）制造企业的研发总部入住，作为创新的领头企业，它们是 ODM 制造企业的的技术创意核心，也是国际最前沿科技与文化创意的接收地。通过领头的研发总部，带动集群内各专业技术研发企业关联合作，串连研究机构与大学的研究成果，以作为培育能自主创新、创想产品的未来企业。引入围绕 ODM 企业研发总部的中、低端技术研发企业、创投公司、知识产权服务企业，让实现科技与文化创新所需技术能够在短时间、零距离、一体性、智财化（即知识产权权益投资）的孵化模式下完成。

在知识产权保护和应用方面，CCD 通过科技与金融资本的融合，企业与研究机构、创意人员与企业、政府与企业的通力合作，激发创意人员不断产生科技创新成果，并以知识产权保护形式对外公布，CCD 将成为区域乃至国家最重要的自主知识产权的源发地。

2. CCD 是生产、生活、生态及生命质量四生一体的产业集群成长区

在生产方面，CCD 是能够提供企业紧密关联合作的创新合作平台，企业之间创新分工明显；创新计划以及成果也有一套前沿、能正确评价创新价值的评价机制及奖励制度，能够适时适量将政府资金注入必要的研发活动。企业可以通过政府提供的创新研究计划以及企业实习与高校共同培育未来产业所需要的创新人才，高校也提供前沿的师资培训企业人员从生产到法律的基础知识。而成功运用了科技创新结果的产业集群，可以发展为基于科技领先[1]和合作网

---

[1] 创新是产业集群的重要特征。熊彼特在 1934 年提出了经济创新思想。后来创新理论分为了以技术变革和技术推广为主的技术创新论，以及以制度变革和制度推进为研究对象的制度创新论。与产业集群相关的区域创新理论属于制度创新范畴。从区域创新环境、区域创新网络和区域创新系统来看，大量企业和研发机构形成产业集群，可以大大增加客户、供应商和知识生产部门之间密切交往、相互学习和知识交流，并提升企业和产业群的创新程度。从外溢集聚力角度看，智力外溢（科技创新），使高技术企业大量积聚在大学和研究所附近。

络运行的产业集群❶，即 CCD 的产业集群应朝向企业、大学、科研机构、政府产学研结合的合作网络式产业集群发展。

在生活、生态和生命质量方面，CCD 内有值得企业人员信赖的医疗设施，完善的子女教育系统以及日常购物、休闲设施；也有政府部门单一服务窗口，服务企业生产与人员生活；区内建筑时尚、自然环境优美，城市建筑和空间结构设计与规划建设方面，能突出自然生态、环境优美、品位高雅、现代时尚、生活便利等特征。

3. CCD 是区域和国家创新资源汇集的枢纽节点

创新需要与之相匹配的创新环境。构成创新环境的软硬件资源集合成创新资源的枢纽节点，它们为创新活动提供了基础条件。为此，CCD 需要建立海淀园企业相互分享知识与技术的交流平台，以及国外园区与海淀园相互分享创意与产品的交流平台，平台的搭建须要区域和国家创新资源的共同投入。创新环境的硬件条件包括国家级科技成果、大学实验室、科学研究机构和研究人员的技术支撑、信息和通信的可获得渠道（图书馆体系）、综合教育体系（如小学到大学的教育体系、企业教育培训机构）、各类文化设施（高雅艺术文化的文化设施）等。创新环境硬件条件的构建过程，也是创新信息、人才、技术、资金等资源不断交易、集聚和整合的过程。CCD 不仅集聚了资源，还通过区域内创意（创新）共享，带动 ODM 生产的技术创新，使 CCD 成为既能发想创新、也能实现创新的核心，最终带来区域发展的奇迹。

4. CCD 是地区农业现代化、休闲化与生态发展的城乡一体化发展区域

海淀北部地区原是北京市重要的农业区，盛产京西水稻和蔬菜瓜果等。根据《海淀北部地区控制性详细规划》（街区层面）规划文本，海淀北部规划用地 226km^2，其中规划建设用地面积约为 60km^2，部分土地依然保持了农业用地用途。该规划文本第 15 条确定了海淀北部农业的发展方向，即以“发展以籽种农业、观光农业为代表的现代农业。利用海淀北部地区靠近北京城市中心这一优势，推动北部地区现有部分果树农田向高附加值的观光农业、采摘农业方

---

❶ 意大利学者巴格纳斯科 1977 年提出了新产业区概念，认为新产业区是具有共同社会背景的人们和企业在一定自然地域上形成的“社会地域综合地”，具有典型的本地化网络特征。区域产业集群一定形成本地合作网络化特征，就具有了难以复制的各种特性。产业集群在本地结网过程中，网络内的行为主体，包括企业、大学、科研机构、政府机构以及其他行政主体之间建立起长期正式的或非正式的合作，并在此基础上结成长期稳定关系。因此，基于以上国内外产业集群理论以及海淀区经济社会资源优势，本书认为 CCD 的产业集群应该是以科技创新为驱动力的产业集群和以大学、科研机构、政府部门形成合作网络关系的科技创新型产业集群。

向发展，大力促进北部地区观光农业、采摘农业与旅游业结合发展。”据此，海淀北部发展现代农业是区域规划的重要组成部分，其与建设 CCD 并不矛盾，反而是相互促进的关系。从农业现代化角度，CCD 发挥区域农业、林业等科研机构和农业大学的优势，顺应市场需要，以科技创新提升农业现代化水平；从农业服务对象角度，地区农业是提供企业人员有机农产品、休闲空间与体验生态生活的重要载体，并提高农村户籍居民的经济收入；从农民和农村集体经济组织角度看，他们发挥自身优势，建设现代农业产业链，区域农业成为 CCD 现代农业科技创新的实验基地和载体，休闲农业则成为区域内创意人员从事农业劳动生产、休闲娱乐的乐土。

5. CCD 是与中关村科学城形成技术与创意创新人才互动互补的乐园与人才培养基地

CCD 与中关村科学城应建立密切的以技术创新为核心的合作关系。中关村科学城集中了国家大量的大学、科学研究机构和研究人员，他们是海淀区科技创新的人才资源中心，以技术创新为主要导向，CCD 则是包括了创意与技术创新，因此，CCD 与中关村科学城的人力资源，一方面在技术上相互合作；另一方面在创意上互补互利，使各种不同类型和专业的创意人才“扎堆”在 CCD。因此，CCD 所营造的适宜创意人才成长和高质量生活的创新环境、创新商业机制和政府服务机制、构建的产学研合作模式，既可以吸引中关村科学城科技研发人员在 CCD 灵活创业或与企业建立合作关联，也使 CCD 成为创意人才成长和不断自我更新的乐园。

人力资源培养是 CCD 的一个重要责任。当企业研发和创新成为推动企业经济效益增长的动力之后，企业最重要的生产要素就是有科技知识研发能力和能够运用科技知识的人力资源。企业是人力资源的载体或单位，引入合适的企业是实现人力资源创新的重要基础工作，当企业有能力依靠研发和创新推动企业经济效益增长，研发与创新才会成为企业经营的重要目标，不只重视人力投入、资本投入、能源投入（包括土地资源），还更为注重科技知识投入，使人力成为资本。在人力资源培育方面，CCD 通过出台鼓励创新、吸引创新人才的政策，吸引来自世界各地的创意人士；同时，结合海淀区的高校和科研院所资源，通过持续的、形式灵活的继续教育和创业教育，培育创新人才，为区域和国家输送创新型人才。

6. CCD 的核心价值观是开放、合作、共享、平等与多元

CCD 是以产业集群为基础，产业集群不仅需要与园区外有技术知识和信

息的沟通交流，更重要的是集群内企业之间、企业与研究机构、企业与政府部门、企业与创意人员必须相互关联合作，共享成果，实现知识与技术外溢，才能使产业集群不断发展。因此，CCD 应逐步建立起开放、合作、共享、平等与多元的区域核心价值观，扩大企业和创意人才对 CCD 的参与意识、参与行动和对 CCD 的归属感，着力提升政府、企业、创意人员涵盖技术、社会、文化的综合创新，构建既合作又竞争的网络化创新能力，推动不同类型、规模企业之间互动式创新能力。CCD 不欢迎过度保护自主知识产权的封闭企业，也不欢迎剽窃技术与人员的投机企业。任何个人或企业前来 CCD 投资，也都应获得平等的评审机制的机会。

（四）中关村城市创新中心区 CCD 特征分析

1. 强调生态、设计与便捷的空间和环境特征

优美的环境以及合宜的温度是发想创意的重要环境特征。中关村城市创新中心区 CCD 位于海淀区北部，区域面积达 226km^2，座拥西山、沙河、翠湖等景观。依托自然风景区建设科技创新区，是中关村城市创新中心区 CCD 最重要的空间和环境特征。森林大道、湿地水系、富设计感的科技研发实验室、时尚高雅文化街区、绿树环绕的高端制造厂房、整齐干净的居住社区、舒适便捷的公共交通体系，将是中关村城市创新中心区 CCD 主要的景观特征，是区别于其他科技园区的重要特征之一。

CCD 在区域空间规划布局、街区和建筑设计中，应十分重视自然景观修复和创造，采取国际招标的方式规划设计 CCD 的自然风光与科技园区相融合的空间和环境特征。CCD 应将科技成果应用、转化并融入海淀北部的城市建设中，建立情境模拟实验室，如瑞典的互动实验室以拍摄影片或动画的模拟方式，让大众了解商品使用时的具体情境；建立产品展示平台，以德国的福斯集团为例，在狼堡市成功地创造一个结合交车、展示与休闲的汽车城，以通过消费者的实际体验了解产品的未来需求。CCD 与国内外创新科研院所、企业合作，在城市建设中引用兼具实验、展示、推广科技成果的项目，将中关村创新中心区打造成为引领高科技生活时尚的标杆。

便利的交通可以缩短研发人员在园区内交通的时间浪费与堵车之苦，可以将最新的小规模轨道交通应用于城市建设，交通科技成果转化应用于新区中的微循环道路，实现社区中最后 1km 与城市轨道交通干线的无缝连接。例如，美国迈阿密建立了空中单轨单车箱的微型轨道，平均 1 分钟一个站点，十分便

利。德国大、中、小型城市建立了一种小型轨道交通，这种小型轨道交通票价低廉、不以营利为目的，其各站点采用无人化管理，它无处不在的连接各街区，方便市民的出行❶。在园区建筑建设方面，应全部利用园区研发的建筑节能环保新材料和集雨、节水技术。由新材料组装而成的具有展示和实用价值的现代建筑，是未来实现 CCD 科技旅游产业的物质基础。

2. 产业集群与企业特征

产业由集聚走向集群化发展，是中关村城市创新中心区 CCD 产业发展的重要特征。产业集群是由主导产业领军、关联产业协作的“生产航母”。CCD 紧邻以“上地、学院路以及北下关街道为核心”“通信设备与计算器、专用、通用设备制造业❷为主导”的产业集群，CCD 区内所规划的软件与信息服务业、新材料产业、信息通信产业、生物工程与新医药产业、新能源与环保产业，将围绕着此一成熟的产业集群，成为集群内的上、中、下游产业，共同壮大成为产业关联更为密集、水平垂直分工更为精细的集群。

以具规模、与国际各主要科技园有联系的企业为主力，以科技地产投资运营公司为联系，搭建起由大企业与科技地产投资运营公司共同投资新兴企业的创业平台，是 CCD 企业发展的重要特征。与区内企业协同合作的国内外企业的高度决定了 CCD 对人才的吸引力与培育能力。CCD 内企业只有与一流的国内外企业建立起上、中、下游的合作关系，才能创造出国际一流的 CCD。通过以上地与中关村学城为主的产业集群平台，CCD 区域内的企业，将有机会与国际一流企业建立起上、中、下游关系，通过 ODM（Original Design Manufacturer）的代工方式，将国际前沿创意定制化成为专利、知识产权以及生产技

---

❶ 资料来源：http：//club. metrofans. sh. cn/thread－240720－1－1. html.

❷ 制造业曾经的定义是“通过加工把原材料转化为产品的工业”。随着市场竞争加剧和产品更新换代，产品创新、市场营销和服务的增值作用明显提高，今天的制造业已经成为同时对物质、信息和知识进行处理的产业，其产品包括大型工具、工业品与生活消费产品。制造业包括产品设计、原材料采购、生产制造、仓储运输、订单处理、批发经营和零售等各个环节。根据我国最新统计标准，我国制造业门类共包括 21 个大类。凡是经过物理变化或化学变化成为新的产品，不论是动力机械制造，还是手工制造；也不论产品是批发销售，还是零售，均视为制造。以装备制造业为例，其是为国民经济各部门进行简单再生产和扩大再生产提供生产工具的生产制造部门。全球装备制造业的发展趋势是全球化、高技术化、垄断化、集群化和服务化。装备制造业根据业务工序存在一个明显的“价值微笑曲线”，即从产品研发、模型及图面设计、模块零部件生产、生产组装、销售和销售服务这 6 个工序的价值从高逐步到低，再到高的 U 型变化。如果仅从生产组装来理解制造业是非常片面的。海淀上地、学院路和北下关地区所形成的以“通信设备与计算器、专用、通用设备制造业”主要是制造业工序中的产品研发、模型及图面设计，以及后期的销售和销售服务的高价值工序。而生产组装消耗土地资源和水资源、利润小的工序，则以工厂形式建立在北京远郊区或河北一带。

术，再向上地、学院路以及北下关街道区域的生产企业输出。

最终，CCD区域内企业的重要性，将超越上地、学院路以及北下关街道以制造业为主的企业，成为产业集群中以生产技术与产品规划创新为核心的研发主力，与制造企业共同带动集群发展。

3. 文化和价值观特征

中关村城市创新中心区CCD旨在营造一种开放、包容、共享、平等、多元的文化和价值观，鼓励创新和创造，是新兴企业和专业研发和技术人员的创新平台。它包容各类创新成果和构想，通过营造休闲、时尚、宜居的城市生活方式激发科技创新和促进成果转化。

政府及金融机构建立创新基金[1]，制定简单高效的申请机制以支持创业；为科技研发者提供研发试验的公共实验室、科技信息和数据丰富的公共图书馆，以及进行数据交换的宽带网络平台等，为科技研发者提供各种便捷的公共服务。构建多元化的公共决策机制，政府、企业、高校、研究机构、农村集体经济组织、创意人士、农民都是CCD区域平等的参与者和决策者。政府部门及其政府公务人员，作为区域建设的领导者和文化价值观的营造者，应激发所有区域参与者的能力、热情和活力，应具有全球视野和进行全球扫描的能力，有改革开拓创新的胸怀，有为区域创新阶层和创新企业提供最优质服务的人格魅力。

二、营造中关村城市创新中心区CCD的区域环境

（一）营造中关村城市创新中心区CCD的区域环境

在海淀北部地区建设中关村城市创新中心CCD，主要任务包括营造创新的工作生活环境，创新的文化氛围和创新的制度环境。

1. 建设有利于创新的物质空间环境

城市创新中心区，突出其城市综合属性，先营造优质的公共服务，吸引创新企业和创新人员的入驻，着力于构建产城一体的创新人居环境。针对创新企业和创新人员的特殊性需要，中关村创新中心区必须注重职住平衡、功能混合

[1] 美国硅谷有庞大的风险资金和成熟的风险投资机制，云集着300多家风险投资公司，每年投入近100亿元美元的风险投资，美国一半的创业资本公司都在硅谷。以海淀北部中关村软件园为例，2011年园区已获得融资企业，其融资渠道中银行贷款占29.6%，风险投资占16.7%，天使基金占7.4%。

的分区方式，方便创新阶层投入更多的精力用于思考和创新工作；增加绿地和公共用地的可达性，使得其在紧张工作之余，可以得到且很快得到放松；提供高质量、价格优惠的医疗服务，保障企业人员身心健全；建设高质量、高师资力量的中小学，培育优秀的下一代；引导市场力量建设富有特色的咖啡厅、酒吧、餐厅和休息室，为创新阶层提供更多的交流空间；提供密集的、整合日常用品与食品零售、快餐餐饮的便利商店，完善组团式的工作和生活区域，为创新阶层提供舒适宜人的工作环境；加强组团内和组团之间的轨道交通联系，与原有规划中的轨道交通构成一个网络型的交通体系，使得中心区内各组团之间，以及区域内与海淀山前地区各大学、科研院所之间的交通联系方便、快捷、舒适；建设能够与世界其他创新城市相媲美的宽带网络系统，逐步实现创新中心区 Wi－Fi 全覆盖，在实体物理空间的基础上，建设虚拟 CCD。

2. 分析与定位 CCD 在国际间相关产业链上的节点角色

准确定位 CCD 在国际间与其他科技园以及企业合作生产的角色，是建立 CCD 与国际科技园区以及企业的上、中、下游产业关联的重要手段。缺乏高端的合作伙伴，就无法实现高端研发与创新。因此，明晰 CCD 与美国硅谷、北卡，英国剑桥，日本筑波，中国台湾新竹、台中等科技园的产业关联关系，一方面可以提升 CCD 的层次；另一方面能够分享国际之间最为前沿的技术与创意创新。此举不仅提高 CCD 的国际战略意义，也共同带动提高中关村科学城、未来科技城以及北京市东南部经济技术开发区的国际地位。

3. 搭建便利区域内企业协作的平台与渠道

CCD 的企业不只是与内部企业相互合作，也不只是与国际知名科技园及企业建立联系，而是作为区域与国际产业的跳板，共同带动区域发展与成长。北京其他产业集聚包括中关村科学城、未来科技城以及北京市东南部经济技术开发区，各个集聚位置相近，但企业协作仍然需要彼此了解对方的技术与创意，而 CCD 正好就扮演了此一功能，通过研讨会、信息发布会、会展等方式，搭建海淀园企业相互分享知识与技术的平台，再通过 CCD 与国际主要科技园与企业的联系，建立起国外园区与海淀园相互分享创意与产品的平台。例如，Minihub 是美国北卡科技园区以创新为中心园区、周围环绕能实现技术创新与创意商品化的 Minihub 的一种创意生产模式。因此，准确定位 CCD 与周围产业集聚的主从关系，最终将实现 CCD 与区域的创意生产。

4. 提供有利于创新产业知识的继续教育

作为一名技术与创意创新的研究人员，除了最基础的产品开发知识外，其还应具备广泛的相关知识，包括法律、产业经济、美学、社会、心理、统计等，如此才能设计以及创新出具体可为的创意，主动扩展及教育人力资源相关知识，使CCD内的人力资源进一步提升，是CCD管理平台的重要责任。中关村丰富的高校资源为CCD提供了不可多得的教育便利性，通过各学科领域大学教师在园区开设短期重点培训课程，以及提供每一名员工进入各图书馆数据库的权限，将能够主动拓展园区人员的视野，培养其未来观。

5. 营造有利于创新的七核心制度环境

中关村城市创新中心区CCD的建设与管理，与政府组织和服务保障是职能分不开的。第一是以服务管理单位为核心的单一窗口制度，提高服务管理层次，成立单一窗口的“综合委员会”，为企业、人员提供任何所需要的工作与生活服务。第二是以现有技术与成果交流为核心的制度，定期举办最新技术与成果的发布会，为创投公司建立投放资金渠道。第三是以国外相关重要园区交流为核心的制度，协助CCD企业与国外创新园区建立产业关联关系。第四是以知识产权保护为核心的制度，包括协助申请、整合、法律包装知识产权。第五是以人员培训为核心的制度，建立选拔机制与设立奖学金，定期定额选派人员出国学习。第六是以产学结合为核心的制度，包括建立联合培养机制、实习机制、大学及科研机构科研成果转化制度。第七是以工作保障为核心的制度，明确规范企业人员的工时、福利、权益与义务，防止优秀研发、创新人力资本沦落为廉价劳工。

（二）海淀北部地区建设中关村城市创新中心区CCD的建议

创意经济的崛起改变了城市竞争与企业发展的游戏规则。传统游戏规则中公司是推动力，城市经济发展取决于其吸引的企业数量和质量。在中国还体现为地方政府的推动力和招商引资力度。当前企业的地位仍然重要，但是已不是主宰，政府扮演着规划者和服务者的角色。创意阶层的出现，改变了城市经济发展的轨迹和创造价值的主体构成。创意阶层，包含了科技、建筑、设计、教育、艺术、音乐以及娱乐等领域的工作者，他们是科学家、工程师、画家、艺术家、建筑师、教授、研究着，他们是创造新概念、新技术和新的创意内容的核心主体。他们具有较强的流动性。企业已开始、或者不得不追随创意阶层的脚步来实现企业的高增长经营业绩。创意阶层成为企业和城市经济增长的动力所在。在以城市创新（知识经济）为主体的经济发展模式中，技术、人才和宽容度是经济增长的“3T”（Technology，Talent and Tolerance）要素。海淀区具有丰富的智力资源，当前工作重点是深化和丰富将智力资源转换为创新能力和经济产出的渠道。

工业化时代由企业引导城市及人才，而知识化时代则是由大学、科研院所及依托大学诞生的创意产业（风险投资）园区引导城市发展。大学拥有宽松包容的研究氛围，快捷的技术信息发布和交流平台，但是仅仅依靠大学是不够的，大学更多在于产生新知识，但是新知识的转化和利用必须有赖于其周边地区，海淀城市创新中心区就是需要整合初创公司、风险资本家以及高科技服务提供者并为其提供理想的工作场所；建立吸引创新阶层的生活和工作环境；要建立灵活的进入和退出机制，创新是高风险的职业，要鼓励成功，也要允许失败。

基于此，建设海淀城市创新中心区的核心就是要整合和吸引技术和人才，营造宽松创新的环境。

1. 专业服务——完善有益于科技创新的“软件”，加强科技创新的专业化服务

四生是指具生产、生活、生态及生命质量四生一体的科学园区。具体措施为：(1) 奖励创新研发。设立 CCD 创意精品奖，聘请前沿的专家团队，有能力评审出有价值的技术与创意创新，是使奖励机制有成效的重要环节，对认证后的获奖项目在网络上公开。(2) 产学合作无障碍。第一类为奖励企业或大学、科研院所自主申请产学合作计划；第二类为企业人员知识培训计划，由 CCD 委托大学设计相关课程；第三类学生实习基地与联合培养机制，以严格学习成绩和技术能力测验相结合的考核方式，确保实习不沦为形式。(3) 坚持单一窗口服务。设立“综合委员会”，秉持单一窗口服务原则，结合行政办公电子化申办系统，简化园区企业各项工商业务办理流程。(4) 掌握一手营运数据。掌握最新企业、技术创新、创意创新、人力资本、产业关联、产品销售、产品通路，是 CCD 管理部门实时调整相关政策的重要依据。因此，CCD 管理单位应制订企业普查计划，结合“经济普查”，翔实掌握 CCD 与周边 Minihub 的最新动态。(5) 生活照顾。设立企业人员完全高质量价格低廉的医疗服务；提供免费运动场所，以及文艺表演，提高生活质量；在工作区以及小区密集的提供便利商店，贩卖日常生活用品、食品以及简餐；引入各式各国餐厅，监管餐饮价位。(6) 完善员工子女教育环境。结合 CCD 现有教育资源，或与知名公私立中小学合办 CCD 实验中小学。CCD 内企业人员多数毕业于名牌大学，因此 CCD 实验中小学的办学目标，应让绝大多数毕业生能够进入名

牌大学。（7）知识传播无障碍环境。建立与各大高校联网的公共图书馆；建设信息高速公路和开放网络，提供创新中心区内的信息交流。建立应用型研发所需的公共实验室，帮助中心企业进行成果创新；建立创新科技信息公共服务平台，通过出版发行 CCD 科技创新周刊，定时发布国内外最新的科技创新等。

2. 产学平台搭建——引入开放校园模式，构建不同高校和专业之间产学研结合的交流创新平台

首先，利用海淀丰富的高校资源，构建与高校的合作平台。引入开放校园模式，在城市创新中心区内建立公共校园，学习台湾地区的方式，由各大学申请入驻育成中心，作为展示大学科研成果的平台；其次，海淀区内高校创业者也可围绕其母校的育成中心入驻，各高校育成中心与创业者比邻而居；再次，由大学以及企业之间根据其生产以及研发所需而自由联系。育成中心也是奖励企业或大学、科研院所自主申请产学合作计划，以及学生实习基地与联合培养机制的空间载体。与海淀已建的大学科技园不同之处在于：CCD 不为各高校单独设置园区，而是通过建立开放灵活的公共校园，加强不同高校、不同专业之间，在校学生、毕业学生、高校教师、科研人员、社会工作人员之间的交流，激发其创新的动力和灵感。研究表明，北京和上海是我国两大科技集聚地，一方面在空间上汇集资源，形成科技和经济活动的集聚；另一方面，科技集聚地也具有扩散效应，科技扩散通常伴随着产业、资金、技术、设备、人才、信息、管理知识等要素的溢出而对周边地区的科技产生影响。如果资源不能得到很好的利用，科技成果也会扩散到其他地区。

3. 技术与创意交流平台——建立跨国际、引资金的交流平台

与各国重要的科技园签署定期举办科技创意交流研讨会的协议，每年选择一个科技园轮流承办，由 CCD“综合委员会”遴选专家组、企业代表、大学、科研院所代表，汇集发表的技术与创意，在研讨会上公开发表、推荐与签订合作。在 CCD 内每年定期举办技术与创意发表会，由创投公司成立评审小组，遴选成果，择优投资。成立科技与创意成果编辑小组，小组成员包括技术人员、创意研发人员、文字人员、摄影人员，每年出版介绍 CCD 内最新的科技与创意成果，寄送国内以及各国重要的科技园。

4. 智财整合——成立专责知识产权研究中心，推升 CCD 成为关键知识财产权的集中地

知识产权是保护创意的重要法律依据，要培育一批懂得 CCD 内所有行业、

产品的知识产权的专业人士，同时及早注入资金支持知识产权人才的培育刻不容缓。知识产权研究中心是 CCD 内所有创新申请知识产权的单一窗口，它们负责知识产权的拆解、共同申请、或是智财重整（IP Pooling & Bundling）。智财重整是一件极为复杂的法律与产业工程，它一方面需要具有辨识产品制造过程中的关键技术的能力；另一方面也要能够拆解围绕关键技术的知识产权，绕开已被其他公司注册的相关知识产权，以避免为实现生产而必须付出高额的权利金。因此，知识产权研究中心最重要的责任，就是协助将创新中最重要关键技术申请为知识产权，最终，使 CCD 成为关键知识产权的集中地。

5. 培育创新环境——成立 CCD 技术与创意研发中心，有步骤地推动 CCD 的创新品牌

该中心的责任有三个方面。第一，为联系国外各行业在设计上前沿、突出的企业、课程、大学或科研单位，洽谈培训课程；第二，为遴选 CCD 内各行业具有潜质的设计师、研发或技术人员，每年选派一定人数，赴国外进行为期半年至一年的训练；第三，中心下设科技与文化创意商品小组，针对能够商品化的创意，规划展示方式，建立商品销售渠道，并在 CBD 主要商场陈列与销售商品，增加 CCD 成果在国际商务人士面前的曝光程度；第四，研究举办亚洲创意博览会的可行性。

6. 规划创新——积极探索服务创新能力发挥的包容、灵活的规划方法，建营造服务创新人员的工作、生活环境

创新能力的发挥需要灵活、多样易于交流的工作居住环境。传统的城市规划方法以明确的功能区划为基础，适用于快速城市化时期规模化、标准化的城市发展模式，但是很难适应创新性的产业需求。因此改进单一功能区划方法，通过包容性区划，采用办公和生活区混合的土地用途方式以营造有利于创新的工作、生活环境。

此外，规划与政策结合，重点关注服务创新人员的住房和子女教育问题。创新阶层平均年龄较小，事业处于上升期，对于住房的支付能力有限，目前已建成的科技园（软件园）周边住房价格偏高，难以支付，造成科技创新人员通勤距离长，子女无法享受优势的基础教育资源。因此应当以“CCD 实验中小学”为核心，规划一批创新人员承受得起的住房，以吸引高端创新人员入驻。对于处于上升期的年轻创新人员，需要定向配给租赁住房，并附带设置一定数量教育理念先进、设施设备现代化的幼儿园。

7. 研以致用——整合新技术应用、展示和生态宜居理念，构建区域内微循环交通网络以及科技互动体验休闲娱乐中心

创新中心区建设过程中应充分体现生态宜居和科技创新的理念。一方面，结合居民出行的需要完善社区和不同产业组团之间的微循环交通体系，只有建立便捷、舒适的公共交通才可以充分整合海淀南部和北部各自的资源优势，将海淀北部建设为综合性的城市创新中心区。在微循环交通体系建设过程中，可以引入新型轻型轨道交通和新能源汽车，在服务科技人口出现的同时，也展示了最新的科技成果，营造了科技创新的环境氛围。另一方面，由 CCD 提供富有设计感的楼宇空间，楼宇周边结合餐饮与翠湖生态资源，楼宇内由各主要企业不定期申请规划主体馆，让游客可以亲身体验企业正在研发的技术或产品，设计者可以在现场观察游客与创新的互动，作为进一步修改创新的依据。

8. 协作共建——引入多元主体，建立城市创新中心区决策咨询委员会，探索吸引创新企业和人员的组织方式和开发模式

根据海淀北部城市创新中心区功能定位，建立 CCD 创新中心区决策咨询委员会，邀请与之相关的政府工作人员、创新企业代表、创新人士、专家学者和居民代表定期就创新中心区重大建设项目、公共服务提升、产业发展方向进行讨论，及时应对日益快速变化的外部经济环境，充分考虑城市创新中心区发展相关的各群体利益。

传统开发模式过分强调土地的近期经济产出，不利于创新企业孕育和发展。而在房地产过热、波动性较强的整体经济环境下，过分强调土地的短期经济产出直接催生出高成本、大规模的土地开发商业模式，造成科技园及周边地区房地产价格高昂，抑制了创新型企业的成长空间。应该强调政府、土地产权人（农村集体经济组织）、开发商、科技单位、规划机构、设计人员，在对土地开发和利用的充分协商的基础上，构建广泛参与、充分协商、利益分享的土地开发模式。城市创新中心区的开发中可以引入具有服务创新型和成长性企业经验的科技地产开发公司，或者具有时尚、经典品牌塑造成功经验的商业地产公司，以市场为主要手段，探索服务创新型和成长型企业客户群体，为其提供研发载体和产业、生活服务的复合开发模式。

9. 循序渐进——整合和提升已引入产业，拓展和延伸产业链，建立网络化的创新中心区

海淀北部创新中心区建设必须基于已有规划、已出让土地产权和已建成的科技园，但是在此基础上必须进一步完善，以服务不同发展阶段和不同规模创

新型企业的需求。已有经验表明，中小型创新企业极具创新性和发展潜力，而大型的创新企业可以带动和引领整个产业链的提升和发展，因此需要提供不同的选择，已容纳多元类型的创新企业入驻。为实现建设创新中心区 CCD 的目标，当下需要依托已有上地软件与信息服务、永丰新材料、新能源与环保、信息通信、生物工程与新医药功能组团，牺牲部分短期利益，优化各组团中创新环境，重点吸引具有创新能力的中小型企业，最终海淀北部形成组团式、网络化的创新中心区。

三、从台湾发展经验看营造企业创新环境的重要内涵

产业集群、技术、研发资金与品牌，是企业创新环境必须拥有的重要元素。台湾地区自 1980 年成立新竹科学园区（以下简称竹科），迄今已成为世界重要的信息及光电产业的制造龙头，享有多项成就：（1）产业集群发展世界第一；（2）竹科被誉为台湾硅谷；（3）精密机械技术与产值世界第三；（4）拥有 ACER、ASUS、HTC 等世界级信息产品品牌；（5）拥有世界上唯二能够制造 IPHONE 手机外壳的企业—快捷机械；（6）拥有全球市值第二大的 IC 设计公司联发科；（7）拥有全球最大的集成电路制造公司——台积电。在这些成就背后，本书关注于台湾地区如何营造企业创新环境及营造环境的重要关键（若未特别注明，以下的货币单位均为新台币）。

（一）四个核心层次与十四个关键

1. 建设优质四生园区是吸纳人才、企业、资金与创意研发的基础

关键 1：不断朝向建构具激励研发、组织学习的优质四生园区

高科技产业发展最重要的资产是高科技人才，高科技人才是决定园区发展是否成功的关键因素，而要留住人才，建构一个优质的园区是非常必要的。四生是指具生产、生活、生态及生命质量四生一体的科学园区。竹科的具体措施如下：

（1）创新研发。1986 年订定的《科学工业园区创新技术研究发展计划奖助实施要点》推动研发创新奖助活动，2007 年修正奖助计划为《科学工业园区创新技术研究产学合作奖助计划》。截至 2010 年年底共核准奖助 803 案，奖助金额达 15.82 亿元，企业投入 46.17 亿元，补助款占计划总金额 61.99 亿元的 25.52%。园区也设立了创新产品奖及研发成效奖，补助研发工作。

（2）产学合作。管理当局提出《研发精进产学合作计划》，2010 年度共核定通过 33 件《科学工业园区研发精进产学合作计划》案，总核定补助金额计 1 亿 4199 万元，吸引企业相对投入约 4 亿元以上研发经费、538 位企业核心工程师投入计划研究，并培育未来产业所需之高科技人才 197 位，其中包含博士生 59 位、硕士生 134 位及大专生 4 位。

（3）人才培训。2010 年委托交通大学等学术研究及教育训练机构，办理技术类、管理类及数据分析等人才培训计划，共计培训 5102 人次。委托财团法人自强工业科学基金会办理科技管理专题讲座，包括会计实务、人力资源、企业法律、国际企管、质量管理等免费短期训练课程。2010 年开办 70 场次课程，共计 4596 位学员参与。补助大专院校培育科学工业园区所需人才，2005 年起开办《科学工业园区人才培育补助计划》，2010 年共计补助 16 所北区大专校院及技专院校共 18 个模块课程，补助金额 1160 万元。

（4）单一窗口服务与营运状况掌控。秉持单一窗口服务措施，简化园区企业各项工商业务流程。建置各项便捷化工商业务电子化窗体申办系统，提高企业申办之行政效率；积极协助主管部门主计处办理工厂校正营运及工商服务业普查调查作业，持续办理园区企业公司决算书表查核作业，以确实了解园区企业营运及财务情形；管理当局建置整合性园区企业营运数据库，并运用整合性数据库进行统计分析，积极发挥有效监督之功能，作为引进投资及决策方针。

（5）生活照顾。园区内设员工诊所，由东元综合医院取得经营合约。办理文化及体育球类活动，促进劳工生活质量，2010 年计 2600 人参加。举办园区就业博览会，协助企业征才，2010 年分别有 37 家及 50 家事业单位参与征才，提供 4500 及 10000 个职缺，合计求职人数约 9500 人。引进便利商店，健全生活机能。营造产业创新环境，持续引进工商服务相关事业（如地下室员工餐厅），并开发生活机能空间，建筑物优化利用，提升对园区企业服务。

（6）完善员工子女教育环境。科学工业园区实验高级中学于 1983 年 8 月正式成立并招收高中部、初中部、小学部、幼儿园及双语部。自 2009 学年起，高中部增设科学班，使具科学潜能及性向之学生能及早接受科学专业领域培育。目前全校 104 班，学生近 3000 人，包括高中部、初中部、小学部、双语部、幼儿园部。由于邻近台湾“清华大学”、交通大学、工研院等学术研究机构，实中学生在国内外各项学业测验与学艺竞赛等活动中脱颖而出，诸如亚洲及国际物理、化学及数学竞赛、美国国家卓越奖学金及多项语文与音乐竞赛屡获优胜。高中部约90% 的学生进入台湾大学，初中部约50% 的学生进入第一志愿的高中，如建国中学，双语部毕业生约90%以上申请进入美国名校如哈佛大学、麻省理工学院、耶鲁大学、哥伦比亚大学及杜克大学等。

2. 台北、新竹到高雄的科技纵谷是实现硅谷创意的商品化产业集群

关键2：已经形成产业集群

总部设于硅谷的公司中，惠普是全世界最大的计算机公司，英特尔是全世界最大的半导体公司，Google是全世界最大的因特网公司，苹果计算机则带领世界创意通信及计算器设计风潮，这些信息产业的龙头企业都位处硅谷内五英里范围以内，然而，正如英特尔共同创办人葛洛夫助理的执行副总裁、暨营销与业务长马宏升（S. Maloney）所说："前述企业的'影子总部'（Shadow Headquarter）却是在台湾"，惠普计算机百分之百使用台湾的零组件，英特尔九成的芯片于台湾制造，其原因："台北是卓越的从产品组装、制造到专业分工的生产中心，有最好的笔记本电脑制造商、计算机制造商、网通设备等，有许多地方想仿效并且取代台北到新竹的科技走廊，然而，世界上没有一个地方有台北这种生态系统"，该系统即为产业集群。产业集群化发展是技术得以快速提升的重要途径。产业集群是指具有生产关联的产业彼此相邻集聚的产业群落，集群内企业通过水平分工与垂直整合，达到知识与技术外溢，进而缩短研发时程。台湾的产业集群发展密度世界第一。

关键3：集群内技术与知识外溢明显

面对内地竞争对手的低价竞争，台商要突围，必须选择走差异化。为何台湾再度成为台商投资的重点？关键在于绵密的产业聚落效益，缩短研发到量产的时程。工具机、纺织、金属、材料等传统产业在台湾地区发展早，上中下游完整而紧密的供应链，形成台湾地区特有的产业聚落。每年至少研发出一款新产品的台励福，就是受惠于中部地区的机械聚落；当台励福了解客户需求后绘出机器设计图，再向上游机械零件厂取得油压、电控等零件。由于中部机械聚落完整，这个步骤最多不超过1周。3个月后，一款新的机器就能设计出来。因此，产业集群效益加快研发速度，研发的实力吸引更多采购上门。

关键4：创意研发服务对象明确，商品化能力强大

竹科所朝向的创意发展与硅谷不同，硅谷扮演着为世界新产品开发中心与先驱的角色，竹科则是扮演能快速接收新产品并且将其商业化的角色，台湾地区的此项优势是透过与美国，特别是硅谷的紧密连结而来，其中包括人员、信息、技术，与商业上的合作关系。商品化的创意体现在技术整合与生产创新，

因此，竹科从事创意研发的人员比重高，根据“台经院”（2006）统计，园区内从事研发创新与工程技术发展的科技人力占全体员工的40%。因此，台湾地区以前很依赖硅谷，现在反而是硅谷很依赖台湾地区去用它新出来的产品和技术，台湾地区在科技产业中，扮演了营运整合者的关键角色。

关键5：人力资源有共同性，一流人力资源扮演竹科领头羊

竹科与硅谷关系如此密切，技术研发能力也强，正是因为两者在人力资源的共同性。竹科中的许多公司企业，最早是由曾经服务于硅谷的台湾工程师归国所建立的，而这些产业的发展模式多为创业者在台湾毕业后赴美取得学位，在硅谷地区工作后，将那里所建立的人际关系以及技术团队一并地带回台湾，以使园区具有知名度，而政府对于科学园区软硬件的投资同时配合人才及技术，使竹科产品质量更佳，更使竹科品牌在世界知名。

关键6：各产业集群之间主从定位明确

Minihub的发展背景来自北卡地区研究三角园区（Research Triangle Park）的发展，其为全美最大的研究区域。位于北卡3所著名大学：杜克大学、北卡州立大学罗利分校、北卡大学教堂山分校所构成的三角地带。Minihub的发展是为了解决长久以来影响区域发展的问题，其接受特定产业与机具的进驻，专注于特定的产业活动，使园区功能得以专业化，在专精的领域拥有优良的表现，并利用高素质的员工创造出领先的产品。围绕着竹科的小园区以及中部及南部科学园区，均扮演着与竹科协作的功能，如同竹科的Minihub，使竹科得以全力研发技术，串连全台湾地区生产。

3. 与硅谷明确的关联定位培育出高端生产技术研发能力的产业集群

关键7：通过ODM（Original Design Manufacturer）代工边做边学

竹科企业为硅谷企业进行ODM的代工，在生产过程中学习，并且由供货商与顾客的关系里，得到技术与生产信息的移转，加速企业本身能力的提升；其他如“中国工程师学会”（Chinese Institute of Engineers，CIE）等组织协会的联系，各地的成员也因而得到技术上的交流，并获得更进一步的信任感。另外，主管机关还鼓励并协助建立的沟通桥梁，像“科学委员会”与“工业研究院”（下称工研院）于1980年时，便在硅谷设置分支机构，每年都有超过千个专业议题在硅谷会议中展开，此也成为双方彼此之间交互投资外的管道。

关键8：熟知市场需求

硅谷有两个功能，一个是掌握市场趋势；另一个是能得到零组件的最新信息；而由于硅谷依赖台湾去“用”它新出来的产品和技术，想办法商品化、

客制化、市场化，因此，台湾通过与硅谷的联系，能够知道世界最前沿的市场需求或消费者未来需求的趋势。而由于台湾企业走向 ODM 代工模式，是产品的中、下游，因此台湾的企业也必须接触客户端，了解市场需求，客制化生产。以闳晖公司为例，其只花 6 年时间，就成为年销售量 4 亿多支手机的诺基亚（Nokia）全系列手机按键供货商，1/3 诺基亚手机按键，都是闳晖生产，研发部门领头人黄俊杰即指出，该公司“把研发人员都推到第一线，直接面对客户，消除研发人员的固执”，也因此，“闳晖制定了研发团队的‘三三三’，就是 1/3 时间接触客户，1/3 时间发想创意，1/3 时间开发产品。”

关键 9：通过市场调查了解消费者的未来需求

产品市场调查在台湾是常态，形成以人文科学引领制造业的研发方向。在欧美国家，由人文科学主导科技发展也是常态。社会科学研究中显示，产品的演化路径，乃是受到科技之外的多重力量所决定，所以缺乏多元脉络考虑的投资，注定走向失败一途。观察各国及地区在未来发展的具体做法，可归纳为三大重点：未来研究、数字想象及实体展示。第一，未来研究：从社会科学的角度进行研究，勾勒未来社会形貌，分析未来科技的发展与应用，强化商业发展的基盘；例如，巨大（捷安特）自行车企业根据电影对未来世界的勾勒发想、通过对市场的调查，设计躺着骑乘的自行车即为一例。第二，数位想象：构想容易大量产生，未来是否有机会进一步落实、将取决于资源提供者或守门人的支持。瑞典的互动实验室以拍摄影片或动画的模拟方式，让大众了解商品使用时的具体情境，此举不仅在北欧行之有年，对日本的大企业来说，也是司空见惯。第三，实体展示：在商品发展初期，积极创造与顾客对话的机会，以德国的福斯集团为例，也跳脱制造业的营运逻辑，在狼堡市成功地创造一个结合交车、展示与休闲的汽车城。

关键 10：创投公司与产业集群紧密相连

完整的产业链，让拥有技术、新创立的公司能够获得产业的上、中、下游支援，而这正是创投公司在评价是否投资一家新公司时的重要参考指标。以 IC 设计公司安国国际科技为例，总经理张琦栋是公司的两个创办人之一，在美国硅谷创业之初，办公室仅 $10m^2$，虽然该公司拥有技术，然而半年的时间，资金、市场、客户等问题重重，公司营运困难；1999 年回到台湾新竹后，普讯创投董事长柯文昌了解该公司所拥有的核心技术，便通过其熟知的竹科产业链，连系台湾 USB 大厂创见以及 Webcam 的大厂群光作为其下游公司，再结合华硕，普讯、华硕、创见、群光 4 家企业共同出支 4. 2 亿元，如今，安国 2012

年的营业额可达到20亿以上，也成功在台湾股票市场中小企业版上柜。产业链的大河，随着完整产业生态圈水涨船高。另一家IC设计公司群联，是台湾硅碟机（USB drive）芯片领域第一名，其创办人，马来西亚华侨出身的潘健成是台湾交通大学的校友，虽然在校时只能月领3000元及协助教授设计IC赚取生活费，然而凭借其从交通大学校友网再联系到竹科的产业链，说服了日本大厂Toshiba投资3000万元，2011年时市值已达300多亿。

4. 政府部门从研发成本、知识产权以及人才培育入手，建立产业集群技术研发的可持续发展机制

关键11：政府承担关键技术研发

竹科邻近的大专院校及技术资源，包括台湾“清华大学”、交通大学，以及其工研院所设之电子、光电、计算机与通信、材料、机械、化工、能源与资源4个研究所，园区内另有政府设立的3个实验室，分别为“高速计算机中心”、同步辐射研究中心与“太空计画室”。其他支持研究单位包括精密仪器发展中心、芯片设计制造中心以及设置于交通大学校区内的台湾毫微米实验室，这些研究单位除使人才聚集外，同时也带动技术提升。

关键12：成立台湾创意中心

2003年，由“经济部工业局”主导、宏碁、华硕等科技公司共同设立的台湾创意设计中心，位于南港软件科学园区的是台湾首次以创意为主轴，成立专门提供业界最新设计信息的研究场所。为了增加台湾设计师的国际体验，台湾创意中心甚至每年遴选设计师到美国、欧洲，去实际参与国际级设计公司的设计流程、商品企划、市场调查分析、设计美学与团队分工模式，长期班长达一年，2003年开始每年选送10人次；短期班1个月，2004年开始选送13位设计师，以“借此掌握国际设计趋势、激发创新思维”台创执行长张光民指出。

关键13：拥有能重整及利用知识产权的人才及产业链

智财重整（IP Pooling & Bundling）是一件极为复杂的法律与产业工程，它一方面需要具有辨识产品制造过程中的关键技术的能力；另一方面也要能够拆解围绕关键技术的知识产权，绕开已被其他公司注册的相关知识产权，以避免为实现生产而必须付出高额的权利金。台湾的“工业研究院”的职责之一，即为智财重整，即将外来的智财和工研院的智财结合，研发出新的商业模式，再移转给产业集群。举例来说，2004年，“工业研究院”副院长李钟熙与美国David Sarnoff实验室接触，发现该实验室有一群数字视频专利闲置，便商请取

得这批共200多项专利计4个月专属代理权，交给工研院；找寻买方不容易，因为买方在购买专利时容易暴露自己的弱点和企业营运方向，此时，工研院通过其对业界的了解，过滤出购买此批专利能够利益最大化的企业，同时，成立10人的跨部门团队，梳理IP中的法律文字，找出专利的技术深度、分析专利搭配的价值组合，以包装出完善、有说服力的商品，最后，再通过产业界的院友以及深厚的业界关系网络接触买方，成功将国外专利移转竹科。

关键14：产学结合孕育世界级IC设计业企业领导人

台湾IC设计业的成功，背后是产官学的完美合作，教育让IC设计公司一直有很好的人才供给库。根据台湾教育部门最新的统计，130万的在校大学生，理工相关科系占一半以上，硕博士就读人数最多的科系，理工科系就占七成。1991年，现任交通大学的校长吴重雨，时任“国科会”工程处处长，成立芯片中心，提供免费的软件，让教授带领学生设计IC，本来2000多万的软件，教授只以便宜的价格就能使用，加上台积电、联电提供就近制造机会，超过一千位的教授、一万名的学生，投入IC设计研发。每位硕士生平均至少设计两种芯片，博士生三到四种芯片。台湾提供了产官学合作的实作环境，也鼓励了年轻人设计创新的风气与机会。吴重雨在交大主持的黄金307实验室，培育出不少IC设计人才，这个实验室是训练先进的技术模拟IC，培育出来的学生直接到业界，成为IC设计业的重要领导人物，他们包括联发科副董事长卓志哲、义隆电董事长叶仪皓、通嘉总经理李皓明、华星总经理吴添祥、力原总经理黄振升、联发科光储存总经理吕平信。

（二）台湾科技产业园区发展启示

生产、生活、生态及生命质量是园区发展的基础，台湾的每一个园区均以建构优质四生园区为目标，且每年定期检讨；园区达到四生的水平后，始能达到留住人才，开始创意研发。

形成坚强的产业集群是台湾企业的技术得以快速提升、创新能力得以体现的重要基础，其能够加快研发速度，吸引更多采购上门。台湾之所以未朝向完全的创意研发，是因为台湾与硅谷形成密集的上、下游关系，硅谷是新产品开发中心，竹科则是致力研发如何将新产品商业化。因此，台湾各园区的研发重点，在于生产技术的创新，这也表明，没有世界级的上游企业，下游企业就难以走向世界级的高度。人脉是整合硅谷与竹科及其他台湾园区上、下游裙带关系的主要核心，竹科是由曾经服务于硅谷的台湾工程师归台所建立的，人际关系以及双边技术团队网络使得硅谷的研发创意只选择在竹科生产。在完整的产业集群支撑下，任何一家拥有核心技术的新企业，均能获得上、下游技术与资金的支撑，创投公司是其中负责认定技术价值与串连集群内企业的重要环节，使得台湾由北到南的产业链的大河，能够随着完整产业生态圈水涨船高。

竹科是台湾与世界高科技产业群聚形成关联的开端，台中精密机械集群则是台湾本地原生的高科技精密机械聚落，各产业集群之间主从定位明确，相互带动技术研发与提升，Minihub 是北卡地区研究三角园区（Research Triangle Park）为了以研发带动产品制造所规划出的主从园区，台湾应用了此一布局，将竹科定位为硅谷的 Minihub，再将台中精密机械集群与其他科学园区定位为竹科的 Minihub，建构出以硅谷的创意研发，带动台湾生产技术研发的产业关联，建构成目前以研发为导向的科技岛，以竹科为核心，串连全台湾生产。

ODM 的代工方式是台湾能够大力进行技术研发的核心生产模式，ODM 是指创意方将概念告知生产方，由生产方研发生产方式，再进行生产。其生产与研发的关系，首先是由硅谷作为产品创意的提供者，其次是由竹科或台湾各科学园区为研发生产技术与产品细节提供创意，因此，台湾通过与硅谷的联系，掌握了世界最前沿的市场需求及未来趋势，也通过与产品通路商的联系，客制化生产。以人文科学引领制造业的研发方向，是 OEM 生产流程中不可缺少的过程。

当局作为管理单位所扮演的角色，是强化硅谷与台湾、成本与技术、专利与企业、以及人才与产业发展的连系。（1）强化硅谷与台湾的产业关联："国科会与工研院"于 1980 年开始，便在硅谷设置分支机构，通过研讨会的举办，提供企业交流机会，将创意转移至台湾生产。（2）解决成本与技术的矛盾关系：政府动用官与学的资源，在高校与工研院设立七个研究所，园区内设立三个国家级实验室与专门技术的发展中心，研发关键技术；以工研院为核心，对各个知识产权重整，研发出新的商业模式，再移转给产业集群。（3）建立可持续的人才与产业发展联系：由"经济部工业局"主导、宏碁、华硕等科技公司共同设立"台湾创意设计中心"，每年遴选设计师到美国、欧洲，去实际参与国际级设计公司的设计流程、商品企划、市场调查分析、设计美学与团队分工模式，掌握国际设计趋势、激发创新思维；通过研究所、实验室与专门技术的发展中心，持续在高校内找寻及培养下一世代的接班人才。

（三）台湾高科技园区产业集群发展经验对 CCD 的借鉴

对海淀北部建设以研发服务和高新技术产业聚集地的中关村城市创新中心

区 CCD 来说，应当做到：(1) 正确定位海淀北部 CCD 对南部科学城的服务功能，并从全球科技研发前沿视角建立海淀北部 CCD 与硅谷以及世界同类产业的顶级研发园区的主从关系。(2) 明确认定 CCD 的领头羊企业与人才，主力引入规模大、与硅谷及世界顶级园区有生产联系的企业。(3) 提高人文科学对产品研发的角色定位，建立能够分析市场以及客户端需求的机制与能力。(4) 培育有能力研发核心技术、重整智财的研究中心。(5) 设立“中关村城市创新中心区 CCD 创意设计中心”，建立与培育设计人才库。(6) 政府角色定位于促进科技研发和产业集群形成，提供一切与之相关的政府服务和激励支持。这六点将是 CCD 能够发展成为产业集群、提升研发能力并实现世界高端的必要途径。